Oliver Uschmann
Sylvia Witt

BIS ZUM SCHLUSS

*Wie man mit dem Tod umgeht,
ohne verrückt zu werden*

Pantheon

Verlagsgruppe Random House FSC® N001967
Das für dieses Buch verwendete FSC®-zertifizierte Papier
Lux Cream liefert Stora Enso, Finnland.

Der Pantheon Verlag ist ein Unternehmen der
Verlagsgruppe Random House GmbH

Erste Auflage
März 2015

Copyright © 2015 by Pantheon Verlag, München,
in der Verlagsgruppe Random House GmbH

Umschlaggestaltung: Jorge Schmidt, München
Satz: Ditta Ahmadi, Berlin
Druck und Bindung: CPI, Clausen & Bosse, Leck
Printed in Germany
ISBN 978-3-570-55261-2

www.pantheon-verlag.de

INHALT

VORWORT

DIE ASCHE IM SCHRANK

Ich stehe vor einem großen Schrank aus Granit. Er enthält die Asche meiner Mutter. Und die meines Vaters. Zwei Urnen passen in das Fach, und nun ist das Fach voll. Es ist das zweite von oben in dem Granitschrank, den sie Stele nennen und auf den gerade der Schatten der riesigen Kastanie fällt, während die Tauben auf dem Friedhof gurren. Meine Eltern teilen sich die Stele mit drei weiteren Fächern. Wie ein schmales Mietshaus. Und natürlich steht so ein Vierparteien-Objekt nicht allein. Links und rechts davon reihen sich weitere Türme auf, Hochhauswand an Hochhauswand, leicht im Halbkreis angeordnet, so dass ein winziger Vorplatz entsteht, auf dem sich Kränze und Blumenschalen sammeln. Wäre das Ganze tatsächlich ein Wohnviertel, würden hier unten am Fuße der Wolkenkratzer morgens die Frisöre, Imbissbuden und Internetcafés ihre Türen aufschließen. Meine Eltern haben sich eine letzte Ruhestätte im dritten Obergeschoss ausgesucht.

Hinter mir, in meinem Rücken, erstrecken sich die normalen Gräber des großen Friedhofs, dessen Wege ich seit meiner Kindheit kenne. Sie sind die Einfamilienhäuser im Schatten der Stelensiedlung. Individuelle Grundstücke in allen Größen und Formen, mal bepflanzt mit einem verwunschenen Dickicht aus Efeu, mal bunt gestaltet wie die Bundesgartenschau. Die Gräber haben eigene Vorplätze, eigene Hecken, eigene Winkel und Nischen. Hummeln und Bienen finden auf ihnen schmackhafte Blüten und krabbeln nach dem Essen faul und wackelig auf dem breiten Grabstein herum. Versuchen sie, im dritten Stock der Stele aus der einen Blume zu trinken, die dort im Einzelblumenhalter an der Marmorplatte der Schranktür steht, stoßen sie sich beim Anflug den kleinen Schädel. Früher, in meiner

Kindheit und Jugend, wurden alle Menschen, die ich kannte, in Gräbern mit Grabsteinen begraben. Gräbern mit Erde, die nach Garten-
arbeit riechen und reichlich Blütenauswahl für Insekten. Gräbern
mit Buchsbaumbegrenzung, der man regelmäßig mit der Heckenschere beikommen muss, und Gedenksteinen, für deren Reinigung
man in lauer Frühlingsluft die Plastikflasche mit dem Grünbelag-
Entferner schüttelt. Meine Großväter wurden so begraben und
meine Oma mütterlicherseits, sogar mein Schulfreund Thomas, den
die Leukämie bereits mit siebzehn dahinraffte und der sich die Erde
unter einem dichten Bodendeckerteppich mittlerweile mit seiner
Mutter teilt. Der Gedanke, dass alle diese Menschen seit vielen Jahren allmählich zerfallen und vermodern wie die Leichen in scho-
nungslosen Krimiserien, erschreckt mich nicht. Ihre Körper werden
wieder eins mit der Erde und bilden den Humus für den Buchs-
baum, die Stiefmütterchen, den Efeu und die riesigen Kastanien.
Meinen angeheirateten Onkel, den Schwager meiner Mutter, haben
wir vor zwölf Jahren als Asche im niederländischen Teil des Ijssel-
meers verstreut. Er war Segler und wurde eins mit dem Salzwasser
und der See. Meine Eltern und ihre Nachbarn in der Hochhaussiedlung aus Granit werden mit gar nichts mehr eins. Ihre Körper wurden nicht verbrannt, um die Asche verstreuen und mit der Welt
vereinen zu können, sondern um archiviert zu werden wie Sammelobjekte. Sie wollten es so. Auf ihren Urnen sind Spuren im Sand
abgebildet, Fußspuren entlang einer sanften Brandung, da sie die
Nordsee liebten und alle Angehörigen sich nun vorstellen, wie sie
auf ewig gemeinsam an ihrem Lieblingsstrand auf Borkum spazieren gehen. Die Zeichnung ist ebenfalls in den Marmor der Grab-
platte auf der Tür des Stelenfachs eingearbeitet. Sie ist schön und
tröstlich, aber sie kommt kaum zur Geltung. Die gleiche Grafik auf
einem großen Grabstein, das wäre ein Hingucker, selbst für Fremde,
doch auf einer so kleinen Fläche kommt einfach gar nichts zur Geltung. Die »Spuren im Sand« an einem richtigen Grab, das wäre wie
ein aufklappbares Schallplattencover wie »Sergeant Pepper« von
den Beatles. Die »Spuren im Sand« auf der Tür im dritten Bestat-
tungsstock des Stelenturms erfordern selbst von Menschen ohne

Brille, ganz nahe heranzugehen und sich nicht von den Nachbarn ablenken zu lassen. Die Stele ist die CD unter den Bestattungsformaten.

»Guten Tag«, sagt eine Frau mit Filzhut und wechselt am Verwahrschrank nebenan die Einzelblume. Ich nicke wortlos und wundere mich, dass sie mich einen Moment lang so besorgt anschaut. Ihr Blick fixiert für zwei Sekunden mein linkes Auge. Es ist eine Träne hinausgelaufen. Das liegt an den Gedanken an die Spaziergänge im Sand, die meine Eltern gerade in der imaginierten Dimension der Ewigkeit genießen, wo es kein Morphium gibt und keine Schläuche im Brustzugang, keine Chemotherapien und keine Konflikte. Nur eine steife Brise, die Haare im Wind wehen lässt und die äußersten Spitzen von meines Vaters Schnauzbart.

Ich spüre, wie die Frau mit dem Filzhut ein Gespräch anfangen möchte. Ihr Mann oder Bruder oder Vater wurde sicher vor ein, zwei Jahren hier eingelagert und bezüglich des einen Tropfens Salzwasser in meinem Augenwinkel spüre ich, dass ihr ein Satz auf der Zunge liegt wie: »Ist noch ganz frisch, oder?« Sollte sie ihn aussprechen, wird sie dabei den Kopf schief legen und den Tonfall ihrer Stimme auf »Fürsorge« einstellen, so wie man an Kompaktanlagen zwischen den Klangfarben »Rock«, »Pop«, »Klassik« und »Jazz« wählen kann. Ich habe jetzt keine Lust auf den Tonfall »Fürsorge« und beschließe daher, zu gehen. Da ich immer noch nicht weiß, wie man eine Stelensiedlung würdevoll verlässt, nicke ich der Klappe im Schrank zu, drehe den Kopf weg und klopfe mit dem Blick nach schräg unten zum Abschied zwei Mal mit dem Fingerknöchel darauf. Eine Aktion, so peinlich wie der Versuch eines alten Lehrers im Tweedsakko, seine Schüler am Morgen mit coolen Gangstergesten aus »modernen« Videos zu begrüßen. Als meine Sohlen endlich wieder den knirschenden, kleinformatigen Kies der breiten Friedhofswege berühren, bin ich erleichtert. Trotzdem höre ich die nicht gestellte Frage der Filzhutfrau nun in meinem Kopf und führe den Dialog, der nie stattgefunden hat, auf dem Weg zum Wagen innerlich.

»Ist noch ganz frisch, oder?«

»Vier Monate … also meine Mutter.«

»Und Ihr Vater?«

»Zweieinhalb Jahre.«

»Das tut mir leid.«

»Ja …«

»Ja …«

»Und Ihrer?«

»Mein Mann? Drei Jahre. Krebs.«

»Ja. Bei uns auch. Alle. Auch die Großeltern früher. Ein Schulfreund. Alle.«

»Diese Scheißkrankheit, was?«

»Ja …«

»Finde ich gut, dass es jetzt diese Möglichkeit gibt mit den Stelen.«

»Ja … nun … ist Einstellungssache.«

»Ich lasse mich auf jeden Fall auch verbrennen. Der Platz hier drin ist schon reserviert.«

»Ja …«

»Ist eine saubere Sache. So ein Grab, das macht doch nur Arbeit. Und wer pflegt es? Mein Sohn lebt in München. Nein, nein, das ist alles viel einfacher so.«

»Ja … nun … man kann sich auch verstreuen lassen. Im Meer. Im Wald. Ihr Sohn könnte einen Diamanten aus Ihnen pressen lassen.«

»Wie bitte?«

»Aus der Asche. Einen Zirkonia.«

»Welcher kranke Spross macht denn Schmuck aus seiner verstorbenen Mutter?«

»Dann sagen Sie ihm, er soll das mit seiner Frau machen.«

»Die stirbt aber gar nicht.«

»Ja, dann weiß ich es doch auch nicht.«

So verläuft das Gespräch in meiner Fantasie, während ich an Gräbern mit uralten Lampen vorbei Richtung Hinterausgang laufe, am Gerätehaus des Gärtners vorbei und der Toilette die immer abgeschlossen ist, raus auf die Straße mit dem Gelände der großen Baufirma auf der anderen Seite und der langen Mauer, vor der das Auto steht. »Tod dem BVB!« hat jemand mit blauer Schrift auf die Mauer gesprüht. Ich stelle mir vor, ich wäre ein Ultra von Schalke 04, ein Kollege des Schmierfinks, immer noch jung und unschuldig, nachts durch die Gegend ziehend mit der Sprühdose und am Wochenende in der Nordkurve ansässig. »Tod, Tod, Tod dem BVB!« würde ich brüllen, als sei die Welt ein schlichter Kindergarten, und dann, als neuen Slogan hinterher: »Ab in die Stele, zack, zack, zack!« Die Blauweißen um mich herum würden sich umdrehen, Fragezeichen über den Gesichtern, mein Hirn schwämme angenehm im Flachwasser aus Stadionbier und ich würde lachen, den Stelenunsinn lassen, die Stimme wieder in gespielt aggressive Tiefen runterschrauben und einfach weitermachen mit: »Tod, Tod, Tod dem BVB!« zwischen all den Schalkern. Heimlich würde ich Borussia Mönchengladbach lieben und niemand würde sterben. So einfach wäre das.

Im Auto ist ein Pflanztopf umgefallen. Schwarze Erde verteilt sich zwischen den Klappkisten, Kartons, Decken und Säcken mit Tapetenresten. Die Pflanztöpfe musste ich aus dem Garten meiner Mutter entfernen, weil die Eigentümerin den potentiellen Nachmietern lieber den Blick auf runde, weiße Löcher im Rasen zumutet als auf alte Terrakottatöpfe. Die Übergabe der leeren Wohnung ist das vorerst letzte Kapitel einer Geschichte, die vor vier Monaten mit dem Anruf meiner Tante begann und die ich eines Tages jemandem erzählen muss. Das wird mir klar, als ich den Kofferraum öffne und auf die letzte Fuhre Mischware schaue, ein wildes Durcheinander aus Dutzenden von Wochenenden der Entrümpelung und der Sichtung, der Auflösung eines ganzen Lebens, in dem vom vergilbten Roman aus dem Bücherclub bis zum letzten Tässchen Steingut (Serie Adams English Ironstone Scenic, Grün) alles mit Erinnerungen verbunden war, Erinnerungen an eine Zeit, als sich noch niemand unter der Erde, im Ijsselmeer oder in Stelenschränken befand. Vier Monate, in denen ich so viel über das Leben und das Sterben gelernt habe, dass mir auffiel, wie wenig bislang darüber geschrieben wurde, abseits von Bestattungsbroschüren, Scherzbüchern mit den witzigsten Todesanzeigen, sachlich kühlen Abhandlungen und esoterischen Schlössern aus heißer Luft. Keiner sagt einem vorher, wie das ist, der Verfall und die Sterbebegleitung, die Krankenhäuser und das Hospiz, der letzte Atemzug und die erste Stunde danach, das Planen der Beisetzung und der Trauerfeier, die Nachlassverwaltung als Erbe und Einzelkind, die Sichtung eines Haushalts mit zehntausend Dingen, die zehntausend persönliche Geschichten beinhalten, das Handeln mit Menschen auf dem Wohnungsbasar und in Antikmöbelhallen, das Reden mit Familie und Freunden in völlig neuen Konstellationen und das Abwickeln von Papierkram, der sich daraus ergibt, dass jeder von uns tausend Spuren hinterlässt, nicht nur im Sand. Keiner sagt einem vorher, dass mit dem Tod auch das eigene, gewohnte Leben zwischenzeitig endet und es Monate dauert, bis man wieder einen Weg hinein findet. Monate, in denen sich der Fokus verschiebt und der Kopf verrückt spielt. Monate, in denen Prioritäten durcheinander geraten und man lieber Stunden in die Gestaltung von Auktionen auf eBay steckt, um eine alte Glaskaraffe mit Sprung auch zum dritten Mal nicht zu verkaufen, während die eigenen Arbeitgeber verzweifelt auf den AB sprechen, man sich Nägel, Bart und Haare nicht mehr schneidet, die Müllabfuhr die Tonne vorm Haus wieder hat stehen lassen, weil sie nicht vorgezogen war, und die Katzen mit den Augen hungernder Kinder im Türrahmen stehen und verzweifelt mit der Pfote auf ihr Mäulchen zeigen.

Es wird also Zeit, denke ich, als ich in das Auto steige. Zeit, dass jemand all das mal erzählt, klar und deutlich und so, wie es ist. Ich werde nach Hause fahren, Sylvia einen Kuss geben und sagen: »Schatz. Es muss raus. Es muss alles ganz dringend raus.« Sie wird verstehen, wovon ich rede, sich an den Schreibtisch setzen, die Katze von der Tastatur heben und sagen: »Dann fang mal an!« Und dann werden wir gemeinsam ein Buch schreiben, in dem ich zwar oft »ich« sage, das aber – müsste ich diesen Seelenbrocken alleine in Form bringen – nur aus heillosen Klagen bestünde … oder aus einem einzigen, unförmigen Gebrüll.

Ich drehe den Zündschlüssel um und der CD-Player springt an. Till Lindemann von Rammstein singt im tiefsten, grollenden Bariton:

»Asche zu Asche und Staub zu Staub.« Das Wort »Staub« wiederholt er am Ende des Stückes ganze sechzehn Mal zu den polternden, unnachgiebigen Riffs, wie ein Wahnsinniger, der die Auflösung seiner Mutter zu Staub nicht verkraftet hat. Ich nicke dazu mit dem Kopf, sechzehn Mal, und dresche zu jedem Taktschlag meine Hand aufs Lenkrad. Auf einem uralten Grabstein reibt sich eine Hummel den von Nektar voll gesaugten Bauch. Über dem Rand der Friedhofsmauer schleicht der Filzhut der Stelennachbarin entlang wie ein Frettchen auf der Jagd.

DER ANRUF

Warum die Nachricht vom Sterben immer unerwartet kommt, wie sie das gewohnte Leben schlagartig beendet und was Sie tun können, um sich auf die kommenden Tage und Wochen vorzubereiten.

ALLE NOCH DA?

Alles lebt.

Das ist der Normalzustand.

Die Welt um uns herum wirkt rund um die Uhr wie die Luftaufnahme einer Großstadt in einem Hollywoodfilm, wo tausend kleine Männchen auf den Zebrastreifen, Bürgersteigen und Vorplätzen umherwuseln, Aktenkoffer und Kaffeebecher mit weißem Deckel in der Hand, das Handy am Ohr, nach einem Taxi winkend. Jede Umgebung ist ein Wimmelbild. Laut und durcheinander. Im Haus spielen die Kinder an der Konsole und beleben den einen Fernseher mit bunten Figuren, während der zweite im Wohnzimmer läuft, um das Bügeln der Wäsche mit putzigen Tieren, kochenden Laien oder professionell gespielten Mordermittlern zu berieseln. In der dichten Hainbuchenhecke des Nachbarn erscheint derweil das röhrende Blatt der Elektroschere und oben auf dem Hügel testen die Teenager wieder ihre frisch frisierten Mopeds aus. Lebt man in der Stadt, hupt jeder wie wahnsinnig, als hätte es einen Unfall gegeben. Dabei geht es einfach nur allen gleichzeitig zu langsam.

In der Welt der Kommunikation sieht es genauso aus wie im Verkehr um uns herum. In dem Augenblick, wo wir die Waschmaschine ausräumen, den Kunden bedienen oder an der roten Ampel warten, haben sich bereits wieder acht Leute auf Facebook gemeldet, siebenundzwanzig eine Nachricht ins elektronische Postfach geschickt und die Schwiegermutter hat mehrfach angerufen. Oder der chaotische Bruder. Wo man geht und steht, macht man Small Talk und redet über das Wetter, den Fußball, Markus Lanz oder die Klimakatastrophe. Das Quatschen und Plaudern ist eine Selbstvergewisserung. Ich bin noch da. Die anderen sind noch da. Viele der Wortwechsel sind längst automatisiert. Zahlreiche Phrasen kommen so aus der Tiefe der Gewohnheit, dass man nicht einmal mehr bewusst merkt, dass man sie ausspricht. Wendungen wie:

»Und selbst?«

»Den Bon brauche ich nicht.«

»Grüß schön.«

»Man kann nur hoffen, dass es das jetzt war mit dem Winter.«

Oder auch:

»Wie sind Sie denn hergefahren?«

Äußerungen, die dem anderen zeigen, dass nun er mit Reden dran ist, oder die einfach nur die Stille füllen, da Stille niemand aushalten kann, allenfalls mal für zwei, drei Sekunden in einem Aufzug. Dauert die Fahrt dort zehn Stockwerke, öffnet sich spätestens beim fünften der erste Mund.

Wo Menschen nicht reden, twittern sie. Oder bloggen. Senden sich Kurznachrichten. Die vielen über Smartphones gebeugten Köpfe in den Zügen und Straßenbahnen bedeuten eben nicht, wie viele denken, dass »die jungen Menschen« nicht mehr miteinander kommunizieren. Im Gegenteil. Das pausenlose virtuelle Gezwitscher ist ein wahres Stimmengewirr der Mitteilungen und »ich bin da!«-Bestätigungen. Als sei die ganze Welt der digitalen Kommunikation nur entstanden, weil die Angst der Menschen immer größer geworden ist, die Freundin, der Freund oder der ganze, in einer Facebook-Gruppe zusammengefasste Sportverein könnten wie von Geisterhand vom Erdboden verschwunden sein, wenn sie zwei Stunden lang keinen neuen Text eingestellt haben. Ein Urlaubsanbieter wie weg.de, der den durch Hape Kerkelings Jakobswegwanderung berühmt gewordenen Slogan »Ich bin dann mal weg!« für seine

Werbeplakate benutzt, müsste beim Verhalten der meisten modernen Menschen eigentlich schreiben: »Ich bin dann mal weg ... aber ich blogge jeden Tag aus den Ferien und stelle 57 Strandfotos ein.« Wer mit den neuen Medien aufgewachsen ist, könnte kaum ertragen, wenn die beste Freundin wirklich so in den Urlaub fahren würde, wie man es in der Zeit vor dem Internet und den günstigen Mobiltelefontarifen gemacht hat: Tatsächlich *weg* sein. Unerreichbar. Nur ab und zu kurz anrufen und eine Postkarte senden. Zu wenige Updates. Systemabsturz.

»Wenn es so ganz still ist, das halte ich nicht aus«, sagte kürzlich ein Freund. Er twittert wenig, ist Handwerker und liebt das Geplauder mit Kunden. Oft allerdings ist er bei seinen Aufträgen allein im Wohnraum der Auftraggeber. Handelt es sich dabei um Mietwohnungen mit dünnen Wänden und Böden, bei denen das Toben der Nachbarskinder Schritt für Schritt und Wort für Wort durch die Ziegel schallt, lässt er sein Bau-Radio manchmal im Auto. Verlegt er den Boden allerdings in einem großen, freistehenden Haus, womöglich weit draußen am Waldrand oder in den Feldern, hält er es keine drei Minuten ohne Popsongs, Nachrichten und Höreranrufe aus. »Ich brauche einfach das Gefühl, dass jemand zu mir spricht«, gesteht er. Die Stille, die viele Menschen suchen und genießen, wenn sie um drei Uhr nachts von einer Geburtstagsfeier absichtlich zu Fuß durch die menschenleere Altstadt nach Hause gehen oder sich eines Tages auf einem Campingplatz einen ruhigen Dauerstellplatz nahe des Deichs mieten, ist nur so schön, weil man weiß, dass sie vorübergeht. Weil jeder klackernde Absatz auf dem nächtlichen Kopfsteinpflaster und jeder am Morgen zwitschernde Vogel in der Birke neben der Parzelle die Gewissheit in sich trägt, dass in ein paar Stunden wieder Trubel herrscht. Und die Schwiegermutter anruft. Oder der chaotische Bruder.
Bleiben diese Anrufe aus, beginnen die Gedanken. Die Sorgen. Der Ärger. Welche Regung auch immer. Die größte Pflicht, die sich Menschen gegenseitig auferlegen ist die, »sich zu melden«, und zwar in berechenbaren Abständen. So berechenbar, wie jeden Tag die Nach-

richten kommen. Oder der Höreranruf. Oder die kochenden Laien im Fernsehen.

Bleibt diese Meldung mittelfristig aus oder kommt sie dem eigenen Empfinden nach »zu spät«, treten als Reaktion die drei bedeutsamsten Phrasen des alltäglichen Miteinanders in Kraft. Derjenige, der sich lange nicht gemeldet hat, bekommt einen der folgenden Sätze zu hören, mit denen man einen Vorwurf in scherzhafte Ironie kleidet:

»Du *lebst* noch?«
»Schön, dass du noch lebst.«
»Man hört ja gar nichts mehr von dir. Wir dachten schon, du wärst tot.«

Diese bissigen Phrasen offenbaren endgültig: Das ständige Plappern, Quatschen, Plaudern und Sich-Melden ist nötig, damit alle voneinander wissen, dass sie noch da sind. Dass alles seinen gewohnten Gang geht. Dass kein Hauptdarsteller aus der langen Serie, die unser Dasein darstellt, aussteigen möchte. Dass alles ist und bleibt wie immer. Nicht anders als bei Tieren, die ihr Rudel zusammenhalten. Ob Small Talk, Fachgespräch oder der »*Bon brauche ich nicht!*« / »*Schönen Tag, noch!*«-Wortwechsel an der Supermarktkasse – was wir von uns geben, könnten auch einfach nur Laute sein. Hauptsache, wir können beruhigt feststellen: Alles lebt.

SAURONS AUGE

Alles lebt.
Die Primeln. Die Narzissen. Der Oleander. Die Fuchsie.
Das Gartencenter ist ein beständiges Areal meiner Lebenslandkarte. Im Frühjahr schieben meine Frau und ich den Wagen durch die grünen Düfte, um Nachsaat für den Rasen zu holen, Gartenkalk und größere Tonwaren zum Umtopfen der Kübelpflanzen. Außerdem

Blumenerde, soviel die Achslast des Autos tragen kann. Im Sommer ist es uns kaum möglich, an den putzigen Figuren aus Terrakotta vorbei zu gehen, die in der Dekorationsabteilung hocken wie großäugige Tiere im Heim. Schildkröten, Igel und Katzen bevölkern in vielen Varianten die Rasenkantensteine und Teichfelsen unseres Gartens. Lediglich die kleinen Singvögel aus Steingut haben wir uns bislang verkniffen. In der Adventszeit trinken wir im Außenbereich Glühwein mit dem Weihnachtsbaumverkäufer. Wir lassen uns Zeit für die Auswahl, während federleichte Schneeflocken im Licht der Außenstrahler vor einem Abendhimmel Richtung Nordmanntannenspitzen rieseln, der schon um 17:30 Uhr so pechschwarz ist wie sonst nur um drei Uhr nachts, wenn alles schweigt und ruht.

Eine besondere Freude machte mir Sylvia 2010 mit dem Buch *Guerilla Gardening* von Richard Reynolds. Das Konzept, nicht nur den eigenen Garten zu bepflanzen, sondern die ganze Umgebung, erfüllt mich bis heute mit kindlicher Freude. Es ist die schönste Art ungefragter bis verbotener Betätigung. Im Vorbeigehen lasse ich Samenbomben auf wilde Brachflächen fallen, lasse Stiefmütterchen auf kargen Verkehrsinseln blühen oder setze Blaugras in vernachlässigte Betonkübel. Zu sehen, wie Wochen später die Bienen des Landkreises zu ihrer eigenen Überraschung dort, wo früher Steppe war, plötzlich neue Menüs aus Korn- und Ringelblume, Borretsch und Dill vorfinden, ist pure Erbauung. Das Umfeld verändern, die Kulissen modifizieren. Nicht wie früher als zorniger junger Mann mittels Sprühflaschen und Randale, sondern durch die von niemandem bestellte Verbreitung von: Leben.

Heute allerdings, da klappt es nicht. Das Gartencenter kann mich nicht beruhigen. Vor lauter Aufgaben auf der Tages- und Wochenliste bin ich derartig von innerer Unruhe getrieben, dass mich der Friede, der uns umgibt, sogar provoziert. Da stehen sie, die Gehölze und Gewächse, und flüstern mir zu: »Oliver, du hast Zeit. Alles wird gut. Das Gras wächst nicht schneller, wenn man daran zieht.« Sylvia sieht das anscheinend genauso. In aller Ruhe inspiziert sie die vielfarbigen Pflanztöpfe für den Innengebrauch.

»Ihr habt gut reden«, zische ich den Pflanzen zu, »ihr habt ja nichts anderes zu tun, als in Ruhe zu wachsen. Ihr müsst nicht tausend Dinge gleichzeitig regeln. Tausend Fragen gleichzeitig beantworten. Noch 148 Mails checken.« Sylvia, die unsere produktive Kreativwerkstatt gemeinsam mit mir betreibt und parallel dazu ständig einen bezahlten oder freiwilligen Auftrag mit voller Leidenschaft erledigt – sei es das Schreiben von Büchern, das Programmieren von Internetseiten und Spielen, das Umsorgen zuwendungsbedürftiger Menschen, Tiere und Pflanzen sowie demnächst ihr drittes Studium – hat genauso viel zu tun wie ich. Aber sie kann, was die Pflanzen verlangen: Ruhe bewahren. Eins nach dem anderen machen. Während sie gerade neue Übertöpfe aussucht, hetzt sie sich nicht mit dem Gedanken, »eigentlich« schon längst wieder daheim am Schreibtisch sitzen zu müssen. »Denken kann ich überall«, sagt sie immer. Ich hingegen bin an Tagen wie diesen innerlich immer schon bei der nächsten Aufgabe.

»Liebchen!«, ruft Sylvia und winkt mich zu den Töpfen. »Sollen wir nicht einfach mal alle austauschen?« Sie legt eine wunderbare Betonung in ihre Stimme, wenn sie so etwas sagt. Man bekommt augenblicklich Lust darauf, das Haus schöner zu machen. Sie glaubt, sie müsse mich Sparfuchs erst davon überzeugen. Dabei reicht es schon, wenn sie ihre grünen Augen aufschlägt.
Mein Telefon klingelt.
»Uschmann?«
»Oliver, ich habe hier eine Rechnung über eine Buttonmaschine.«
Rüdiger. Mein Steuerberater. Kommt immer schnell zur Sache.
Gerade macht er nachträglich den Jahresabschluss.
»Ja. Und?«
»Das ist doch so ein Ding, um diese runden Anstecker zu machen, oder? Wo ihr die Logos eurer Romane draufdruckt?«
»Ja.«
»Und die verschenkt ihr?«
Ich zögere. Meine linke Hand spielt mit dem Blatt einer Anthurie. Was Rüdiger zu sagen hat, lässt meine Finger das Blatt mit einem

Mal so heftig kneten, dass es abreißt. Still schreit die Pflanze und flucht. Das Amt verlangt von mir, sämtliche kleinen Anstecker, die ich jemals verschenkt oder für einen Preis verkauft habe, der 12 Cent über dem der Herstellung lag, nachträglich aufzulisten. Und nicht nur das. Rüdiger ist ebenso erstmals aufgefallen, dass wir als Autoren von jedem unserer Buchtitel zwanzig bis dreißig Gratisexemplare bekommen.

»Wo bleiben die?«, fragt er mich, während eine junge Mutter ihren Einkaufswagen an mir vorbeischiebt, auf dessen Ladefläche ein Kleinkind quietschend zwischen bunten Usambaraveilchen hockt.

»Die verschenken wir natürlich alle«, antworte ich wahrheitsgemäß.

»An Familie, an Freunde, an lokale Journalisten.«

»Das musst du ebenfalls belegen«, sagt Rüdiger, »sonst denkt Wolfgang Schäuble, du hast sie verkauft.«

Ich werde nervös. Und ärgerlich.

»Rüdiger!«, rufe ich in den Hörer, »dreißig Exemplare frei Haus! Pro Titel. Das waren in den letzten Jahren hunderte von Büchern. Und jetzt soll ich nachträglich rückwärts bis 2005 eine Aufstellung machen, wem ich die genau geschenkt habe?«

»Ja, anderenfalls kann es passieren, dass der Wolfgang dich als Händler einstuft und du musst acht Jahre rückwärts Gewerbesteuer zahlen. Dann ist alles aus.«

Acht Jahre Gewerbesteuer. Weil ich, wie es die Ehre gebietet, geschenkte Bücher wieder verschenke und mir von den Beschenkten keine Empfangsquittung dafür ausstellen lasse. Rüdiger seufzt. Ich lasse die Anthurie los. Sylvia stapelt Töpfe. Aus den Lautsprechern tröpfeln Sonderangebote.

»Wenn die Liste glaubwürdig ist, wird sie akzeptiert«, sagt Rüdiger.

»Menschen, Orte. Guck nach, wo du aufgetreten bist. Die Termine müssen passen. Die Mengen müssen passen. Es ist wie beim Fahrtenbuch. Schäuble kann dir nicht hinterher fahren, aber er kann Algorithmen laufen lassen, die ihm sagen, ob die Kilometerzahlen erfunden sind.«

Ich kann nicht fassen, was Rüdiger mir da sagt. Ich habe zu tun. Pflanzen umtopfen. Artikel abliefern. Neue Bücher schreiben. In vier Wochen müssen wir das aktuelle Manuskript abgeben. Und jetzt soll ich mein Leben protokollieren, in Form verschenkter Bücher, bis ins Jahr 2005 zurück.

Ich lege auf und fluche. Fürchterliche Worte.

Die Mutter mit dem Usambaraveilchenkind hält ihrem Spross die Ohren zu.

In knappen Worten erkläre ich Sylvia, welche Arbeit in den nächsten Wochen auf mich zukommt.

»Soll ich ein paar Töpfe wieder zurückstellen?«, fragt sie, doch ich schüttele den Kopf und schiebe den Wagen Richtung der Kassen.

»Liebes«, sagt Sylvia und legt ihre Hand auf meine, »ganz ruhig.«

Sie schiebt mich zu den Aquarien, weil sie weiß: Aquarien beruhigen mich. Ich stelle mich vor das Plexiglas und beobachte die kleinen Kiemenkerle beim Schwimmen. Sehe Farben. Lese die Schilder. Ein Fisch heißt Gabelschwanzblauauge. Das beruhigt mich. So bin ich. Ein neues Wort aus der Natur zu lernen, tröstet mich. Gabelschwanzblauauge. Meine innere Unruhe aber bleibt. Da kann auch das Gabelschwanzblauauge nichts machen. In Gedanken habe ich bereits begonnen, die Liste zu schreiben. Das erste verschenkte Buch ging natürlich an Sylvia, im Sommer 2005. Ich überlege, wie lange es dauerte, dass ich daraufhin in meiner Heimatstadt zum Kaffee war und die nächsten Belege verteilte. An meine Eltern, an Onkel und Tante, an die Omas. Ich brauche einen Zettel. Einen Stift. Sechs Kalender aus den Jahren 2005 bis 2010.

Mein Handy klingelt. Ich schaue auf das Display. Es ist die Festnetznummer meines Onkels Michael aus der Heimatstadt. Da gehe ich jetzt nicht ran. Das wäre sogar anstrengender für mich als Wolfgang Schäuble persönlich. Wir schreiben nicht mehr das Jahr 2005. Es hat sich viel verändert.

»Nun nimm schon ab«, sagt Sylvia.

»Wesel«, sage ich.

Sylvia zieht die Brauen hoch. Der Anruf ist ungewöhnlich. Meine Blutsfamilie und ich haben seit Monaten nicht geredet. Seit einer zweistelligen Anzahl von Monaten.

Ich stecke das Telefon wieder ein, bis es verstummt.

Wir gehen zur Kasse.

Fünf Minuten später räume ich auf dem Parkplatz die Töpfe ins Auto, während Sylvia den Einkaufswagen zurückbringt. Roter Topf. Gelber Topf. Schwarzer Topf. Eine Amsel zwitschert. Hinter einem Fenster des Autobahn-Hotels gegenüber zieht ein Mann im Bademantel den Vorhang auf. Mein Handy sagt, es gäbe eine Nachricht auf der Mailbox. Ich kann nicht anders. Ich muss sie abhören. Jetzt.

»Ja, hallo Oliver. Eveline hier.«

Meine Tante.

Ihre Stimme klingt anders als sonst, auch wenn »sonst« rund achtzehn Monate her ist. Die Stimmen meiner weiblichen Verwandten klingen grundsätzlich immer leidend, leicht zitternd und im Abgang bitter vorwurfsvoll. Das ist normal und hat nichts zu bedeuten, ebenso wenig wie die dramatische Betonung, in welche die Frauen grundsätzlich die Phrase *Ruf bitte mal zurück* kleiden, ohne zuvor anzukündigen, worum es überhaupt geht. Es klingt stets nach einer großen Sache, dreht sich aber meistens nur um kleine logistische Dinge.

Doch der Tonfall, der mir jetzt und hier auf dieser Mailbox entgegenschlägt, ist anders. Vor allem macht meine Tante dieses Mal keine Umschweife.

»Deine Mutter ist schwer krank, Oliver. Wenn du sie noch einmal sehen willst, solltest du dich beeilen.«

Mein Magen begreift den Satz vor meinem Gehirn. Und meine Hände, aus denen jede Körperwärme entweicht.

»Sie liegt im Marien-Hospital«, sagt meine Tante, »Station K3a. Warte bitte nicht zu lang, wenn du dich entscheidest.«

Piep.

Ende der Nachricht. Hauptmenü. Wenn Sie diese Nachricht speichern möchten, drücken Sie bitte die Sieben. Zum Löschen der Nachricht drücken Sie die Neun.

Sylvia kommt vom Einkaufswagenstellplatz zurück und bemerkt sofort, was los ist. Ihr Ehemann ist oft rot und grün und blau vor Ärger über Wolfgang Schäuble oder Horst Seehofer oder die ständigen Abstürze seines Computers. Aber weiß und aschfahl ... das kommt selten vor.

»Schatz? Was ist?«

Ein böses, fieses Lächeln zwingt sich in mein Gesicht. Ich öffne den Wagen und werfe das Telefon mit Wucht in den Innenraum.

»Hey, Schatz ...«

»Diese ... diese ...«, stottere ich wütend und zeige auf das Gerät am Boden zwischen den Sitzen. »Meine Tante. Sie sagt, wenn ich meine Mutter noch mal sehen will, soll ich nach Wesel kommen. Als wenn sie stirbt oder so eine Scheiße. Die wollen mich doch bloß anlocken! Oder? Oder?«

Sylvia schaut mich besorgt an. Für eine Sekunde denkt sie darüber nach, ob es möglich sein könnte. Ob es ein Trick ist. Der letzte Versuch, den verlorenen Sohn wieder unter Kontrolle zu bekommen. Aber sie spürt, dass es echt sein muss. Allein schon an meinen Händen.

»Willst du zurückrufen?«

»Nein!!!«, frotzele ich und werfe mich hinters Lenkrad.

Bis nach Hause rede ich kein Wort.

DIE ASTSÄGE DER HOFFNUNG

Der Anruf kommt immer unerwartet.

Und unpassend.

Wie könnte er auch passend kommen?

Die Nachricht vom nahenden Tode eines lieben Menschen erwischt einen unter der Dusche, während einer Tagung, auf der Toilette oder beim Sex. Oftmals führt das zu Scham. Wie konnte ich bloß gerade Freude haben, als der Anruf kam? Geschäftig sein? Mein Leben leben, während der andere schon seit Tagen oder Wochen seines verfallen sah? Diese Scham vermischt sich mit der Klage: Es trifft mich *zu* unerwartet! Ich war doch überhaupt nicht darauf vorbereitet!

Es stellt sich allerdings die Frage: Wie soll man auf einen Anruf vorbereitet sein, der naturgemäß nicht vorbereitet werden kann? Selbst, wenn es einem gelänge, sich aus einer Ahnung heraus in die Ruhe der Natur zu begeben, um die Nachricht weitab von anderen Menschen in der würdevollen Stille eines Waldes anzunehmen. Selbst, wenn man sich jeden Tag eine halbe Stunde frei nehmen würde, um bei einem Glas Wein und den blauen Noten von Miles Davis auf einen potentiell erschütternden Anruf zu warten, um ihn gefasst und kultiviert aufzunehmen. Selbst, wenn man sich allen Sex, alle Freude und alle Lebenslust ab dem Moment verkniffe, indem Krankheit und Verfall potentiell in die Familie einziehen könnten, bliebe die Nachricht selbst immer noch »unerwartet«, denn niemand kann sie ankündigen, vorbereiten oder ihr einen sanften Teppich auslegen. Nehmen wir an, eine halbe Stunde vor der Tante meldet sich ein Freund und sagt: »Ich wollte dich nur vorwarnen: Gleich ruft dich deine Tante mit einer sehr ernsten Nachricht an.« Dann wäre der Anruf des Freundes *der* Anruf, der einen unvorbereitet trifft. Man weiß immer, welche Stunde geschlagen hat. So oder so.

Merke!
Bereiten Sie sich darauf vor, grundsätzlich unvorbereitet zu sein.

Die Nachricht des nahenden Todes ist anders als die Nachricht einer schweren Erkrankung. Hört man das erste Mal von einem Angehörigen oder Freund, dass der Krebs oder ein ähnlich aggressiver Bastard ihn erwischt hat, ist es schlimm. Furchtbar. Erschütternd. Aber: Der *Anfang* einer Geschichte. Einer Geschichte des Kampfes und der medizinischen Kriegsführung. Einer Geschichte des Miteinanders gegen die Tumore, die man gestalten und verwalten kann. Mit dem besten Kumpel kann man im Krankenhaus die Champions

League schauen und ihm heimlich Bier einschleusen. Dem eigenen Partner kann man Wärme, Liebe und fantastische Trostgerichte zaubern. Man kann und wird sich mit Ärzten streiten, das Internet bis ins letzte obskure Forum hinein auf alternative Heilmethoden durchforsten und ständig, ohne Unterlass, die Hoffnung bewahren, diese irrationalste, unvernünftigste und doch mächtigste aller Lebenskräfte.

Der Anruf aber, um den es hier geht, ist anders.
Egal, wie lange jemand schon krank gewesen ist und wie viele Fußballspiele man mit ihm gesehen hat, während man das Entsetzen über seinen Verfall hinter Fachsimpelei über Arjen Robbens Dribbelkünste verbarg. Egal, wie klar dem Verstand schon seit Monaten gewesen sein mag, dass dieser Kampf wahrscheinlich verloren gehen wird. Kommt schließlich *die* Nachricht, die absolute, die definitive, die Astsäge der Hoffnung, auf der man sitzt, ist man grundsätzlich: unvorbereitet.
Die Nachricht vom Sterben ist ebenso wie die Nachricht von der Erkrankung der Beginn einer Geschichte. Aber: Einer ganz anderen. Nun – so ist einem im Bruchteil einer Sekunde klar, während die Hände vereisen und der Magen sich umdreht – ist der Anfang vom Ende gekommen.
No return.
Die Bauarbeiter schrauben die Straßenschilder ab, die noch Wege aufgezeigt hatten und Umleitungen. Nur ein verdammtes Schild lassen sie noch stehen: Sackgasse. Keine Wendemöglichkeit.
Ab jetzt, ab diesem Anruf, wird unwiderruflich gestorben.
Ab jetzt lautet die Frage nicht mehr *ob*, sondern *wann*.

Ab jetzt beginnt, was Geist und Seele über die gesamte Zeit hinweg und somit auch in diesem ganzen Buch beschäftigen wird. Ein Phänomen, das einen verwirrt, beschämt und mit Schuldgefühlen belastet. Eine Regung, von der man denkt, dass man sie »normalerweise« oder »eigentlich« nicht haben dürfte und von der man sich fragt, ob sie »natürlich« ist oder man selbst vollkommen verrückt. Eiskalt. Womöglich gar: Ein schlechter Mensch.

Dieses Phänomen lautet: Man sorgt sich mehr um sich selbst und seine Wirkung auf andere als um den sterbenden Menschen.

Zwei Gedanken werden sich eine Sekunde nach der Nachricht in Ihrem Hirn einnisten. Zwei Fragen, die Sie quälen, weil Sie wissen, dass Sie nun »eigentlich« erst mal zusammenbrechen sollten, wie man es aus den Filmen kennt. Auf die Knie fallen und klagen. Sich an eine Wand lehnen und – die Tränen in den Augen – ganz langsam an ihr bis auf den Boden herunterrutschen, wie es die Schauspieler in den Krankenhausserien tun. Oder wenigstens wütend werden. Dinge zerschlagen und sich bis drei Uhr nachts in einer Bar betrinken, ein Single Malt nach dem anderen, »ja, mit Eis, verflucht!«, und dem fremden Wirt vorklagen, wie ungerecht es sei, dass »so ein guter Mensch stirbt«, während die Schweine alle leben. Die Kriegsverbrecher. Die Massenmörder. Die Kinderficker. Fluchen. Saufen. Sich übergeben, daheim, um fünf Uhr morgens, und dann in die beige Brühe in der Schüssel ein paar Tränen nachtropfen lassen.
So, denken Sie, sollte ich mich eigentlich verhalten.
Stattdessen beschäftigen einen nach dem Anruf als erstes zwei Gedanken.

Erstens:
Wie *sollte* ich jetzt fühlen?

Zweitens:
Wie *sollte* ich mich jetzt den anderen gegenüber verhalten?

Beide Fragen erfordern eine nähere Betrachtung.
Beginnen wir mit der zweiten.

ICH UND DIE ANDEREN

Ob wir es wollen oder nicht. Ob wir uns für selbstsicher halten oder schon begriffen haben, dass keinem Menschen auf der Welt egal ist, was die anderen von ihm denken: Wir machen uns den ganzen Tag einen Kopf darüber, wie wir »rüberkommen«. Die meiste Zeit geschieht das unbewusst. Der Soziologe Erving Goffman hat in seinem Klassiker *Wir alle spielen Theater* anschaulich dargelegt, dass unser tägliches Leben eine Bühne ist, auf der wir je nach Situation ständig andere Rollen einnehmen. Nichts geschieht aus Zufall. Der Mann, der im Zug einen geschäftlichen Anruf auf dem Handy annimmt und sämtliche Anwesenden lautstark an seiner Besprechung teilhaben lässt, drückt genauso stark etwas über sich aus wie der Mann, der sofort nach dem Klingeln aufspringt und sich zum Sprechen vor das Abteil begibt. Alles, was wir tun, ist ein Signal, ein Zeichenstrich unseres Profils.

Die Menschen im Zug trifft man nur einmal.
Die Menschen in der Familie trifft man sein ganzes Leben. Die Rolle, die einem dort zugewiesen wird, ist ein Ergebnis aus tausenden von Interaktionen im Laufe der Zeit. Und sie festigt sich. In dem Augenblick, wo im Durchschnitt das Sterben der eigenen Eltern beginnt, ist man längst erwachsen und die Rolle innerhalb der Familie gefestigt wie eine Marmorskulptur. Familien kennen den »Kümmerer« oder den »Clown vom Dienst«, der alle unterhält. Den »Strengen«, der stets zur Sache mahnt oder den »Harmonisierer«, dem man seit Jahrzehnten ungefragt die Rolle des Diplomaten zuschiebt. Unter Eltern, schreibt Daniela Liebich im Magazin *Mobile*, entstehen »informelle Rollen« wie die des »verwöhnenden« und des »strengen« Elternteils, des »behütenden« und des »fordernden«, des »großzügigen« und des »sparsamen«, des »kritischen« und des »lobenden«.
Guter Cop. Böser Cop. »Auch unter Geschwistern«, schreibt Liebig, »lassen sich informelle Rollen beobachten: der Kluge, die Streberin, der Hübsche, die Charmante, der Praktiker, die Ängstliche, der Sportliche, die Organisatorin.«[1]

Der Punkt ist: Hat man einmal eine Rolle im sozialen Verbund eingenommen, ist es nahezu unmöglich, sie wieder loszuwerden und sich davon zu emanzipieren. Zumindest in Familien und unter Menschen, die einen schon kannten, »als du noch in die Windel geschissen hast«.

Diese Erkenntnis wird besonders wichtig, wenn der Tod seinen boshaften Einzug in die Dynamik einer Familie hält und man nach dem Anruf beginnt, sich Gedanken darüber zu machen, wie die eigene Reaktion auf die Verwandtschaft wirken mag.
Was mögen Sie denken, wenn ich einfach nur nicke und »hm« sage?
Was, wenn es heißt: »Ich kann aber erst morgen vorbeikommen?«
Sollte man nicht doch lieber sofort fahren, mit quietschenden Reifen, panisch in die Wohnung der Verwandten stürzen und den dramatischen Wandrutscher aus der Krankenhausserie aufführen?
Oder denken sie dann: Der spielt doch nur! Spricht monatelang nicht mit seiner Mutter und macht jetzt einen auf sterbenden Schwan!
Also doch besser erst mal schweigen?
Oder wie?

Die schlechte Nachricht lautet: Sie können in dieser Situation nichts richtig machen.
Die gute Nachricht lautet: Sie können in dieser Situation nichts richtig machen.

Merke!
Alle Gedanken darüber, wie Sie nach
dem Anruf »rüberkommen«, sind unnötig.
Sie haben ihr Image ohnehin längst weg.

Es ist vollkommen egal, wie Sie sich geben.
Sind Sie in der Familie »der Clown«, wird man von Ihnen erwarten, anzureisen, um den Sterbenden mit Small Talk und Heiterkeit

abzulenken. Sind Sie der »Organisator«, warten die Verwandten schon jetzt auf Sie, damit endlich jemand etwas tut und die Maßnahmen der kommenden Wochen eingeleitet werden können. Sind Sie der »undankbare Sohn« oder die »eiskalte Karrieretochter«, wird nichts, was Sie tun, diese Rolle in den Augen der anderen verändern. Alle Handlungen, die Sie vollbringen, werden im Gegenteil in Hinblick auf Ihre Rolle gedeutet und interpretiert werden.

Wenn Sie als Frau, die ohnehin häufig bei Mutter war, »da sie nichts Besseres zu tun hat«, die kommenden Wochen bis zum letzten Atemzug an ihrer Seite verbringen, wird das Umfeld sagen: »Die kann sich das auch leisten. Sie hat ja ohnehin kein eigenes Leben.«

Wenn Sie als Frau, die fast nie bei Mutter war, »da sie ja in London an der Börse noch mehr Geld scheffeln muss«, die kommenden Wochen bis zum letzten Atemzug an ihrer Seite verbringen, wird das Umfeld sagen: »Ja. Siehst du? Die macht sogar aus dem Tod ihrer eigenen Mutter ein bis auf das letzte Stellschräubchen durchgeplantes Projekt.«

Psychologen nennen dieses Schlussfolgern von einer hervorstechenden Charaktereigenschaft auf weitere, bloß eingebildete Merkmale, den »Halo-Effekt«.[2] Gilt ein Mensch als übermäßig ehrgeizig, wird man sein fleißiges Kümmern um die sterbende Mutter eher mit weiteren, dem Ehrgeiz ähnlichen Eigenschaften wie »Disziplin«, »Kontrollsucht« oder »Dominanz« verbinden und weniger davon ausgehen, dass anders als im Job an der Börse einfach nur Fürsorge und Liebe vorherrschen. Gilt ein Mensch als beruflich antriebsloser, aber gutherziger Helfer, wird man sein fleißiges Kümmern um die sterbende Mutter eher mit weiteren, der »Gutherzigkeit« ähnlichen Eigenschaften wie »Wärme«, »Selbstlosigkeit« oder »Altruismus« verbinden. Wohlgemerkt: Dies alles bei *exakt gleichen Handlungsweisen* der beiden Beispielfrauen.

Diese Erkenntnis ist ebenso bitter wie entlastend.

Sie bedeutet schließlich, dass man keinen Gedanken darauf verschwenden muss, wie das eigene Verhalten in den kommenden, schweren Zeiten bei anderen ankommt. Man kann, darf und sollte nach eigenem Gusto handeln.

Wobei: Handeln ist nicht Fühlen.
Was uns zum zweiten Punkt bringt.

ICH UND MEINE GEFÜHLE

Viel schlimmer noch und verwirrender als die Frage nach der eigenen Wirkung auf die Anderen ist das Gefühlschaos, das losbricht, sobald einen die Nachricht vom nahenden Tode erreicht.
Gefühle haben nichts mit dem Image zu tun, das man bei anderen hat.
Gefühle sind die kleinen Biester, die für das Image sorgen, das man *bei sich selbst* hat.
Und in den meisten Fällen steht man mit den ersten Gefühlen, die rund um den Anruf aufkommen, vor sich selbst nicht gut da.

Um es klar zu sagen: Zusammenbrechen und an der Wand runterrutschen, das Hemd halb offen, die Augen nass und dazu die tragische Musik von John Williams oder Hans Zimmer als Soundtrack – das wird nicht passieren.

Die Nachricht vom nicht mehr abzuwendenden Tod wird alles Mögliche in Ihnen auslösen, das Sie wahrscheinlich »unpassend« finden.

Zorn.
Wut.
Hass.
Auf die Ärzte. Das Schicksal. Gott. Teufel. Darwin.

Manchmal auch: Erleichterung. Wenn die Krankheit schon monatelang an dem Menschen gezerrt und gefräst hat und nun »endlich«, endlich Gewissheit herrscht. Ein Stein kann Ihnen vom Herzen fallen, obwohl Sie ja gerade erfahren haben, dass Ihr lieber Mensch sterben wird.

Dass es gewiss ist.

Aber gerade deswegen, wegen der Gewissheit, fällt ja der Stein vom Herzen.

Der Felsen.

Der ganze Berg.

Während die Sogkraft des Todes an Ihrer Mutter, Ihrem Vater, Ihrem Bruder oder gar Ihrem Ehepartner zerrt, fühlen Sie sich plötzlich leicht.

Und schämen sich selbst, weil Sie leben, zu Tode.

Alles kann passieren, wenn der Anruf kommt.

W-i-r-k-l-i-c-h a-l-l-e-s.

Es gibt Menschen, die davon berichten, auf die Nachricht mit einem unkontrollierten Anfall von Heißhunger reagiert zu haben, und die auf der Stelle loszogen, um einen riesigen Haufen Cheeseburger zu essen. Andere fingen an, wortlos »spazieren« zu gehen, wobei »spazieren« bedeutete, dass sie zu Fuß dreißig, vierzig Kilometer alleine geradeaus gingen, von Bochum nach Velbert oder von Lemgo nach Hameln. Wieder andere sprangen mit ihrem Partner nur eine Stunde nach der Nachricht in die Kiste und »vögelten« wie schon lange nicht mehr. So drückten sie es aus in Gesprächen für dieses Buch. Grob und frustriert über sich selbst, erstaunt und entsetzt, was damals mit ihnen los war.

Kommen derlei »unangemessene« Gefühle in einem auf, sobald mit dem Anruf der Ausnahmezustand im eigenen Leben anbricht, überschwemmen die meisten Menschen Schuldgefühle und Scham.

Wie kann ich nur so fühlen?

Was bin ich bloß für ein Mensch?

Die Antwort lautet: Ein normaler.

Sie haben Gefühle.

Gefühle sind nicht Handlungen.

Gefühle sind nicht mal Absichten.

Im psychologischen Dreieck *Verhalten – Gedanken – Gefühle* sind Letztere der Punkt, den wir nicht kontrollieren können und für den wir dementsprechend nicht verantwortlich gemacht werden können. Niemand wurde jemals dafür verurteilt, »unangemessen« oder gar »böse« zu fühlen, solange aus diesen Gefühlen keine unangemessenen oder bösen Handlungen folgten.

Unnormaler, unpassender und unangemessener, als Gefühle einfach zu registrieren und sie erst einmal ohne Wertung anzunehmen, ist der mittlerweile verbreitete Irrglaube, man könne nicht nur seine Karriere, seinen Geldfluss, seinen Körper, seine Ernährung und seine Kommunikation »optimieren«, sondern auch noch Gedanken und Gefühle restlos in den Griff bekommen. Endlose Regalmeter in den Buchhandlungen behandeln die Macht des »positiven Denkens« und die Kontrolle über das eigene »Glück«. Ohne bestreiten zu wollen, dass eine grundsätzlich optimistische und tatkräftige Einstellung zum Leben besser ist als die Haltung einer stets unbegründet grummelnden Miesmuschel, ist der Anspruch, rund um die Uhr immer die »richtigen« Gefühle und Gedanken zu haben, der sichere Weg ins Unglück. Sogar: Ein Gesundheitsrisiko. »Das zwanghaft aufgesetzte ›positive Denken‹ ist eine Verdrängungs- und Schmalspur-Psychologie«, sagte Psychotherapeut Günter Scheich[3] im ARD-Gespräch mit Ingo Fischer am 1.10.2013[4]. Es »spaltet den Menschen in eine gute und eine schlechte Seele, so dass der Mensch in gewisser Weise Angst vor den eigenen Gedanken, der eigenen Seele bekommt und regelrecht schizophren werden kann. Ruhen in sich selbst, Vertrauen in sich selbst, sieht anders aus.«

Zum Beispiel so, dass man Gefühle als das nimmt, was sie sind: Unkontrollierbare, bei offenem und von Schuldgefühlen freien Umgang mit sich selbst sogar enorm erkenntnisreiche Blasen, die aus der Tiefe des Unbewussten aufsteigen wie Motive in Träumen, für die man sich morgens ja auch selten geißelt.

Merke!

Alle Gedanken darüber, ob die Gefühle, die einen nach dem Anruf überfluten, »schlecht« seien, sind unnötig. Sie können nichts für das, was Sie fühlen.

DUMM IST DER, DER DUMMES TUT

Der womöglich klügste Satz, den eine Filmfigur aus Hollywood jemals geäußert hat, stammt von Tom Hanks, der in der Rolle des Forrest Gump sagte:

>»Dumm ist der, der Dummes tut.«
>Oder, im Original:
>»Stupid is as stupid does.«

Dieser Spruch sollte jedem in der Zeit der Sterbebegleitung und noch darüber hinaus ein Leitmotiv sein.

Es spielt keine Rolle, wie Sie anderen gegenüber dastehen.
Es spielt keine Rolle, was Sie unwillkürlich fühlen.

Das einzige, was in den kommenden Tagen und Wochen eine Rolle spielen wird, ist, was Sie *tun*.
Wie Sie *handeln*.
Aber vor allem: *Dass* Sie handeln.

Denn egal, was vorher war und wie die gemeinsame Biografie mit dem Sterbenden verlaufen ist: Nun ist der Zeitpunkt gekommen, an dem sich erweist, was für ein Mensch Sie tatsächlich sind.

Nicht Ihre Rolle sagt etwas darüber aus und nicht das innere Durcheinander, das auf Sie zukommt und das in diesem Buch hoffentlich hilfreich aufgedröselt wird, sondern die Dinge, die Sie tun werden.

Und die eine, allerwichtigste Erkenntnis, die kurz nach dem Anruf so glasklar vor Ihnen schimmern sollte wie die Kiemen des Gabelschwanzblauauges hinter dem polierten Plexiglas des Gartencenter-Aquariums.

Merke!

Ab jetzt geht es nicht mehr um Sie oder um die Anderen. Ab jetzt geht es nur noch um das, was für den Sterbenden am besten ist.

Wenn Sie sich daran halten, werden Sie alles gut überstehen.
Sie werden daran wachsen.
Und Sie werden, unwahrscheinlich, aber denkbar, bei Menschen, die Sie wirklich gern haben, vielleicht doch Ihr Image aufpolieren.
Vor allem aber können Sie zwischendrin Cheeseburger essen, Single Malt trinken und »falsche« Gefühle haben, so viel Sie wollen: Sind Sie wirklich für den Sterbenden da, wird Ihr Verhalten »hinter den Kulissen« Ihnen keine einzige Sekunde lang mehr ein schlechtes Gewissen machen.

DIE KRANKHEIT

Warum die Nachricht vom Sterben immer unerwartet kommt, wie sie das gewohnte Leben schlagartig beendet und was Sie tun können, um für den Angehörigen fortan der Anwalt außerhalb des Bettes zu werden.

AGENDA 2020

Die Häuser, Hotels, Trinkhallen und Vorgärten liegen so still und leer, als hätten wir bereits drei Uhr nachts. Dabei ist es kaum neun. Die Dunkelheit bettet sich Anfang März immer noch früh über das Land, und die B54 schlängelt sich durch Dörfer, die gegen Abend so verlassen und melancholisch aussehen wie ein amerikanisches Provinzgemälde von Edward Hopper.

Sylvia coacht mich.

Man darf das ruhig so sagen, denn sie hilft mir dabei, gleich einen Einstieg zu finden. In siebenunddreißig Kilometern und zweiundfünfzig Minuten, wenn ich das Marien-Hospital in Wesel betrete, wo ich geboren wurde. Wo ich Zivildienstleistender war und wo nun meine Mutter liegt. Nicht krank, nicht vorübergehend außer Gefecht, sondern: terminiert.

»Wenn du sie noch einmal sehen willst, musst du dich beeilen«, sagte meine Tante Eveline, und es klang nach Tagen.

»Sie wollte eigentlich gar nicht, dass du es erfährst«, erklärte mir meine andere Tante Marlies und berichtete von den zehn vergangenen Wochen seit der Diagnose. Einer Diagnose, die zugleich das Todesurteil war. Krebs entdeckt, Krebs unheilbar. Von jetzt auf gleich. Eigentlich hatte Mutter geplant, nun, in der Rente, richtig durchzustarten. Seit Jahren war sie Mentorin für leseschwache Kinder. Mit ihren Freundinnen traf sie sich seit Vaters Tod vor zwei Jahren nun häufiger als je zuvor. Städtereisen. Kulturerlebnisse. Die unmöglichen Bedingungen, unter denen mein Vater eine Woche vor seinem Tod als Sterbender in einem Dreibettzimmer des evangelischen Krankenhauses einquartiert wurde, da der Hospizplatz noch nicht frei war, hatten sie veranlasst, sich federführend für ein Sterbehaus innerhalb der City einzusetzen. Es könne doch nicht sein, dass eine Kreisstadt mit sechzigtausend Einwohnern im Kern und noch mal so vielen im Umkreis keine solche Einrichtung habe. Die Journalisten der örtlichen Presse waren auf ihrer Seite. Die ehemaligen Kollegen aus der Ausbildungsschule für Altenpflege auch. Sie hatte die Eröffnung des Hospizes sicher schon vor sich gesehen, mit Bürgermeister und Zeitungsredakteuren, Radiosender und womöglich doch wieder dem eigenen Sohn, zu dem der Kontakt nach heftigen Konflikten abgebrochen war. Womöglich hätte der Sohn zur Eröffnung der neuen Einrichtung aus seinen Romanen gelesen. Für sie, die Mutter und Schirmherrin. Das waren alles Pläne. Monatspläne. Jahrespläne.

Auch ich dachte, ich hätte noch viel Zeit. Dachte: Irgendwann laden wir unser Verhältnis neu. Wie einen Computer, dem man ein frisches Betriebssystem aufspielt. Irgendwann sagt sie: »Es ist mir wichtiger, dich auf deine Weise in meinem Leben zu haben als dich gar nicht in meinem Leben zu haben.« Unliebsame Entscheidungen erwachsener Söhne, die Jahrzehnte lang gehegte Strukturen unterwandern, brauchen eben ihre Zeit, um akzeptiert zu werden. Dachte ich.

Es würde schon klappen.

Mit langem Atem.

Aber dann, später, würde es umso besser.

Agenda 2020.

Und jetzt?

Acht Wochen. Zwölf Wochen. Vier Monate. Keiner weiß genau, *wann*, aber jeder weiß genau, *dass* …

»Du sagst gleich was?«, fragt mich Sylvia.

Der Motor rauscht. Asphalt flüstert. An den Fenstern ziehen Tannen vorbei. Sekundenschnelle Erinnerungen an Weihnachten in der

Kindheit, als alles noch funktionierte, weil es als Kind in Ordnung ist, ein Kind zu bleiben. Zimtsterne. Das Surren eines ferngesteuerten Autos. Die warme Stimme von Peter Alexander, wie er auf der unverwüstlichen Vinylplatte amerikanische Klassiker wie »I'm dreaming of a white christmas« mit Schmelz eindeutscht. »Träum mit mir, von der Zeit, Weihnacht ...«

»Schatz?«

»Ja?«

Ich schaue auf. Sylvia lenkt. Ich poliere mit dem Daumen meiner rechten Hand den rechten Ringfinger. Mein nervöser Tick, der von außen wie eine krampfartige Neurose aussehen muss.

»Wenn du gleich das Zimmer deiner Mutter betrittst, sagst du was?«

»Ich sage: ›Ist das okay für dich, dass ich hier bin?‹«

»Genau.«

Gleich ... dieses Wort lässt meinen Puls pochen und meine Handflächen erkalten. Gleich.

Kann es nicht noch eine Weile dauern?

Aber den Satz, denn kenne ich mittlerweile auswendig. Er ist perfekt der Situation angepasst, nach achtzehn Monaten ohne Kontakt und dem ausdrücklichen Wunsch meiner Mutter an die Verwandtschaft, mich über ihre Krankheit überhaupt nicht zu informieren, damit ich nicht nur komme, weil sie krank ist. Eine, Verzeihung, vollkommen idiotische Haltung. Ganz so, als würde man im Rhein ertrinken und ein alter Freund, mit dem es zuletzt nicht gut lief, kommt vorbei, sieht es, streift sich bereits sein T-Shirt über den Kopf und dann würde man rufen: »Nein, bleib weg, dich will ich hier nicht sehen! Du springst doch nur ins Wasser, weil ich gerade sterbe!« Danach würde man sich, voller neugewonnener Kraft ob der eigenen Prinzipientreue, rückwärts in die Schraube des tutenden Frachtschiffes werfen.

Was, wenn nicht schwere Krankheit, soll denn sonst Brücken über geschlagene Gräben bilden? Was, wenn nicht das nahende Ende?

Aber so ist sie nicht, meine Mutter.

So war sie nie.

Notfallbrücken, wenn es darauf ankommt, waren ihr niemals so wichtig wie die Anwesenheit bei den regelmäßigen Teegesellschaften am Rande des Ufers, die grundsätzlich zu den Bedingungen der Gastgeberin zu geschehen hatte. Ihre eigene Mutter nahm sie über Jahrzehnte als längst erwachsene Frau in den eigenen Urlaub mit. Still verärgert, sich als Tochter aufopfernd, mit zusammengepressten Lippen. Eine Verpflichtung, die nicht bestanden hätte. Schon gar nicht, wenn man bedenkt, dass meine Großmutter durch ihre Verwurzelung im doppelten K (Kirche und Kegeln) ausreichend gleichaltrige Sozialkontakte hatte. Als sie dann allerdings zum Pflegefall wurde, nach über fünfzig Jahren ihre Wohnung verlassen musste und ich nachfragte, wieso meine Mutter und ihr Bruder – zu dem Zeitpunkt beide bereits in Rente, noch gesund und mit jeweils einem Gästezimmer ausgestattet – keine Pflege in ihren Privatwohnungen in Betracht zögen, war die Empörung groß.

»Da sein, wenn's drauf ankommt«, hielt meine Familie stets für »da sein, wenn's zu spät ist.«

Der Krankenhausflur liegt noch stiller da als die Dörfer am Rande der B54 auf dem Hinweg. Ich kenne den alten Beton, die in Jahrzehnten rundgetretenen Kanten der Stufen. Vor dreizehn Jahren haben meine Hartgummischuhe als Zivi diese Treppen poliert. Jedes Mal, wenn ich hier bin, fühlt es sich so an, als hätte ich das letzte Dutzend Jahre nur geträumt und müsste wieder rauf in die Urologie, wo Doktor Westphal auf mich wartet und fragt, wann ich denn gedenke, den ersten Patienten rüberzuschieben. Doktor Westphal ist längst in Rente, und ich übe meinen Einstiegssatz, während Sylvia unten wartet.

»Ist das okay für dich, dass ich hier bin?«
»Ist das okay für dich, dass ich hier bin?«
»Ist das okay für dich, dass ich hier bin?«
Stufe für Stufe.
Ich stelle mir vor, was meine Mutter gesagt hätte, hätte sie damals, als ich vom Zivildienst nach Hause kam, von einem Mann aus der Zukunft am Küchentisch, wo sie gerade kleine Zahlen in ihr Haus-

haltsbuch schreibt, erfahren, dass ich eines Tages einen solchen Satz zu ihr sage, während sie erst 66 ist. Und stirbt.

Ich mache mich auf alles gefasst.

Fliegende Teller.

Eisiges Schweigen.

Bereits eingetretene Unansprechbarkeit.

Die Tür. Schnell klopfen.

Ein leises »Ja?«

Sie unter der fahlen Leselampe. Dösend statt lesend. Schmaler denn je. Grauer denn je. Härter denn je.

Ein erstauntes, gehauchtes »Oliver!« aus der dünnen Kehle. Geweitete Augen.

Mein Herz im Hals.

»Ist das okay für dich, dass ich hier bin?«

»Aber natürlich … aber natürlich …«

DER ERSTE SATZ

Es spielt keine Rolle, ob Sie den Angehörigen, den Sie besuchen, achtzehn Monate oder achtzehn Tage nicht gesehen haben. Ob Streit herrschte oder Friede. Nähe oder Gewohnheit. Denn eines bleibt immer gleich, bei allen Menschen, in egal welchem Kontext:

> Sie sehen den Betroffenen heute das erste Mal
> als Sterbenden.

Nicht als Kranken.

Nicht als Betrunkenen.

Nicht als Verschuldeten.

Sie sehen ihn als *Sterbenden*.

Als denjenigen, über dem die Sensenklinge kreist.

Diese Tatsache steht zwischen Ihnen und dem sterbenskranken Menschen im Raum und macht es generell so schwer, mit der Situation umzugehen. Selbst, wenn zwischen Ihnen beiden alles okay sein sollte, spüren Sie schon wieder diesen unangenehmen Cocktail aus Betroffenheit und Schuld. Der Schuld, dass *Sie* gesund dort stehen und sich gestern noch tierisch über die Steuerbuchhaltung und Wolfgang Schäuble aufgeregt haben, während Ihr Angehöriger das einzig echte Problem des Lebens hat: Dass er es bald verliert.

Sie wissen nicht, was Sie sagen sollen, und wundern sich, wie leicht es den anderen Verwandten und Bekannten fällt, Small Talk zu machen, als wäre nichts gewesen. Sich in routinierten Handgriffen und Floskeln zu betätigen, bis der Sterbende sogar umgekehrt allen Besuchern die Erlaubnis gibt, endlich Feierabend zu machen, und statt »bleibt hier, lasst mich nicht allein!« doch tatsächlich Dinge sagt wie: »Komm, macht jetzt, dass ihr nach Hause kommt! Ihr hattet einen langen Tag.« Oder gar, als sei *er* derjenige, der sich um seine Mitmenschen sorgen müsste: »Habt ihr denn schon was gegessen? Geht doch erst mal in Ruhe in die Cafeteria.«

Diesen Zustand beiläufiger, selbstverständlicher Automatismen im Umgang mit dem himmelschreienden Unrecht des Todesurteils haben Sie noch vor sich.

Weil Sie erst mal das Eis brechen müssen.

Weil der erste Satz noch nicht gesagt worden ist.

Ganz ähnlich wie bei vielen anderen Dingen im Leben ist auch beim Begleiten des Sterbens der allererste Schritt immer der schlimmste. Schämen Sie sich nicht, wenn Sie ihn hinauszögern. Seien Sie gewiss: Sie sind nicht der Einzige. Achten Sie einmal auf all die Menschen, die rund um Krankenhäuser, in den angrenzenden Straßen, im Innenhof oder sogar in den Fluren mit nervösem Blick auf- und ablaufen, als ob sie kein Ziel hätten. Oder jene, die stundenlang in den Cafeterien sitzen, sich an einem kalten Kaffee festhalten, den Keks zwischen den Fingerkuppen zerreiben oder die Etiketten von einer Flasche abknibbeln. Das sind Ihre Leidensgenossen. All die Angehörigen, die das erste Klopfen an der Tür des Todes vor sich herschieben. Gleich, denken sie sich, *gleich* ... und drehen noch eine große Runde.

Stehen diese Menschen dann schließlich am Bett des zum Tode Verurteilten, greifen viele auf ein paar bekannte erste Sätze zurück. Auf Fertigprodukte der Sprache, die Knorr-Fix-Entsprechung einer persönlichen Ansprache. Diese Phrasen lauten, je nach Alter, Generation und Verhältnis, beispielsweise:

»Mann, Mann, Mann ...«
»Was muss ich denn da hören?«
»Alter ... so 'ne Scheiße, oder?«
»Ich glaub' das nicht. Ich kann das einfach nicht glauben.«

Oder die meistverbreitete Floskel von allen:

»Was machst du denn bloß für Sachen?«

Das kann man natürlich alles sagen. Der Sterbende wird es Ihnen nicht übel nehmen, da er weiß, wie schwer die Situation für Sie ist. Er lernt, Besuch für Besuch, dass *er* es ist, der die Gesunden am Bettrand an die Hand nehmen und in diese neue, tragische Welt führen muss. Weil sie sich darin noch nicht auskennen, er aber schon. Dennoch wäre es schöner und gerade deshalb für den Betroffenen erfreulicher, würden Sie ihm eben *nicht* mit einer rhetorischen Tütensuppe begegnen. Denken Sie daran, was oben gesagt wurde:

Sie sehen den Betroffenen heute das erste Mal
als Sterbenden.

Und das heißt: Die bekannte Regel, dass es niemals eine zweite Chance für einen ersten Eindruck gäbe, ist somit aufgehoben. In dieser Lage, diesem letzten und im besten Fall für beide Seiten einzigartig guten Lebensabschnitt, machen Sie das zweite Mal in Ihrer gemeinsamen Biografie einen ersten Eindruck.

Und hat es der Sterbende nicht verdient, dass dieser so individuell und den jeweiligen Umständen zwischen Ihnen angepasst ist wie möglich?

Lassen Sie sich nicht lähmen von Betroffenheit und Schuld und Gedanken daran, was man sagen »darf« oder »sollte«. Überwinden Sie sämtliche Tabus. Nehmen wir an, Sie lieben Fußball und der Sterbende ebenfalls, dann wäre es nicht nur erlaubt, sondern schwer in Ordnung, beträten Sie den Raum mit den Worten: »Mein lieber Scholli! Aus einem 0:2 in acht Minuten einen 4:2-Sieg machen? So was schaffen auch nur die Mainzer, oder?« Ist der Sterbende ein Schalker und hat Blauweiß am Wochenende verloren: Ziehen Sie ihn damit auf, wie Sie es immer getan haben! Teilen Sie beide ganz andere Leidenschaften wie Schach, Videospiele, französisches Kunstkino oder Geopolitik, hocken Sie sich nahtlos auf den Bettrand, schlagen Sie die Zeitung auf und tippen Sie auf den aktuellen Verriss eines Meisterwerks oder den neuesten unmöglichen diplomatischen Affront und empören Sie sich mit Vollgas über das Thema anstatt über die Krankheit des Freundes.
Das geht!
Sie denken, es ginge nicht, weil man dann »die Sache« ignoriere, die im Raum steht, aber das ist nicht der Fall. Es ist wie in der Literatur. Gute Romane beginnen nicht mit einer pathetischen Erklärung der Lage. Sie steigen direkt ein, mit einem Detail, das verwirrt, irritiert und aufmerken lässt, weil es scheinbar gar nichts mit der Hauptsache zu tun hat. Weil man noch nicht weiß, wo man sich befindet und wie einem geschieht.
Und dann?
Haben sie einen, die Bücher!
In ihrem Bann.
Der erste Eindruck stimmt und das Publikum hört zu.
Auch das wird in den kommenden Wochen noch wichtig sein ... dass der Sterbende Ihnen zuhört. Leichter wird das garantiert nicht, ist der zweite erste Eindruck des Lebens eine verkrampfte, peinlich berührende und somit nicht authentische Floskel.

Merke!
Bereiten Sie Ihren ersten Satz vor,
als wäre es der Einstieg in eine neue
gemeinsame Geschichte, die es nur
einmal so geben wird. Denn so ist
es auch.

DIE SECHS WS

Das alte Krankenhaus in Köln, in dem ich mich gerade befinde, setzt sich selbst als Leitbild acht glorreiche Werte. Das nennen sie dort selber so, »glorreiche Werte«. Ich habe es nachgeschlagen, auf der Internetseite. Mittlerweile schaue ich mir die Krankenhäuser, mit denen ich es zu tun bekomme, immer bereits vorher an. Wir schreiben das Jahr 2014, und ich bin längst eine erwachsene Waise. »Mutter« sage ich mittlerweile zu meiner Schwiegermutter, die hustend und hager auf der Notpritsche des Aufnahmeraums Nummer 11 liegt. Die Pritsche ist unmöglich. Hochtechnisiert, aber viel zu kurz geraten. Die Füße hängen über. Es sieht aus, als liege die Patientin auf dem gepolsterten Rücken eines cremeweißen Cyborgs. Ich schreibe mir den Markennamen der Liege auf. Sollte ich später den Drang verspüren, mich über das klinische Mobiliar zu beschweren, bekommt diese Kritik tausend Prozent mehr Gewicht, wenn mir dabei der Hersteller der Liege flüssig über die Lippen geht. Wie lange Schwiegermutter nun schon nach der ersten Notversorgung mit Tropf in diesem Raum liegt, ohne ein Zimmer zu bekommen, habe ich ebenfalls notiert. Es sind lässige sechs Stunden. Nicht zu viel für eine untergewichtige, fröstelnde Frau mit Lungenentzündung. Ich habe mir notiert, wer sie aufnahm und wer bislang wann was sagte. Namen von Pflegerinnen und Pflegern, von Assistenzärzten, sogar von der Frau an der Rezeption. Nicht, weil ich eines Tages alle verklagen will und schon jetzt die Mentalität eines Fensterrentners hätte, der jeden Falschparker verpfeift, sondern, weil ich es mir zur

Gewohnheit gemacht habe, das Krankenhaus nicht länger als dummer Junge oder passiver Schicksalsträger zu betreten, sondern als eine Art persönlicher Manager für den Angehörigen. Einer, der die Kulisse durchleuchten will und eher wie ein Detektiv oder ein Reporter denkt denn wie ein devoter Empfänger unverständlicher medizinischer Botschaften. Allein schon die Methode, sich schlicht und einfach nur vor Augen zu führen, wo man ist und wie die Menschen und Dinge heißen, gibt einem ein unvergleichlich größeres Gefühl von Kontrolle, Übersicht und Sicherheit als die bei den meisten Menschen übliche Marotte, im Moment des Kontaktes mit Ärzten und Krankenhäusern sämtliches eigenes Denken auszuschalten und sich wie ein kleines Boot in der Brandung nach Belieben des örtlichen Seegangs treiben zu lassen.

Merke!

Geben Sie beim Betreten der klinischen Welt ihr eigenes Handlungsvermögen nicht an der Garderobe ab. Finden Sie stets Antworten auf die berühmten »sechs Ws«, wie Journalisten sie benutzen, wenn sie einen Artikel verfassen.

Wer?
Was?
Wann?
Wo?
Wie?
Warum?

Es ist so einfach und wird doch von so wenigen praktiziert. Ich wette sogar, dass die Hälfte der Angehörigen in dem Ausnahmezustand, den ein Aufenthalt in der Klinik – erst Recht bei tödlicher Erkrankung – bedeutet, nach dem ersten Besuch nicht einmal den vollen Namen des Krankenhauses, Stationsnummer, Zimmernummer und behandelnden Arzt auswendig hinbekommen. Geschweige denn die

Namen der Pfleger und Schwestern oder der Medikamente, die der geliebte Angehörige nun nehmen muss. Dabei sind es reale Menschen, die sich fortan Tag und Nacht um ihn kümmern. Und reale Pillen, die seinen Körper beeinflussen. Die Menschen heißen Jochen und Jörg und Annika und Svenja. Die Pillen heißen Nexavar, Pantozol, Axanum oder Marcumar.

Die wenigsten allerdings finden die Kraft, die Achtsamkeit oder die Courage, in der Klinik stets darauf zu achten, die sechs Ws beantworten zu können.

Wer behandelt den Angehörigen?
Was wird eigentlich genau unternommen?
Wann wurden welche Maßnahmen eingeleitet und welche sind noch im Gang?
Wo wird der Mensch behandelt, in welchen Abteilungen oder Außenposten?
Wie ist die Wirkungsweise der Therapien und Maßnahmen?
Warum wird etwas getan oder unterlassen?

Wie häufig sieht man auf Krankenhausfluren kleine Trauben von Verwandten oder Freunden zusammenstehen, die im Nachhinein zu rekonstruieren versuchen, wer wann was getan oder gesagt hat.
»Das war dieser Assistenzarzt. Dieser arabische. Mit dem Bart.«
»Der Große?«
»Nein, der war eher klein. Mit dem Bart.«
»Habe ich nie gesehen.«
»Ja, die wechseln ja auch alle paar Tage hier …«

Menschen, die sich in ihren jeweiligen Hobbys – von Gärtnerei bis Briefmarkensammeln – bis ins kleinste Detail auskennen, in Krimiserien auf jedes noch so nebensächliche Motiv achten oder in hochkomplexen Fantasy-Epen wie *Game Of Thrones* einige hundert (!) Charaktere mit Namen und den Daten ihrer Taten und Schlachten auseinanderhalten können, geben sich im »Adventure« Krankenhaus freiwillig der Hilflosigkeit hin. Denn genau das sollte die Eselsbrücke für das eigene Verhalten sein in der schweren Zeit als Begleiter des Todkranken: Es ist eine Krimikulisse, in der alles zählt. Es ist ein Adventure mit tausend wichtigen Details.

Sich *nicht* um die sechs Ws zu scheren, kommt einer *freiwilligen Selbstentmachtung* gleich. Man kann gar nicht laut genug überbetonen, wie viel mehr Einfluss man durch diese leichte, naheliegende und doch so häufig ignorierte Maßnahme gewinnt, einfach immer konkret zu werden und sich Namen, Orte, Zeiten und Inhalte zu merken. Sie können diese Erfahrung bereits im undramatischen Alltag machen. Nehmen wir an, Ihr vor zwei Jahren bei einem Versandhaus im Internet gekauftes Fernsehgerät gibt genau einen Tag nach Ablauf der Garantie pünktlich den Geist auf und Sie sind nicht bereit, diese dreiste Sollbruchstelle zu akzeptieren. Beim Versuch, entgegen der offiziellen Geschäftsbedingungen doch noch einen Umtausch, eine Reparatur oder ein günstiges Neugerät zu bekommen, werden Sie gnadenlos scheitern, wenn Sie bei den vielen Gesprächen an der »Service«-Hotline, die nun folgen, nicht jedes Mal Tag, Uhrzeit und Name des Mitarbeiters notieren, der Ihnen irgendetwas abschlägt oder – und sei es aus Versehen – verspricht.

Noch deutlicher wird die schlichte, effektive Macht der ersten vier Ws (Wer? Was? Wann? Wo?) bei Politikern in Talkshow-Debatten. Diese kontern im Schlagabtausch mit ihrem Gegenüber wie aus der Pistole geschossen mit konkreten Daten und Fakten wie: »Aber Sie haben doch selbst am 26. September 2012 in einer öffentlichen Anhörung sieben Sachverständige eingeladen, die eine, ich zitiere, ›stärkere finanzielle und personelle Ausstattung von Nationalparks und Naturparks‹ befürworteten, und das weil, ich zitiere erneut, ›die deutschen Naturparks, Biosphärenreservate und Nationalparks das Rückgrat für naturtouristische Angebote in Deutschland darstellen.‹« Zwar ärgern wir uns als ganz normale Fernsehzuschauer an dieser Stelle, dass die gewählten Volksvertreter sich ständig gegenseitig den schwarzen Peter zuschieben, können aber kaum anders, als von der Komplexität der Parallelwelt aus Anhörungen, Sitzungen, Sachverständigen und Gesetzen beeindruckt und eingeschüchtert zu sein. Und uns im Zweifel selbst zu sagen: Im Grunde haben wir keine Ahnung. Dabei können wir in der klinischen Betreuung unserer sterbenskranken Lieben genau jene Autorität der Talkshow-Politiker selber erlangen – alleine dadurch, dass wir einem Arzt, einem Pfleger oder einer Oberschwester Orte, Zeiten, Namen, Medikamente und sogar Pritschenmarken um die Ohren zu hauen vermögen.

Der erste Schritt zur kompetenten Begleitung eines Angehörigen in der schweren Zeit zwischen Krankenhauswänden ist also das schlichte, aber konsequente 4W-Protokoll (Wer? Was? Wann? Wo?), am besten in Form eines eigens dafür eingerichteten Notizbuches oder digitalen Ordners, falls Sie Ihr ausgelagertes Gedächtnis lieber mit Smartphone oder Tablet verwalten. Alleine durch diese Maßnahme, durch die Gewissheit, dass da ein nahestehender Mensch existiert, der die komplette Übersicht über die Geschehnisse hat, fühlt sich der Sterbenskranke bereits geborgener. Und zwar *vollkommen egal*, ob es üblicherweise zu seinem Selbstverständnis gehörte, umsorgt zu werden und eine zusätzliche Betreuung, einen Anwalt außerhalb des Bettes, zu benötigen. Gerade die »Starken« und »Stolzen« sind im Angesicht des nahenden Endes in Wirklichkeit froh und dankbar, wenigstens das Backup einer doppelten Buchführung erledigt zu wissen. Sie würden es niemals zugeben und schon gar nicht aktiv darum bitten, aber Tatsache ist nun mal, dass die Angst vor dem Tod und die unerbittliche Unfassbarkeit, dass es einen selbst in absehbarer Zeit trifft, selbst den stärksten Menschen innerlich wieder Schritt für Schritt in ein Kind verwandeln, das Halt benötigt.
Von außen.
Von Ihnen.

Der zweite Schritt zur kompetenten Begleitung eines Angehörigen in der schweren Zeit zwischen Krankenhauswänden besteht nun darin, aus dem 4W-Protokoll sogar ein 6W-Protokoll zu machen, also auch den Fragen des »Wie?« und des »Warum?« genau nachzugehen.

Wirklich in die Materie der Erkrankung und der Behandlung einzudringen, statt schlichtweg alles hinzunehmen, »was *die Ärzte* sagen«. Denn das ist der Normalfall, gerade bei den ganz schlimmen Erkrankungen. Ein Mensch wird in ein Krankenhaus eingeliefert, dessen Auswahl meist dem Zufall entspringt, bekommt dort einen Arzt zugewiesen, der nun einmal dort arbeitet – und betrachtet fortan alles, was dieser Arzt diagnostiziert und als Behandlung vorschlägt, als objektiv richtiges, in Stein gemeißeltes Gesetz. Ganz so, als gäbe es zwischen Medizinern keine Unterschiede. Ganz so, als wäre dieser eine, durch den Zufall der Wohnsitzregion in das Leben getretene Arzt bloß Teil eines riesigen, homogenen, unfehlbaren Ärzte-Körpers, der überall in gleicher Stimme spricht und dieselben neutralen Wahrheiten verkündet. Weil ja jeder Mediziner mit Doktortitel dem Laien überlegen ist und jeder Arzt qua seiner Ausbildung weiß, was zu tun ist.

Die übliche Haltung im Umgang mit Ärzten und Krankheiten besteht darin, sich so zu verhalten, als …

a) … dürfe man sich nicht selbst in aller Ausführlichkeit über die Materie informieren.
b) … wäre jeder Anbieter inhaltlich wie qualitativ gleich.

Seien Sie ehrlich zu sich selbst: In *keinem anderen Gebiet denken Sie so.*

Weist Ihr Auto einen Defekt auf, fahren Sie je nach Vorliebe, Geldbeutel und lokaler Infrastruktur lieber zum teuren, aber besseren Vertragshändler oder suchen die in dritter Generation betriebene Dorfwerkstatt auf, da Sie den großen Reparaturketten misstrauen.

Gestalten Sie Ihren Garten neu, studieren Sie die Fachzeitschriften, tauschen sich mit Nachbarn darüber aus, welche Pflanzen sich mit welchen gut vertragen, und rufen für Arbeiten, bei denen ganze

Kubikmeter Erde bewegt und vollständige Teiche angelegt werden sollen, einen gelernten Landschaftsgärtner an.

Steuerberater, Vermögensverwalter, der persönliche Hausanwalt, der vertraute EDV-Mann, der parat steht, wenn der Rechner in die Knie geht ... nie kämen Sie auf die Idee, diese Menschen wären in ihren Arbeitsansätzen, ihrem Fleiß oder der Transparenz ihres Schaffens *alle komplett gleich*, bloß, weil sie alle ein Diplom, einen Meister oder einen Doktortitel haben. Oder denken Sie als letztes Beispiel an den Berufsstand, dessen Verantwortung noch näher an der eines Arztes anzusiedeln ist, da er damit zu tun hat, sich einen halben bis einen Dreivierteltag um die Unversehrtheit und die gute Entwicklung Ihrer Kinder zu kümmern: die Lehrer. Ihre Ausbildung ist hochstandardisiert. Sie alle sind studierte Pädagogen, vom Staat geprüft, zertifiziert und für tauglich befunden. Dennoch kommt speziell bei ihnen niemand auf die Idee, die Auffassung einer Lehrkraft über die Fähigkeiten des eigenen Sprosses automatisch für objektiv richtig und unwiderlegbar zu halten. Im Gegenteil: Noten für das eigene Kind gelten meistens als genauso ungerecht verteilt wie gelbe Karten gegen die eigene Fußballmannschaft und bei entsprechend ambitionierten Eltern wechseln die Kinder schneller die Schule als den Tornister.

Niemand seufzt:

»*Die Lehrer* sagen, dass Annika lieber Hausfrau werden sollte ...« (also macht sie halt kein Abitur).

oder

»*Die Automechaniker* sagen, eine Reparatur lohnt sich nicht mehr, da müsse man direkt den ganzen Motor austauschen ...« (also kaufen wir vor Ort direkt einen neuen Wagen und geben den alten in Zahlung).

Niemand!

Obwohl man auch hier in jedem Fall als Laie vor einem Fachmann steht.

Obwohl man auch hier eigentlich von der Materie keine Ahnung hat.

Bei den Ärzten aber, da machen es alle.

Eine Ausnahme gibt es natürlich. Es ist die Situation, in der kein Arzt sagen kann, was einem eigentlich fehlt. In der die chronischen Rücken-, Magen- oder Kopfschmerzen zu einem Mysterium werden, das auch nach zwei Dutzend Untersuchungen bei verschiedenen Fachleuten keine ursächliche Quelle hat, so dass den Medizinern nichts weiter übrig bleibt, als mit den Schultern zu zucken und einem zu sagen, es sei dann wohl »psychosomatisch«. *Keine* Antwort zu bekommen, führt automatisch zu einer Odyssee durch die Praxen und Kliniken. Niemand akzeptiert ein: »Ich kann es Ihnen nicht sagen«. Und auch ein höflich verklausuliertes »da Ihr Körper nachweislich gesund ist, haben Sie wohl einen an der Birne« wird nicht als Urteil eines unfehlbaren Fachmannes hingenommen, selbst dann, wenn es stimmen sollte. Da zieht man lieber zum nächsten Anbieter, für die Zweitmeinung. Oder die Drittmeinung. Oder die Viertmeinung.

Wenn aber ein Arzt, aufrecht und mit klarer Stimme, eine konkrete Diagnose ausspricht, wird sie in den meisten Fällen klaglos und ohne Gedanken an alternative Möglichkeiten akzeptiert. Selbst und gerade dann, wenn diese Diagnose mit Therapiemethoden einhergeht, die einem intuitiv Bauchschmerzen bereiten, oder wenn sie sogar den nahenden Tod verkündet und es heißt, man könne nichts mehr machen.

Wenn *ein* Mediziner entschlossen etwas verkündet, dann ist es so.

Dann heißt es: *Die Ärzte sagen, dass ...*

Die Ärzte, nicht der Arzt oder die Ärztin.

Die Ärzte, ein allmächtiges, nicht zu hinterfragendes Kollektiv.

Warum ist das so?
Diese wahnsinnige, höchste Autorität kann ja nicht allein in ihrer Qualifikation begründet liegen.

Vier Aspekte sorgen dafür, dass es so schwierig ist, den nicht umsonst bis heute im Volksmund »Halbgötter in Weiß« genannten Menschen auf Augenhöhe zu begegnen.

1. DIE AUTORITÄT DES KITTELS

Kleider machen Leute.

Das ist so.

Niemand kann sich dagegen wehren, auch nicht junge Menschen oder alte Hippies, die glauben, dass ihnen ein Mann in Anzug und Krawatte weniger Respekt einflößt als ein Mann in Jeans und verwaschenem T-Shirt von Led Zeppelin.
Noch viel mächtiger als der Anzug mit Krawatte ist bis heute der weiße Kittel, das ultimative Utensil fragloser Befehlsgewalt. In seiner Fähigkeit, den eigenen, erwachsenen Menschenverstand außer Kraft zu setzen, rangiert er noch über der Uniform, die gerade wir in Deutschland grundsätzlich misstrauisch beäugen, da ihre Autorität in unserer Vergangenheit durch seelisch verkrüppelte, psychopathische Menschenschlächter in einen völlig anderen Kontext gesetzt wurde. Der Kittel aber funktioniert weiterhin. Weltweit.

Der bis heute eindrucksvollste Beleg zur Autoritätshörigkeit gegenüber Kittelträgern ist das berühmte »Milgram-Experiment«, bei welchem ganz normale Menschen dazu gebracht werden konnten, einer vermeintlichen Testperson schwere Stromstöße zu versetzen, wenn diese bei Übungen in der Zusammensetzung von Wortpaaren Fehler machte. Die wahre Testperson dieser Experimente waren freilich die Menschen am Stromregler selbst, die daraufhin geprüft wurden, wie weit sie zu gehen bereit sind, bloß weil ein Mann im

Kittel ihnen das Okay dazu gibt, die Stromstärke immer weiter zu erhöhen.

Zuletzt führte Jerry Burger eine sehr ähnliche Variante an der Santa Clara University im Jahre 2008 durch. Mit einer nahezu gleich hohen Bereitschaft, sich der Autorität des Kittels unterzuordnen und zum Äußersten zu gehen.[1]

Im Krankenhaus, als Patient und im Falle dieses Buches als Angehöriger, sehen wir uns häufig den gleichen Effekten ausgesetzt wie die Probanden bei Milgram. Wir wollen widersprechen, hinterfragen, diskutieren, uns auf Augenhöhe hieven. Doch wir erstarren angesichts der Autorität des Kittels. Auch, wenn es nicht um Leben und Tod geht. Oh, Moment, geht es ja doch ...

2. DIE AUTORITÄT DER KÖRPERSPRACHE

Was unterscheidet Ärzte von Schwestern und Pflegern? Oder deutlicher gefragt: Was unterscheidet Ärzte von Hausmeistern, Putzkräften oder Müllmännern, die im gleichen Krankenhaus ihre Arbeit verrichten? Was hat dafür gesorgt, dass man sich manchmal fragt: Wieso ist dieser 52-Jährige mit graumeliertem Bart Chefarzt und dieser dort, zwei Meter weiter, nur der Scherge, der um den Visitenwagen herum die Krümel vom Boden fegt? Was unterscheidet sie denn bloß? Neben dem Studium, natürlich. Achten Sie einmal darauf – in neunzig Prozent der Fälle wird es die Haltung sein. Männer mit Autorität gehen und stehen aufrecht. Sie machen keinen Buckel. Sie schlurfen nicht. Sie heben die Füße.

Männer mit Autorität ziehen den Kopf nicht ein.

Das hat Wirkung.

Und zwar entscheidende.

Die Sozialpsychologie konnte belegen, was schon im Alltag jeder erfahren kann: Satte neunzig Prozent der Wirkung einer Person auf ihre Umwelt hängt von der Körpersprache und (dazu gleich Punkt 3) der Stimme ab. Allein 55 Prozent der Wirkung bestimmen »Aussehen und Verhalten«.[2]

Unvergleichlich gut demonstrierte das im Jahr 2000 der Philosoph, Linguist und Rhetorik-Coach Professor Gerd Tschauder in seinem Seminar *Gespräche führen* an der Ruhr-Universität Bochum. Wortlos betrat er den Raum, stellte sich mit dem Rücken zu den Studierenden und begann, statt zum Auditorium in die Tafel hineinzusprechen. Niemand hörte, *was* er sagte. Alle waren konzentriert darauf, *wie* er es tat. Gerd Tschauder hätte an diesem Morgen die Weltformel verkünden können – niemand hätte es mitbekommen. Dasselbe gilt im umgekehrten Fall: Ein Redner mit richtiger Haltung könnte minutenlang das Telefonbuch von Hohenberg an der Eder vorlesen, bis er endlich unterbrochen würde, um höflich statt empört gefragt zu werden, worauf genau der Vortrag abziele. Denn *dass* er auf etwas abziele, würde unterstellt.

In Sachen Körpersprache reagieren wir auf unser Gegenüber weiterhin archaisch. Der Mitmensch mag argumentieren wie ein junger Sokrates – lässt er dabei eine machtvolle Körpersprache vermissen, bleiben wir unbeeindruckt.
Wegweisende Forschungen dazu betreibt Professor Amy Cuddy von der Harvard Business School. Ihre erhellenden Studien zur non-verbalen Kommunikation decken auf, was in einer Begegnung zwischen Menschen »eigentlich« geschieht, unabhängig von dem, was gesagt wird. Aus diesen Erkenntnissen hat sie unter dem Begriff *Power-Posing* eine praktische Anwendung für das Geschäftsleben und jede andere Situation entworfen, die Durchsetzungsvermögen erfordert. Die Idee: Nicht bloß die innere Haltung bestimmt, wie die äußere Haltung aussieht, sondern auch umgekehrt. Wer sich selbst äußerlich in Power-Posen wirft, beginnt auch, sich innerlich stärker zu fühlen. Die Basis aller Power-Posen bildet jede denkbare *Erweiterung der Spannweite*, wie sie im Tierreich überall zu beobachten ist. Unter Menschen bedeutet das: Ausladende Gesten statt Verstecken des eigenen Körpers hinter verschränkten Armen, in die Hüften gestemmte statt vor der Brust gefalteter Hände, Öffnung des Körpers statt Abschottung. Oder auch – die Feministinnen weinen ob der Tatsache, dass es wirkt – breitbeinig sitzen statt

sein Gemächt hinter übereinandergeschlagenen Beinen zu verstecken.

Eine enorm wirksame »High-Power-Pose«, die im Büro angewendet wird, *bevor* der Gast den Raum betritt, besteht darin, die Füße auf den Schreibtisch zu legen und sich mit hinter dem Kopf verschränkten Armen in den Stuhl zu lehnen. Zwei Minuten für sich allein (!) in dieser Position führen nicht bloß zu einer Autosuggestion von großer Wirksamkeit, sondern sogar zu einer nachweislichen Veränderung der Körperchemie! Untersuchungen haben ergeben, dass sich der Testosteron-Level bereits nach zwei Minuten Power-Posing um 20 Prozent erhöht. Diesem »Hormon der Macht« steht in den Forschungen Cuddys umgekehrt das Stresshormon Cortisol als Hormon der Machtlosigkeit gegenüber.

Oder, wie es Helen Walters in einem Blogbeitrag auf TED.com in einer Überschrift auf den Punkt bringt: »Fake it 'til you become it.«[3] Täusche es so lange vor, bis du es tatsächlich bist.

Nun ist nicht davon auszugehen, dass Ärzte in ihrem Medizinstudium alle ein Seminar im Power-Posing belegen müssen – sie führen es vollkommen intuitiv aus. Beobachten Sie die hippokratisch Vereideten einfach mal in Hinblick auf ihre Gestik und Körperhaltung. Sie werden *nicht einen* jungen Assistenzarzt finden, der sich bei der Visite oder dem Kollegengespräch im Flur so krumm gebuckelt aufstellt wie ein Student der südslawischen Philologie im 13. Fachsemester, der am Wochenende seinem alten Herren erklären muss, wie genau er sich nun eigentlich seine berufliche Zukunft vorstellt.

3. DIE AUTORITÄT DER STIMME

Eben wurde es oben angesprochen: Neunzig Prozent der Wirkung einer Person hängen allein von Körpersprache und Stimme ab. Auf die Stimme entfallen dabei satte 38 Prozent. Sprechtempo, Betonung, Lautstärke, Farbe und Tonhöhe entscheiden, ob ein Mensch für glaubwürdig, mächtig, sympathisch und charismatisch oder für hinterhältig, einflusslos, unsympathisch oder grau gehalten wird. »Sprechen heißt: sich entscheiden«, schreibt der Rundfunksprecher und Sprecherzieher Joachim Aich[4]. »Der Sprechausdruck transportiert Informationen neben dem reinen Wortinhalt. Mithilfe dieser akustischen Zeichen macht der Sprechende klar, wie er seine Worte versteht und verstanden sehen möchte.« Und: Welche Haltung er zu den Dingen einnimmt. Wer schnell und ohne Pausen durch seine Sätze hastet, signalisiert, dass er es bereits selber für eine unziemliche Anmaßung hält, seine Meinung zu äußern. Er will es einfach nur schnell hinter sich bringen. Wer sich alle Zeit der Welt lässt und seine Sätze mit Pausen und Nachhall wie Schachfiguren in die weite Landschaft stellt, rahmt damit jeden einzelnen Aspekt als bedeutsam und bedenkenswert. Denken Sie an die erfolgreichsten und charismatischsten deutschen Synchronsprecher. Christian Brückner, die Stimme von Robert de Niro. Klaus-Dieter Klebsch, die Stimme von Hugh Laurie in seiner Rolle als Dr. House. Oder Engelbert von Nordhausen, Synchronstimme von Samuel L. Jackson, Gene Hackman oder Bud Spencer. Seine Stimmlage wird in der Sprecherkartei stimmgerecht.de mit den Attributen beschrieben: »Dunkel, dynamisch, facettenreich, kräftig, markant, sehr männlich, sonor, voll, warm.« Drucken Sie diese paar Adjektive aus und Sie haben *die* Liste der Aspekte, die eine Stimme derartig wirkungsvoll macht, dass sie Ihnen alles erzählen kann.

Noch bedeutsamer, um überhaupt irgendeine Form von Einfluss zu erlangen, sind Stimmfarbe und Stimmtiefe bei den Frauen. Auch hier: Gehen Sie beim nächsten Besuch mal mit offenen Ohren durch das Krankenhaus und achten Sie darauf, ob Sie auch nur eine Chef- oder Oberärztin finden, die in einer hohen, piepsigen, mädchenhaften Tonlage redet. Oder eine Oberschwester. Alle Frauen, die in der Klinik irgendetwas zu sagen haben, werden von Natur aus tiefere Stimmen besitzen oder haben es sich angewöhnt, die Melodie ihres Sprechens um mindestens eine Oktave zu senken. Die hohen Lagen, die aus jeder Frau lebenslang ein »Girlie« machen, bleiben den niederen Positionen vorbehalten.

Der letzte Aspekt der »Big Four«, die für massive Autorität sorgen, ist die Kleidung. Ihre Wirkung hat die Fotografin Herlinde Koelbl in ihrem Band *Kleider machen Leute*[5] auf den Punkt gebracht. Sie zeigt dort jeweils Doppelporträts von Menschen in formloser und in formeller Aufmachung. Die Wirkung ist atemberaubend. Ein und derselbe Mann ist im Jogginganzug aus Ballonseide ein ungebildeter Mecker-Rentner und in der Robe eines Bischofs eine orthodoxe, theologisch geschulte Autorität. Eine junge Frau ist in Stoffschuhen des Modells Chuck's, lockerem Rock und trägerlosem Top ein Girlie; ein Foto weiter, in der Kluft einer Schornsteinfegerin, wirkt sie so stark, dass es die Männer einschüchtert.

Die Schornsteinfegerkluft des Arztes ist der Kittel. Dessen ureigene Autorität wurde unter Punkt 1 geklärt. Die weiße Uniform hat allerdings auch einen Nachteil. Sie nimmt dem Doktor die Möglichkeit, anderweitig mit edler Kleidung zu punkten. Die maßgeschneiderten Anzüge können im Krankenhaus nicht zum Einsatz kommen. Daher legen viele Mediziner besonderen Wert auf das *eine* Accessoire, das trotz Kittelpflicht den Unterschied ausmachen kann. Das Detail, das Autorität und Wohlstand wie ein kleiner Scheinwerfer in Szene setzt: Die Uhr.
Schütteln Sie nicht den Kopf.
Wenn ein Spitzen-Uhrmacher der Firma A. Lange & Söhne in Glashütte mit zusammengekniffenen Auge, durch die Lupe schauend, den Unruhkloben graviert, auf den später die Schwanenhals-Feinregulierung montiert wird, ist das in der globalisierten Welt der industriellen Fertigung ein heiliger Augenblick. Und sollten Sie – anders als der Chefarzt – nicht wissen, was ein Unruhkloben überhaupt ist, fängt die Kluft, die das Luxusobjekt »Uhr« zwischen Ihnen und dem Mann in Weiß aufreißt, bereits an. Die Zeitschriften mit Titeln wie *Uhren Magazin* oder *Chronos*, die auf dem Sideboard des Arztes im Büro liegen, sind stärkere Wohlstandssignale als der Daimler oder der Porsche auf dem Personalparkplatz. Ein teures Auto kann jeder leasen. Eine echte Nobel-Uhr tragen nur die oberen Zehntausend.

DIE GEGENMITTEL

Ärzte haben über Tage, Wochen und Monate die Lieben und Verwandten hunderter Menschen in ihrer Gewalt. Sie stellen Diagnosen und befehlen Therapien. Sie schätzen Chancen ein und drehen Daumen. Nach oben oder nach unten. Dabei ziehen sie durch ihre Kleidung, ihre Körpersprache, ihr Abdriften ins Fachchinesisch und ihre grundsätzlich begrenzte Zeit einen Graben zwischen sich und der Kundschaft. Einen Graben, dessen eine Seite noch dazu auf einer Anhöhe liegt, während man selbst unten auf der Ebene herumwuselt und dort Schwestern und Pfleger fragen muss, die nie Genaues wissen und gefühlt alle zwei Stunden die Schicht wechseln. Das ist unbefriedigend und unwürdig.

Da Sie nun vor Augen haben, welche vier Punkte diesen Graben zwischen den Ärzten und Ihnen errichten, können Sie an genau diesen Punkten bereits gegenwirken.

DER *AUTORITÄT DES KITTELS* ...

... setzen Sie die Autorität ordentlicher, erwachsener Kleidung entgegen, die dem Doktor signalisiert: Hier steht kein großer Junge oder kein großes Mädchen vor mir, sondern ein Mann oder eine Frau. Sie müssen dafür nicht Ihr Sparkonto plündern und Anzüge von BOSS kaufen gehen. Sie müssen sich einfach nur bewusst machen, dass Sie im Krankenhaus vor dem Arzt im Prinzip einen Auftritt haben.
Wie viele Generationsgenossen sieht man immer noch in den Klinikfluren vor den Doktoren stehen und dabei ein T-Shirt von Nirvana zu ihren Sneakers tragen, oder ein Scherzmotiv der Simpsons. Die Älteren, die derlei Peinlichkeiten nicht mehr betreiben, nehmen sich allerdings auch eine Menge eigener Autorität, wenn sie die Wanderjacke abstreifen und sich darunter ein kuscheliger, grüner Winterpulli über den Bierbauch spannt. Oder ein Alltagshemd (immerhin: ein Hemd) mit buntem Karomuster, das an ein Spültuch erinnert.

All das unterstreicht – oft für *beide* Seiten unbewusst – die Distanz und den Statusunterschied zwischen Ihnen und dem Arzt. Entscheiden Sie sich stattdessen einfach nur für ein Jackett über einem Hemd zu einer sauberen, teuren Jeans mit gutem Gürtel und Schuhen, bei denen nirgendwo »Turn-« oder »Trekking-« davor steht, reicht das schon aus, um den Graben wieder zu verschmälern.

DER *AUTORITÄT DER KÖRPERSPRACHE* ...

... setzen Sie die Autorität eigener, dominanter Gestik und Mimik entgegen, die dem Arzt klarmacht: Hier steht kein schüchterner Zur-Seite-Gucker und Armverschränker vor mir, sondern ein Mensch, der die non-verbale Sprache des Durchsetzungsvermögens ebenfalls beherrscht. Ob man Sie »für voll nimmt« oder – im wahrsten Sinne des Wortes – »für einen Menschen *ohne Haltung*« hält, dem man alles erzählen und den man rund um die Visite in zwei Minuten »verarzten« kann, entscheidet sich bereits hier. Selbst, wenn Sie »vom Typ her« keine dominante Person sind, haben Sie nun das Handwerkszeug vorliegen, es schon mal äußerlich zu sein, damit Sie es im Laufe der Zeit auch innerlich werden.
Die Beschäftigung mit dem oben genannten Power-Posing ist dazu ein probates Mittel, ebenso das Imitieren befreundeter Vorbilder, die bereits aufrecht gehen und signalisieren: Ich bin der Fels in der Brandung.

DER *AUTORITÄT DER STIMME* ...

... setzen Sie die Autorität eigener, neuer Sprechweisen entgegen, die dem Arzt signalisieren: Hier steht kein hochtönendes Mäuschen vor mir, das im Eiltempo durch die Sätze jagt, um möglichst schnell nach Hause zu kommen, sondern ein Mensch, der sich seine *und* meine Zeit nimmt, um Fragen und Bemerkungen nachhallen zu lassen. Diese Veränderung lässt sich von allen hier vorgeschlagenen am besten trainieren. Gehen Sie zu einem Stimmcoach. Machen Sie ein Sprechtraining, das Sie ohnehin für sämtliche Situationen im Leben gebrauchen können. Sagen Sie sich im Gespräch mit gefühlt höheren

Autoritäten: Ich habe Zeit. Ich habe das Recht, mich auszudrücken und zu fragen. Ich habe immer genug Zeit. Oder auch hier: Kopieren Sie andere, die das schon können. Ihren Onkel Gustav, der so sonor daherbrummen kann wie ein Nebelhorn und der die Ruhe weg hat. Ihren Lieblingsschauspieler, dessen Timing stets perfekt ist und dem Sie – wäre seine Figur echt – Ihr Leben anvertrauen würden. Imitieren Sie. Machen Sie den de Niro. Den Jackson. Seien Sie anwesend.

DER *AUTORITÄT DER UHR* ...

... setzen Sie die Autorität der unter Punkt 1 genannten, guten Kleidung entgegen, die dem Arzt verdeutlicht: Dieser Mensch mag sich keine Breitling leisten können, aber er weiß, wie man sich kleidet. Er hat ein Stilbewusstsein. Es gibt auch bei Zeitmessern viele Möglichkeiten, in einem bezahlbaren Bereich mitzuhalten. Selbst die auf breite Lederbänder montierten Zeitmesser, die einen Hauch von »Rocker« in sich tragen, sind gangbar, wenn Sie zum Rest der Kleidung passen und zu dieser Kleidung weder ein T-Shirt von Metallica noch eine seitlich gebundene Lederhose gehört.

Doch versprechen Sie, dass Sie unter keinen Umständen, egal wie sehr der ein oder andere nun protestieren mag, aber bitte, nie nie nie, als erwachsener Mensch mit einer quietschbunten, himbeerroten, schreiend orangenen oder himmelblauen Ice Watch oder einer »ironisch gemeinten« uralten Casio-Digitaluhr vor dem Arzt stehen.

Nie.

Bitte.

Nie.

»DAS BIN ICH EBEN NICHT!«

Sie fragen sich jetzt wahrscheinlich: Haben die beiden sie noch alle?
Was denken diese Witt und dieser Uschmann sich, mir hier vorzu-
schlagen, ich solle mich ausgerechnet jetzt, in der größten emotiona-
len Ausnahmesituation meines Lebens, mit meiner Körpersprache
auseinandersetzen? Mit Stimmmodulation, Haltung und Kleidung?
Mein Angehöriger stirbt und ich soll meinen Kleiderschrank auf
Vordermann bringen?
Geht's noch?
Denken die, ich habe nichts Besseres zu tun?

Ja, denken wir.
Sie haben nichts Besseres zu tun.
Bitte erinnern Sie sich: Das Wichtigste, was Sie in dieser schweren
Zeit tun können, ist, für Ihren Angehörigen der Anwalt außerhalb
des Bettes zu sein. Und das wird Ihnen – es sei denn, Sie sind bereits
von Natur aus eine Autorität – nur gelingen, wenn Sie sich der Mechanismen bewusst sind, die zwischen Ärzten und Besuchern jeden
Tag immer wieder zu haarsträubenden und unwürdigen Situationen
führen.

Nehmen wir nun an, Sie gehören zu den offenen Menschen, die sich
darauf einlassen. Die sich sagen: Gut. Im Grunde stimmt es. Es
stört mich, wie mich der Herr Chefarzt stets abkanzelt und ich
mich abkanzeln lasse. Es demütigt mich, dass selbst die Oberschwester oder der Oberpfleger mich behandeln können wie einen
kleinen Jungen am Kiosk, der in Latzhose um das letzte Wassereis
bettelt. Und wenn diese Techniken wirklich etwas daran ändern
können – Power-Posing, Stimmfarbe, Kleidung – dann probiere ich
es eben aus!

Was nun passieren kann und immer wieder passiert, ist: Sie probieren das alles ernsthaft aus. Üben daheim vor dem Spiegel eine andere Haltung. Drücken Ihre Stimme in ruhigere und tiefere Gefilde.

Scannen im Hospital die Namen, Nummern und Begriffe und notieren sie sich. Lassen die quietschbunten Turnschuhe zu Hause und schlüpfen in schwarze Slipper zu hochwertiger Jeans und Jackett. Fühlen sich bereit, mit dem Arzt dieses Mal *wirklich* ein Gespräch auf Augenhöhe zu führen oder endlich in aller Deutlichkeit anzusprechen, dass dieses oder jenes, was Ihr Angehöriger Ihnen gegenüber moniert hat, auf der Station verbessert werden müsste.

Und dann … klappt es dennoch nicht.

Trotz schwarzer Lederschuhe, geradem Rücken, ausladender Gesten, ordentlicher Uhr und einer Stimme wie ein Fels.

Es klappt nicht.

Sie fallen im Angesicht der weiß bekittelten Autoritäten nach nicht mal einer Minute in alte Muster zurück.

Erst innerlich.

Dann äußerlich.

Ihr Angehöriger im Bett kann aus seiner Perspektive besonders gut sehen, wie Ihre Schultern langsam sinken, Sie von beiden Füßen fest auf dem Boden auf einen Fluchtfuß wechseln und die linke Hand nervös am gebügelten Hemd zupft, als sei es ein Fremdkörper.

Nach derlei Situationen sagen die Menschen dann häufig, mit echtem Bedauern und großer Enttäuschung über sich selbst, einen Satz, der so wichtig ist, dass er herausgehoben werden muss:

»Das bin ich eben nicht!«

Die Autorität. Der große Mann. Die vehemente Frau. Der Krankenhauskritiker.

Der Medizinermoderator. Der Anwalt außerhalb des Bettes.

»Das alles bin ich eben nicht!«

Ihre gesunden Angehörigen, später, in der Cafeteria, werden daraufhin verständnisvoll nicken, Sie trösten und Ihnen einen heißen Kakao mit Sahne spendieren. Das ist lieb gemeint. Hilfreicher wäre es, würden diese Verwandten Sie freundlich, aber nachdrücklich fragen: »Gut. Du bist das angeblich alles nicht? Ein Nachfrager? Einer, der erwachsen auftreten kann? Einer, der nicht immer nur Ja und Amen sagt? Wie kann es dann bitte sein, dass du am Wochenende eine Autorität bist? Als Handballtrainer, wenn du deine Jungs anspornst, anleitest und wenn nötig anbrüllst? Oder als Chef in deinem Kleinbetrieb, wo alle dich respektieren und niemand dir über den Mund fahren würde? Als Kopf deiner Band, die deine Noten für das neue Lied als Gesetz akzeptiert und im wahrsten Sinne des Wortes nach deiner Pfeife tanzt?«

Das Phänomen, dass sich sogar die Menschen, die im Leben selber Autoritäten sein können, im Krankenhaus gegenüber den Ärzten wieder in Kinder verwandeln, geht eben noch tiefer als die oberflächlichen Aspekte der Körpersprache, Kleidung oder Kommunikationstechnik. Das Gefühl, *in diesem Augenblick*, gegenüber dem Herrn Doktor tatsächlich nicht *so zu sein*, nicht so sein *zu können*, ist absolut real. Es hat zu tun mit einem seelischen Mechanismus, den der Psychologe Eric Berne in seinem Modell der Transaktionsanalyse ausgearbeitet hat, den sogenannten »Ich-Zuständen«. Diese zu verstehen und sich sinnvoll zu Nutzen zu machen, statt ihnen hilflos ausgeliefert zu sein, ist nicht nur für das würdevolle Auftreten in Krankenhäusern, sondern für das gesamte Dasein elementar. Und es ist niemals zu spät, damit anzufangen.

WER BIN ICH GERADE?

In den späten Fünfzigerjahren und 1961 erstmals in Buchform entwarf der amerikanische Psychologe Eric Berne die revolutionäre Theorie der Transaktionsanalyse. »Revolutionär« deshalb, weil Berne sich im Bereich der Psychotherapie selber nicht länger als Weißkittel gab, der am Kopfende der Therapiecouch sitzt und die geheimnisvollen Mittel für die (langsame) Genesung des Patienten alleine in der Hand hält. Für Eric Berne war der Patient ein »Klient«, ein gleichberechtigtes Gegenüber, mit dem man die Werkzeuge *und* die Fachbegriffe (!) der Therapie offen teilt. Ein Kunde, mit dem der Therapeut auf Basis eines »Vertrages«[6] ein beiderseitig vereinbartes Ziel erreicht. Berne schaffte die geheimen Stationsbesprechungen im Hinterzimmer ab. Er vertrat die Auffassung, dass alles, was man nicht mit dem Patienten selbst besprechen könne, unnötiger wissenschaftlicher Ballast sei. Er glaubte, dass jeder Mensch »als Prinz geboren und erst durch den Zivilisationsprozeß zum Frosch werde«.[7] Er hielt unbeirrt an der Freiheit des Einzelnen fest und war überzeugt von der »Heilbarkeit« *jedes* psychiatrischen Leidens.[8] In der Tradition der humanistischen Psychologie orientiert sich seine Transaktionsanalyse an dem Gedanken, »den Ratsuchenden (nicht) zum psychiatrischen Patienten zu machen, zu jemandem, der ›nicht OK‹ ist«, sondern immer davon auszugehen, »daß äußere Umstände und nicht innere Schwäche dazu führen, daß jemand psychiatrischer Patient wird.«[9] In seinem letzten öffentlichen Vortrag erläutert der gerne in Gleichnissen oder Anekdoten sprechende Berne seine Methode wiederholt mit großem Selbstbewusstsein. »Wir drücken uns vor unseren Aufgaben, wenn wir uns auf die Gesamtpersönlichkeit berufen«, heißt es da, und weiter:

»Wir fragen: ›Wie kann man von uns nur erwarten, daß wir jemanden heilen, und dies auch noch in weniger als 5 Jahren, wo doch die gesamte Persönlichkeit von der Störung betroffen ist?‹ Nun gut, ich werde es Ihnen sagen: ›Ein Mann hat einen Splitter im Zeh und es entsteht eine Entzündung; der Mann beginnt ein wenig zu hinken, seine Beinmuskulatur verspannt sich; durch die nun folgende Vermeidungshaltung verspannen sich auch seine Rückenmuskeln, dann der Nacken und schließlich die Kopfmuskulatur; der Mann hat also Kopfschmerzen. Die Infektion verursacht Fieber, sein Puls wird schneller. Kurz: Alles ist in Mitleidenschaft gezogen - seine ganze Persönlichkeit einschließlich seinem schmerzenden Schädel. [...] Schließlich wendet er sich an einen Chirurgen. Der schaut sich den Mann an und sagt: ›Ihr Fall ist sehr ernst. Wie Sie selbst sehen, geht es um Ihre Gesamtpersönlichkeit. Ihr ganzer Körper ist in Mitleidenschaft gezogen; [...] Ich möchte Ihnen keine zu großen Hoffnungen machen – in unserem Beruf garantieren wir für nichts –

aber in drei bis vier Jahren [...] können wir Sie wieder hergestellt haben.‹ [...] Anschließend befragt er einen zweiten Chirurgen. Dieser sagt: ›Oh, Ihr Zeh ist durch diesen Splitter entzündet!‹ Er nimmt die Pinzette, zieht den Splitter heraus, und das Fieber geht zurück, der Puls wird normal, die Kopfmuskeln entspannen sich, dann die Rückenmuskulatur und schließlich die Beine und Füße. [...] So muß die psychotherapeutische Arbeit aussehen: Den Splitter finden und ihn herausziehen!«[10] Hier kommt das wichtigste Werkzeug der Transaktionsanalyse ins Spiel. Die Erkenntnis, die dafür sorgt, dass selbst gestandene Handballtrainer oder Kleinunternehmer am Samstag wie kleine Jungs vor dem Chefarzt stehen und die Zähne nicht auseinander kriegen: Die sogenannten »Ich-Zustände«.[11]

Die Transaktionsanalyse unterteilt unsere Psyche in die Instanzen des »Eltern-Ich« (EL), des »Erwachsenen-Ich« (ER) und des »Kindheits-Ich« (K).

Im Eltern-Ich denken, handeln und fühlen wir so, wie wir es von den Eltern oder anderen Autoritätspersonen übernommen haben. Hier sitzen unsere nicht hinterfragten Überzeugungen darüber, was sich gehört und was nicht. Was überhaupt denkbar oder sagbar ist.

Das Erwachsenen-Ich ist die Instanz des Hier und Jetzt. Der Zustand, in dem wir auf das Weltbild zurückgreifen, das wir selbst mit den Jahren ausgebildet haben. Daher befindet man sich zum Beispiel besonders häufig im ER, wenn man seinen eigenen Beruf ausübt und mit gleichberechtigten Fachleuten darüber spricht.

Das Kindheits-Ich speichert die Gedanken, Gefühle und Fantasien, die uns als Kind angetrieben – oder auch eingeschüchtert haben. Es kommt als »freies Kindheits-Ich« (FK) zum Ausdruck, in dem wir spielen, feiern, toben und uns ausleben. Oder als »angepasstes / rebellisches Kindheits-Ich« (AK/RK), wenn wir uns gegenüber einer Autorität wieder in die Rolle des kleinen Jungen oder des kleinen Mädchens gedrängt fühlen und darauf entweder mit zittriger Schüchternheit (wie etwa bei einer Verkehrskontrolle) oder mit unreflektiertem Zorn (wie etwa bei Demonstrationen oder betrunkener Randale) reagieren. Diesen zwei völlig unterschiedlichen Ausprägungen des Kindheits-Ich stehen zwei Varianten des Eltern-Ichs gegenüber: Das »kontrollierende Eltern-Ich« (KEL), das verbietet, gebietet und tadelt, und das »fürsorgliche Eltern-Ich« (FEL), das sich liebevoll und entschlossen kümmert.

Immer, wenn Menschen miteinander umgehen, vollzieht sich eine »Transaktion« zwischen zwei Ich-Zuständen. Hält eine Polizeistreife Sie an und fragt Sie danach, was Sie wohl gerade falsch gemacht haben, woraufhin Sie mit eingeschüchterten Ausflüchten reagieren, handelt es sich um eine Transaktion vom Typus KEL → AK: die Ansprache eines kontrollierenden Eltern-Ichs an ein angepasstes Kindheits-Ich. Natürlich ist es auch möglich, dass Sie auf Krawall gebürstet sind und den Beamten ohne zu zögern beschimpfen. Dann hätte man es mit einer Transaktion der Sorte KEL → RK zu tun. Auch denkbar wäre, dass Sie ruhig und sachlich im ER auf die autoritäre Ansprache reagieren. Oder aber Sie drehen den Spieß um, steigen aus dem Auto, strecken die Brust raus und sagen: »So. Und jetzt erkläre ich erst einmal Ihnen, was Sie falsch gemacht haben. Als gut ausgebildeter Beamter wissen Sie, dass Sie sich bei mir mit Ihrem Namen vorzustellen haben und mir sagen müssen, was ich falsch gemacht habe, anstatt provokant rhetorische Fragen zu stellen. Ferner verletzen Sie gerade Ihre dienstliche Mützenpflicht.« So eine Antwort wäre der Versuch, die Transaktion zu kreuzen und auf den Kopf zu stellen; selber zum kontrollierenden Eltern-Ich gegenüber dem Polizisten zu werden. Ein Freund von uns hat genau dies einmal getan, als er privat in Zivilkleidung unterwegs war und angehalten wurde. Er war selber hauptberuflich Verkehrspolizist und kam deshalb damit durch; hatte auch nur deshalb überhaupt die emotionale Möglichkeit, es zu tun. So, wie wahrscheinlich nur Mediziner selbst als Begleiter todkranker Angehöriger Chefärzten gegenüber sofort und problemlos im Erwachsenen-Ich oder sogar im kontrollierenden Eltern-Ich auftreten können. Das Klischee vom allseits frechen und vorlauten Laien jedenfalls, der mit Ausdrucken von Wikipedia vor dem Arzt herumwedelt und ihm erklärt, »was das Internet dazu sagt«, ist in Wirklichkeit seltener zu erleben, als es gerne vom Fachpersonal (oder vom erfundenen Fachpersonal in Krankenhausfernsehserien) kolportiert wird.

Entscheidend ist nun, dass so ein Zustand des »Eltern- oder Kindheits-Ich« keine *Erinnerung* daran darstellt, wie man sich einst als Kind in einer bestimmten Situation gefühlt hat. Würde einen die Begegnung mit einem Weißkittel lediglich daran erinnern, wie es früher war, beim Kinderarzt zu hocken, wäre es leichter möglich, diese Bilder abzuschütteln und dennoch in eine symmetrische Transaktion zu kommen. »Ich-Zustände« sind aber keine Erinnerungen, sondern ein *vollständiges Wiedererleben* des ursprünglich aus der Kindheit stammenden Gefühls. Man *ist* in diesen Augenblicken so hilflos oder so euphorisch wie damals als Kind oder so unnachgiebig oder umsorgend wie damals ein Elternteil. Das Gefühl ist in diesem Moment vollständig real, manchmal sogar trotz machtvoller Körperhaltung und Kleidung, die sich daraufhin »gelogen« anfühlt. Die Aussage »das bin ich eben nicht!« ist korrekt, in *diesem* Augenblick, *dieser* Transaktion. Sie müsste genauer lauten: »Das bin ich eben *jetzt gerade* nicht!«

Schon eine Minute, nachdem der Arzt weg ist, schüttelt man sich innerlich und fragt sich, wieso man »gerade so war«. Zwei Tage später steht man als »eigentlich derselbe Mensch« am Spielfeldrand der Handballhalle, brüllt etwas hinein und baut sich vor einem Spieler der gegnerischen Mannschaft auf wie ein Gorilla, der sich auf die Brust klopft.
Und jeder einzelne dieser Zustände ist echt.

Das Potential der Transaktionsanalyse zur Selbsterkenntnis des eigenen Verhaltens und der eigenen Reaktionen auf andere Menschen im Alltag ist unglaublich. Es benötigt nur diese wenigen Begriffe, um mit einem ganz anderen Blick in Begegnungen zu gehen. Um zu verstehen, warum man glaubt, gegenüber dem 1,92 Meter großen Weißkittel niemals »so« (also im ER) »sein zu können«, während man den Angestellten in der eigenen Firma zur Schnecke machen oder auf einer Messe den ganzen Tag über auf Augenhöhe mit anderen Fachleuten verhandeln und sein Produkt anpreisen kann.

Ihr todkranker Angehöriger kann selbst dann, wenn er will, kaum noch in vollem Umfang auf Augenhöhe agieren. Der Schmerz, die Angst, der körperliche Verfall und das Ausgeliefertsein an das Krankenhauspersonal zwingen ihn seelisch, physisch *und* symbolisch (er *liegt* und *sitzt*, ist somit immer »niedriger« als andere) in den Zustand des angepassten oder rebellischen Kindes. Sie aber können stellvertretend für ihn oder sie der Anwalt außerhalb des Bettes sein und ihm die Sicherheit vermitteln, dass Sie – komme, was da wolle – *jetzt und hier* der Mensch sind, der den Ärzten und dem Pflegepersonal gegenüber im Erwachsenen-Ich oder wenn nötig gar im Eltern-Ich agiert. Diese Gewissheit zu geben ist das Allerbeste, was Sie für Ihre todkranken Lieben tun können. Auch, wenn das nicht immer einfach ist und auf erstaunlich vielseitigen Widerstand stoßen kann …

NUR NACH VEREINBARUNG

Ich habe mich vorbereitet. Beste Jeans, gebügeltes schwarzes Hemd, Jackett, gute Schuhe, signalstarke Uhr. Wir schreiben das Jahr 2009 und vor dem heutigen Besuch bei meiner Schwiegermutter bin ich eine geschlagene Dreiviertelstunde auf dem Parkplatz des Hospitals in der Provinz zwischen Westfalen und dem Münsterland herumgelaufen. Durch die Kleinwagen, Limousinen und Transporter hindurch, am Waldrand entlang, hinter das Gebäude und einmal herum um den See, der sich dahinter erstreckt. Mehrfach habe ich bei dieser Runde meine Begegnung mit Chefarzt Doktor Hübner geprobt. Von Doktor Hübner hängt schließlich alles ab. In den Händen Doktor Hübners liegt nun das Schicksal meiner Schwiegermutter, und da ist es angebracht, alle Fragen zu stellen und alle Antworten zu verlangen. Bringt man sein Auto in die Vertragswerkstatt, erklärt einem der örtliche Chefhandwerker – die Kugelschreiberspitze auf dem Auftragspapier – ja schließlich auch, welche Querlenker, Bremsscheiben und Steuergeräte nun wieder ausgetauscht werden müssen, damit das Kraftfahrzeug überleben kann. Die Mindestaufklärung, die ein in die Jahre gekommener Mercedes, Mitsubishi oder Mazda erhält, darf ich wohl auch für meine Schwiegermutter erwarten.

Ich schaue an dem kühlen, zweckmäßig gestalteten Gebäude hinauf, während hinter mir die Schuhe zweier Patienten auf dem feinkörnigen Kies des Weges knirschen. Sie tragen dicke Wollmäntel, Schals und Mützen, doch unten aus dem Saum gucken die gestreiften Beine ihrer Schlafanzughosen heraus. Herbe Männergesichter mit jeweils einer Zigarette im Mund, Reval ohne Filter oder Roth-Händle. Was man als grummelnder Charakterkopf eben so raucht, wenn man ausgerechnet die Zeit zwischen den Jahren in einem Hospital verbringen muss. Meine Schwiegermutter lebt eigentlich in Köln, in einem schönen, denkmalgeschützten Haus zu Weidenpesch, wo die Altholzdielen knarren und die Oberleitungen der Straßenbahn vor dem Fenster quietschend wackeln. Sie ist zwischen Weihnachten und Neujahr bei uns zu Gast und hat ganz sicher nicht geplant, während dieser Zeit in einem westfälischen Krankenhaus am Waldrand zu landen, das man in Abwandlung eines Zitats des Kollegen Dieter Nuhr mit den Worten beschreiben könnte: »Deutschland wurde zwei Mal zerstört: Einmal von den Alliierten und das zweite Mal von den Architekten.« Das einzige, was Schwiegermutter noch betrüblicher stimmt als Krankenhäuser sind Krankenhäuser außerhalb der Stadtgrenzen Kölns. Sie ließ uns und sich

allerdings keine andere Wahl, denn als wir von einem Vorratsein-
kauf nach den Weihnachtsfeiertagen aus der nächsten Kleinstadt
wieder heimkamen, lag sie nicht wie geplant mit einer »schönen Ge-
sichtsmaske« auf dem Sofa und hörte ihre neuen CDs von Michael
Bublé und Till Brönner, nein, sie stand stattdessen im Badezimmer
vor dem Waschbecken und würgte Blut hervor. Dunkles, mit
Schleim vermischtes, aus tiefsten Tiefen emporsteigendes Blut. Mit
Angst in den Augen umklammerte ihre linke Hand den Rand des
Beckens, während sie uns mit der rechten das Trinkglas entgegen-
hielt, in dem sie bereits gute 200 Milliliter ihres Auswurfs gesammelt hatte. Selbst in stressigsten Situationen denkt sie planerisch
und im Voraus. »Die brauchen das doch immer«, sagte sie, und es
sah aus, als würde sie uns mit einer Bloody Mary zuprosten. »Ich
meine, im Krankenhaus. Im Labor.«
Dann lächelte sie auf diese Weise, auf die 68-jährige Frauen lächeln,
die sich selbst nicht als 68-jährige Frauen empfinden und die sich
damals, um 1964 herum, in den Jazzkneipen von Köln, zu den Klängen von John Coltrane und Miles Davis geschworen haben, nicht
älter als dreißig oder fünfunddreißig werden zu wollen. Ein Lächeln,
das sagt: »Scheiße, was? Jetzt haben sie mich doch!«
Wir packten das Nötigste zusammen, zogen Frischhaltefolie über
das Probenglas fürs Labor und brachten sie in das nächstgelegene
Hospital, das große Provinzkrankenhaus mit dem heiligen Christo-
phorus als Schutzpatron, der als Bronzestatue am Ufer des großen
Seeteichs hinterm Haus die in Not Geratenen über die Wasser leitet.

Seither habe ich außer den umtriebigen, aber stets im Vagen verhar-
renden Bediensteten der Notaufnahme den eigentlich zuständigen
Doktor Hübner, Chef der Pneumologie, nicht ein einziges Mal gesehen. Das liegt daran, dass der Bluthusten am Wochenende einsetzte
statt anständigerweise an einem Werktag, und am Wochenende ist
Doktor Hübner regulär überhaupt nicht zu sprechen. Gestern, am
Montag, sagte man mir, ich könne »bei der Visite« Glück haben, ver-
mied es aber, den Zeitrahmen dieser Visite genauer einzugrenzen als
mit der Angabe »irgendwann am Nachmittag«. So huschte ich also

in großzügiger Auslegung des Begriffs von 13:30 Uhr bis 18 Uhr durch die Flure, ohne eine Visite überhaupt zu bemerken. Schwiegermutter selbst erzählte mir, dass in diesen zweieinhalb Tagen seit ihrer Notaufnahme außer dem Tropf und der Ankündigung, dass es am Montag eine Lungenspiegelung gebe, noch »nichts Großartiges« geschehen sei. Der Montag ist nun vorbei. Ohne Lungenspiegelung. Doktor Hübner hat sie allerdings schon persönlich begrüßt, erzählte Schwiegermutter, es muss irgendwann abends gewesen sein, es war jedenfalls schon dunkel und *Wer wird Millionär* bereits bei der letzten Frage. Etwas Konkretes hätte Doktor Hübner nicht gesagt, immerhin sei er »ein schöner Mann«. Derweil hustet Schwiegermutter weiter täglich fleißig Blut und stellt den Schwestern jeden Tag ungefragt ihr Probenglas »fürs Labor« hin, das diese mit spitzen Fingern abräumen und wegschütten, da das Labor natürlich längst genug Material hat, was sie der Schwiegermutter aber nicht mehr zu erklären versuchen, da diese sich an diesem Punkt absichtlich dumm stellt. Das ist so ihre Art, mit der unglaublichen Tatsache umzugehen, dass man in Deutschland sein Innerstes nach außen würgen kann wie in einer Szene aus *Der Exorzist* und dennoch tagelang nichts passiert. Meine Art, damit umzugehen, ist die, heute in seriösem Aufzug und mit einer Rasur, die meinen aggressiven Kiefer betont, gezielt an die Tür von Doktor Hübner zu klopfen und den Mann zum Zustand meiner Schwiegermutter zu befragen, wenn man ihn anders nicht erreichen kann. Wo die Tür ist, habe ich auf der Webseite des Krankenhauses nachgeschlagen. Was den Bluthusten oder das Bluterbrechen alles auslösen könnte, haben wir daheim im Internet recherchiert. Es gibt eine Menge Gründe. Mehr als die Hälfte davon sind lebensgefährlich.

»Was machst du da?«, fragt mich ein kleines Mädchen mit Augenklappe von *Hello Kitty* unter dem rechten Brillenglas. Ich habe das Krankenhaus mittlerweile betreten und stehe einen Flur vor dem Büro von Doktor Hübner. Ich betreibe gerade Power-Posing, bevor ich gleich um die Ecke biege und an die Tür klopfe. Stelle mich bewusst auf beide Füße, stemme die Arme in die Hüften, breite sie aus, atme kräftig.

»Ich, öh …«, stammele ich, wenig powerhaft.

»Sieht lustig aus«, sagt die Kleine.

»Na ja, lustig soll's jetzt nicht gerade rüberkommen«, sage ich.

»Jennifer, kommst du?«, ruft die Mutter des Mädchens, und ich lächele ihr zu, während Jennifer von der Plastiksitzschale neben der Zeitschriftenablage hüpft und sich verabschiedet.

Ich atme noch mal tief durch. »Lustig« …

Ich erinnere mich an alles, was meine Schwiegermutter haben könnte, die ich mit quietschenden Reifen herbrachte, um Minuten zu gewinnen, woraufhin zweieinhalb Tage lang nichts geschah.

Lustig?

Damit ist jetzt Schluss!

Ich gehe auf die Tür zu und klopfe.

Laut.

Neben der Tür steht: Bereich Pneumologie. Chefarzt Dr. Hübner. Sekretariat Frau Grubach. Sprechstunden: Nach Vereinbarung.

Eine Frauenstimme ruft: »Herein!«

»Guten Tag«, sage ich, »Uschmann«, und baue mich vor dem Schreibtisch der Sekretärin auf. »Ich möchte Herrn Doktor Hübner sprechen.«

»Haben Sie einen Termin?«

»Nein, es geht um eine Notfalleinlieferung Samstagnacht. Meine Schwiegermutter.«

Frau Grubach tippt etwas und schaut angestrengt auf ihren Monitor.

»Der Name war Buschmann?«

»Nein, Uschmann. Mit U. Ohne B. Eigentlich Witt.«

»Wie, Witt?«

»Meine Schwiegermutter heißt Witt.«

Frau Grubach klickt und kneift die Augen zusammen. Ich seufze innerlich. Die Frau gehört zu den Menschen, die so tun, als würde sie die Einführung des Computers in ihr Arbeitsleben vor rund zwanzig Jahren bis heute gnadenlos überfordern.

»Ja. Hier. Dorothea Witt. Also …«

Frau Grubach beginnt, den digitalen Eintrag zu entziffern wie eine Archäologin uralte, kaum zu dechiffrierende Zeichen. Sie seufzt.

Rückt ihre Brille zurecht. Rutscht näher an das rätselhafte technische Gerät heran.

Merke!

Es gibt zwei Arten, Angehörige und
Auskunftssuchende im Hospital schnell
und effektiv zu entmutigen. Einschüch-
terung durch Autorität und Zermürbung
durch Angestellte.

Ich spüre, wie meine Körperspannung nachlässt und ich müde werde. Wie alles, was ich in den letzten 45 Minuten geprobt und mir vorgenommen habe, zu zerbröseln droht. Früher ist es immer so gewesen. Im Krankenhaus. Beim Amt. Im Sekretariat der Universität. In Diskussionsrunden zu Bürgerinitiativen. Ich betrat die Räume und Menschengruppen mit Ideen, Vorhaben und Elan, doch sobald mein Gegenüber in dieser Frau-Grubach-artigen Weise zu handeln und zu kramen begann, fiel ich in mich zusammen wie ein missratener Rührkuchen. Innerhalb einer Sekunde war ich nicht mehr der Kapitän, der auf klarem Kurs das Wasser durchpflügte, sondern ein hilflos dem Wellengang ausgesetzter Matrose in einem Rettungsboot, der sich allem fügte.

Das darf mir nicht wieder passieren.

Ich gebe mir innerlich einen Ruck, stelle meine Körperspannung wieder her und sage, vollkommen unabhängig davon, wie weit die Sekretärin gerade mit der Entzifferung ihrer Hieroglyphen ist: »Frau Grubach, stellen Sie sich einmal vor, *Sie* bringen *Ihre* Mutter mit schwerem Bluthusten nachts in die Notaufnahme. Sie haben Angst um ihr Leben, denn sie spuckt nicht einfach nur ein paar Tröpfchen aus. Sie würgt sich die Seele aus dem schmalen Leib! Einfach so, aus heiterem Himmel, und es hört auch nicht auf. Sie denken an Lungenkrebs, natürlich, an Tumore. Oder an eine schlimme Viruserkrankung. Blut, immer mehr Blut. Und dann? Passiert nichts! Gar nichts. Gestern sollte eigentlich in die Lunge reingeschaut werden. Würden Sie nicht denken: Wieso erst am Montag?

Ist das kein Notfall? Und würden Sie nicht erst recht denken: Wieso *immer noch nicht* am Montag?«

Frau Grubach schaut vom Monitor überrascht zu mir auf und setzt an, etwas zu sagen, doch ich spreche bestimmt und laut weiter: »Und würden Sie nicht, wenn das alles vielleicht so seine Richtigkeit hat, Sie als Laie diese Richtigkeit aber nicht verstehen und einfach nur Angst um Ihre Mutter haben, erwarten, dass der zuständige Arzt wenigstens fünf Minuten Zeit für Sie hat? Wenigstens fünf Minuten, um Sie zu beruhigen und Ihnen zu erklären, warum man sich in dieser Sache Zeit lassen kann, obwohl das Blut in dicken Klumpen aus der Mutter schießt?«

Jetzt bin ich fertig und Frau Grubach sieht mich verdattert an. So hat schon lange kein Angehöriger mehr mit ihr gesprochen. Der schüchterne, alte Teil in mir erwartet nun, dass ich eine Rüge bekomme wie ein Kind in der Schule, das sich zu viel herausgenommen hat. Aber mein Erwachsenen-Ich weiß ganz genau: Ich bin kein Sechstklässler und Frau Grubach keine Deutschlehrerin. Ich habe ein Recht, Doktor Hübner zu sprechen. Und Schwiegermutter ist, wenn auch gesetzlich versichert, letztlich eine Kundin und somit theoretisch: König.

Frau Grubach räuspert sich und legt einen Tacker von links nach rechts. Eine Übersprunghandlung aus Verlegenheit, vergleichbar einer Katze, die sich nach dem Zerdeppern einer Vase erst mal die Pfoten leckt.

Keine Rüge.

Keine Lehrerin.

Ich bin wieder auf Kurs.

Frau Grubach sagt: »Der Doktor Hübner hat viel zu tun. Deswegen auch nur Sprechstunden nach Vereinbarung. Aber in diesem Fall … ich sehe, dass … also … sprechen Sie ihn bitte nachher während der Visite an.«

Ich schnaufe verächtlich: »Wann? Zwischen 13:30 Uhr und 18 Uhr?«

»Herr Buschmann, ich verstehe ja …«

»Uschmann! Mit U!!! Ohne B!!!«

»Entschuldigung.«

»Sagen Sie mir bitte eine konkrete Zeit, wann der Doktor auf der Station ist und seine Visite macht. Ich bin dann bei Schwiegermutter.«

Frau Grubach sagt: »Das ist immer verschieden.«

Ich sehe ihr tief in die Augen, ohne zu blinzeln, und verfolge sie auch dann, als sie woandershin zu schauen versucht. Schließlich sagt sie: »Seien Sie zwischen vier und halb fünf auf dem Zimmer. Ich sage ihm, dass Frau Witts Schwiegersohn dort wartet.«

»Danke«, antworte ich, drehe mich um und lasse erst die Anspannung los, als ich die Tür hinter mir geschlossen habe.

DAS VERFALLSDATUM

Um 15:30 Uhr sitze ich im Zimmer meiner Schwiegermutter und warte auf die Visite. Vor dem Fenster fallen gräuliche Flocken hinab wie Flusen aus einem lange nicht ausgeschlagenen Teppich. Es schneit. Auf dem Nachttisch steht eine Sprühflasche Sagrotan neben der Fernsehzeitung. Schwiegermutter benetzt jedes fremde Zimmer regelmäßig mit dem Desinfektionsmittel, auch in Hotels. Im zweiten Bett neben dem Schrank röchelt eine runzelige 85-Jährige vor sich hin. Klein, krumm und eingefallen verschwindet sie in Kissen und Decke wie ein Kind. Jemand hat ihr den Kopfhörer für den Fernseher auf den winzigen Kopf gesetzt, in der Annahme, Sendungen wie *Verdachtsfälle* oder *Familien im Brennpunkt* würden die alte Dame interessieren. Ihr knarrendes Schnarchen zeigt, wie zutreffend diese Einschätzung war. Die Lungenspiegelung meiner Schwiegermutter hat auch heute noch nicht stattgefunden.

»Oliver, ich sage es dir. Wenn mir noch mal einer erzählt, alt werden wäre etwas Gutes, dann springe ich ihm mit dem nackten Hintern ins Gesicht.«

Schwiegermutter lächelt gezwungen.

Das mit dem nackten Hintern ist eine Kölner Redewendung. Oder eine Redewendung der Familie Witt. In meiner Ursprungssippe aus

Wesel sagt man in diesem Fall eher: » ... dann kriegt der was von mir zu hören.« Wobei diese Drohung immer nur meine eigene Mutter wahrmacht.

Ich sage: »Wär's dir lieber, du wärst schon unter der Erde?«

Schwiegermutter seufzt: »Sei doch nicht so streng mit mir.«

»Doch, ich bin streng!«

»Ich will doch nur bedauert werden.«

Das stimmt.

Und auch wieder nicht.

Der Grund, weswegen ich auf Schwiegermutters Klage über das Altern stets so streng reagiere, liegt darin, dass sie ein eingebautes Verfallsdatum hat. Das ist ernster, als es klingt. Der bereits oben erwähnte Psychologe Eric Berne hat auch dieses Phänomen untersucht und es unter dem Begriff des »Skripts« zusammengefasst. Die Idee lautet, dass »jeder von uns [...] bereits in seiner frühen Kindheit eine Entscheidung darüber (trifft), wie er leben *und sterben* wird«,[12] und dass wir alles daran setzen, diesen Lebensplan auch tatsächlich umzusetzen. Es ist wie ein Drehbuch unseres Daseins und wie jedes Drehbuch braucht auch dieses eine Prämisse, klar verteilte Rollen, ganz bestimmte Annahmen über »die Wirklichkeit« und ein festgesetztes Ende. Das Skript bestimmt das Bild »(1.) von sich selbst, (2.) von den anderen, (3.) von der Welt und dem Leben als ganzem und (4.) darüber, wie (das) Leben verlaufen wird.« Es wirkt wie ein Gesetz, das uns schon früh eingeschrieben wird, dem wir uns nicht völlig bewusst sind und das dafür sorgt, »daß der Betreffende [...] (1.) seine Erfahrungen so auslegt oder (2.) gewisse Erfahrungen aufsucht oder sogar (3.) Ereignisse so arrangiert, daß dieser Lebensplan fortlaufend sich selber bestätigt.«[13]

So kommt es etwa, dass jemand, der mit dem Lebensplan aufgewachsen ist, »am Ende doch wie sein Vater« zu enden und somit zum Beispiel Trinker, Schläger oder einfach nur unglücklicher Beamter zu werden, sein Verhalten genau so ausrichten wird, dass exakt dies eintritt. Menschen, die ihm guttun und ihm andere Wege aufzeigen, verletzt er und drängt sie aus seinem Leben, stößt sie von sich, bezeichnet sie als »anmaßend« oder »übergriffig« oder

»anstrengend« oder »kompliziert«. Er redet sich ein, sie wollten ihn nur »als ihr eigenes Projekt« formen …, oder er lässt es sich einreden von seinen »wahren Freunden«, die immer so »realistisch« sind, ihm »unverblümt« zu sagen, warum all diese Traumtänzereien keinen Sinn haben, und die ihn stets fragen, wie er sich das eigentlich vorstelle, was er denn damit wolle und ob er tatsächlich gewillt sei, seine sichere Position aufzugeben. Jeder Mensch folgt einem solchen unbewussten Lebensplan, der vor allem dadurch entsteht, was die eigenen Eltern in den ersten sechs bis zehn Lebensjahren vorleben. Es sei betont: Was sie vor*leben*. Nicht, was sie *sagen* oder als offizielle Erziehung anmahnen. Meistens besteht in Familien zwischen dem Gesagten und dem Gelebten schließlich eine ähnlich große Diskrepanz wie in der Politik zwischen der Rhetorik auf der Kanzel und den tatsächlichen Handlungen. Ich, Oliver Uschmann, »mit U ohne B«, bin beispielsweise seit meiner Kindheit davon überzeugt, dass sämtliche Aufgaben, die abseits des Schreibens von Büchern und anderer Geistestätigkeiten liegen, grundsätzlich schwer, anstrengend und zum Scheitern verurteilt sein müssen. Ein normaler Mann kann Handwerkliches jedenfalls nicht erledigen (mein Vater zumindest konnte es nicht; was bei mir als Kompetenzkern das Schreiben war, war bei ihm der aktive Fußball), dafür müssen Experten und Profis vorbeikommen; allenfalls Onkel Martin als gelernter Klempner. Die Tatsache, dass ich dank Sylvia in den letzten zehn Jahren gelernt habe, mit Hammer, Dübel, Bohrer, Schrauber, Stichsäge, Kappsäge, Maßband, Farbrolle, Abdeckfolie, Malerfarbe und sogar Fliesenschneider umzugehen, ändert nichts daran, dass ich mich aufgrund dieses Drehbuchs, in dem jede Anmaßung des praktischen Heimwerkens stets im Scheitern enden muss, bei jedem neuen Ansatz wieder so fühle wie beim ersten Mal.

Die fatalsten, weil tatsächlich tödlichen Skripts sind jene, in denen festgelegt ist, wann man gefälligst zu sterben hat. Meistens ist dieses persönliche »Verfallsdatum« deckungsgleich mit dem Todeszeitpunkt der wichtigsten eigenen Bezugsperson. Die innere Direktive lautet: Unter keinen Umständen wirst du älter als dein Vater oder deine Mutter!« Sie kann natürlich auch indirekter formuliert werden. Auch hier ein Beispiel aus der echten Uschmann-Familie. Mein Großvater mütterlicherseits starb mit 66 Jahren an Krebs. Er hatte sein Leben lang fleißig gearbeitet und war gerade erst in Pension gegangen. Ich war sechs Jahre jung, als er ging, lag weinend auf der grünen Couch unter den Pflanzen der Fensterbank, starrte tränenverwischt auf die Textiltapete und konnte es nicht glauben. In diesem Augenblick tröstete mich meine Mutter mit religiösen Bildern und den standardisierten Sätzen aus dem Phrasenfundus vorm Sechswochenamt. Dass Opa nun im Himmel sei und es ihm gut ginge. Dass wenigstens sein Leid ein Ende hätte und dass es doch schließlich »am besten so« gewesen sei.

Das war sozusagen die kein Skript (!) bildende, »offizielle« Version. Viel häufiger hörte ich daraufhin im Alltag, an der Haustür, beim sonntäglichen Kaffeetrinken, auf dem Wochenmarkt oder beim Besuch des Versicherungsmenschen in unserer Wohnung die entscheidende, durchaus skriptbildende Äußerung aus dem Munde meiner Mutter, die da lautete: »Ja. So läuft das nämlich im Leben. Du malochst 45 Jahre, freust dich auf die schönen Jahre in der Rente, nimmst dir viel vor und dann? Kippst du mit 66 tot um!«

Diese feste Überzeugung war nicht gezielt für meine kindlichen Ohren bestimmt und natürlich geprägt von den Zwischentönen erwachsener Kommunikation wie Ironie, Sarkasmus und kathartischem Fatalismus. Sechsjährige verstehen diese Zwischentöne aber nicht. Sechsjährige nehmen alles wörtlich. Und speichern es als Drehbuch ab.

Das Skript meiner Schwiegermutter nun lautet: »Niemals im Leben werde ich älter als meine eigene Mutter!« Es bildete sich ganz einfach dadurch, dass bereits Schwiegermutters Mutter selbst diese Überzeugung bezüglich *ihrer* eigenen Mutter pflegte – und tatsächlich auch prompt im gleichen Alter starb.

Ohne Vorerkrankung.

Ohne langen Siechenweg.

Es würde mich nicht wundern, stürben die Frauen in der Ahnen-reihe der Familie Bock (so Schwiegermutters Mädchenname) bereits seit der Zeit des Nordsee-Reichs unter Knut dem Großen immer mit genau 68 Jahren ... selbst, wenn sie ein paar Tage vor dem Geburtstag noch kerngesund in weiten Sprüngen über die Wiese gehüpft sind.

Nun haben sich in Form von Sylvia und mir das erste Mal seit rund neunhundert Jahren die Kinder einer Frau Bock mit Psychologie beschäftigt und der Schwiegermutter die Augen für ihre eigene Programmierung geöffnet. Sie weiß über ihren unbewussten Lebensplan Bescheid. Die Tatsache, dass sie nun – immerhin »erst« fünf Monate nach ihrem 68. Geburtstag im Juli – aus heiterem Himmel Blut hustet, ist ein Beleg dafür, dass die Theorie stimmt. Und genau der Grund, weshalb ich mit ihr so streng bin. Ein Teil von ihr *will* den Sterbetermin laut Lebensplan erfüllen und das sogar, *obwohl* sie davon weiß. Denn Wissen schützt vor Skriptmacht nicht, was sogar Eric Berne als Entdecker dieses psychologischen Erklärungsmodells selbst feststellen musste: Er kannte sein eingebautes seelisches Verfallsdatum (das Alter seines Vaters) ebenfalls und starb dennoch »pünktlich« mit nur 60 Jahren an einem plötzlichen Herzinfarkt.

Umso größer ist also meine Sorge, dass Schwiegermutter sich ein wahrhaft tödliches Leiden eingefangen hat.

Und umso größer mein Ärger, dass dem seit nun dreieinhalb Tagen keiner in diesem Krankenhaus näher nachgeht.

»Hast du auch das mit dem Fieber aufgeschrieben?«, fragt mich Schwiegermutter. Sie tippt auf einen selbstgeschriebenen Zettel. Sie schreibt viele solcher Blätter. Meistens sind es Aufgabenlisten für mich.

»Ja«, sage ich. »Werde ich den Doktor auch fragen.«

Mit dem Fieber meint Schwiegermutter das »Denguefieber«, eine schwere subtropische Erkrankung. Steckt man sich das erste Mal damit an, durchleidet man einen grippeähnlichen Zustand ohne weitere Komplikationen. Kommt es irgendwann einmal zu einer Zweitinfektion, wird es richtig schlimm und lebensbedrohlich. Dann gehört auch »Bluterbrechen« zu den Symptomen. Das erste Mal könnte Schwiegermutter sich bei ihrem Urlaub in Sri Lanka vor zwei Jahren angesteckt haben, den sie wegen steten Unwohlseins abbrach. Die Zweitinfektion könnte in Australien geschehen sein, wohin sie uns vor knapp einem Jahr zur Hochzeit am Strand begleitete. Zwar ist es sehr unwahrscheinlich, dass die Erreger solange ohne Ausbruch der Krankheit in ihr gesteckt haben, aber um auf Nummer sicher zu gehen, werde ich dem Doktor anbieten, eine entsprechende Blutuntersuchung durch ein Tropeninstitut selber zu zahlen. Er wird mir glauben, dass ich das ernst meine und tatsächlich bezahlen kann – Stichwort Uhr und Rasur –, wenn er denn mal auftaucht …

Die Zeitspanne, die Frau Grubach mir für die Visite genannt hat, ist vorbei. Im Fernseher sind die *Familien im Brennpunkt* gelaufen und es beginnen die *Betrugsfälle*. Vom etwas lauter eingestellten Pegel der Werbung kurz geweckt, blinzelt die runzelige Bettnachbarin auf den Bildschirm und wird – geschmackssicher, wie sie ist – auf der Stelle wieder ohnmächtig.

»Das ist nicht zu fassen«, sage ich und fühle mich bei allem Ärger gut. Ärger bedeutet nämlich, dass ich immer noch auf Kurs bin. Kapitän des Bootes Kraft des gerechten Zorns und nicht schüchterner Matrose im Rettungskanu, der nach der Leine bettelt.

Es klopft.

Eine halbe Sekunde danach öffnet sich die Tür und ein Arzt betritt den Raum, eine Schwester und einen Praktikanten im Schlepptau, der den Wagen mit den »Kurven« schiebt, wie man im Krankenhaus die Akten nennt. Er ist sicher ein Praktikant. Schüchtern, bartlos, kaum geschlechtsreif.

Die Visite.

Ich mustere Doktor Hübner, den laut Schwiegermutter »schönen Mann«. Er sieht aus wie eine Mischung aus Tom Selleck und meinem eigenen Vater in den guten späten Fußballjahren, in denen er den SV Bislich oder Grün-Weiß Flüren trainierte. Welliges Haar, treue blaue Augen, markante Wangenknochen und ein ohne Scheu zur Schau getragener Achtzigerjahre-Schnauzer. Ich vertraue ihm jetzt schon. Merke, wie ich dazu tendiere, ihm die Wartezeit zu verzeihen. Reiße mich innerlich zusammen, straffe mich und denke mir: Diese Kombination ist optimal. Ich bin aufrecht und sicher, ärgerlich und im Recht, aber zugleich strahle ich gerade neben meiner Entschlossenheit auch eine Grundsympathie für den Doktor aus. Beides zusammen wird uns ermöglichen, um in der Sprache der Transaktionsanalyse zu sprechen, von Erwachsenen-Ich zu Erwachsenen-Ich miteinander zu reden.

Jetzt.

Doktor Hübner bemerkt mich, und sein Blick verändert sich von warm und kollegial väterlich zu kühl und verärgert.

»Und wer sind Sie?«, fragt er.

»Uschmann. Der Schwiegersohn.«

»Buschmann?«

»Uschmann. Mit U. Ohne B.«

»Sie müssen jedenfalls eben raus.«

Ich traue meinen Ohren nicht. Mein Bootsrumpf bekommt einen Haarriss.

»Aber ich warte doch extra auf Sie. Hat Ihnen Frau Grubach das nicht gesagt?«

»Meine Sekretärin? Nein. Es ist jetzt Visite. Da müssen alle Besucher raus.«

»Aber ich wünsche Aufklärung darüber, was mit meiner Schwiegermutter los ist.«

»Jetzt ist erst mal Frau Klopek dran«, sagt er, beugt sich über das Bett der Runzeligen mit dem Kopfhörer und ruft: »Nicht wahr, Frau Klopek!!!???«

Frau Klopek schlägt die Augen auf und starrt Doktor Hübner an, als frage sie sich: Was für einen Betrugsfall hat der jetzt zu verantworten???

»Aber …«, setze ich an, doch der Doktor schneidet mich ab.

»Ich kann Sie ja wieder reinrufen, wenn Ihre Mutter dran ist.«

»Schwiegermutter«, sage ich und der Doktor winkt mich mit der Rückseite seiner Hand aus dem Zimmer wie eine lästige Fliege.

Ich verlasse kopfschüttelnd den Raum.

Auf dem Flur hängen gerahmte Aufnahmen formschöner Rosenbüsche und von Wildwiesen mit Glockenblumen. Die zwei Männer, die vorhin draußen spazieren waren, schleichen hustend über den Gang und tauschen sich über Fußball aus. Mir fällt ein, dass ich meinem Vater immer noch die Gesamtauswertung unseres Tippspiels aus der Bundesliga-Hinrunde senden muss. Es wird allerhöchste Zeit. Mein Vater hat mich haushoch geschlagen. Hinter der Tür höre ich undeutlich die Worte, die Doktor Hübner schnell und kantig an Frau Klopek richtet. Es gibt eine kurze Pause. Dann spricht er erneut. Nach nur drei Minuten öffnet sich die Tür, und der gesamte Tross samt Schwester und Praktikanten verlässt das Zimmer. Als stünde ich überhaupt nicht da, schreitet Doktor Hübner schon auf die nächste Tür zu. Mein Zorn schwillt an, aber dieses Mal erzeugt er eher weitere Risse im Boot denn eine gefestigte Haltung als Kapitän.

»Äh, Doktor Hübner?«

»Ja, was denn?«

»Wollten Sie mich nicht wieder reinholen, um mir was zu meiner Schwiegermutter zu sagen?«

»Ach so, ja«, sagt er, die Hand schon auf der Klinke der nächsten Tür. »Die Lungenspiegelung ist morgen früh. Waren einige Notfälle davor.«

»Notfälle? Was ist denn dann Bluterbrechen, wenn ich fragen darf?«

»Es geht alles seinen Gang. Jetzt entschuldigen Sie mich, ich mache Visite.«

Wie der Mann mich behandelt, reibt mich auf und macht mich klein zugleich. Es ist, als würden meine Schuhe sich in Sandalen verwandeln und mein schwarzes Hemd zu einem dämlichen Scherz-T-Shirt mit der Aufschrift *Waschbrettbauch? Hatte ich schon. Steht mir nicht.*

»Aber was vermuten Sie denn? Ich mache mir Sorgen, hören Sie? Muss ich mich auf einen Tumor einstellen, oder ...?«

Doktor Hübner antwortet mit einer Phrase, die einstmals sympathischen Augen nur noch zwei arrogante Knöpfe: »Jetzt bleiben wir erst mal ruhig.«

Ich sage: »Was sie sicher selbst noch nicht erwähnt hat: Schwiegermutter war in den letzten zwei Jahren zwei Mal in den Tropen. Daher habe ich die Bitte, Sie haben ja eh schon Blut, dass Sie das auf Denguefieber untersuchen lassen. Ich komme auch privat für die Kosten auf.«

Doktor Hübner öffnet die Zimmertür der nächsten Patienten, als hätte ich gar nichts mehr gesagt. Sieht mich nicht mal mehr an. Die Schwester huscht an ihm vorbei. Der devote, milchgesichtige Praktikant schiebt den Kurvenwagen hinein. Doktor Hübner macht Anstalten, die Tür zuzuziehen.

»Hallo? Haben Sie gehört? Denguefieber?«

Er rollt mit den Augen, zieht an der Tür und sagt, während sie sich vor mir schließt: »Ich habe es zur Kenntnis genommen.«

Dann ist die Tür zu.

Ich stehe auf dem Flur wie ein begossener Pudel.

Er hat es »zur Kenntnis genommen«.

Heißt auf Deutsch: »Du bist ein Käfer, Schwiegersohn. Uschmann mit U ohne B. Ein Krümel. Belästige mich nicht in meinen Kreisen mit deinen Sorgen und deinen tropischen Theorien aus Wikipedia. Sprich mich nicht an, wenn ich auf Visite bin und somit einmal am Tag vom Olymp herabsteige, für 90 Sekunden pro Patient. Du Käfer.«

Ich koche.

Der Ich-Zustand, in dem ich mich nun befinde, ist pures, zügelloses, rebellisches Kindheits-Ich. Ein erwachsener Mensch ist weit und breit in mir nicht mehr zu finden. Ich schlage gegen die Tür, hinter welcher Doktor Hübner verschwunden ist und brülle über den Flur: »Zur Kenntnis genommen???« Danach schimpfe ich, leiser und nur noch von den zwei alten Rauchern zu hören, die am Ende des Flurs in einer Sitzecke hocken: »Arschloch!«

Dann laufe ich.

Die Treppen hinunter zum Wagen, ohne noch mal zur Schwiegermutter zu gehen. Wird ein Mensch derart gedemütigt, werde *ich* derart gedemütigt, schaltet sich jedes normale Programm kurzfristig aus. Als hätte man mich aus den sonst gültigen Randbegrenzungen der Welt gestoßen wie einen Autoscooter, der nun unkontrolliert über den Rummel rast. Ich stapfe aus dem Haupteingang hinaus und ertrage den Spießrutenlauf durch die Raucher, die direkt vor der Tür unter dem langen Vordach stehen und einen Meter neben dem Verbotsschild zwanzig Zichten durchziehen, so dass der Eingangsbereich stinkt wie eine erkaltete Eckkneipe in den Siebzigern. Trete eine Mülltonne krumm. Fluche. Reiße die Autotür auf. Krame in der Mappe mit gebrannten CDs herum und schiebe eine mit amerikanischem Gangster-Rap in den Schlitz, den ich immer höre, wenn ich im wahrsten Sinne des Wortes »außer Rand und Band« bin. Diese Musik ist nicht geschrieben für irgendeine Form von »Erwachsenen-Ich« auf Seiten ihrer Hörer. Sie spricht ausschließlich das rebellische Kindheits-Ich an, das enttäuscht, zornig, bitter, wütend und dennoch so hilflos ist, dass es sich in Schimpfworte flüchten muss wie ein auf dem Rücken zappelnder, nun ja, Käfer, der zischt und speit, aber dennoch nicht auf die Füße kommt.

»I meet mo' bitch niggaz than hoes«, rappt Snoop Doggy Dogg zu einer Basslinie, die das Auto erbeben lässt, »and I really don't know, but that's just how it go (damn).«

Sinngemäß richtig übersetzt heißt das: »Ich treffe mehr verräterische Kerle als Huren.« Die wörtliche Übertragung eines »Bitch Niggaz« in »Schlampenneger« wäre irreführend. Die Spezies des »Bitch Niggaz« ist einfach nur ein Mann, der einem den Dolchstoß gibt, der einen schlecht behandelt, der einem die Ehre nimmt, der einen, wie es einheimische Jugendliche sagen würden, »fickt«.

Wie Doktor Hübner.

Doktor Hübner hat mich gefickt.

»Dog, so many niggaz like to keep up shit/ And just like a bitch/ Niggaz be talkin' shit«, pumpt es asozial aus der Limousine.

Mit quietschenden Reifen fahre ich vom Parkplatz und lasse Bass und Rapper Schimpfworte auf den Asphalt spucken wie Schrauben, die klirrend aus meinem endgültig aufplatzenden Boot springen.

ALTERNATIVLOSE POLITIK

Eine Stunde später habe ich mich wieder im Griff. Mich mit Sylvia besprochen. Schwiegermutter angerufen. Den Autoschlitz mit der Navigator-CD ausgestattet und die »Bitch Niggaz« zurück ins Mäppchen gesteckt.

Ich habe, technisch gesprochen, das Erwachsenen-Ich reaktiviert, trage immer noch meine guten Klamotten, stehe mit einer Tasse Kaffee in der Hand am Fenster unseres Hauses und rufe den Chef des Krankenhauses an.

> _Merke_!
> Der erwachsene Weg, eine ignorante
> Autorität zur Räson zu bringen, besteht
> darin, eine noch höhere Autorität über
> das Fehlverhalten ihres Untergebenen in
> Kenntnis zu setzen.

Der Chef des Krankenhauses heißt korrekt gesprochen »Geschäftsführer«. Das ist auch gut so, denn ein Hospital ist selbst unter kirchlicher oder staatlicher Obhut ein Unternehmen, das sich weder große Verluste noch empörte Kunden leisten kann, die glaubhaft machen, dass sie ihre Empörung – sollte sich nichts ändern – nicht für sich behalten, sondern über alle Kanäle ins weite Land hinausposaunen werden. Erst recht, wenn sie hauptberuflich Journalisten und Schriftsteller sind.

Geschäftsführer des Hospitals ist Herr Gold. Ein schöner, sprechender Name für einen Mann, der die Finanzen beaufsichtigt. Herr Gold sieht weder aus wie Tom Selleck noch wie mein Vater in den Landesliga-Fußballjahren, sondern eher wie ein trockener, verlässlicher Manager. Sein Foto ist im Internet zu sehen. Es dauerte ein wenig, bis ich herausfand, wo er zu finden ist und wie seine Telefonnummer lautet. Selbstverständlich hängt er sein Kontaktschild nicht allzu öffentlich an die virtuelle Wand. Nun ist er jedenfalls an der Strippe und ich erläutere ihm den Fall und inszeniere die demütigende Behandlung durch Chefarzt Doktor Hübner verbal in allen schillernden Farben.

Aufrecht.

Tiefe Stimme.

Stille Power-Posen.

Sinnvolle Pausen.

Bestimmt, aber ruhig.

Herr Gold zeigt sich entsetzt. Nicht über meine Beschwerden, sondern über das Verhalten seines führenden Pneumologen. »Das geht gar nicht«, sagt er, »da stimme ich Ihnen zu, Herr Uschmann.«

»Uschmann« sagt er. Ohne B. Von vornherein richtig.

Er versichert mir, dass er Doktor Hübner darauf ansprechen werde, auch die Herauszögerung der Lungenspiegelung sei »nicht hinnehmbar«, er kümmere sich um alles und melde sich wieder bei mir.

Er tat es … noch bevor ich Jackett und Hemd gegen meine Bequemsachen getauscht hatte.

Einen Tag später sitze ich vor der Tür der Untersuchungsräume, in der die Lungenspiegelungen gemacht werden. Schwiegermutter ist die erste des Tages. Die Tür öffnet sich. Doktor Hübner kommt heraus und sieht mich in der braunen Plastiksitzschale. Die Bilder hier unten zeigen keine Rosenbüsche, sondern Alpakas, wie sie melancholisch und leicht ratlos bei Sonnenuntergang in den Weiten der Anden stehen.

Doktor Hübner räuspert sich, gibt mir die Hand und setzt sich neben mich in die zweite Schale. Lehnt kurz die Ellbogen auf seine Oberschenkel. Begibt sich sozusagen »auf eine Ebene« und signalisiert: Ich bin doch auch nur ein Mann.

»Verzeihung noch mal wegen gestern«, sagt er und lächelt nun so unter seinem Schnauzer, wie auch Tom Selleck oder mein Vater lächeln würde. Neben seinen Augen bilden sich Lachfältchen. Er ist ein schöner Mann.

Ich nicke gütlich.

»Schon gut.«

Er richtet sich wieder etwas auf, dreht sich zu mir und sagt: »Also, die gute Nachricht. Tumore oder Tumorähnliches haben wir nicht finden können.«

Ein Stein fällt mir vom Herzen.

» … allerdings gibt es da eine seltsame Verformung an einem Lungenflügel, der wir noch näher nachgehen müssen. Als nächstes machen wir also ein CT.«

»Und die Sache mit dem Denguefieber?«

Doktor Hübner lächelt, nicht abschätzig, eher fürsorglich. Er dreht sich noch einen Zentimeter weiter zu mir.

»Herr Uschmann«, sagt er, ohne B, »sehen Sie. Ich verstehe Ihre Sorge. Ich schätze Ihr Engagement. Und die Idee mit der Zweitinfektion, die zu hämorrhagischem Fieber und Bluterbrechen führt, war wirklich gut. Aber seien Sie versichert: Diese Viren überleben nicht ein Jahr ohne Ausbruch in Ihrer Schwiegermutter. Niemals. Unter keinen Umständen. Hätte sie sich in Australien wieder angesteckt, wäre es definitiv schon auf dem Heimweg ausgebrochen. Spätestens eine Woche danach.«

So will ich das hören, denke ich mir. So kann ich es akzeptieren.

Ich sage: »Okay.«

Danach sitzen wir noch eine Weile unter den Alpakas, sprechen über die kommenden Maßnahmen und über die anstrengenden Berufe des Arztes und des Schriftstellers, die sich doch beide mal, hin und wieder, eine Laune leisten dürfen.

Zurück auf dem Parkplatz fühle ich mich stark.

Als Anwalt meiner Schwiegermutter im Krankenbett, das aufgrund ihres eingebauten Verfallsdatums laut Lebensplan ihr Sterbebett werden könnte, bin ich wieder im Spiel.

Um mich zu belohnen, steige ich nicht sofort in den Wagen, sondern gehe eine Runde im angrenzenden Waldstück spazieren. Wälder sind für mich grundsätzlich Orte des Friedens. Sommers, winters, immer. Der leichte Schnee von gestern fällt heute nicht. Es bricht sogar ein wenig Wintersonne durch die dichten Kronen. Ein Hund rast an mir vorbei, sein Herrchen schlendert fünfzig Meter hinterher und grüßt mich zufrieden. Kein Patient, sondern ein Anwohner aus den Vierteln hinter den Hainen.

Mir fällt wieder ein, dass ich die Gesamtauswertung des Bundesliga-Tippspiels immer noch nicht rausgesendet habe und es außerdem höchste Zeit wird, meinen Vater anzurufen. Ich greife nach dem Telefon in meiner Hosentasche und spüre, wie die Stärke, die ich eben noch empfand, von mir abfällt.

Auf den Waldboden bröselt.

Im Unterholz verschwindet.

Mein Vater ist todkrank.

Unwiderruflich.

Seit geraumer Zeit.

Der Lungenkrebs wütet in ihm. Dem Mann, der vor Jahren mit dem Rauchen aufgehört hat, als er einen Bypass im Bein verpasst bekam, und der keine Zigarette mehr anrührte, obwohl meine Mutter, mein Onkel und meine Tante (die eine Wohnung nebenan Hecke an Hecke wohnen) unverändert weiter an den Stängeln ziehen, nur im Garten, versteht sich, was ungefähr so ist, als äße man vor einem schweren Diabetiker, der drinnen warten muss, täglich draußen eine Sachertorte. Die Belohnung für Vaters Disziplin, der sein Leben lang rund die doppelte Menge meiner Mutter verqualmt hatte, bestand schließlich darin, Lungenkrebs zu bekommen. Geprägt von einem Leben, in welchem meine Mutter stets als kontrollierendes oder fürsorgliches Eltern-Ich den Ton angegeben hatte, dem sich mein Vater (außer beim Fußball) als umsorgtes und nur manchmal rebellierendes Kind ergab, überließ er *ihr* die Rolle, mit *seinen* Ärzten über den Stand der Dinge zu sprechen und die nötigen Maßnahmen zu erörtern. Ein für viele Außenstehende aus meinem heutigen Lebensumfeld irritierendes bis unverständliches Arrangement – im weiten Kreise meiner Familie und über die Grenzen des Kreises Wesels hinaus aber ein verständliches Modell. »Die Uta« hat schließlich immer alles in die Hand genommen: warum nicht auch das?

Vor einigen Wochen nun allerdings bekam sie von den Ärzten meines Vaters die Auskunft, dass die Schulmedizin mit ihm am Ende

und er dem Tode geweiht sei, was im Fachjargon »austherapiert«
genannt wird. Mit einer letzten, nur noch als Bremse und Lebens-
verlängerung fungierenden Chemotherapie gaben sie ihm noch
sechs Monate bis ein Jahr. Ohne würde es schneller gehen, wahr-
scheinlich, allerdings ohne die mühseligen und aufzehrenden Be-
gleiterscheinungen, die eine Chemo stets mit sich bringt, wenn sie
auf ihrem Feldzug ihre heftigen Kollateralschäden anrichtet.
Noch sechs Monate bis ein Jahr.
Sagte man meiner Mutter.
Und sie beschloss: Mein Vater soll es nicht wissen.
Denn wüsste er es, der »empfindliche« Mann, stürbe er sofort. Ohne
Hoffnung bräche er in sich zusammen wie eine Puppe ohne Fäden.
Die Tatsache, dass auf konventionellem Wege ja *tatsächlich* keine
Hoffnung mehr war, spielte bei dieser Entscheidung keine Rolle.
Das sagte sie mir, vor ein paar Wochen, am Telefon.
Und ich?
Tobte.
Brüllte.
Rastete aus, als sie mir diese Politik mitteilte. Eine Politik im Übri-
gen, welche »die ganze Familie« teile, was in der Sprache meiner
Mutter soviel bedeutet wie in der Sprache unserer Kanzlerin, dass
eine Politik »alternativlos« sei.
»Egal, wie ein Mensch angeblich ist«, schrie ich meine Mutter an,
»egal, wie er sein Leben lang angeblich war – den Zeitpunkt seines
sicheren Todes muss er doch kennen! Das ist ein Menschenrecht!!!«
Ich redete mich in Rage, trat Dinge durchs Haus, sagte: »Du weißt
doch gar nicht, wie er reagiert. Vielleicht bricht er augenblicklich in
Agonie zusammen, ja. Aber vielleicht sagt er sich auch: Nur noch ein
Jahr? Dann scheiß drauf! Scheiß auf Chemotherapie und den ganzen Mist! Solange ich noch stehen kann, werde ich mit meinem
Sohn, meinem Schwager und meinen alten Freunden jedes gott-
verdammte Fußballspiel besuchen, das die Stadien zwischen Gelsen-
kirchen, Gladbach und Leverkusen zu bieten haben! Ich werde
saufen, bis der Arzt kommt, und Currywürste essen, bis kein
Schwein mehr übrig ist. Oder er sagt sich: Uta, lass uns zum

Gebrauchtwagenhändler gehen und uns einen alten Ford Capri kaufen. Genau den, den wir 1972 hatten, als wir jung und verliebt durch Jugoslawien fuhren, die Adria entlang, und dann reisen wir auf dieser Route noch mal, jetzt, wo das alles nicht mehr Jugoslawien heißt, sondern Slowenien, Kroatien, Montenegro und Mazedonien. Und wir fahren, soweit wir kommen, und sollte ich sterben in deinen Armen, an den Ford Capri angelehnt, tief unter mir die glitzernde Bucht von Kotor, dann ist das besser als das Verbleichen irgendwo in einem Hospiz, wo aus der Teeküche das Radio herüberdudelt und mir Lieder in den Kopf setzt, die ich nicht hören will, wenn ich gehe.«

An diesem Punkt wechselte die Stimme meiner Mutter am Telefon von verärgert zu zitternd und betroffen. »Oliver«, sagte sie, »O-li-ver«, als ob sie mich nun bedaure für meine gutgemeinte Naivität, und ich setzte noch einen drauf: »Vielleicht sagt er aber auch: Jetzt will ich was anderes ausprobieren als diese ganze Chemiescheiße. Bring mich zu einem Geistheiler, Ursel, oder zu einem chinesischen Medizinmann. Einem Voodoopriester. Jetzt ist es doch auch egal! Vielleicht sagt er das, Mutter, aber er *könnte* es nur sagen, wenn er tatsächlich wüsste, dass die sogenannten seriösen Ärzte die Waffen gestreckt haben. Solange er aber noch glaubt, dass sie weitermachen, weil es hilft, wird er diesen Mut niemals finden, das weißt du …«

»Oliver …«

»Nein, nix Oliver! Das weißt du, und deswegen ist das Verschweigen der Lage kein Gefallen mehr an ihn, sondern ein Riegel vor alle möglichen Wege, die er sich noch aussuchen könnte, wüsste er davon!!!«

So brüllte ich und tobte und trat gegen Möbel, während Sylvia hinter mir stand und sagte: »Es ist okay. Du hast alles gesagt. Leg auf!« Denn sie wusste, wenn es so weitergeht, bliebe von der Einrichtung unseres Hauses nicht mehr viel übrig. Und sie wusste auch, was ich wusste: Meine Mutter wäre niemals umzustimmen und somit auch nicht »die Familie«.

Ihre Politik war eben: Alternativlos.

Ich starre auf das Display meines Telefons.

Seit ich weiß, was mein Vater nicht weiß, schiebe ich Anrufe immer wieder vor mir her. Aber die Zeit wird knapp.

Ich wähle.

Er geht ran.

Ich sage: »Rate mal, wer das Hinrunden-Tippspiel gewonnen hat?«

Er lacht hustend.

Und ich fühle mich beschissen.

DAS STERBEN

Warum jede vermeintlich ungeschickte Sterbe-
begleitung besser ist als gar keine, wie man mit
dem Angehörigen die schwerste Zeit verbringt und
was Sie tun können, damit der letzte Weg so be-
gehbar wie möglich wird.

DAS DORF

Das ist also der Ort, in dem meine Mutter sterben wird. Ich glaube,
das hätten wir beide nie für möglich gehalten. Ein Ort wie die, durch
die man hindurchfährt, wenn man einem Stau ausweicht und sich
angesichts verlassener Ladenlokale und staubiger Vorhänge fragt:
Wann hat dieses Dorf je gelebt?
Gegenüber dem Hospizgebäude stapeln sich Holzbohlen auf dem
Hof einer Zimmerei. An der Kreuzung schweigt die Tür einer alten
Gastwirtschaft den Betrachter an und wirft die Frage auf, ob diese
alte Eckkneipe überhaupt noch in Betrieb ist. Fünfzig Meter hinter
der Kreuzung wehen winzige, bunte Fähnchen an einem kleinen
Supermarkt mit Bäcker und Postfiliale. In seinem Eingang: Alte
Flugblätter an einer bröseligen Pinnwand aus Kork. Hund entlaufen.
Fahrrad abzugeben. Zirkus in der Stadt. Vor acht Monaten.
Ich sehe mich so genau um, weil ich nun hier leben werde, bis meine
Mutter nicht mehr lebt. Ich habe Socken, Hemden, Hosen und Bü-
cher im Kofferraum, Musik aus ihrer Wohnung und meinen Com-
puter, denn ich muss arbeiten, auch wenn ich das Sterben meiner
Mutter begleite. Oder gerade dann. Bevor ich das Hospiz betrete,
geben mir Geräusche einen Vorwand, mich noch mal umzudrehen.
Die Dorfjugend wackelt vorbei, lachend und krakeelend, vier Teenager mit weiten Hosen und Baseballmützen, die hoch oben auf

ihrem Schädel sitzen wie Makronen. Sie ziehen die Dinger heutzutage nicht mehr richtig an wie noch Sylvester Stallone in *Over The Top*, der zum Sieger wurde, sobald er den Schirm nach hinten drehte. Diese Jungs sind keine Sieger. Sie biegen den Schirm nicht mal mehr rund. »Guck dir diesen Text an«, habe ich meiner Mutter als Zwölfjähriger gesagt und tippte auf das Booklet der Soundtrack-CD zu Stallones Armdrückerfilm: »In this country our hearts are open / we are free to try again.« Der amerikanische Traum infizierte mich als Teenager. Kämpfen. Fallen. Aufstehen. Weitermachen. Meine Mutter lächelte gütig, vielleicht auch jovial. Frei nach dem Motto: Das geht wieder vorbei.

»We are free to try again …«

Ich muss jetzt diese Tür öffnen und da reingehen mit meinem Koffer. Zu meiner Mutter, die nicht mehr aufstehen wird.

JETZT PASSEN SIE AUF, WAS MEIN NEFFE DAZU SAGT

Ist ein Mensch »austherapiert«, endet die Phase der Krankheit und die Einbahnstraße des Sterbens beginnt. Zuvor gab es immer noch Hoffnung, auch wenn sie noch so gering war. Die Straße mit Namen »Krankheit« bot Abbiegungen an, Wege zurück ins Leben. Zu Beginn waren es noch breite Straßen, später nur noch Feldwege. Nun ist das vorbei. Der Weg zurück ist endgültig versperrt. Es gilt, eine Entscheidung zu treffen. Die Entscheidung, wo gestorben werden soll.

Fragt man gesunde Menschen, wie sie sich ihr Ende vorstellen, antworten 95 Prozent: »Ich will in meinen eigenen vier Wänden sterben.« Eine grundnormale Reaktion. Der Arzt und Buchautor Walter van Laack berichtet sogar vom Phänomen des »psychogenen Todes«, also einem plötzlich eintretenden und rein medizinisch unerwarteten Sterbens (meist durch Herzstillstand), das bei alten Menschen eintritt, die nach vierzig Jahren ihre vertraute Umgebung gegen einen Platz im Pflegeheim eintauschen. Sie »gehen ein wie die Primeln«, um mit einer Schwester aus einer solchen Einrichtung zu sprechen. Eine Reaktion, die selbst dann eintreten kann, wenn sich die betagten Herrschaften den Umzug ins Heim selber ausgesucht haben. Sprich: Das eigene Zuhause hat eine immense Bedeutung für unser Seelenleben. Fällt der Blick nicht mehr auf die vertrauten Bilder oder raus in den eigenen Garten und riecht die Nase nicht mehr den absolut individuellen Duft, der jeder Wohnung zu eigen ist, kann das auch ohne tödliche Erkrankung schnell den letzten Lebensmut nehmen.

Umso betrüblicher ist es, wie viel Widerstand sich einem entgegenstemmt, wenn man den naheliegenden Vorschlag macht, die eigene Mutter die letzten Tage in ihren eigenen vier Wänden zu pflegen. Selbstverständlich mit professioneller Unterstützung durch mehrfach am Tag auftauchende Schwestern oder Pfleger sowie logistisch gut geplanter Wachablösung durch Familienmitglieder.

»Hm …«, fragte meine Mutter – noch im Krankenhaus –, als ich ihr dieses Modell anbot, »wie soll das denn gehen?« Von vorneherein suchte sie nicht nach Wegen, wie man es möglich machen könnte, sondern nach Gründen, warum es nicht zu leisten sei. Ihre jahrelange Tätigkeit als Chefsekretärin einer Altenpflegeschule hatte sie eine seltsame Mischung aus Skepsis und blindem Systemvertrauen gelehrt. Die Skepsis, ob ihr eigener Sohn samt professioneller und familiärer Unterstützung dieser Aufgabe überhaupt gewachsen ist, und dem blinden Vertrauen, dass die Betreuung rund um die Uhr in einem Hospiz in jedem Fall eine sichere Sache sei. Dennoch: Ich wusste, wie viel ihr ihre eigene Wohnung bedeutete, dieser Schmuckkasten aus Dekorationsgestecken, Holzengeln und der Bibliothekswand aus Echtholz. Ich wusste, tief in ihr drin ist der Gedanke, beim Sterben in den stets gepflegten Garten schauen zu können, attraktiver als ein Zimmer im Hospiz dieses Dorfes, welches sie sich bereits auf Basis eines Prospektes seit Tagen schönredete, als sei es ein Wellnessresort in Puttgarden.

»Aber Mum«, sagte ich, »wir besorgen ein gutes Krankenbett und rollen es direkt vor die Terrassentüren. Der Frühling ist da. Du könntest immer alles blühen sehen! Die Hortensien. Den Rhododendron. Die Rosen.«

»Und die Schwestern?«

»Mobile Palliativpflege. Das gibt es. Weißt du doch.«

»Und die haben auch so schnell Zeit? Ich meine, die sind doch sicher ausgebucht auf Monate …«

»Irgendein Dienst wird schon Zeit haben. Die Pflegestufe hast du und, mein Gott, zur Not zahle ich eben privat. Dir ist klar, dass ich erfolgreich Bücher verkaufe?«

»Und dann? Haust du für mich deine ganzen Ersparnisse auf den Kopf?«

»Wenn's sein muss.«

»Hm …«

Ich schöpfte Hoffnung.

Mutter schmatzte, Blick nach links, Blick nach rechts, Blick zu mir. Ihr fiel noch etwas ein.

»Und die Couch? Der Esstisch?«

»Ja, meine Güte. Die schieben wir zur Seite.«

»Ja, *wohin* denn?«

Am Morgen nach diesem Gespräch kam ich neu eingekleidet und frisch rasiert ins Krankenhaus zurück. Getreu der vier großen Punkte achtete ich auf meine Haltung, trug Weste und Jackett, modulierte meine Stimmfarbe. Schließlich begegnete ich heute einer Autorität. Keinem Arzt, sondern der Chefin vom Pflegedienst, Frau Hoppe. Frau Hoppe war sich von vornherein sicher: »Ihre Mutter gehört in ein Hospiz.« So sprach sie ihr Urteil am Fußende des Bettes, während am Rand auf der Fensterseite mein Onkel und meine Tante zuhörten und eine Auszubildende nervös und ziellos Dinge wegräumte. Mein Onkel ließ Frau Hoppe aussprechen, zeigte dann auf mich und sagte: »Jetzt passen Sie auf, was mein Neffe dazu sagt.«

Sein Tonfall schwankte an dieser Stelle gefährlich zwischen Respekt und Belustigung. Ganz so, als hätte sich ein Zwölfjähriger vorgenommen, ab morgen mit den eigenen Händen ein Schiff zu bauen.

Ich räusperte mich und trug mein Konzept vor, sprach von meiner Zeit als Zivildienstleistender in diesem Hause und meiner heutigen Tätigkeit als Freiberufler, die es mir ermöglicht, zur Not monatelang frei zu nehmen. Frau Hoppe beäugte mich bei meinem Vortrag mit einem ähnlichen Blick wie mein Onkel und meine Mutter. Frau Hoppes Blick sagte: Gut gemeint, mein Junge, aber die echte Welt tickt anders. Frau Hoppes Mund sagte: »Das müssten Sie mit den Kolleginnen vom *ambulanten* Pflegedienst besprechen. Da kann ich Ihnen nichts zu sagen. Ich kann Ihnen nur den Hospizplatz vermitteln. Und ich rate Ihnen da sehr zu.«

Es folgten Beteuerungen, wie gut und ehrbar mein Gedanke sei, gefolgt von zahllosen zermürbenden Fragen wie:

»Was machen Sie denn, wenn Ihre Mutter mitten in der Nacht vor Schmerzen schreit? Geben *Sie* Ihr dann das Morphium?«
Oder:
»Was machen Sie denn, wenn Ihre Mutter versucht, aufzustehen, und Sie gerade schlafen? Sie hat die Knochen kaputt von den Tumoren, die brechen wie Glas, das wissen Sie, ja? Und dann? Und dann? Und dann? Dann sind Sie ganz schnell wieder hier mit ihr im Krankenhaus!«

Ich ersparte mir, die Gegenfrage zu stellen, ob im Hospiz rund um die Uhr ein Pfleger am Bettrand der Mutter wacht, um unerlaubtes Aufstehen zu verhindern, oder ob umgekehrt die Krankenkasse für eine Heimpflege kein Bett mit Schutzgitter finanziert. Meine Mutter sah Frau Hoppe mit einer Mischung aus Erleichterung und Dankbarkeit ein, dass sie auf ihrer Seite war und dem Sohn die Flausen austrieb. Dabei verschwieg sie selbstverständlich, was sie am Abend, als niemand anderes zuhörte, als *allerletztes* gesagt hatte, bevor ich ging: »Oliver?«
»Ja?«
»Wenn ich von hier direkt ins Hospiz gehe …«
»Ja?«
Schmatzen. Blick nach links. Blick nach rechts. Blick zu mir.

»Ich kann es nicht fassen, dass ich dann meine Wohnung nie mehr wiedersehe. *Nie mehr ...*«

Die Caritas schreibt auf der Internetseite des Erzbistums Köln:

»Die Meisten wünschen sich, zu Hause in ihrer vertrauten Umgebung und umgeben von lieben Menschen sterben zu dürfen. Um dies zu ermöglichen, haben wir eigene Fachkräfte in lindernder Pflege ausgebildet und gemeinsam mit Fachärzten, Hospizdiensten und einem stationären Hospiz ein tragfähiges Palliativnetz gegründet.

So können wir unheilbar Kranke und Sterbende nach den neuesten Erkenntnissen der Palliativmedizin begleiten und pflegen. Unser gemeinsames Ziel ist es, die Lebensqualität des Kranken am Lebensende zu erhöhen. Es geht dann nicht mehr um Heilung, sondern um eine Linderung von Beschwerden und seelischen Nöten.

Wir möchten den Sterbenden einfühlsam begleiten, damit er schmerz- und angstfrei und umgeben von vertrauten Menschen seinen letzten Weg gehen kann. Wichtig hierfür ist eine kontinuierliche Bezugspflege durch berufs- und lebenserfahrene, in Palliativpflege ausgebildete Fachkräfte und eine gute Zusammenarbeit mit Ärzten und ehrenamtlichen Begleitern.

Auch für die oft sehr belasteten und verunsicherten Angehörigen sind wir gemeinsam mit den Hospizvereinen da.

Die Kosten für die ambulante Grund- und Behandlungspflege von Palliativpatienten übernimmt in der Regel die Krankenkasse. Besteht bereits eine Pflegestufe, können auch hierüber Leistungen abgerechnet werden. Die Hospizmitarbeiter leisten ihre Dienste ehrenamtlich.

Angehörige dürfen sich auf eine Betreuung über das Lebensende des Patienten hinaus verlassen.«[1]

Mit anderen Worten: Natürlich geht es!
Auch in meiner Heimatstadt werden mobile und ambulante Palliativdienste angeboten. In Ihrer, wo immer Sie leben, mit Sicherheit ebenfalls. Die entsprechenden Ansprechpartner, Kosten, Kostenübernahmen und notwendigen Schritte herauszufinden, ist im Internet leicht möglich und kostet Sie nicht mehr Zeit als eine Folge Ihrer Lieblingsfernsehserie anzuschauen. Zu den in meiner Heimatstadt angebotenen Leistungen gehören neben der Grundpflege die »Beratung und Anleitung zu palliativmedizinischen Maßnahmen«, die »psychosoziale Betreuung von Patienten/-innen und Angehörigen« und eine »Rund um die Uhr Bereitschaft für Not- und Krisensituationen«.[2] Wenn es also angeboten wird, ist es folglich auch machbar und *kein* Pendant zum Schiffsbauvorhaben eines Zwölfjährigen. Sicher gibt es nichts zu beschönigen: Dieser Weg ist anstrengender als das »Outsourcen« der Sterbebetreuung in die Hände des Personals eines Hospizes oder einer Palliativstation in einem Krankenhaus. Er ist sogar anstrengender, als gemeinsam mit dem Sterbenden ins Hospiz zu ziehen, dort aber jederzeit eine Schwester oder einen Pfleger herbeiholen zu können. Dieser Weg kostet Kraft, Nerven, Lebenszeit und im Zweifel zusätzliches Geld. Dieser Weg kann traumatische Momente großer Hilflosigkeit hervorbringen, wenn wirklich noch mehr Not als ohnehin schon am Mann und keine Fachkraft in Sekundenschnelle da ist. Aber aufgrund der seelisch heilsamen Wirkung des eigenen Zuhauses ist er vorzuziehen und durchzusetzen, solange der Sterbende ihn selber gehen will.
Sollte Ihnen also auch von medizinischen Fachkräften, Verwandten und Freunden der Gegenwind mangelnden Zutrauens entgegenwehen *und* der Sterbende eine Betreuung zu Hause tatsächlich bevorzugen, bleiben Sie standhaft und halten Sie Kurs.

Merke!

Die Sterbebegleitung in den eigenen
vier Wänden ist möglich und trotz hohem
Einsatz für Körper und eigene Seele
immer vorzuziehen – wenn der Sterbende
zustimmt.

Um es direkt zu sagen: Meine Mutter stimmte *nicht* zu.

Ich sprach noch ein letztes Mal in malerischen Worten vom Garten, erläuterte Frau Hoppe die Bedeutung der eigenen vier Wände für meine Mutter und die Mühe, die sie sich stets mit der Inneneinrichtung gegeben hatte, aber es half nichts. Wir einigten uns alle darauf, dass Mutter »erst mal ins Hospiz« ginge und dann, vielleicht um Ostern herum, wenn es ihr »besser« ginge, womöglich noch mal für ein Wochenende nach Hause könne.

Jeder im Raum wusste, dass das nicht passieren würde.

Mein Onkel, meine Tante, Frau Hoppe und meine Mutter selbst.

»Willst du das wirklich?«, fragte ich ein letztes Mal.

»Ja«, sagte meine Mutter.

Und wusste nicht, wie oft sie es in den kommenden Wochen bereuen würde …

NICHT GUT DRAUF

Als ich heute Abend mit meinem Koffer das erste Mal Zimmer 9 im Hospiz betrete, sage ich nur leise: »Hi.«

Ich muss nicht mehr fragen, ob es okay ist, dass ich da bin, wie vor ein paar Wochen beim ersten Besuch im Krankenhaus. Heute weiß sie, dass ich komme. Dennoch schaut sie überrascht, als sie sich umdreht, eine schmale Silhouette im bläulich fahlen Nebel des Fernsehers, der leise vor sich hinplappert. Es läuft der WDR, ihr Stammsender. Für Mitternacht kündigen sie *Dittsche* an, Olli Dittrich im Bademantel vor der Theke der Frittenbude.

»Du hast deinen Koffer dabei?«, fragt sie und nimmt meine Hand. Ihr Griff ist leicht geworden, die Finger dünn.

Statt im schwarzen Sessel mit separat verstellbarer Lehne und Fußstütze sitzt sie vorm Tisch im Holzstuhl, so kerzengerade sie kann. Vor ihr stehen eine leere Tasse Kaffee und ein Teller mit Keksen.

»Klar habe ich den Koffer mit. Du weißt doch, ich wohne ab jetzt auch hier«, sage ich und schneide den Halbsatz »... bis du verstorben bist« ab, der mir im Kopf herumspukt. Es schießen einem ständig solche Sätze in den Kopf, die man in dieser Phase zensieren muss. Wahrheitspfeile. Gedankengiftpfeile.

»Und wie machen wir das mit dem Bett?«, fragt sie.

»Ich kriege gleich eins. Ein Klappbett. Pfleger Rolf bringt es vorbei.«

Sie lächelt.

Pfleger Rolf gehörte vor zehn Jahren zu den Absolventen, die meine Mutter selbst auch »ihre Schüler« nannte, obwohl sie Sekretärin und keine Lehrerin war. Jetzt arbeitet er hier und wird sie zu Tode pflegen. So züchtet man seine eigenen Henker, denke ich mir. Wieder so ein Gedankengiftpfeil. Ich beiße mir auf die Zunge.

Mutter schaut wieder ernst. Sie zeigt quer durch das kleine Zimmer Richtung Bett und Fenster samt Terrassentür, die in den rund angelegten Innenhof mit Garten führt: »Und wie soll das passen?«

»Dein Bett hat Rollen, Mum. Wir schieben es zur Seite und das Klappbett kommt daneben.«

»Hm ...«

Ich setze mich und gieße mir ein Wasser ein. Es sprudelt. Zuhause trinke ich nur ohne Kohlensäure. Ich denke mir: Meine Mutter ist 66 und ich bleibe hier, bis sie stirbt. Was für eine verdammte Scheiße. Der WDR lässt sein Sender-Jingle ertönen.

Ich sage: »Rolf hat mir schon erzählt, dass er einer von deinen Schülern war.«

Sie lächelt nicht.

Schaut grau auf den Keksteller. Nimmt einen Keks, führt ihn halb zum Mund, legt ihn wieder hin. Sagt: »Ich bin nicht gut drauf.«

Was für ein Satz, denke ich mir, und sage wieder nichts.

Dabei sollte ich das, was ich mir jetzt denke, tatsächlich mal laut sagen, um das Eis zu brechen und die gesamte Zeit, die heute beginnt, für uns beide erträglicher zu machen.

Ich sollte sagen:

»Mutter! Natürlich bist du nicht gut drauf. Du sitzt mit 66 Jahren in einem gottverdammten Sterbehaus und wartest gemeinsam mit mir darauf, dass der Sensenmann kommt. Wie zur Hölle solltest du da gut drauf sein? Oder denkst du, du müsstest gut drauf sein *für mich*? Damit *ich* es aushalte? Nein, Mum, jetzt bin ich *für dich* hier und du kannst alles sagen, alles aussprechen, alles bestellen und alles verlangen. Wenn du fluchen willst, dann fluche! Verfluche Gott und die Welt, dass dir zwanzig Jahre gestohlen werden, die du auf dem Rhein verbringen wolltest und in Museen und mit deinen leseschwachen Nachhilfeschülern. Wenn du willst, dass ich dir heimlich eine Schweinshaxe besorge oder einen richtig guten Wein oder meinetwegen eine ganze Flasche Wein pro Tag oder eine Kiste, dann mache ich das. Was soll denn schon passieren? Leberkrebs? Wenn du heulen willst, dann heule. Wirf mit Sachen um dich und reiß den Fernseher von der Wand wie Mick Jagger früher im Hotel. Ach ja, du hast ja Glasknochen durch die Scheißtumore, also bestell bei mir die Randale! Sag zu mir: ›Reiß den Scheißfernseher ab und wirf ihn aus dem Fenster in den Hof, Oliver! Mach das für mich! Und dann geh auf die Straße und schlag jemanden zusammen, am besten einen Achtzigjährigen, der es gewagt hat, älter zu werden, obwohl er noch viel mehr geraucht hat als ich und gesoffen, diesen scheiß klaren Korn jeden Tag, und obwohl er nicht als guter Mensch künftige Pflegekräfte ausgebildet hat, sondern bei Krauss-Maffei Waffen und Panzer für den Export nach Saudi-Arabien zu bauen, die Frau Merkel mit ihrer CDU immer noch beliefert und die nur Die Linke nicht beliefern würde, weil die alle Waffenexporte verbieten wollen, aber die kann ja kein Schwein wählen und vor allem ich nicht mehr, weil ich bei der nächsten Wahl tot sein werde, verflucht noch mal, und deswegen Oliver, bitte, such diesen rauchenden Rüstungsrentner, zerre ihn hier vor mein Fenster und schlag ihn für mich zusammen, so dass ich gut sehen kann, wie ihm das Blut aus der Nase schießt.‹ Das könntest du von mir verlangen, Mutter, anstatt dich verpflichtet zu fühlen, in einem Hospiz *gut drauf* zu sein, verfickte Scheiße noch mal!«

Das sollte ich sagen.

Stattdessen sage ich: »Ach, Mum …«

Merke!

Denken Sie alles, was Sie wollen und haben Sie trotzdem ein gutes Gewissen dabei, denn Sie sind in einer Ausnahmesituation und Ihre Seele sucht nach Ventilen. Denken Sie also alles. Und manches sagen Sie auch ruhig. Galgenhumor ist besser als betroffenes Schweigen.

Zwanzig Minuten später bringt Rolf mir das Klappbett. Rolf, ein Mann wie ein Frotteebezug mit einer Stimme aus warmer Milch. Die Pritsche hat unter dem Spannbetttuch einen Bezug aus abwaschbarem Latex. Wer weiß, warum. Vielleicht haben die Hospizbetreiber Angst, der ein oder andere Angehörige wird aus Angst vor dem allseits präsenten Tod nachts wieder zum Bettnässer. Rolf wird begleitet von der Chefin der Einrichtung, die sich als Schwester Beate vorstellt und sich entschuldigt, erst jetzt Zeit für mich zu haben. Sie trägt eine Brille, wie man sie sich bei Schuldirektorinnen von Internaten vorstellt, und keine Pflegerinnenkleidung, sondern schwarze Hose, Bluse und Halstuch. Wie Cheftrainer beim Fußball, die statt der Sportkluft den Anzug wählen.

»Kommen Sie«, sagt sie, »ich führe Sie mal kurz im Haus herum.«

Ich bin dankbar, dass sie mich aus der Situation erlöst, die still und gezwungen war, seit ich mich *nicht* traute, meinen Monolog über Mutters Recht auf schlechte Laune zu halten, doch als ich mich erhebe, sagt meine Mutter sofort: »Wo gehst du hin?«

Schwester Beate nimmt mir die Antwort ab: »Ich entführe Ihren Sohn mal kurz und zeige ihm das Haus.«

»Hm …«, sagt meine Mutter und macht schmale Lippen.

»Er muss sich doch hier auskennen lernen«, sagt Schwester Beate, »schließlich bleibt er hier, bei Ihnen, die ganze Zeit.«

Meine Mutter zieht die Nase hoch, als sei sie wenig überzeugt. Rolf versucht, das Klappbett aufzuklappen, und wirkt dabei, als müsse er den Bausatz für eine Dampfmaschine zusammenschrauben.

Schwester Beate und ich verlassen das Zimmer und gehen über den Flur. Fünf Zimmer in diesem Flügel. Eine kleine Sitzecke mit Rattanmöbeln, mannshohen Zimmerpalmen und Bildern türkiser Fensterläden an weißen Häusern im Süden. Ein Vorratsraum mit Wasser, Limonade und Bier sowie zwei Kühltruhen, die ich mitnutzen kann, ebenso wie die Küche, wo stets eine große Kaffeemaschine und der Herd einsatzbereit sind, »wenn Sie mal was anderes essen wollen als das Hausgericht.« Das bekomme ich jeden Tag, genau wie ein »normaler«, also sterbender Bewohner, klassisch auf dem aschgrauen Tablett mit der Plastikhaube über dem Teller. Im Wintergarten besteht der Boden aus Naturstein. Eine große, sechseckige Tafel aus Tischen steht in der Mitte. »Für Besuch und größere Gruppen.« Rechts plätschert ein Zimmerbrunnen aus Stein vor sich hin. An der Wand warten Bücher in einem randvollen Regal, gelesen zu werden.

»Oben haben wir noch ein separates Gästezimmer für Angehörige«, sagt Schwester Beate und geht bereits vor, die Holztreppe hinauf. Ich folge. Das Zimmer ist gefängniszellenwinzig. Bett, Tisch, Stuhl, Fernseher. Immerhin ein eigenes Bad mit Dusche. Die gibt es unten nur als großen, rollstuhltauglichen Raum für alle. Außer der Dusche werde ich hier oben nichts nutzen. Zum einen, weil ich nicht hier bin, um gleichzeitig *nicht hier* zu sein und meine Mutter ein Stockwerk tiefer alleine liegen zu lassen. Zum anderen, weil gegenüber des Gästezimmers der Raucherraum der Schwestern und Pfleger liegt und es hier oben stinkt wie in einer Kneipe um fünf Uhr morgens. »Außer Rolf und Orhan qualmen wir alle«, lacht Schwester Beate. Rolf und Orhan sind die einzigen Männer im Haus. Orhan habe ich noch nicht kennengelernt. Er schiebt grundsätzlich nur Nachtschichten und soll definitiv *nicht* aus Frottee gestrickt sein. Am Ende des Flurs in der anderen Richtung liegt der »Raum der Stille«, eine Art nichtkonfessionelle Kapelle. Der Qualm hat keinen Weg hier rein gefunden, als ob eine unsichtbare Wand ihn davon abhält. Eher duftet es ganz sanft nach ätherischen Ölen, oder einfach nur nach der angenehmen Kühle einer Kirche im Hochsommer. Schwarze Ledermöbel an einem Glastisch. Ein Sideboard mit einem CD-Player und CDs voller Entspannungsmusik und leichter Klassik.

Einen Augenblick lang stehen wir in der Tür, bis ich frage: »Schwester Beate?«

»Ja?«

»Was denken Sie?«

Ich muss den Satz gar nicht weiter ausformulieren.

Muss nicht hinzufügen, wie das Thema lautet.

Sie antwortet: »Das ist immer schwer zu sagen. Bei Ihrer Mutter vermute ich, es wird noch ein, zwei Mal ein Auf und Ab geben. Stellen Sie sich darauf ein. Sie werden zwischendurch den Eindruck bekommen: Was ist denn jetzt los? Wird die wieder gesund? Das ist das letzte Aufbäumen. Erschrecken Sie nicht, wenn es einen Tag später wieder ganz anders aussieht.«

Ich lächele weiter.

Nicht, weil ich mich freue, dass es eine Qual für meine Mutter wird, sondern weil Schwester Beate augenscheinlich weiß, wovon sie redet, und mich nicht schont.

»Alles in allem«, sagt sie, »können es ein paar Tage sein. Oder ein paar Wochen.«

Ich lächele nicht mehr. Das ist mir zu ungenau. Schwester Beate sagt, als könne sie Gedanken lesen: »Wir haben eine Dame hier, Frau Heinze, die wohnt bei uns seit sieben Monaten.«

»Oh«, sage ich.

»Ja«, sagt Schwester Beate. »Bei Ihrer Mutter reden wir von ein, zwei Monaten. Höchstens. Okay?«

Sie berührt behutsam meine Schulter.

Ich sage: »Okay.«

Ein neuer Gedankengiftpfeil schießt mir in den Kopf. Es ist die Frage, ob ich mir mehr oder weniger Zeit wünsche.

Zurück im Zimmer ist die Nachtschwester gerade dabei, meine Mutter mittels des Rollstuhls ins Bett zu verfrachten. Die Nachtschwester heißt Renate und ist eine resolute, vom Leben gezeichnete Person mit männlichen Furchen im Gesicht, wilder Kurzhaarfrisur und einer Stimme wie ein Cowboy. Bevor sie Altenpflegerin wurde, fuhr sie ein selbst erworbenes Containerschiff über den Pazifik, wie ein Trucker, der zugleich sein eigener Spediteur ist. Das Abenteuer Seefahrt endete nach fünfzehn Jahren mit Schulden in Millionenhöhe und einer krachenden Insolvenz. Renate hat Männer befehligt, in Hafenkneipen Rum getrunken und sogar schon Piratenkontakt gehabt. Sie weiß, wie man Kämpfe austrägt. Ihr neuester Gegner für die nächsten Wochen: meine Mutter.

»Lassen Sie das unten!«

Meine Mutter drückt ihre Handflächen auf das Schutzgitter, welches sie in der Nacht davon abhalten soll, unbewusst aufstehen zu wollen, weil sie vergessen hat, dass sie todkrank ist und nicht mehr alleine stehen kann.

»Frau Uschmann«, sagt Schwester Renate, »Sie stehen nachts auf und merken es nicht, glauben Sie mir!«

»Ich stehe nicht auf.«

»Doch. Das machen Sie. Glauben Sie mir. Ich habe Erfahrung.«

»Kein Gitter!!!«

Mutter hebt allen Ernstes den Zeigefinger, als ermahne sie ein ungezogenes Kind. Schwester Renate tritt einen Schritt zurück und sagt, in einem auf Knopfdruck eingeschalteten, völlig anderen Diplomatentonfall: »Frau Uschmann ...«

Meine Mutter unterbricht sie, da sie mich bemerkt: »Oliver! Wo warst du denn, verdammt noch mal?«

»Äh. Mit Schwester Beate unterwegs? Haus zeigen?«

»Diese Frau hier will mich einsperren wie ein Kleinkind.«

»Es ist zu Ihrem eigenen Schutz. Ihr Sohn weiß das auch.«

Es fällt mir immer noch schwer, mir vorzustellen, dass dieser ganze Körper von Tumoren zerfressen ist wie ein altes Gemäuer von Feuchtigkeit, Pilzen und Schwamm. Dieser Körper meiner Mutter, der immer flott voraus fuhr auf dem Fahrrad, über Deiche und

Dünen, die Hand erhoben, als müsse sie uns zur Eile mahnen wie eine Reiseführerin, die für Strand, Leuchtturm und Seehundbank nicht den ganzen Tag Zeit hat.

Krebs, dieses feige Arschloch.

Es scheint, als fräße er die Tüchtigen mit besonderer Genugtuung auf.

Ich trete ans Bett.

»Mum, so leid es mir tut. Deine Knochen sind kaputt. Falls du dich hinstellst, bricht dir das Bein in tausend Stücke.«

Ich wundere mich, dass ich solch klare Worte finde. Sie brechen mir das Herz, innerlich. Äußerlich bleibe ich sachlich.

Meine Mutter schaut mich an, schaut Schwester Renate an. Dann legt sie sich seufzend auf den Rücken und starrt an die Decke.

Schwester Renate stellt die Gitter fest. Ich beginne, aufgewühlt, aber mit gespielter Selbstverständlichkeit, meinen Koffer auszupacken und Jeans, Shirts, Jogginghosen, Socken und Schlafzeug in den Schrank zu räumen. Im Fernseher läuft eine Vorschau auf *Dittsche*. Olli Dittrich versucht, Pommesbudenbesitzer Ingo davon zu überzeugen, dass Barack Obama taucht.

»Wann soll der denn tauchen?«, fragt Ingo, »der ist doch nicht als Taucher da engagiert, der ist doch als Präsident dabei.«

»Ja, der kann doch aber tauchen, wenn er muss! James Bond taucht doch auch!«

Ich lache und schaue zu meiner Mutter, damit sie mitlacht.

Ihre Augen bleiben allerdings an der Zimmerdecke, ihre Lippen regenwurmschmal.

Ingo sagt: »Aber er ist doch gar nicht James Bond!«

Meine Mutter legt, den Blick weiter an der Decke, langsam ihre rechte Hand auf das Gitter und sagt: »Nein, Oliver. Ich hätte nicht für möglich gehalten, dass du mir so in den Rücken fällst.«

GEMEINSAM IM KAMPF

Ob im Hospiz, im Krankenhaus oder zu Hause: Wo der geliebte Mensch bis vor kurzem noch im wahrsten Sinne des Wortes »um sein Leben« gekämpft hat, beginnt nun, wo *dieser* Kampf verloren ist, der Streit um jedes kleine bisschen Einfluss und Kontrolle. Das ist verständlich, insbesondere bei Menschen, die ihr Leben lang »alles im Griff« hatten. Ein Gitter am Bett ist da noch die offensichtlichste Demütigung, doch betrifft der Machtkampf, der nun beginnt, *jedes* Detail des alltäglichen Daseins.

Der Sterbende kämpft um die Macht, seinen Körper noch so viel wie möglich nutzen zu können und entgegen der »objektiven« Vernunft weit über seine nun gegebenen Grenzen zu treiben. Er versucht, sich so oft und so viel wie möglich zu bewegen und sozusagen »Raum zu erobern«. Je nach physischem Zustand bedeutet das: Raus aus dem Zimmer und rüber in den Wintergarten, nach draußen, auf den Flur, zu den Nachbarn. Oder auch einfach nur: Raus aus dem Bett und rein in den Sessel. Kurz darauf: Raus aus dem Sessel und rein in das Bett. Da meine Mutter Katzen geliebt hat, ist es nicht unangemessen, den Vergleich anzubringen: Es ist wie bei den Samtpfoten, die, sobald man ihnen die Tür aufgemacht hat, schon wieder reinwollen, und sobald sie wieder drinnen sind, wieder raus. Bei der Katze wie beim Sterbenden geht es natürlich *nicht* darum, den Zielort zu erreichen, sondern um das Prinzip der Bewegungsfreiheit.

Der Sterbende kämpft aber nicht »bloß« um Räume, sondern auch um Einfluss auf die ihn umgebenden Menschen, die notgedrungen fortan der Ersatz für seine Gliedmaßen sind, lebendige Prothesen mit Ohren zum Empfangen von Befehlen. Wer stirbt, versucht stets, sowohl das Personal wie auch alle Angehörigen so zu beeinflussen, dass alle seine Wünsche erfüllt werden – auch und gerade die, die eben nicht erfüllt werden können. So, wie man einem Kind den Griff auf die Herdplatte oder das Spielen am Rande der Bundesstraße verbieten *muss*, muss man nun erwachsenen Menschen bestimmte Verbote erteilen. Das schmerzt beide Seiten.

An dieser Stelle sollte nun eigentlich ein Zitat kommen. Irgendein treffender Kommentar eines Hospizmitarbeiters, Pflegefachmanns oder Privatmenschen aus den unendlichen Weiten des Internets, der dieses Phänomen des gnadenlosen Kampfes um Kontrolle unterstreicht. Allein: Sucht man nach den Begriffen »Sterbender« in Kombination mit »Machtkampf«, »Einfluss« oder gar »Manipulation«, findet sich absolut nichts. Obwohl einem *jede* Hospizmitarbeiterin im *persönlichen* Gespräch hunderte passender Anekdoten erzählt, liest es sich *offiziell* in Hunderten von Berichten und Blogeinträgen so, als würden Sterbende sehr schnell aufhören zu kämpfen und müssten von den Angehörigen wieder aufgerichtet werden, um sich überhaupt noch zu regen. Pflegekräfte und ehrenamtliche Sterbebegleiter, sogenannte Hospizhelfer, unterstreichen in Interviews stets, wie sehr sie der Umgang mit den Sterbenden bereichert und wie viel Einfühlungsvermögen nötig ist, um diese Begleitung zu leisten.

Das stimmt auch.

Beides.

Aber: Die Bereicherung liegt eben *nicht* darin, dass der Sterbende einem wie ein weiser Mann in alten asiatischen Filmen große Lebensgeschichten erzählt oder einem durch seine Erkenntnisse auf dem Weg zum Tode im eigenen Leben weiterhilft. Die Bereicherung besteht vielmehr darin, dass sich nun, in der schlimmsten Situation des Lebens, der, wie es Schwester Renate ausdrückt, »unzensierte, unverblümte, absolut wahre Charakter des Menschen« zeigt. Die Bereicherung besteht darin, mal mit dem Sterbenden und mal gegen den Sterbenden zu kämpfen wie mit einem Kameraden unter Dauerbeschuss feindlichen Feuers. Und die Empathie, die nötig ist, bezieht sich viel seltener als gedacht auf die zu lindernde Angst vor dem Tod, sondern vielmehr darauf, sich auf eine sehr komplexe und verwirrende Direktheit des eigenen Angehörigen einzustellen, der nichts mehr aus falscher Rücksicht zurücknimmt und in seinem Kampf um die Reste der eigenen Würde keine Gefangenen macht.

Das ist *tatsächlich* ein bereichernder und einen fürs Leben stärkender Ritt – aber nicht in der salbungsvollen Weise, in welcher es sonst ausgedrückt wird.

»WENN WATT IS ...«

Mutter schimpft. Sie schimpft und lästert und das schon den ganzen Tag. Zurzeit sitzt sie auf dem Bettrand, die kurzen Beine baumelnd, die Augen klein und lauernd auf die offene Tür gerichtet, um nachzuschauen, wann wieder einer vorbeikommt, über den sich lästern ließe. So wie früher ihre eigene Mutter, wenn sie im Wohnzimmer ihrer winzigen Nachkriegswohnung am Fenster stand und wartete, bis die Kinder im riesigen Gemeinschaftsgarten hinter den Häusern, mit Wiese und uralter Kastanie, ihr Grund gaben, sich aufzuregen. Über »die Blagen« oder besser noch: »Die Ausländerblagen.« Meine Mutter hat dann immer mit ihr geschimpft. Bitterlich. Wie eine Bundestagsabgeordnete für Migration und Moral. Es liegt mir auf der Zunge, sie daran zu erinnern, aber ich sage nichts.
»Die haben sie doch nicht alle, echt.«
Mit *die* meint Mutter gerade das Pflegepersonal. Schließlich ist es nun schon länger als zwei Minuten her, dass »wir« nach ihnen geklingelt haben. Sprich: Dass *ich* nach ihnen geklingelt habe. Mutter will in den Sessel zurück. Vor dreißig Minuten wollte sie aus dem Sessel wieder aufs Bett. In dreißig Minuten wird sie aus dem »scheiß Sessel« wieder auf den Bettrand wollen oder, noch wahrscheinlicher, »aufstehen und laufen«.
»Das ist wirklich nicht zu fassen ...«
»Mum«, sage ich und streichle ihre schmale Schulter mit der Hand, die ohnehin dort liegt, weil ich sie auf dem Bettrand sitzend halten muss, damit sie nicht einfach aufsteht. Sie hat Recht, wenn sie bei ihrem allabendlichen Protest gegen das Schutzgitter bekräftigt, dass sie mit Sicherheit nachts nicht unbewusst versuchen wird, aufzustehen. Sie hat absolut Recht. *Nachts* und *unbewusst* versucht sie es

nicht. Sie versucht es tagsüber und mit vollem Bewusstsein. »Mum, du weißt das doch selbst noch von früher. Die haben nicht nur einen Gast hier im Haus zu pflegen. Hm? Das weißt du doch.«

Natürlich weiß sie es. Meine Mutter hat sich im Rahmen ihres Berufs ständig für mehr Personal im Pflegebereich engagiert. Der Pflegenotstand war ihr Lieblingsthema. Bei jedem Beisammensein, bei jedem Zug an der Zigarette. Die Bücher des investigativen Journalisten Markus Breitscheidel mit Titeln wie *Abgezockt und totgepflegt* oder *Gewaschen, gefüttert, abgehakt* kaufte sie stapelweise und verteilte sie an jeden Menschen, der auch nur einen Cousin zweiten Grades in der Lokalpolitik hatte. 1998 drückte sie mit dem Furor einer Jeanne d'Arc ihr Wählerinnenkreuz in den Kreis neben der SPD und fegte nach gefühlten zweihundert Jahren im Amt Helmut Kohl aus der Regierung, in der irrigen Hoffnung, »ihr« Gerd Schröder würde etwas an der Lage ändern. Jener Mann, der sich – wie wir heute wissen – mehr für russische Gasleitungen als für Dekubitus interessiert und Familie und Soziales in einem Anfall von Ehrlichkeit einmal als »Gedöns« bezeichnet hat. Wie auch immer – meine Mutter war eine Kämpferin für eine bessere Pflege und rang stets bei allen um Verständnis, wenn diese über das Personal in Altenheimen und Krankenhäusern lästerten. Diese »armen Menschen« könnten nichts dafür, sagte sie stets, sie seien alle nur überforderte Opfer des Systems.

Meine Mutter weiß, dass ich das weiß, und schaut dennoch wortlos zum Klingelknopf. Ich versuche, ihrer lautlosen Aufforderung standzuhalten. Sie macht die Lippen schmal. Ich beuge mich zurück, ohne sie loszulassen, und klingele erneut. Irgendwo hinten, auf Höhe der Küche, höre ich Stimmen.

»Das ist die ganze Zeit die neun, oder?«, fragt eine Schwester, leicht genervt.

»Ja, ich gehe gleich«, antwortet Rolf, der gutmütige Ex-Schüler aus Mutters Ausbildungsseminar. Der Mann aus Frottee.

»Nicht zu fassen …«, zischt meine Mutter.

Im Flur schlendern ein paar Besucher an der offenen Tür vorbei. Eine kleine Frau in schwarzer Jeans und Lederjacke. Ein großer

Mann in Lederhose, T-Shirt mit Aufdruck der Hardrock-Band Motörhead und Motorradfahrerkutte. Es ist die Familie Heinze, eine Biker-Sippe. Die Menschen, deren Mutter seit sieben Monaten hier ist. Ich weiß das, da ich mit Herrn Heinze rede. Ich bin seit zwanzig Jahren Rockjournalist und Herr Heinze ist somit ein vertrautes Wesen für mich. Für meine Mutter ist er ein willkommenes Objekt, um ihr Lästern zu verlagern.

»Die Idioten …«

Langsam reicht es mir.

Ich würde gerne sagen: »Jetzt hör doch mal auf, Mum! Du bist schlimmer als Oma jemals war. Ein Leben lang warst du meine rotgrüne Partnerin in Sachen Protest und meine einzige Rebellion bestand darin, noch linker zu sein als du. Und jetzt lässt du dir vom Tod und vom Morphium noch kurz vor knapp schwarzes Gift einflößen???«

Sage ich aber nicht.

Ich sage nur: »Wieso sind denn die Leute jetzt Idioten, hm?«

»Ja, hier«, argumentiert sie schlüssig, »unmöglich!«

»Peter Maffay sah früher auch so aus«, antworte ich, denn den liebt sie, »und heute hat er mehr Tätowierungen als jemals zuvor. Sein neuestes Best-Of-Album heißt sogar *Tattoos*. Man kann bei ihm im Grunde gar keine Haut mehr sehen.«

Mutter denkt nach.

Dann sagt sie: »Klingel noch mal. Die haben sie doch nicht mehr alle!«

»Frau Uschmann«, sagt Rolf wenig später mit seiner Bärchenstimme, »wieder in den Sessel?«

Meine Mutter nickt. Sie sieht ihn dankbar an, warmherzig, ein wenig konspirativ. Fast so, als wolle sie sagen: Ja. Sie wissen ja, mein Sohn ist zu schwach dafür. Rolf stellt sich vor sie, als wolle er sie ganz fest drücken, schiebt seine Arme unter ihre Achseln, platziert sein Bein zwischen ihre beiden kraftlos baumelnden Glieder, zählt an und wuchtet sie in den Sessel um, den ich pro forma zurecht schiebe, damit ich nicht vollkommen sinnlos herumstehe wie eine Pappel.

Mutter kommt zum Sitzen und ächzt. Rolf drapiert die Sesseldecke über ihrem Schoß und stellt mit der elektrischen Bedienung des Möbels das Fußteil ein, so dass die Füße ein wenig in die Schräge geraten. Es surrt.

»Besser so?«, fragt er.

»Hm«, brummt Mutter.

»Gut«, sagt Rolf, steht auf und fügt seine Lieblingsformulierung hinzu, die er hundert Mal am Tag verwendet und bei welcher er in Sekundenschnelle zwischen ihr und mir hin und her sieht: »Wenn was ist …«

Ausgesprochen in niederrheinischem Slang: »Wenn watt is …«

Ich nicke.

Er geht.

»Wenn watt is …«

Die Wahrheit ist natürlich: Es ist immer was.

Auf dem gemachten Klappbett neben dem Fenster liegen meine Schlafsachen. Auf der Fensterbank wartet meine Uhr darauf, dass ich sie heute mal anziehe. Ich trage Jogginghose und T-Shirt. Die Jeans ist noch im Koffer. Ich muss seit geraumer Zeit pinkeln und geduscht habe ich seit drei Tagen nicht. Die Zahnbürste steht im Bad. Auf dem Tisch liegen Papiere und Stifte neben meinem Laptop. Ich muss die Aufstellung für das Finanzamt weitermachen, die mein Steuerberater mir neulich aufgetragen hat. Auf Jahre zurück auf- schreiben, wer gratis Bücher bekommen hat und in welchen Clubs ich nach der Lesung im Dämmerlicht neben der Theke mal für fünf- zig Cent einen Button verkauft habe. Ich bin noch nicht weit gekom- men. In dem karierten Heft gibt es bislang einen Eintrag. Zum aller- ersten Roman. Daneben steht: Zehn Exemplare verschenkt an Familie. Darunter die Namen. Ich denke daran, wie Mutter früher immer abends am Tisch saß, neben ihrem Haushaltsbuch. Es war ebenfalls kariert.

»Hrrrüüüm.«

Mutter macht ihr Geräusch.

Gerade eben wollte ich einen Schritt machen. In den Raum hinein. Zum Fenster, um es zu kippen. Ins Bad, um meine Blase zu leeren.

Womöglich gar an den Tisch, um den nächsten Eintrag aufs Karopapier zu bringen.

Aber Mutter macht ihr Geräusch, nach nur acht Sekunden Sesselsitzen.

»Hrrrüüüm.«

Hrrrüüüm heißt: Das ist auch alles nix. Ich sitze scheiße. Alles tut weh. Mit den Füßen stimmt was nicht. Mit der Welt stimmt was nicht. Gestern war ich doch noch ein Mensch, der laufen konnte und Wein trinken und abends daheim Einträge auf Karopapier machen.

Sie beugt sich vor und streckt beide Hände nach mir aus, als sei ich bereits viel zu weit weg. Ihre Beine hängen über dem schrägen Fußteil in der Luft.

»Soll ich das verstellen?«, frage ich und verwerfe mein Vorhaben, die Blase zu leeren oder das Fenster zu öffnen.

Sie schüttelt den Kopf mit gepressten Lippen, als sei ich sehr schwer von Kapee.

»Aufstehen!«

»Mum …«

»Aufstehen!«

Sie lässt – die Arme weiter ausgestreckt – ihre Finger gegen die Handinnenflächen schnappen. Ich hocke mich vor den Sessel.

»Mum, du kannst nicht aufstehen. Weißt du doch. Wegen deiner Knochen.«

Sie schüttelt den Kopf.

»Versuchen!«

Ich seufze, stehe auf, nehme beide Hände in meine und ziehe ein wenig. Sie stöhnt. Dieses Spiel spielen wir, seit ich hier bin. Auf dem Bettrand sitzend, mit frisch herbeigeklingelten Pflegern, versucht sie manchmal ernsthaft, sich auf die Füße zu stellen. Mit mir allein im Sessel will sie im Grunde nur, dass ich ziehe. Das würde sie aber nie sagen, »zieh mal, Ziehen reicht schon.« Sie fordert lieber das ganze Aufstehen. Es geht aber um das Ziehen. Es tut ihr gut. Es streckt den Rücken. Und es ist immerhin eine Aktion. Ihr Griff wird schwächer und sie lehnt sich wieder zurück, keuchend. Einmal Ziehen ist wie

Ausdauersport. Nun hängt sie wieder im Leder. Sie versucht, einen Fuß auf den oberen Rand des Fußteils zu stellen. Ich helfe ihr. Der Fuß rutscht ab. Ich klemme ihn wieder hoch. Sie ächzt.

Ich denke daran, wie man sich als gesunder Mensch fühlt, wenn einen ein heftiger Anfall von Kopfschmerzen und Übelkeit überkommt, womöglich gar ein Fieberschub. Ich schleiche dann meistens nach Stunden schlaflosen Liegens und Jammerns runter ins Wohnzimmer und versuche, in der Ecke des Sofas irgendeine Position zu finden, die halbwegs erträglich ist. Es gibt tausend Variationen, wie man die Beine stellen, die Arme ablegen sowie Rücken und Hüfte drehen kann. Tausend! Und nur eine von tausend ist halbwegs erträglich genug, um für ein paar Minuten zur Ruhe zu kommen. Nur eine von tausend Haltungen vermag es, das Pochen hinter den Schläfen und den Drang, sich zu übergeben, zu mildern. Nach dieser einen Position sehnt man sich, sie sucht man verzweifelt, während einem halbe Fieberträume durch den Kopf schießen. Diese eine Position ist das Ziel allen Daseins an solchen Tagen. Meine Mutter ist gerade in einer ähnlichen Lage. Mit dem Unterschied, dass ihre Schmerzen um ein Vielfaches stärker sind und es für sie unter tausend Möglichkeiten leider gar keine mehr gibt, die ihre innere Unruhe lindern kann. Die Tombola des Trostes enthält nur noch Nieten.

Meine Blase drückt.

Sie sagt: »Ich kann nicht sitzen.«

Ich seufze.

»Wieder ins Bett?«

Sie schüttelt heftig den Kopf.

»Aufstehen!«

»Mum ...«

Sie brummt: »Brooom.«

Brooom heißt was anderes als *Hrrrüüüm*. »Brooom« heißt: Mein Sohn versteht mich nicht. Ich könnte genauso gut mit einem Dachs sprechen. Oder einer Nordmanntanne.

Ihr Fuß rutscht wieder ab.

Ich verstelle den Sessel.

Es surrt.

Ich denke mir: Das ist jetzt die ganze Welt. Ein Raum. Ein Sessel. Ein Surren. Zweckloses Surren. Für eine halbe Sekunde schießen mir meine Trostgedanken in den Kopf. Sie begleiten mich, seit ich hier bin, und sind eigentlich schrecklich, weil sie zu profan sind. Ich denke: Irgendwann heute werde ich pinkeln. Im Sitzen. Mit einem Buch. Oder: Irgendwann heute esse ich. Oder: Irgendwann heute kommen mein Onkel und meine Tante und ich kann ein wenig rausgehen.

Pinkeln, essen, die Beine vertreten, mit Sylvia telefonieren und ehrlich sprechen.

Im normalen Leben sind das Selbstverständlichkeiten.

Hier sind es Luxusgüter, die mich innerlich retten, wenn ich nur noch das schwarze Sesselleder sehe.

»Boah …«

Meine Mutter kneift die Augen zusammen. Alles schmerzt. Sie bekommt Morphium hier im Hospiz, aber es ändert wenig. Sie so zu sehen, erzeugt eine innere Spannung in mir, die mich zerreißt. Die Machtlosigkeit frisst an mir wie seelischer Schimmel. Ich denke mir »was soll's« und drücke nun von selber die Klingel. Auf dem Flur nähern sich Schritte in Gummischlappen.

Rolf steht in der Tür.

Ich schaue ihn hilflos an.

Er lächelt verständnisvoll. Es ist nicht so lange her, dass er als Schüler vor dem Sekretariatstresen meiner Mutter stand, während sie mit sieben Armen gleichzeitig das Telefon, die Ablage, die Kaffeemaschine und den Gast vom Ministerium jonglierte, glücklich ob all der Action. Glücklich, die Frau zu sein, die alleine alles regelt. Liebevoll und traurig schaut er auf das, was von dieser Frau übrig ist.

Ich muss nichts erklären.

Rolf sagt: »Die innere Unruhe, ne?«

Ich nicke.

Er geht zum Sessel, legt die Hand auf meiner Mutter Schulter und sagt, immer ein wenig zu laut für meinen Geschmack: »Frau Uschmann? Sollen wir Sie umsetzen? In den Stuhl?«

116

Meine Mutter schaut zu ihm hoch, dankbar und verzweifelt zugleich. Er kann sie genauso wenig erlösen wie ich, aber ihn sieht sie stets an, als sei er eine größere Freude.

»Wollen Sie vielleicht wieder ins Bett?«

Meine Mutter schüttelt den Kopf.

Rolf nimmt sich ein Kissen, lehnt Mutter sanft nach vorn, stopft es ihr in den Nacken und schiebt sie behutsam wie eine Porzellanpuppe zurück.

»Gucken Sie mal, ist das so besser?«

Mutter atmet aus und lächelt.

»Besser, oder?«, sagt Rolf. »Dass der Kopf nicht so frei schwebt. Angenehmer, oder?«

Mutter nickt.

Rolf pustet Luft aus, geht zur Tür und sagt: »Wenn watt is …«

Ich nicke.

Kaum ist er weg, lehnt Mutter sich vor und das Kissen rutscht ihr sinnlos in den Rücken.

Es ist alles Schwachsinn, denke ich. Zweckloses Schieben. Allergrößter, beschissener Schwachsinn. Ich drapiere das Kissen wieder in Nackenhöhe, doch sie lässt sich nicht von mir anlehnen wie von Rolf, der sie führen kann wie ein Tanzpartner, während sie seit drei Tagen mich führt, jede Sekunde lang.

Meine Blase platzt bald. Ich hätte gerade eben, als Rolf da war, aufs Klo gehen können. Er hat schließlich gesagt: »Wenn watt is …«

Es ist ja was.

Es ist sehr viel.

Ich muss Pipi.

Ich habe Hunger.

Ich bin ungeduscht, seit drei Tagen.

Aber wenn Rolf »wenn watt is …« sagt, denke ich nicht an mich. Mit mir darf nichts sein, denke ich. Ich bin hier nicht derjenige, der stirbt.

Ich nehme das Kissen wieder weg, lege es aufs Bett und spüre, wie meine Mutter meine linke Hand drückt. Sie sieht mich an. Direkt in die Augen. Fest und fragend statt in gewohnter Vorwurfsmimik. Sie lässt ein paar Sekunden verstreichen. Draußen, vor dem Fenster, landet eine Amsel vor der Terrasse und rupft einen Wurm aus der Erde. Hinten, in der Teeküche, höre ich die laute tiefe Stimme von Rocker Heinze erklingen, der mit Tassen klimpert.

Meine Mutter sagt: »Oliver …«

»Ja?«

Ihre Augen zittern.

»Was machen wir denn jetzt?«

Dieser Satz zerschneidet mir den Magen und poltert Steine in meine Kehle.

Was machen wir denn jetzt?

Ich weiß genau, was sie meint, denn wenn wir etwas teilen und immer geteilt haben, dann ist es das Bedürfnis, etwas *tun* zu können. Handeln. Planen. Organisieren. Kleine Zahlen auf Karopapier eintragen. Haushaltsbuch führen. Notieren, wer vor gottverdammten acht Jahren bei den ersten zehn Lesungen für ein paar Cent einen Button gekauft hat. Das ist alles besser als der Gedanke, nichts mehr tun zu können. Im wahrsten Sinne des Wortes *am Ende* zu sein.

Es zerreißt mir das Herz, dieser Satz.

Was machen wir denn jetzt?

Ich drücke ihre Hand. Hocke mich vor sie. Halte ihrem Blick stand, der gerade nach Hilfe sucht, der zeigt, dass sie für ein paar Sekunden ein kleines Mädchen ist, das nicht weiter weiß, statt einer verbitterten Frau, die nur Vollidioten sieht.

Ich schlucke.

Ich sage: »Nachher kommt wieder Andreas Kieling. Auf Arte.«

Sie schaut nach links oben, wie Menschen es tun, denen etwas einfällt oder die die Verse eines auswendig gelernten Gedichts suchen.

Sieht mich wieder an.

Sagt: »Hast du eigentlich schon gegessen?«

Ich schüttele den Kopf.

»Ja, Kind, dann geh doch endlich mal. Du musst doch was in den Bauch kriegen!«

Ich zögere.

Sie sagt: »Ich stehe auch nicht auf …«

Ich klingele nach Rolf, um sicherzugehen und frage, ob er ein paar Minuten Zeit hat, im Zimmer zu bleiben. Pinkeln. Essen. Er nickt warm: »Hab' ich doch gesagt. Wenn watt is ...«

Der Moment, als ich auf den Flur heraustrete, fühlt sich an, als hätte ich endlich im Knast meine paar Minuten Freigang bekommen. Wie jeden Tag.

DAS REH IM SCHEINWERFERLICHT

Häufig liest man in Berichten ehrenamtlicher Hospizhelferinnen, der Umgang mit den Sterbenden habe sie Ruhe und Gelassenheit gelehrt. Das stimmt. Irgendwann tritt sie ein, diese Ruhe, doch was nie erwähnt wird, ist der Weg dorthin. Ruhe, Gelassenheit, eine ganze neue innere Reife sogar, können überhaupt erst aus dieser schweren Zeit gezogen werden, wenn man es lernt, trotz des Ausnahmezustandes sich selbst und seine eigenen Bedürfnisse nicht zu vergessen. Genau das wird Ihnen allerdings geschehen und mehr, je wichtiger Ihnen der Sterbende als Person ist. Doch selbst, wenn er das nicht wäre. Selbst, wenn Sie ein Ehrenamt ausüben und einsame Fremde auf ihrem letzten Weg begleiteten, die sonst niemanden haben, wird das Phänomen eintreten, dass Sie sich selbst zu Beginn dieser Zeit sämtliche eigenen Regungen und Antriebe verbieten.

Sie werden denken »ich lebe weiter, während mein Gegenüber stirbt« und das als Schuld empfinden, die nur dadurch halbwegs getilgt werden kann, dass Sie jede Sekunde wie auf Abruf wachen und erst dann trinken, essen, sich die Beine vertreten, einen Blick in die Zeitung werfen oder einfach nur Pipi machen, *wenn der Sterbende es erlaubt.*

Solange dieses Signal nicht eintritt, bleiben Sie sitzen wie ein Reh im Scheinwerferlicht. Jedes eigene Leben schalten sie aus. Wie einer, der im Hotel drei Wochen lang den Koffer nicht auspackt, es sich jeden Tag vornimmt und dann doch wieder »nicht dazu kommt«. Wie einer, der weiß, dass er eigentlich in seiner neuen Umgebung ankommen und sich aktiv eingewöhnen müsste, um wacher, einsatzfähiger und ein besserer Versorger zu sein ... dieses Ankommen aber jede Minute weiter verschiebt.

Sie geben das Heft der Führung in die Hand des Sterbenden, als sei er der Chef und Sie der Praktikant, der mit gefalteten Händen wartet, bis es ihm erlaubt ist, sich zu bewegen und den Raum zu verlassen.

Sie ergeben sich einer seelischen Schwerkraft, die den Sterbenden als Zentrum der Gravitation erwählt, und driften selbst dann ausschließlich in Richtung seiner Befehle, wenn Sie mit aller Macht gegenlenken wollen, weil Sie bereits spüren, dass Sie Ihre Selbstaufgabe schneller auffrisst, als es für *beide* gut ist.

Diese gut gemeinte, aus Betroffenheit geborene Anpassung an jeden tatsächlichen oder eingebildeten Wunsch des Sterbenden ist der größte Fehler, den Sie in dieser Zeit machen können!

Erinnern Sie sich dran: In der Phase des Aufenthalts in Krankenhäusern und des Umgangs mit Ärzten war es Ihre Aufgabe, für den Angehörigen der Anwalt außerhalb des Bettes zu sein. Jetzt, in der Phase des Sterbens, müssen Sie den lieben Menschen zwar stellenweise vor sich selbst schützen und sind eher ein Vermittler zwischen widerstrebenden Kräften als der Anwalt nur einer Seite, doch so oder so ist es nun Ihre Aufgabe, in einer Welt, die für den Sterbenden grauenvoll verwirrend auseinanderfällt, *Struktur und Sicherheit* in den Tag zu weben. Das ist das wichtigste: *Struktur und Sicherheit*.

Doch wie zur Hölle wollen Sie das leisten, wenn Sie sich selbst keine Struktur erlauben und stattdessen stets immer nur abwarten, welche Impulse ihr Gegenüber gibt? Die erfahrene Hospizhelferin Verena Gräfin von Plettenberg schreibt:

>»Sie müssen auf Ihre eigenen Kräfte und Ressourcen achten. Dazu gehört eine zeitliche Abgrenzung und auch, dass man den Unterschied zwischen Mit-leiden und Mit-fühlen begreift. In der Situation aufzugehen und sich selbst aufzulösen führt zu Handlungsunfähigkeit. Stattdessen sollte man im Auge behalten: Ich BIN nicht der Betroffene.«[3]

Den Fehler, in einer bestimmten Situation nicht auf sich selbst zu hören, sondern sich von den anderen Menschen sowie den Umständen lenken zu lassen, macht man nicht nur in Ausnahmesituationen wie der Sterbebegleitung.

Sogar in den Ferien kann das geschehen. Das Phänomen, dass ganz normale Menschen sich nicht die Zeit nehmen, erst einmal am Urlaubsort anzukommen und sich im wahrsten Sinne des Wortes zu »akklimatisieren«.

Die Sachen auspacken.

Durchatmen.

In aller Ruhe das Hotel erkunden. Wege, Räume, Möglichkeiten. Die Umgebung anschauen, die unmittelbare Nachbarschaft, die Cafés, die Restaurants, den Strand, das Dorf.

Die Landkarte erkunden.

In aller Ruhe.

Stattdessen folgen sie dem Drängen der Kinder, des Partners oder gar der Freundinnen oder Freunde, sich auf der Stelle ins Geschehen zu stürzen. Wie stünde man schließlich als Vater da, als Gatte oder als Mitglied des Kegelclubs, würde man sich erst mal aufs Bett setzen, die Hände heben und sagen: »Leute. Lasst mich doch erst mal ankommen!« Das ist nicht cool. Da wird man schnell als langweiliger Frührentner beschimpft.

»Wir müssen unserer Seele Zeit geben, uns einzuholen«, sagte mir einst Holger Reiners, dessen Bücher wie *Das heimatlose Ich* oder *Die gezähmte Depression* zu den besten autobiografischen Ratgebern gehören, die sich mit der lähmenden schwarzen Schwermut beschäftigen. Der erfolgreiche Architekt »funktionierte« jahrzehntelang entgegen seiner eigentlichen Persönlichkeit und seiner wahren Bedürfnisse und fand nach Jahren scheinbar aussichtsloser psychischer Erkrankung den Weg »zurück ins Leben«, indem er lernte, auf seine eigenen Wünsche und seine eigene innere Uhr zu hören. Das erfordert stetes, lebenslanges Training, denn wer zu Depressionen neigt, dem lauert der »schwarze Hund« bei jeder Gelegenheit wieder auf. Ein wichtiges »Einfallstor« für depressive Schübe bildeten beim vielreisenden Reiners schnelle Ortswechsel. Er sagt: »Sobald ich ein neues Hotelzimmer betrat, nahm ich mir erst einmal die Zeit, eine halbe Stunde lang überhaupt nichts zu tun. Keine Arbeit. Keine Telefonate. Keine Mails. Einfach nur: ankommen.«[4] Ließ er dieses Ritual aus, waren die kommenden Tage im Grunde schon gelaufen. Denn sogar, wenn kein Konferenzpartner oder kein Kegelclub da sind, die einen im Sog ihrer Fliehkraft aus dem eigenen Rhythmus reißen, sind da immer noch die lauten Stimmen in uns, die uns sagen, was wir wann tun oder nicht tun dürfen. Die »Eltern-Ichs« mit ihren Geboten und Verboten für fleißiges, gewissenhaftes und soziales Verhalten.

Wenn Menschen also schon auf Geschäftsreise, im beruflichen Alltag und sogar im Urlaub Probleme damit haben, Rücksicht auf ihre eigenen Bedürfnisse zu nehmen – wie verständlich ist es dann erst, wenn das in der absoluten Ausnahmesituation der Sterbebegleitung geschieht?
Verständlich schon.
Doch gerade hier noch falscher als sonst!
Im Berufsleben führen die latenten Aggressionen, der Frust und die schleichende Depression, die durch das ständige Ignorieren der eigenen Bedürfnisse auftreten, beim Geschäftspartner im schlimmsten Fall zum Stornieren des Auftrags.
Im Urlaub vermiest es der Familie und den Freunden die Zeit, die eigentlich hätte schön werden sollen.
Was soll's?
Geschäfte kann man neu einfädeln und Urlaub ist nächstes Jahr wieder.
Für die letzten Tage im Leben des Angehörigen aber, der irgendwann unter den schlimmen Auswirkungen Ihrer »gut gemeinten« Selbstaufgabe leiden wird, gibt es keinen zweiten Anlauf.

Merke!
Seien Sie für sich da, um für den anderen da sein zu können.

Manchen gelingt das nie.

Manchen erst nach einer ganzen Weile.

Und manchen sofort ...

ICH WILL LEBEN

Nachdem ich unter brunftähnlichen Geräuschen meine Blase geleert habe, betrete ich die Küche des Hospizes, um mir das Tablett mit dem Tagesgericht aus dem Regalfach für das Zimmer 9 zu ziehen. An der Spüle gegenüber der Kaffeemaschine knirscht der Lederhosenbund von Biker Heinze. Er hat Bier in der Hand. Sein Kopf lehnt erschöpft am Hängeschrank. Das Tagesgericht ist Rinderbraten mit dunkler Soße, Kartoffeln sowie Erbsen und Möhren. Ich bin Vegetarier.

»Na?«, sagt Biker Heinze. »Hast du Freigang bekommen?«

Ich zucke ein wenig zusammen bei seiner Formulierung. Es ist *genau* das, was ich dachte, als ich endlich aus dem Zimmer durfte, aber laut ausgesprochen, aus einer rustikalen Rockerkehle, klingt es heftig ... und erleichternd.

Ich grinse und starre auf den Teller. Biker Heinze zeigt, sein Pils in der Hand, Richtung des östlichen Endes des Flurs: »Ich sehe dich ja nur da drin im Zimmer bei deiner Mutter. Rund um die Uhr.«

»Ich wohne hier«, sage ich und zupfe demonstrativ an meiner Jogginghose.

»Boah«, grunzt Biker Heinze. »Mit hier schlafen und alles?«

»Ja.«

»Aber du pennst oben im Gästezimmer, oder?«

»Nein. Bei Mutter. Im Klappbett.«

Biker Heinze nimmt den Kopf vom Schrank, damit er ihn herumwirbeln kann: »Alter, das könnte ich nicht. Nee! Niemals. Respekt, wirklich, Respekt.«

Ich nicke, hebe den Teller ein Stück vom Tablett, stelle ihn wieder ab. Vor mir wartet die Mikrowelle auf Arbeit. Ich stelle den Teller wieder ab und frage: »Ich habe gehört, Ihre Mutter ist schon lange hier?«

»Ja. Und sag Claus zu mir.«

»Oliver ...«

»Oliver. Gut. Sieben Monate. Über ein halbes Jahr ist sie schon hier, meine Mutter. Zieh dir das mal rein.«

Er schüttelt den Kopf: »Die hat das Konzept Hospiz nicht begriffen.«

Ich puste Luft aus wie früher das Publikum von Harald Schmidt, wenn er einen moralisch unvertretbaren Witz gemacht hat. Claus sagt: »Ja, ist doch wahr! Das ist doch kein Leben. Kein Leben ist das!«

Er sagt es so, als meine er beide damit: Seine Mutter, die penetrant das Sterben herauszögert, und sich selbst, der seit Monaten jeden Tag herkommen muss. Die Klarheit, mit der Claus spricht, spaltet mich innerlich. Die eine Hälfte ist empört, weil man an diesem Ort so nicht denken darf. Die andere Hälfte atmet auf, weil auch ich an diesem Ort so denke und es niemals laut aussprechen würde. Dabei tut es gut, es zu hören. Wie gut muss es erst tun, es zu sagen. Claus ist kein Teufel. Seine Augen wirken warm, während er seinen Frust loswird. Er liebt seine Mutter und er wird weinen, wenn sie geht, und persönlich dafür sorgen, dass zur Trauerfeier alle vierhundert Biker des Clans aus ganz Deutschland angereist kommen. Als Entschuldigung für das Fernbleiben wird er lediglich die tödliche Erkrankung anderer Mütter anerkennen. Bleibt einfach nur aus Faulheit oder Beerdigungsangst die Maschine kalt, wird er den Drückebergern nachträglich gepflegt die Fresse polieren. Sich mit diesem Mann nur für fünf Minuten die Küche zu teilen, gibt Kraft.

»Sag mal«, kommentiert er mein unentschlossenes Gefuchtel vor dem Tablett mit dem Rinderbraten, »willst du das noch essen oder bist du so ein Magervogel, der vom Gucken satt wird?«

Ich lege die Hände neben dem Tablett ab und seufze: »Ich bin Vegetarier.«

Claus legt den Kopf schief und beobachtet mich, wie ich auf den Braten starre. Er durchschaut mich wortlos. Grinsend löst er seinen rechten Zeigefinger aus der Bierflaschenfaust: »Du bist Vegetarier

... aber lass mich raten. Eigentlich *willst* du den Braten da essen, oder?«

Ich drehe mich wieder um. Schaue ihn an. Mein Blick entschuldigend und betroffen, als müsse ich mich gleich vor der UNO erklären.

»Ha!«, sagt Claus.

Ich lamentiere: »Ich habe Pizza drüben im Tiefkühlfach. Und Baguettes. Aber seit Tagen stehe ich vor Hackbraten und Schweinebraten und Rinderbraten und denke mir: Scheiße, ich will das! Ich will das wie früher, als Mutter das gemacht hat und ich als Kind mit Speichel in den Mundwinkeln ganz unbesorgt den leckeren Leichenfetzen durch die glasige Soße zog.«

Claus sieht mich an, wartet einen Moment, nimmt einen Schluck Bier. Dann nickt er, seit Monaten sterbenserfahren: »Das ist der Stress.«

»Wie bitte?«

»Ja hier ...«, er misst mit der Bierflasche den Raum und das ganze gedachte Hospiz ab. Seine Lederhose knirscht wieder. Der wilde Hund aus Stahl auf seinem Motörhead-T-Shirt fletscht zornig die Zähne. »Wenn ich so am Tag mit meiner Frau drei oder vier Stunden hier gewesen bin und dann rauskomme aus dem Kabuff – weißt du, was ich dann will?«

»Nein.«

»Fressen und vögeln.«

Ich reiße meine Augenbrauen hoch.

»Ja. Und wäre ich so ein Fußballhooligan wie mein Cousin Tito, würde ich mich momentan wahrscheinlich jeden Tag schlagen gehen.«

Ich weiß nicht, wo ich hinschauen soll. Als wäre es böse, mit einem Menschen, der in einem Sterbehaus solche Antriebe äußert, überhaupt in einem Raum zu stehen und zu reden. Sagt die eine Hälfte in mir. Die andere sagt: Komm, du Heuchler. Du bist doch auch längst ein Pulverfass!

Claus stößt sich von der Spüle ab, nimmt den Teller vom Tablett, stellt ihn in die Mikrowelle, schaltet sie ein und geht wortlos nach nebenan in den Vorratsraum. Ich warte. Gelb ausgeleuchtet dreht sich der Braten im brummenden Strahlenbad. Im Vorratsraum klimpert es, dann kehrt Claus mit zwei neuen Bierflaschen zurück. Er öffnet sie mit den Zähnen, reicht mir eine und stößt an.

»Rein damit!«

»Aber ...«

»Rein damit und danach den Braten.«

Ein Lächeln zwängt sich gegen meinen Willen in mein Gesicht. Der Kettenhund von Motörhead fletscht weiter die Zähne auf Claus' T-Shirt, zwinkert mir aber mit dem linken Stahlauge zu. Während hinter mir ein Braten Fahrt aufnimmt, den ich gleich nach Jahren fleischlosen Daseins verspeisen werde, stürze ich ein kaltes Bier nahezu auf ex in meine Kehle. Claus lächelt und nickt.

Mir fällt ein, dass der herzensgute Rolf nur wegen mir schon ziemlich lange bei Mutter am Sessel wartet, und ich bekomme sofort wieder ein schlechtes Gewissen, weil ich immer noch nicht esse, sondern mit einem Rocker saufe. Ich denke darüber nach, das warm gemachte Gericht mit ins Zimmer zu nehmen. Vielleicht kriege ich ja doch noch einen Bissen in Mutter hinein und vielleicht freut es sie, zu sehen, dass ich nach all den Jahren endlich zur Vernunft gekommen bin und wieder Fleisch esse. Ihre Lieblingsfrage seit meinem 22. Lebensjahr, in dem es mit dem Tierschutz losging, lautete schließlich: »Isst du *immer noch* kein Fleisch?«

Merke!

Jede Veränderung, die ein Sohn nach
dem sechsten Lebensjahr durchmacht,
ist für Mütter grundsätzlich nur eine
Phase, die vorübergehen wird.

Ich leere das Bier.

Die Mikrowelle klingelt.

»Ich muss wieder rüber«, sage ich.

»Hilft dir eigentlich keiner?«, fragt Claus.

»Doch«, sage ich. »Mein Onkel und meine Tante. Kommen einmal am Tag. Dann kann ich raus.«

Mir fällt ein, dass sie heute spät dran sind. Es geht schon auf sechs zu. Üblicherweise kommen sie so gegen fünf. Sofort nach Evelines Feierabend. Die eine Stunde, die sie mir ermöglichen, das »Kabuff«, wie Claus es nennt, zu verlassen, ist für mich lebensnotwendig. Hätte ich nicht diese eine Stunde, würde ich ersticken.

Ich nehme den Teller aus der Mikrowelle, stelle ihn aufs Tablett, lasse das Bier in der Küche stehen und verabschiede mich von Claus.

»Bis morgen«, sagt er.

»Ja«, sage ich.

Zurück am Zimmer rufe ich bereits »bin wieder da!«, noch bevor meine rechte Fußspitze durch den Türrahmen ist. Rolf hockt vor dem Sessel und sortiert Mutters Beine.

»Gucken Sie mal, wer da ist, Frau Uschmann!«

Meine Mutter schaut auf und wirft mir einen Blick zu, als bräuchte sie einen Augenblick, um überhaupt zu begreifen, dass ich wieder in ihrem Leben bin. Ihre Augenbrauen senken sich, ein V furcht sich in ihre Stirn und sie sagt, im Tonfall einer Frau, deren Ehemann nach dem Zigarettenholen zwanzig Jahre verschollen war: »So. Kannst du mir bitte mal erklären, wo du gewesen bist?«

Eigentlich will ich sagen: »Gottverdammt Mutter, ich war essen holen, wie du es mir offiziell erlaubt hast, vor gerade mal zehn verfluchten Minuten!!!«

Das würde ich gerne sagen.

Sage ich aber nicht.

Stattdessen präsentiere ich ihr das Tablett und frage, ob sie auch was möchte von meinem Rinderbraten, den ich gleich verspeisen werde. Ich warte darauf, dass sich ihr Gesicht erhellt und sie voller Freude und Erleichterung die Gewissheit mit ins Grab nehmen kann, dass ihr Kind *endlich* wieder tote Tiere frisst, doch sie bleibt völlig ungerührt. Angeekelt winkt sie das Tablett mit der Rückseite ihrer linken Hand aus ihrem Blickfeld. Dass ich jemals Vegetarier geworden bin, hat sie anscheinend vergessen. Ich spüre, wie der dunkle Sog an mir zieht, als mein Trostgedanke mich sekundenschnell wieder aufrichtet. Gleich kann ich raus. Gleich kommen Michael und Eveline.

»So, ich muss dann mal wieder zu anderen Gästen«, sagt Rolf und stemmt sich auf den Oberschenkeln nach oben. Mein Handy klingelt. Ich sage: »Kurz noch?« Rolf bricht seine Bewegung auf halber Höhe ab, nickt und hockt sich wieder zu den Füßen seiner ehemaligen Schulsekretärin. Ich gehe in den Flur und hebe ab. Mein Onkel ist dran.

»Oliver, ja, pass auf. Eveline hatte heute viel Stress im Büro und ist jetzt erst nach Hause gekommen. Und ganz ehrlich, es ist jetzt schon sechs durch, das lohnt sich nicht mehr, dass wir noch kommen.« Ich antworte nichts.

Michael spricht weiter, in diesem heiteren, kollegialen Ton, der auf der Gegenseite Verständnis unterstellt und beleidigt wäre, würde er es nicht erhalten.

»Wir sehen uns dann ja morgen, Oliver. Sonst alles klar?«

Eigentlich will ich sagen: »Nein. Es ist gar nichts klar. Meine Mutter stirbt. Deine Schwester. Und hier zu sein, 24 Stunden am Tag, und ihre Schmerzen zu sehen und ihre innere Unruhe zu spüren und nichts, aber auch gar nichts machen zu können, das zerreißt einem die Seele. Vor allem, wenn man ist wie ich und nicht wie Biker Claus, der Bier trinkt und frisst und vögelt und flucht, um den Stress loszuwerden.« Das würde ich gerne sagen und dabei immer lauter werden, und auch: »Ich fresse mittlerweile wieder Fleisch, so sehr belastet mich das alles, Fleisch, Michael, hörst du? Fleisch aus Massentierhaltung! Ich freue mich wie ein Schneekönig darauf, gleich meine Zähne in ein Stück Rind zu rammen, das nur aus Antibiotika besteht und aus Todesangst und traumatischen Erinnerungen an einen langen Tiertransport und an das Bolzenschussgerät. So sieht es nämlich aus, und für euch mag es sich ›nicht mehr lohnen‹, jetzt noch loszufahren, weil ihr dann nicht rechtzeitig wieder zu Hause seid, um *Criminal Minds* zu gucken, aber für mich, für mich, verdammt noch mal, würde es sich sogar lohnen, wenn ich auch nur fünf Minuten nach draußen käme und euch bei Mutter sitzen wüsste statt Rolf, der im Gegensatz zu euch tatsächlich noch neun andere Sterbende an der Backe hat. Jede verfickte Sekunde *lohnt* sich für mich, Michael, jede verfickte Sekunde!!!«

Das würde ich gerne sagen.

Stattdessen lächele ich gezwungen, was er nicht einmal sehen kann und sage: »Ja, gut. Dann bis morgen.« Ich lege auf und stecke das Telefon in die Tasche.

»Michael lässt grüßen«, sage ich, als ich das Zimmer wieder betrete. Meine Mutter überhört es, schaut Rolf an, als wären die beiden das eingeschworene Team, zeigt auf mich und erklärt ihrem Schüler: »Er ist ständig unterwegs, mein Sohn.«

Rolf legt ihr die Hand auf den Unterarm und sagt: »Nein, Frau Uschmann. Er ist immer hier. Immer hier. Da können Sie froh sein, Frau Uschmann.«

Meine Mutter schaut Rolf skeptisch an.

Ich setze mich an den Tisch und ramme die Gabel in die ermordete Kuh.

Eine Stunde später erfüllt den Raum die beruhigende Stimme von Naturfilmer und Wanderer Andreas Kieling. Er ist mit seinem Hund unterwegs, entlang des breiten Streifens, der einst das Grenzgebiet zwischen der BRD und der DDR bildete und der bewusst unbebaut blieb. Die Natur hat ihn zurückerobert. »Zwanzig Jahre ist es her, dass die Mauer fiel«, sagt der Sprecher im Vorspann jeder einzelnen Folge, »auf ihren Trümmern ist unbemerkt ein Paradies gewachsen.« *Mitten im wilden Deutschland* ist eine Lieblingssendung meiner Mutter, auch in der Wiederholung. Sie liegt bereits im Bett, das Kopfteil ist hochgestellt. Ich sitze daneben im Sessel, die Füße auf der Matratze. »In der Nähe von Herzberg im Südharz betreten Andreas und Cleo eine verwunschene Welt«, sagt der Sprecher gerade, »die Rhumequelle ist ein mystischer Ort, der schon von den Menschen der Steinzeit aufgesucht wurde.« Cleo ist Andreas' Hund, der ihn die ganze Strecke lang begleitet. Ich denke daran, dass im Hospiz keine Haustiere erlaubt sind, obwohl es sicher für manche Gäste wohltuend wäre, ihre schnurrende Katze auf dem Bauch liegen zu haben. Ich denke daran, dass ich den Ort Herzberg im Südharz von einem Festival her kenne, das nur alte und neue Hippies besuchen und auf dem man barfuß über den Campingplatz laufen kann, ohne in Scherben zu treten. Ich denke an all die mystischen Orte, die Sylvia und ich schon aufgesucht haben. Einen fast vollständig von Seerosen bedeckten See in Australien. Die Berge Montenegros, auf deren steilen Serpentinenstraßen uralte Männer zu Fuß mit Stock und Rucksack zehn Kilometer ins nächste Dorf klettern, um mit ihren Männerfreunden Karten zu spielen. Der Shkodra-See in Albanien, an dessen Ufer schwarze Hummeln kreisen. »Schade«, sagt Andreas Kieling, während er sich einen Neoprenanzug überstreift, »eigentlich müsste das Wasser hier viel klarer sein. Die Rhumequelle ist nämlich eine Karstquelle, das heißt, der Untergrund hier ist Kalkstein.«

Ich werde neidisch auf den Mann, wie er da steht und seinen Taucheranzug zuzieht, umgeben von raschelndem Waldlaub. Ein freier Mann. Für meine Mutter und mich sind Wälder und Neoprenanzüge gerade genauso fern wie ein Shuttle-Flug zum Saturn. Ich hasse Andreas Kieling dafür, dass er einfach Worte wie »Karstquelle« sagen kann und dabei vor einer Karstquelle steht. Spreche ich in diesen Tagen von Quellen, meine ich damit das miserable Mineralwasser, das hier im Vorratsraum lagert. Trotzdem beschwichtigt es mich, dass Andreas Kieling im Fernsehen läuft. Bei Sterbenden ist es schließlich wie bei kleinen Kindern. Einen Hauch von Ruhe kriegst du nur in sie rein, wenn der Fernseher läuft.

Als Andreas Kieling seine Wanderung beendet hat, betritt Nachtschwester Renate den Raum. Sie hat Tabletten dabei und den deutschtürkischen Pfleger Orhan, der aus Überzeugung nur nachts arbeitet. Ihre Mission: Mutter schlaffertig machen. Sprich: Das Gitter am Bett hochziehen. Ich nehme die Füße von der Matratze und mache mich auf den allabendlichen Machtkampf gefasst.

»So, Frau Uschmann, Orhan übernimmt jetzt. Wenn was ist, ich bin gleich weg.«

Meine Mutter schaut die resolute Ex-Frachtkapitänin und den kleinen, aber kräftigen Osmanen mit großen Augen an … und lässt klaglos zu, dass die beiden die Gitter hochmachen. Ich traue meinen Augen nicht. Brav wie eine Klosterschülerin nimmt Mutter die

Medikamente und legt den Kopf wieder ab. Renate und Orhan schauen sich an, bleiben noch einen Augenblick stehen und verabschieden sich.

»Gute Nacht!«

»Gute Nacht.«

»Tür ganz zu?«

»Angelehnt, bitte.«

Renate lehnt die Tür an.

Ich zeige hinter mich aufs Bad und sage: »Ich mache eben Pipi und Zähne.«

Meine Mutter ignoriert meine Abmeldung, legt ihre Hand auf das Bettgitter, fixiert mich mit den Augen und sagt: »So, Oliver. Jetzt pass auf. Wir warten noch zehn Minuten, und dann machst du die Gitter wieder runter.«

Sie spricht diesen Befehl in einer so ruhigen und entschlossenen Klarheit aus, als sei sie sich seiner Ausführung so sicher wie ein Vorarbeiter in Nordkorea.

»Mum ...«, sage ich, doch sie unterbricht mich. Langsam zeigt sie mir mit ihrem dünnen Ärmchen, was sie sich augenscheinlich schon den ganzen Tag lang ausgedacht hat.

»Du schiebst mein Bett auf der Seite bis zum Fenster. Dann kann ich da schon mal nicht mehr rausfallen. Und hier, auf der anderen Seite, stellst du dein Bett direkt daneben.«

»Mum ...«

Sie hebt den Zeigefinger: »Sollte ich dann doch nachts aufstehen, was ihr mir hier immer alle unterstellt, trete ich direkt auf dich drauf. Dann merken wir das doch!«

Ich weiß nicht, worüber ich erstaunter sein soll. Darüber, dass meine Mutter mich in eine illegale Konspiration gegen die Sicherheitsvorschriften hineinziehen will, oder darüber, wie selbstverständlich sie davon ausgeht, dass nun meine Zeit als Trittpuffer angebrochen ist.

Ich sage: »Mum. Mal abgesehen davon, dass es gefährlich ist, könnten die mich hier *rauswerfen*, wenn ich so was mache. Verstehst du das? Dann wäre ich weg. Dann wäre ich nicht mehr hier!«

Ich bin stolz, dass mir dieses Argument so schnell eingefallen ist. Man muss schließlich Druckmittel haben. Die Gefahr, den Sohn, der nach langer Zeit ohne Kontakt nun zum Ausgleich rund um die Uhr bei einem weilt, direkt wieder zu verlieren, müsste Druckmittel genug sein.

Denke ich.

Die Wahrheit sieht allerdings anders aus.

Ungerührt von der Gefahr, mich zu verlieren, zeigt Mutter auf das Gitter und sagt leise, aber alternativlos: »Runter ...«

Ich schüttele den Kopf, löse das Gitter, schiebe die Betten um und lege mich hin. Volle Blase. Ungeputzte Zähne. Nach einer Weile höre ich, wie Mutter schnarcht. Ich richte mich behutsam auf, um sie nicht zu wecken, schleiche auf den Flur hinaus und suche Orhan.

Zu den flüsternd klagenden Klängen eines sehr leise eingestellten türkischen Senders sitzt er im Schwesternbüro und schreibt Notizen in die Akten der sterbenden Schmerzpatienten, die hier Gäste heißen.

»Orhan?«

»Ja?«

Ich erzähle ihm vom Plan meiner Mutter und dass ich mich zum Schein darauf eingelassen habe.

»Sie sieht es nicht ein mit dem Gitter«, sage ich und eröffne Orhan nun *meinen* Plan, der mir eingefallen ist, während ich darauf wartete, dass Mutters Schlaftabletten wirken.

»Also Orhan, Sie ...«

»Du kannst doch du zu mir sagen.«

»Gut, du kommst irgendwann heute Nacht ins Zimmer, weckst uns und zeigst dich total empört darüber, dass ich zugelassen habe, das Gitter herunterzumachen. Dann machst du mich vor meiner Mutter zur Schnecke und wirfst mich aus dem Hospiz. Ich verschwinde und komme morgens wieder, wo wir dann alle am Bett meiner Mutter solange diskutieren, ob ich doch hier bleiben darf, bis sie eingesehen hat, dass ihr es nur erlaubt, wenn sie kein Theater mehr wegen des Gitters macht.«

Orhan tippt mit dem Kugelschreiber auf einer Akte herum, kaut seine Unterlippe und sagt: »Hm. Gucken wir mal. Ist ja auch sinnlos, sie zu wecken, wenn sie endlich mal durchschläft, oder?«

»Ja, aber …«

»Wir gucken mal«, beendet Orhan sichtlich die Diskussion und schreibt weiter in die Akte. Mir fällt ein, dass ich auch dringend weiter in mein Heft schreiben muss. Die Buchhaltung verschenkter Romane. Die Clubs kommen mir in den Sinn, in denen ich zu Beginn auftrat. Kabaretthäuschen und Kleinkunstkneipen. Da saß der Veranstalter auch immer im Büro und schrieb etwas auf, fahles Licht auf den unrasierten Wangen.

Ich seufze, gehe ins Zimmer zurück und lege mich in dem Bewusstsein ins Bett, diese Nacht auf unbestimmte Zeit Trittschalldämpfer zu sein.

Es ist zwei Uhr, als ich endlich das erste Mal einschlafe. Die Tage in einem Hospiz sind anstrengend, aber sie sind nichts gegen die Nächte.

Deswegen hat das Beistellbett, in dem ich liege, schon »seit Jahren keiner mehr länger benutzt als ein oder zwei Nächte«, wie Schwester Beate mir verriet, und deswegen gibt es das Gästezimmer oben im ersten Stock.

Wer nämlich als Angehöriger im gleichen Zimmer schläft wie der Sterbende, schläft im Grunde immer mit einem wachen Auge. Das liegt an den Geräuschen, die der Todkranke von sich gibt. Es ist ein steter Fluss unaufhörlichen Jammerns, Seufzens, Ächzens und Raschelns. Selbst im Schlaf. Kein Kampf gegen den akut herannahenden Tod, sondern ein Kampf gegen die Unmöglichkeit, überhaupt noch eine Stellung zum Liegen zu finden. Der Körper ist verbraucht und verspannt, die Haut trotz ständigen Umbettens längst aufgescheuert. Die Nacht ist eine Qual und unter der dicken Schicht aus Morphium und Schlaftabletten tobt der Betroffene wie jemand, den man in einen dunklen Brunnen geworfen hat.

»Sie müssen lernen, es zu ignorieren«, erklärte mir Schwester Beate und meinte damit die Grundlautstärke von Ächzen, Stöhnen und

Jammern in Mutters Bett. Ihre ständigen Versuche, sich selber irgendwie anders zu legen, wortlose Anklagen an mich, den scheinbar Schlafenden, dass ich nicht endlich nach einem Pfleger klingele ... dass ich nicht endlich irgendwas tue. Es ist schwer, das zu ignorieren, »aber Sie müssen, Herr Uschmann, sonst gehen Sie uns hier selber kaputt.« Vor allem, wenn Mutter schließlich, kaum dass sie ruhiger geworden ist, in die dunkle Stille hereinruft: »Oliver? Oliver?? Oliver???« Ganz so, als hätte sie Panik, dass ich verschwunden sein könne, und Alpträume, nun ganz allein im Angesicht des Sensenmanns zu sein. Spätestens dann antworte ich, sage »Ja?« ins Dunkel und sie klagt in einem Tonfall, den ich ein Leben lang nicht an ihr gehört habe, selbst nicht bei Bandscheibenvorfällen oder vierzig Grad Fieber: »Oliver! Ich kann nicht mehr. Ich kann nicht mehr!« Dann klingele ich eine Schwester oder einen Pfleger herbei, der sie anders hinlegt. »Geht es so besser, Frau Uschmann?«, fragt er dann und meine Mutter antwortet »Nein, alles Scheiße!«, weil sie eigentlich keine Umlagerung will, sondern mehr Schmerzmittel oder »irgendwas, einfach nur irgendwas!«, also im Grunde Erlösung, was sie aber niemals sagen würde, da sie bis heute im Sterbehaus nicht übers Sterben spricht.

So sind sie, die Nächte, und ich schwitze neben dem gitterlosen Bett meiner Mutter auf der Klapppritsche mit ihrem beschissenen Latexbezug – »Oliver? Oliver?« – und schlafe erst gegen halb drei richtig ein. Nicht, weil ich plötzlich die Kraft gefunden hätte, ihr Grundjammern tatsächlich zu ignorieren, »weil sonst auch Ihre Mutter nie in den Schlaf kommt, wenn Sie ständig reagieren«, sondern weil ich schlicht so erschöpft bin, dass ich auch dann bewusstlos werden würde, wenn draußen der dritte Weltkrieg begänne.

Ich träume.
Andreas Kieling führt meine Mutter und mich den grünen Streifen der ehemaligen Grenze entlang. Meine Mutter ist gesund und im fünften Jahr ihrer Rente. Wir haben uns ausgesöhnt. Im Land herrscht Frieden mit allen Müttern. Letzten Monat schipperten Sylvia und ich meine Schwiegermutter auf einem Boot über die Meck-

lenburgische Seenplatte. Diesen Monat kraxele ich mit meiner Mutter ihrem kernigen Abenteueridol hinterher. Gerade wandern wir durch einen Nadelwald, der riecht wie ein Erkältungsbad aus Fichte.

»Brauchst du nie eine Leine?«, fragt meine Mutter Andreas Kieling und zeigt auf seinen Hund Cleo.

»Nee«, sagt Andreas, »der ist noch nie weggelaufen.«

Meine Mutter schaut zu mir, kneift mir in die Wange und sagt: »Tja, da haben andere weniger Glück gehabt …«

Ich lächele. Keine Bitterkeit. Nur duftendes Unterholz und die Vorfreude auf den nächsten Schritt. Cleo wackelt mit dem Schwanz und tobt zufrieden durch die Landschaft … bis er abrupt anhält und den Kopf aufrichtet.

»H … i … fe.«

Meine Mutter und Andreas Kieling bleiben stehen.

Ich stutze.

»Hört ihr das auch?«

»H … il … fe!«

Cleo legt den Kopf schief.

Ich sage: »Da ruft doch einer.«

Meine Mutter winkt ab: »Ach, da ist nichts.«

Andreas Kieling ist sich weniger sicher.

»Hiiiiiilfeeeee!!!«

Cleo schießt in den Wald.

Ich sage: »Leute, da ist doch einer …«

… und wache auf.

Schweiß.

Überall Schweiß.

Im Nacken, am Rücken, auf der Stirn.

Ich liege auf der Latexmatratze wie ein Junkie beim kalten Entzug.

Meine Mutter schnarcht. Im Zimmer nebenan schreit jemand: »Hilfe!«

Das ist Andi.

Mit vollem Namen Andreas Brinkmann.

Er war mal Kampfsportler, Vollkontakt, die ganz harte Nummer. Hat Thailand bereist und China, die USA und so ziemlich jedes

Land der Welt, in dem Männer sich auf Matten oder in Käfigen treffen und drum herum Tausende jubeln, während Werbebanner von Energy-Drinks oder Proteinriegeln wehen. Es ist nicht lange her, dass er das gemacht hat, gerade mal sechs Jahre. Da beendete er seine aktive Laufbahn und wurde Trainer für junge Talente. Harte Jungs von der Straße, die keine Schulausbildung hatten und kriminell geworden wären, hätte der Sport ihre Wut nicht in geordnete Bahnen gelenkt. Andreas ist noch mal zwanzig Jahre jünger als meine Mutter. 46 erst und im Hospiz, den Kopf noch voll der Bilder adrenalinsprühender Kämpfe. Er akzeptiert das Gitter am Bett, aber sonst akzeptiert er gar nichts. Vor allem nicht die Dunkelheit.

»Hilfe!«

Ich taste nach meiner Uhr. 3:17 Uhr. Ich habe kaum eine Stunde geschlafen.

Orhan stapft über den Flur zu Andis Zimmer.

Nun beginnt dort der Machtkampf.

Denn wenn Andi schon nicht mehr mit Fäusten kämpfen kann, dann wenigstens mit Worten.

»Andi, was ist denn?«

»Ja, uhaaaa!!!«

Uhaaaa heißt bei Andi nichts Konkretes. Es ist sein Krawall-Laut für Unmut. Ist keiner in der Nähe, ruft er »Hilfe!«. Ist Orhan im Raum, verlegt er sich zu fünfzig Prozent auf Laute. Auf *laute* Laute.

»Uhaaaa!!!«

»Du sollst hier nicht nachts so rumbrüllen, Andi! Hier wohnen noch andere Leute. Die wollen schlafen!«

»Uhaaaa!!! Uhaaaa!!! Uhaaaa!!!«

Direkt ein Dreifacher hinterher, denke ich, rolle mich auf die Seite und ziehe mir das Kissen über den Kopf.

»Was willst du denn?«

»Ja, hier. Uhaaaa!!! Uhaaaa!!!«

»Was denn, *uhaaaa*? Das ist kein Wort, *uhaaaa*, das hab ich dir schon tausend Mal gesagt!«

»Uhaaaa!«

»Andi!!! Nix *uhaaa*. Schluss mit dem Krakeelen!«

Orhan ist nicht sensibel. Orhan redet Klartext. Orhan regt sich auf. Orhan ist ein Sparringspartner für Andi.

»Uhaaaa! Mann ...«

»Was willst du denn, Andi?«

»Ja, hier ... das ... Nacht.«

»Ja, es ist Nacht, genau. Und die Leute wollen hier schlafen.«

»Nein.«

»Doch.«

»Nacht ... uhaaa!«

»Andi! W-a-s w-i-l-l-s-t du?«

»ICH WILL LEBEN!!!«

Das war deutlich.

Ich nehme das Kissen vom Kopf und richte mich ein bisschen auf. Lausche. Orhan ist überrascht. Seit Tagen spielt er mit Andi das *uhaaa*-Spiel. Andi brüllt, Orhan kommt, Orhan schimpft, Orhan geht, Andi brüllt wieder. Aber dieser Satz, der haut sogar Orhan um. *Ich will leben.*

So hieß mal ein Album von Peter Maffay, denke ich, neben dem Bett meiner Mutter, die ihn früher rauf und runter hörte. »Jeder gegen jeden« war auf der Platte drauf und »Wer wirft den ersten Stein«. Außerdem »Eiszeit«, der Klassiker über den Weltuntergang. Und »Hinter der Tür«. Das Lied wählte meine Mutter vor zwei Jahren für die Beerdigung meines Vaters aus. Ich habe es im Ohr, während Orhan nach einer Antwort auf Andis Begehren sucht, und spüre, wie ich wieder Steine im Hals habe und Wasser in meine Augen schießt. Musik ist das Einzige, was mich weinen lässt, wenn ich etwas mit ihr verbinde: »Hinter der Tür liegt ein Geheimnis / Und es wird dich befreien / Und du stellst dir vor / Du wirst geblendet und verzaubert sein.« Als dieses Lied auf der Trauerfeier für meinen Vater lief, stellte ich mir vor, wie er irgendwo im Dunkeln die Tür öffnet, um den Zugang zum Jenseits zu finden. Ich heulte wie ein Schlosshund. Mein Vater war nicht sonderlich gläubig und ich flehte innerlich darum, dass er trotzdem seine Tür bekäme, eine schöne Tür zu einer Wiese oder einem Wald oder einer Welt aus lauter Fußballfeldern.

Orhan sagt nebenan: »Ach, Andi ...«

Mehr muss er gar nicht sagen. Womöglich nimmt er ihn gerade in den Arm. Der ehemalige Kampfkünstler bleibt jetzt jedenfalls ruhig. Orhan verlässt das Zimmer und fragt leise: »Tür offen lassen?«

Andi sagt: »Ja.«

Ganz ruhig, ganz ohne Krakeele und Krawall.

Ich drehe mich wieder auf den Rücken. Schaue auf die Uhr. 3:27 Uhr. Ab sechs Uhr ist hier spätestens wieder Theater. Noch ein bisschen schlafen. Ich versuche, Peter Maffay abzuschütteln. Stelle andere Lieder im Kopf an, die mich ablenken sollen und nicht zum Heulen bringen. Paul McCartney. Kurt Cobain. Bruce Springsteen. Im Augenwinkel greift etwas nach mir, das merke ich, obwohl es dunkel ist. Es ist die schmale Hand meiner Mutter. Sie flattert in der Luft und schnappt nach einem Gegenstück.

»Oliver«, sagt sie, anders als sonst, ohne Gejammer, klar und zerbrechlich wie Kristallglas.

Ich bleibe liegen, hebe meinen linken Arm und halte ihre Hand. Ob sie auch alles gehört hat von Orhan und Andi?

»Oliver?«

»Ja, Mum?«

Bestimmt soll ich klingeln, denke ich.

Umbetten.

Umlagern.

Zweckloses Zupfen.

Stattdessen sagt sie, ohne irgendetwas zu fordern: »Oliver, ich komme hier nicht mehr raus. Ich komme hier nie wieder raus.«

Ich schlucke.

Was soll ich nun antworten?

Was muss ich nun antworten?

Mein Herz rast, meine Gedanken purzeln durcheinander. Ich bin Profischriftsteller, ich sortiere Worte, das ist das einzige, was ich richtig gut kann. Jetzt krame ich nach ihnen in einer Kiste ohne Boden. Als ich eins habe, mit dem ich anfangen könnte, höre ich, wie meine Mutter längst wieder schnarcht.

LEBENSWELTEN UND VERGEBUNG

Eine Grundregel beim Verfassen guter Romane lautet: Schreiben Sie ausschließlich über Lebenswelten, in denen Sie sich selbst bewegt haben. Das hat zum einen fachliche Gründe. Jemand, der nie selber gesegelt ist, kann kein Drama auf dem offenen Meer darstellen, wenn er nicht einmal weiß, an welchem Seil die Figur gerade ziehen sollte. Glaubhafte Gerichtsprozesse sind ohne Kenntnis der Abläufe nicht inszenierbar. Und wer sich anmaßt, aus einem fernen Elfenbeinturm heraus über das Leben im sozialen Brennpunkt zu schreiben, ist im besten Falle anbiedernd und im schlimmsten beschämend peinlich. Nun kann man sagen: Kenntnis lässt sich recherchieren. Durch Begegnungen mit Fachleuten, Betroffenen und Kennern des Milieus. Das ist richtig. Was sich allerdings nur schwer aus zweiter Hand erfahren lässt, ist die einzigartige Zusammensetzung von Geräuschen, Gerüchen, Gewohnheiten und Gefühlen, die das Dasein innerhalb einer Lebenswelt auszeichnen. Diese Details der alltäglichen Kulisse sorgen dafür, dass wir tatsächlich wörtlich genommen alle »in unserer eigenen Welt« leben, selbst, wenn wir uns gerade im selben Kulturkreis, in derselben Gegend, ja sogar im selben Raum befinden.

Für einen kleinen Jungen ist die Kirmes mit ihren Fahrgeschäften, Schießbuden, Geisterbahnen und auf glänzendes Blech gemalten Gesichtern alter Filmstars ein magischer Ort und das lässige Einsammeln von Fahrchips auf der sich bereits drehenden Raupe ein Traumberuf. Für den armen Kerl ohne abgeschlossenen Schulabschluss, der vor Monaten auf den Zettel »junger Mann zum Mitreisen gesucht« reagiert hat, ist der magische Jahrmarkt eine alles andere als magische Notlösung.

Ein Wald ist für den Jogger, der zwei Mal die Woche aus der Stadt herausfährt, um im Duft von Unterholz und im Klang zwitschernder Vögel seine Runde zu drehen, eine völlig andere Welt als für den Förster, der das Unterholz zu bewirtschaften hat … oder für den Kollegen des Joggers, der im Gegensatz zu ihm *niemals* aus der Stadt herausfährt, sich seine Fitness auf Laufbändern in modernen Studios holt und einen Forst nur einmal im Jahr beim Geburtstagskaffee seiner Großmutter in der Gastwirtschaft am Waldrand zu Gesicht bekommt.

Ein Schulgebäude fächert sich jeden Morgen für jeden Einzelnen, der es betritt, zu seiner ganz eigenen Lebenskulisse auf. Der Fünftklässler sieht noch Höhlen zum Verstecken spielen in den Büschen des Schulhofs und der Siebtklässler nur Tina aus der Achten, wie sie bereits heimlich zum Rauchen mit ihren Freundinnen hinter den Containern verschwindet. Der junge Lehrer gestaltet in Gedanken seinen Klassenraum für Inselarbeit um. Der alte Lehrer muss daran denken, wie in genau diesem Zimmer vor zwanzig Jahren ein Schüler von fünf anderen fast zu Tode geprügelt wurde.

In einem Krankenhaus schließlich ist der Schrank mit den alten Vasen für den Gast, der seine Großmutter besucht und nur eben schnell die Blumen ins Wasser stellen will, bloß eine flüchtige Notwendigkeit, die er zwei Minuten später wieder vergessen hat. Für die Schwester wiederum ist der gleiche Schrank ein tägliches Motiv ihres Lebens und jedes Mal ein Grund, sich über sich selbst zu ärgern, da sie auch dieses Mal wieder zu faul war, endlich mal alle Vasen herauszuholen, um die ganz hinterste endlich wegzuschmeißen. Sie hat einen dicken Sprung und eine Macke am Rand und jedes Mal muss die Schwester daran denken. Der Sprung stört, wie ein Kratzer auf einer Platte, er stört sie seit fünf Jahren, aber man kommt ja zu nichts.

Merke!

Theoretisch leben wir alle in derselben Welt, in der Praxis aber bewegt sich jeder in seiner eigenen.

Machen Sie sich diese einfache, aber weitreichende Erkenntnis gerade jetzt, wo Sie Ihren Angehörigen möglicherweise ebenfalls rund um die Uhr begleiten, so klar, wie es nur geht. Seien Sie sich sicher: Die Lebenswelt, in der *Sie* sich gerade bewegen, kann *keiner* aus Ihrer Verwandtschaft, der nicht ebenfalls schon Sterbende im 24-Stunden-Modus erlebt hat, auch nur ansatzweise nachvollziehen. Die Geräusche in der Nacht.

Das Surren des elektronischen Sessels.

Der Kampf um das Gitter.

Die Bedeutung eines TV-Wanderers mit Hund.

Das *uhaaa!* des Zimmernachbarn in der schlaflosen Nacht.

Das sind nun ganz allein *Ihre* Geräusche, *Ihre* Abläufe und *Ihre* Erlebnisse.

Niemand, der einmal in der Woche, einmal am Tag oder vielleicht auch mehrere Stunden täglich zu Besuch vorbeischaut, hat auch nur den Hauch einer Ahnung von dem Gefühlschaos in Ihnen, der vollen Blase, der beschämenden Sehnsucht nach Fleisch oder der Logik der geheimen Gedankengiftpfeile.

Niemand.

Es ist sehr wichtig, das so klar zu sagen, denn viele Menschen verknüpfen mit dem eigenen Engagement, den Sterbenden so intensiv wie niemand anderes zu begleiten, bewusst oder unbewusst folgende Erwartungen:

1. Dankbarkeit
Dadurch, dass man sich selber mehr einsetzt, anstrengt und aufopfert als der Rest der Familie oder des Freundeskreises, erwartet man von ihnen ein gesteigertes Maß an Dankbarkeit und Huldigung.

2. Vergebung
Hat es in der Beziehung zum Sterbenden und / oder zur gesamten Familie Spannungen gegeben, besteht die Hoffnung, sich die Gunst und Vergebung der Sippe durch die Hingabe auf den letzten Metern wieder erarbeiten zu können.

3. Kredit
Gehört man zu den vielbeschäftigten Menschen, die grundsätzlich wenig Zeit für Privates haben, wächst in einem die stille Hoffnung, einige Wochen oder gar Monate pausenloser (!) Konzentration auf

die Familie könnten im Auge der Anderen die Rechtfertigung erzeugen, sich danach erst mal für ein, zwei Jahre komplett rauszuziehen.

Machen Sie sich schon jetzt klar: Keine dieser Erwartungen erfüllt sich!

Sicher wird Ihnen die Familie für Ihre Aufopferung dankbar sein, diese Hingabe aber auch gleichzeitig als Selbstverständlichkeit betrachten – vor allem, wenn Sie sich in deren Augen im Vorfeld ausreichend haben zu Schulden kommen lassen. Die Pflegewochen machen in dieser Hinsicht allerdings nicht alles wett, im Gegenteil. Es kann Ihnen je nach persönlicher Vorgeschichte sogar der Vorwurf begegnen, dass Ihr Angehöriger ohne die Sorgen, die Sie ihm bereitet haben, womöglich gar nicht erst in diese Lage gekommen wäre. Und was den Kredit angeht: Menschen rechnen nicht auf. Niemals. Menschen denken nicht: Okay, im Normalfall hätte uns der Sohn/Neffe/Bruder/Schwager an allen Feiertagen und Geburtstagen für jeweils fünf Stunden besucht, das macht bei rund dreißig Feiertagen und Geburtstagen also hundertfünfzig Stunden pro Jahr. Jetzt war er über sechshundert Stunden am Stück im Hospiz, folglich wird er von uns für die nächsten vier Jahre von allen familiären Verpflichtungen freigestellt.

Sprich: Die Begleitung des Sterbenden dient einzig und allein dem Wohl des Sterbenden und Ihrem persönlichen Seelenheil. Sie dürfen aus dieser Zeit machen, was Sie wollen. Einen Trost, eine Vergebung, einen Abschluss, einen Neuanfang. Für Sie darf und kann diese Phase alles sein.
Aber bitte: Vergessen Sie die Anderen!

PIANISTEN IM PENTHOUSE

Es gibt drei Arten von Besuchern, die bei Ihnen und Ihrem sterbenden Angehörigen in den Wochen des Verfalls vorbeischauen werden.

1. DIE GESCHMINKTE STIPPVISITE

Hierbei handelt es sich um eigentlich beste Freunde des Sterbenden.
Menschen, mit denen er oder sie die halbe Jugend verbracht hat und
auch den Rest des Lebens. Reisen rund um die Welt, Segeltouren an
die Adria, nächtelange Partys in Yachthäfen von Düsseldorf oder
Brauhäusern von Bamberg.
Und jetzt?
Kommen die Freunde, natürlich kommen sie, aber sie kommen einmal die Woche, manche sogar nur alle zehn Tage. Sie wissen, dass
dem Sterbenden im Zweifel nicht mal mehr ein Monat bleibt, schon
gar kein halbes Jahr oder irgendeine Zeitspanne, in der alle zehn
Tage Vorbeikommen irgendeinen akzeptablen Rhythmus darstellen
würde. Dennoch tänzeln sie nach sieben Tagen Pause wieder in den
Wintergarten hinein, den man auf Wunsch von Mutter extra für sie
hergerichtet hat, und finden dort die alte, beste Freundin ordentlich
angekleidet von Pfleger Rolf, geduscht von Schwester Beate und ge-
stylt vom aus dem Dorf herbeigerufenen mobilen Friseur am Kopf
der Kaffeetafel vor. »Du siehst ja richtig gut aus!«, quietschen sie
dann erfreut, ganz so, als ob das Schauspiel ihnen darin Recht gebe,
so selten vorbeizukommen. Sie selbst stehen der bestens zurechtge-
machten Mutter in nichts nach und haben sich aufgeplustert, wie sie
es vom Flanieren auf der Kö oder dem Ku'damm gewohnt sind. Mit
der Schminke der Dame und dem Anzug des Herrn könnten sie aus
dem Wintergarten des Sterbehauses heraus nahtlos zu einem Empfang in einem Penthouse über den Dächern von Detmold fahren,
mit Pianisten und gediegener Lyriklesung, und wahrscheinlich machen sie das auch nach dem anstrengenden, seelisch belastenden
Besuch bei der sterbenden Freundin. Ihnen, der Sie stinkend,
erschöpft und in Jogginghose neben der Tafel stehen und wie ein
Praktikant Kaffee nachschenken, werfen diese Menschen einen ver-

ächtlichen Blick zu, der sagt: »Nicht mal zurechtmachen kannst du dich für deine Mutter. Lässt dich hängen, wo wir alle hier Haltung bewahren!« Über die Wahrheit der Lage sprechen sie niemals, es wäre an der Kaffeetafel auch nicht angemessen. Zu zweit allerdings wäre es das oder zu dritt. Ist die Mutter irgendwann wieder in ihr Zimmer verfrachtet und richtet sich die geschminkte Stippvisite zum Gehen ein, deutet man mehrfach an, dass man ihnen ruhig noch ein wenig Zeit unter sich geben könnte. Man denkt ja: Sie haben so viel gemeinsam erlebt, so viel zu erinnern, sich so viel noch zu sagen. Sie müssen doch klar sehen, dass dieses Bett beim nächsten Besuch in zehn Tagen schon leer sein könnte. Doch die Geschminkten vermeiden jede Intimität abseits der Kaffeetafel, sie sprechen lieber noch ein Lob zum Abschied aus über den guten Zustand der Freundin, das so klingt, als könne sie dieses Haus eines Tages sogar wieder verlassen, und offenbaren damit, dass sie nicht nur ständig innerlich auf dem Fluchtfuß stehen, sondern von den einfachsten Grundregeln im Umgang mit Sterbenden keine Ahnung haben oder keine Ahnung haben wollen.

2. DIE REGELMÄSSIGE ABLÖSE

Hierbei handelt es sich um Brüder, Schwestern, Onkel, Tanten und selten auch enge Freunde, die tatsächlich *jeden Tag* auftauchen, um Ihnen als Dauerbegleiter für ein bis drei Stunden Raum zum Verschnaufen zu geben. Sie schlendern meist in ganz legerer, gespielter Heiterkeit in das Todeszimmer, legen in aller Ruhe Jacken und Taschen ab, kommen an, holen Kaffee und Kuchen aus der Teeküche ins Zimmer und beginnen, dem Sterbenden Komplimente darüber zu machen, dass er heute doch »ganz gut« aussehe oder gar »schon wieder besser«, wobei sie sich im Gegensatz zur geschminkten Stippvisite letztere Phrase nach wenigen Tagen der Übung verkneifen, da ihnen Schwester Beate beibringt, dass es in der Hospizarbeit handwerklich falsch ist, den Todkranken durch solche Phrasen irgendeine Hoffnung auf Entkommen zu suggerieren. Weder soll man in einem Sterbehaus den Sterbenden aktiv mit dem Tod konfrontieren, solange er oder sie selbst das noch nicht will, noch mit unfreiwillig suggestiven Begriffen wie »besser« hantieren. Die treuen, täglichen Besucher jedenfalls leben zwar nicht in der gleichen Welt wie Sie – alleine schon, weil sie die Nächte nicht mitbekommen –, nähern sich aber dem, was Sie rund um die Uhr durchmachen, wenigstens an. Es ist schließlich so: Der Sterbende benimmt sich, sobald Besuch kommt, wie ein Schauspieler in einer Dokusoap. Selbst, wenn nicht mit großem Aufwand die Tafel im Wintergarten hergerichtet wurde, stellt er sich besser dar als bei Ihnen. Gesünder, fitter, klarer im Kopf. Umgänglich, brav, freundlich. Das führt dazu, dass Besuch, der nicht lange genug bleibt, den Eindruck bekommt, Ihre Erzählungen von Machtkämpfen, Alpträumen und Stunden größter Qual seien heillose Übertreibungen, durch welche Sie sich wichtig machen wollen. Doch genau wie in jeder Dokusoap Marke *Big Brother* oder *Ich bin ein Star, holt mich hier raus!* lässt sich das Schauspiel nicht ewig aufrechterhalten. Die täglichen, treuen Besucher der Gattung »Ablöse« bekommen also in den zwei, drei oder manchmal sogar vier Stunden ihrer Anwesenheit zwangsläufig irgendwann das »wahre Gesicht« des Sterbenden zu sehen, die unzensierte Fassung. Das ist gut. Machen Sie sich allerdings nichts vor: Selbst die treuen Seelen täglicher Ablöse sagen Ihnen manchmal ab (wie oben gesehen). Vor allem aber: Selbst sie, die beste Absichten haben und guten Fleiß an den Tag legen, sind Ihnen fachlich und inhaltlich kaum eine Hilfe. Zwar lernen sie ein paar Grundregeln des Umgangs mit der Hoffnungslosigkeit, aber darüber hinaus kommen sie nicht auf die Idee, die Zeit außerhalb dieser Mauern dafür zu nutzen, auf all die Probleme, von denen Sie ihnen berichten, irgendwelche echten Lösungen zu finden. Das wiederum schafft nur die seltenste Gattung von Besuch: Hilfreiche Menschen.

Und von denen lohnt es sich, ein wenig ausführlicher zu erzählen …

DER DUNKLE BRUNNEN

»Gucken Sie, hier. Ganz sanft ...«

Frau Schümers steht vor dem Bett meiner Mutter, umfasst das schmale Bein und streicht den Schmerz aus ihm heraus. So nennt sie das. Den Schmerz herausstreichen. Es klingt esoterisch, aber es funktioniert. Frau Schümers ist keine Esoterikerin, sondern eine erfahrene Realistin aus der Altenpflege. Sie war früher Lehrerin an der Schule, an der meine Mutter Sekretärin war, eine Dozentin für Pflege, die alles kennt. Jeden Trick. Jede Methode. Jeden Ansatz. Meine Mutter atmet schwer aus. Ihre Augen sind halb geschlossen. Heben sich die Lider mal, sehe ich fast nur weiß. Sind sie offen, fällt der Blick an uns vorbei ins Leere. Dann sieht sie nicht mich oder Frau Schümers, sondern Szenen aus der Vergangenheit, die sie für die Gegenwart hält. Ihre Schmerzen sind in den letzten Tagen um ein Vielfaches schlimmer geworden und haben ihren Geist völlig aus der Bahn geworfen. Ich vermisse die Tage, in denen ich mit ihr über das Gitter diskutieren konnte und sie mir Vorwürfe machte, wo ich denn wochenlang gewesen sei, wenn ich nach einer Minute Pinkeln die Badezimmertür öffnete. Das ist alles vorbei. Jetzt ist sie nur noch Schmerz. Schmerz und Halluzinationen, aus denen sie ab und zu auftaucht, mich ansieht wie nach langem Schlaf und endlich wieder Forderungen stellt, bevor der Schmerz sie wieder in den dunklen Brunnen zurückwirft. Das Morphium ist auf maximaler Dosis. Doch Frau Schümers heilende Hände sind das Erste, was Mutter augenscheinlich etwas Linderung verschafft. Liebevoll streicht sie die Beine, immer von oben nach unten.

»Ist das Reiki?«, frage ich.

»Ist doch egal, wie man es nennt«, antwortet Frau Schümers und nimmt behutsam die Hände von Mutters Glasknochengliedern, da endlich ein leises Schnarchen ertönt. Ich gieße ihr einen Kaffee ein und gebe ihr die Tasse.

»Echte Pflege«, sagt Frau Schümers, »bedeutet ausprobieren. Es gibt keine allgemeinen Gesetze. Jeder Mensch ist anders. Immer ausprobieren, was genau diese Person gerade braucht, was genau ihr den Schmerz lindert. Und das dann machen, immer wieder machen.«

Ich gieße mir ebenfalls ein und beobachte meine Mutter, wie sie das erste Mal seit Stunden schnarcht. Der Schlaf wird nicht lange halten, das wissen wir beide. Wir, die wir gerade eine Lebenswelt teilen. Frau Schümers muss nicht 24 Stunden hier sein, um wirklich zu verstehen, was ich leiste. Sie weiß es, da es ihr Beruf war. Ihre Berufung. Als Dozentin ist sie in Rente, doch begleitet sie immer noch Alte und Sterbende als Ehrenamtliche. Meine Mutter begleitet sie als ehemalige Kollegin. Im Gegensatz zu Mutters bester Freundin ist sie fast jeden Tag hier. Und bringt mir jeden Tag etwas bei.

»So, und jetzt gehen Sie mal joggen. Ich passe hier auf.«

»Gut, gehe ich spazieren.«

»Nein, gehen Sie joggen. Sie müssen sich auspowern. Ihre Wut loswerden. Die ganzen aufgestauten Aggressionen. Ich könnte auch sagen: Gehen Sie boxen, aber ich denke nicht, dass Sie da draußen mal eben so einen Sparringspartner finden.«

Ich schaue Frau Schümers an.

»Ich bin nicht wütend.«

»Ach, Herr Uschmann, natürlich sind Sie das. Ist okay. Ist normal. Sie müssen es rauslassen.«

»Ich habe nicht mal Laufschuhe dabei.«

»Dann lassen Sie sich welche bringen. Und heute …«, sie überlegt, »ist hier ein Wald in der Nähe?«

»Ja. Fünfhundert Meter die Straße rauf.«

»Gehen Sie da rein, nehmen Sie einen Stock. Schlagen Sie um sich.«

Ich stelle die Tasse ab.

Frau Schümers nickt.

Mutter ächzt.

Ich sage: »Bis gleich!«

Als ich zurückkehre, wasche ich mir zuerst im Bad die Hände. Sie sind braun und grün von Rinde und Holzfetzen. Aus einem Riss, den ich mir beim Abbruch des halben Forsts zugezogen habe, wasche ich ein wenig Blut. Mutter sitzt mittlerweile im Sessel, ist aber kaum bei

Bewusstsein. Sie hat den Kopf nach hinten geworfen und gibt unverständliche Laute von sich. Hilferufe aus dem dunklen Brunnen. Ihre Füße zucken und rutschen immer wieder vom Rand der untauglichen Sesselstütze ab. Frau Schümers sagt: »Haben Sie eine Decke hier? Eine Wolldecke?« Ich öffne den Schrank, ziehe die Ersatzdecke heraus, kratzige Wolle in einem verwaschenen Beige-Lila, und gebe sie Frau Schümers.

»Danke«, sagt sie, bemerkt den Riss in meiner Hand und lächelt gütlich. Dann stopft sie die Decke zwischen die Füße meiner Mutter und den Boden des Zimmers.

»So«, sagt sie, »ganz wichtig, Herr Uschmann. Die Füße dürfen nicht baumeln. Ihre Mutter träumt gerade wahrscheinlich, dass sie hilflos in der Luft hängt, verstehen Sie? Keine Erdung. Keinen Halt. Aber so …« – sie umfasst die Knöchel meiner Mutter und drückt die Füße sanft nach unten – » … ist da Halt. Verstehen Sie? Dann hört die innere Panik auf. Bloß wegen einer Decke unter den Füßen.«

Ich staune.

Fachkenntnis ist etwas Wunderbares.

»Ihre Mutter lebt gerade in ihrer eigenen Welt.« Frau Schümers zeigt auf das zuckende, in Halbschlafträumen gefangene Gesicht. »Unsere Aufgabe ist es, diese Welt verstehen zu lernen. So gut es geht.«

Merke!

Pflege ist ein Handwerk. Für den Sterbenden da zu sein, ist bereits großartig. Für ihn da zu sein und dabei das Handwerk zu lernen, ist die Königsdisziplin. Recherchieren Sie. Beobachten Sie. Finden Sie heraus, was gut tut und was hilft. Probieren Sie alles aus. Falsch machen können Sie nichts mehr. Was soll schon passieren? Etwa, dass der Sterbende stirbt?

»Herr Mallaaaaaaaaaaaaaaaach!!!«

Meine Mutter schreit.

Alles ist schlimmer geworden.

Die Schmerzen führen entweder dazu, dass sie sich in einem Zustand hyperaktiver Bewusstlosigkeit stöhnend in der Tiefe des dunklen Brunnens bewegt und dabei weder schläft noch wach ist, sondern nur panisch und versunken mit den Fingernägeln am feuchten Gestein kratzt – oder, dass sie lautstark halluziniert.

So wie jetzt.

Mit geschlossenen Augen liegt sie bei hoch aufgestelltem Kopfteil und mit angezogenen Beinen im Bett und ruft.

Nicht nach meinem Vater.

Nicht nach ihrem Vater.

Nicht nach mir.

Nach keinem Lebenden oder Toten aus der Familie oder wenigstens aus dem Freundeskreis. Nein, sie ruft nach ihrem ehemaligem Maler und Anstreicher, einem groß gewachsenen, kantigen Mann, über den sie früher sogar stets gelästert hat, weil er immer zu spät kam und nie sauber genug arbeitete. Ausgerechnet er soll es jetzt richten. Alles wieder ordentlich machen, wie all die anderen Männer in ihrem Leben es nicht konnten.

»Herr Mallaaaaaaaaaaaaaaaach!!!«

Ich stehe neben dem Bett und schüttele den Kopf. Spüre wieder unpassende Gefühle in mir aufkommen. Diesmal: Neid. Brennenden, wütenden Neid. Wer ist denn seit gefühlten Monaten hier bei dir, Mutter, um dich zu begleiten? Wer hält stundenlang seine Blase ein, diskutiert mit Schwestern und beruhigt seine gestressten Nerven angesichts des allgegenwärtigen Todes, indem er seit fünfzehn Jahren das erste Mal wieder täglich Tierleichen verspeist? Wer befindet sich gerade bei deiner ehemaligen Chefdozentin der Altenpflegeschule in einer Fortbildung für Reiki und Empathie mit Sterbenden? Etwa Herr Mallach? Hm, Mutter? Ist es Herr Mallach?

»Herr Mallaaaaaaaaaaaaaaaach!!!«

Ihre Augen bleiben geschlossen, aber ich sehe, wie unfassbar sie sich quält. Raus will aus diesem Körper, diesem Höllengefängnis. Wenn sie doch wenigstens »Herr Maffay« rufen würde. Heute Morgen ließ ich ihn laufen in der kleinen Kompaktanlage. Vertraute Töne. Eine gemischte Kassette von früher. Bei »Carambolage« habe ich ausgemacht, wegen des Textes. »Carambolage, ich verbrenne, ja ich brenne …« Meistens lasse ich ohnehin Mozart laufen. Mozart soll heilend und beruhigend wirken, auf jeden Menschen und sogar auf jedes Tier, völlig unabhängig von deren sonstigen musikalischen Vorlieben. Das wurde bereits wissenschaftlich bewiesen und liegt an seiner Verwendung ganz bestimmter Tonarten. Aber nach Mozart ruft sie auch nicht. Nur nach Herrn Mallach. Herr Mallach hörte früher, wenn er in seinem Malerwagen vorfuhr, grundsätzlich Bernhard Brink.

»Herr Mallaaaaaaaaaaaaaaaach!!!«

Ich drücke auf die Klingel.

Frottee-Rolf ist heute nicht da. Stattdessen stapft, leicht säuerlich, Ex-Containerschiffkapitänin Renate ins Zimmer. Schnell und souverän schaltet sie stimmlich auf fürsorgliche Besorgnis um.

»Was ist denn los?«

»Sie ruft nach einem ehemaligen Maler.«

Renate betrachtet meine Mutter, die immer schmaler wird. Ihre angezogenen Beine haben kaum mehr die Dicke winziger, neu gepflanzter Eschen. Man könnte ohne Probleme die gelochten Schutzhüllen drum herum schlingen, die sie dort immer anbringen, damit kein Wild die Rinde anknabbert. Ich warte darauf, dass Mutter wieder ruft, doch sie bleibt still. Ächzt nur leise. Der Vorführeffekt.

»Bis eben rief sie noch. Alle paar Sekunden. Herr Mallach. Herr Mallach.«

»Das ist normal.«

»Sie hat tierische Schmerzen.«

»Ich weiß, Herr Uschmann, aber das Morphium ist bereits auf Maximaldosis. Wir können ihr nicht noch mehr geben.«

»Das ist doch Scheiße«, sage ich.

Wortlos zeige ich auf meine Mutter und lasse danach die Arme hängen. Als wäre ich heimgekommen und Herr Mallach hätte statt zu tapezieren sämtliche Wände eingerissen.

»Schmerztherapie ist doch hier der einzige Auftrag«, sage ich. »Oder?«

»Ja, aber noch eine Dosis Morphium ...«

»Was?«, blaffe ich Renate an, »... bringt meine Mutter vielleicht um?«

Ich funkele sie an.

Vorgestern Abend habe ich gehört, wie Schwester Renate mit zwei Besuchern gestritten hat, die sich darüber aufregten, dass ausgerechnet, als sie gerade im Flur waren, eine Leiche abgeholt wurde. Dabei haben sie ihre eigene Mutter oder ihren eigenen Vater hergebracht, um exakt dieses Ergebnis zu erzielen. Schwester Renate kann es nicht leiden, wenn die Menschen verkennen, wo sie sich gerade befinden.

»Das ist ein Hospiz«, sagte sie den Besuchern im strengen Tonfall eines uralten Mathematiklehrers, »es wird gestorben hier!«

Sie sieht mich an.

Mozart spielt ein Konzert für Horn und Oboe.

»Irgendwas *muss* doch noch machbar sein«, sage ich.

Schwester Renate betrachtet meine Mutter und legt die Hand auf ihren Unterarm. Für eine halbe Sekunde sehe ich Trauer und Bedauern in ihren Augen. Ganz so, als ob es auch ihr nicht so leicht fällt, wenn das Sterbehaus stets zuverlässig seinen Zweck erfüllt. Dann sagt sie: »Ich kann ausnahmsweise gleich schon eine Schlaftablette geben. Vielleicht kommt sie dann zur Ruhe.«

Ich schaue auf die Uhr. Nicht mal sechs. Mein Onkel und meine Tante waren heute schon da und gingen, kurz bevor nach Herrn Mallach gerufen wurde. Frau Schümers hat keine Zeit. Sie kommt erst morgen wieder. Schwester Renate wartet meine Erlaubnis für die Schlaftabletten ab. Mutter ächzt, windet sich und ruft nicht mehr. Sie kratzt wieder ihre Nägel an den Brunnensteinen wund.

Schlaftabletten zwei Stunden vor der Tagesschau?

Ich nicke.

Die Tabletten wirken ... und sie wirken nicht.

Mutter schläft zwar, aber was nun »Schlaf« heißt, bedeutet in Wirklichkeit nur, dass die Chemie sie noch tiefer in den Brunnen hinabgedrückt hat, so dass wir hier oben ihre störenden Schreie und Rufe gar nicht mehr hören können. Aber ich kann sie sehen. In der Mikromimik des Gesichts, den Zuckungen, den dünnen, harten Strichen und Falten aus Schmerz und Angst, die sich durch das Bild ziehen, als hätte ein Verrückter im Museum an einem fertigen Gemälde einfach einen schwarzen Stift angesetzt und darüber gekratzt. Meine Mutter schläft keinen friedlichen Schlaf. Meine Mutter leidet wie ein Hund.

Ich stehe neben dem Bett und schaue mir an, wie das Gesicht leise zuckt.

Nebenan fällt eine Tasse vom Nachttisch. Andi setzt zu einem Ruf an.

»Awöööh!«

Das ist wohl sein Ruf für: »Tasse kaputt.«

Er könnte genauso gut klingeln und sagen: »Die Tasse ist runtergefallen.« Doch er grölt: »Awöööh!« Er macht sich warm für die Nachtschicht von Orhan.

Ich verlasse das Zimmer und setze mir in der Küche einen Kaffee auf. Mutter hockt tief im Brunnen, und ich denke plötzlich an die Arbeit. Ich muss diese Chance nutzen, diese wenigen Stunden. Muss die Liste fortführen für das Finanzamt. Muss endlich mal wieder ein paar Seiten schreiben. Ich werde wütend, während der Kaffee läuft. Doppelt wütend. Wütend auf Mutter und die Sterblichkeit, dass sie mich dermaßen aufhält in meinem Leben, während der Fiskus schon hinter den Büschen des Innenhofs hockt und mit seinen knochigen Beamtenfingern auf noch leere Listenzeilen tippt: »Acht Jahre verschenkte Bücher, Oliver. Wer, wo, wann? Komm, komm, komm.« Wütend auf mich selbst, dass ich Mutters durch Pharmazeutika erzwungenen Schmerz- und Alptraumschlaf vor allem als Chance betrachte, endlich ein paar Stunden Arbeit wegschaffen zu können. Wütend.

So wütend.

Und … glücklich.

Glücklich für den Moment, dass jetzt und hier gerade ein heißer Kaffee läuft und meine *unmittelbare* Zukunft daraus besteht, mich

mit der fertigen Tasse an den Tisch zu setzen und mein Zeug abzu-
arbeiten. Kontrolle und Koffein. Wenn die *mittelfristige* Zukunft
Schmerz ist und Ächzen und Diskussionen um Morphium und die
langfristige der sichere Tod, dann wickele ich mich jetzt in die unmittelbare Zukunft der nächsten paar Stunden ein wie in eine Decke,
scheiße auf eigenen Schlaf, den ich in der Zeit auch haben könnte,
und tue das, wobei auch Mutter am meisten bei sich war: Am Abend
zwischen lauter Papieren Listen machen. Um alles in den Griff zu
kriegen. Und bevor ich das mache, gönne ich mir einen Spaziergang.
Nicht draußen, wo es gerade regnet, sondern drinnen, hier im Haus.
Ich war noch nie im Westflügel. Das darf sich jetzt ändern. Orte
erobern ist auch so etwas, das mich beruhigt.

Die Tasse in der Hand des angewinkelten Arms schlendere ich in
den Flur des Gebäudeteils, der Mutters Zimmer im rechten Winkel
gegenüberliegt. Im Sommer können sich die Bewohner dieses Flü-
gels und die Bewohner unserer Seite von ihren Terrassen aus locker
grüßen. So soll man es sich vorstellen. In Wahrheit sitzt kaum
jemand je draußen oder lässt sich im Bett herausschieben, um unter
freiem Himmel zu schlafen oder gar mit den Sternen im Blick den
letzten Atemzug zu machen. Dabei ist der Gedanke wirklich schön.
Doch meistens läuft beim letzten Atemzug die Tagesschau. Oder
Wer wird Millionär.
Die Tasse in der Hand, langsam durch den Flur schreitend, fühle ich
mich wie ein Angestellter. Ein Insider. Einer, der beim Rockkonzert
den Backstage-Pass besitzt. Ein paar Türen stehen offen. Fernseher
laufen. In einem Zimmer ein Radio, Mittelwelle, seltsam ferne Stimmen wie eine Zeitreise in die Fünfzigerjahre. Am Ende des Flurs
stößt jemand eine Tür auf. Sie kracht gegen die Wand und hinterlässt eine Delle im Putz, als die Klinke auftrifft. Ich zucke zusammen
und verschütte Kaffee. So ein Ausbruch von Zorn und Lärm bricht
unheimlicher in die abendliche Stille als jedes Gewitter.
»Scheiße!«
Der, der da flucht, ist Biker Claus. Er trägt seine Lederhose und
heute ein T-Shirt von AC/DC. Das Zimmer, aus dem er getürmt ist,

wird wohl das Zimmer seiner Mutter sein. Der Mutter, die schon sieben Monate hier ist. Der Mutter, »die das Konzept Hospiz nicht versteht«.

»Verfluchte Scheiße!«

In der Zimmertür erscheint Heinzes Frau. »Claus«, sagt sie mit sanfter Stimme, doch er hebt nur die Hand, wie jemand, der »nicht jetzt, nicht hier, bleib weg« signalisiert. Sie gehorcht und schwebt lautlos ins Zimmer zurück.

Claus lehnt sich an und macht – ich kann es kaum glauben – tatsächlich den pathetischen Wandrutscher. Heulend lässt er sich zu Boden gleiten, recht ruckartig, da die Lederhose kaum gleitet und sich widerborstig im Putz verhakt. Aber er macht ihn, den Rutscher aus den Krankenhausserien, mit glasigen Augen. Bis er mich sieht. Ich bleibe stehen wie ein erwischter Voyeur. Claus wischt sich hastig die Tränen aus dem harten Motorradfahrergesicht. Nach zwei Mal wischen hört er damit auf, ganz so, als wolle er sagen: Scheiß drauf, du darfst das sehen.

Er zeigt auf die Tür: »Da stirbt die einfach …«

Ich lächele. Eine Auflockerung unter Kollegen mit Galgenhumor.

»Siebeneinhalb Monate und die stirbt einfach.«

Ich würde gerne sagen: Am Ende hat sie das Konzept Hospiz also doch verstanden. Aber das wäre wohl selbst für Claus zu heftig. Ich muss ohnehin gar nichts sagen. Nur zuhören. Claus wuchtet sich vom Boden hoch und klopft sein Hardrock-T-Shirt glatt, als wäre es staubig geworden. Er beißt auf seine Unterlippe. Seine Augenlider zittern.

»Und die stirbt, während wir nicht hier sind. Jeden gottverdammten Tag sind wir fünf, sechs Stunden hier und dann stirbt die …« – er unterbricht kurz, schlägt schnell und ruckartig mit der Faust eine weitere Delle in die Hospizwand hinter sich, schließt die Augen und atmet tief durch – » … dann stirbt die genau wann?« Er schaut auf die Uhr: » … um 21:17 Uhr. Um 21:10 Uhr waren wir gefahren. Weißt du? Als hätte sie darauf gewartet, dass die nervigen Kinder endlich weg sind.« Er schüttelt den Kopf und schaut in die obere Flurecke, wo eine Zimmerpalme ihren obersten Trieb an den Putz presst.

Merke!

*Egal, wie lange und wie intensiv
Sie Ihren Angehörigen begleiten –
die Wahrscheinlichkeit ist hoch,
dass er exakt in dem Moment stirbt,
wo Sie gerade nur kurz auf dem Flur
sind oder an der frischen Luft vor
der Tür die Wachablösung machen.
Nehmen Sie es nicht persönlich. Laut
erfahrener Hospizschwestern »wählt«
fast die Hälfte der Sterbenden diesen
Weg.*

Ich spüre, wie die Furcht in mir aufsteigt.

Wenn der Tod selbst diesen Baum von Mann, diesen bärigen Biker, diese knorrige Eiche, knicken kann wie eine junge Zitterpappel, was wird er dann mit mir anstellen? Und bedeutet das, ich muss mir wünschen, dass Mutters Quälerei noch lange weitergeht?

»Warte«, sage ich, drehe mich um, renne Richtung Küche, stelle die Tasse ab, hole zwei Bier aus dem Vorratsraum, öffne sie, laufe zurück, drücke Claus eines in die Hand und sage: »Auf deine Mutter.«

Er schaut mich dankbar an, gespielt tadelnd, aber dankbar.

Wir stoßen an.

Er zieht die halbe Flasche an einem Stück in seinen Schädel, setzt ab und sagt: »Es ist okay, dass sie es geschafft hat. Wirklich. Aber ...«

Er zögert. Wüsste ich es nicht besser, würde ich sagen, das, was ich gerade in seinem Gesicht erkenne, ist Scham.

»Was, aber?«, frage ich.

Er trinkt noch einen Schluck.

»Ich war jeden Tag stundenlang hier. Siebeneinhalb Monate lang. 227 Tage. Aber trotzdem haben meine Mutter und ich nicht gesprochen. Nicht *richtig* gesprochen. Was es noch zu sprechen gäbe, bevor jemand geht. Was noch auszusprechen wäre.«

»Hm ...«, sage ich und denke daran, wie viel das bei meiner Mutter und mir wäre. Wenn sie überhaupt noch mal richtig ansprechbar wird.

»Junge«, sagt Claus. »Du bist immer hier. Hast 24 Stunden Zeit am Tag. Versuch irgendwie, es hinzukriegen. Das letzte Gespräch. Ja? Machst du das? Für mich?«

Ich schaue ihn an.

Er hält mir die Flasche hin.

Ich frage mich, wie ich Mutter aus ihrem Brunnen ziehen soll, damit wir reden können. Damit sie nach mir ruft und nicht nach Herrn Mallach, dem Maler und Anstreicher.

Ich stoße meine Flasche gegen die von Claus, dessen ganze lässige Härte daran zerbrochen ist, kein letztes Gespräch mit seiner Mutter geführt zu haben, und sage: »Ja, mache ich.«

Bis ein Uhr liege ich wach, weil ich über Claus und seine Mutter nachdenke. Gegen 1:15 Uhr schlafe ich ein. Um halb drei beginnen sowohl Nachbar Andi als auch meine Mutter wieder mit ihrem Kanon.

Andi brüllt ohne Vorwarnung oder weitere Einleitung »Uhaaaa!!!« in die Stille und zieht damit meine Mutter hoch genug aus ihrem tiefen Brunnen, dass sie ihre Beschwerden wieder verbalisieren kann.

»Herr Mallach!!!«

Ich wuchte mich auf. Mein T-Shirt klebt klatschnass an meinem Rücken. Mein Rachen fühlt sich an, als hätte ich drei Liter kalten Kaffee auf ein Pfund altes Fleisch gekippt. Kalten Kaffee, der in alte Aschenbecher abgefüllt war.

»Herr Mallaaaaaaaaaaaaaaaaaaaach!!!«

»Nein, Mum, ich bin's, Oliver!«, rufe ich in den Brunnen hinab, aber ich denke nicht, dass sie mich dort unten hören kann. Was, wenn sie nie mehr heraufkommt?, denke ich. Was, wenn sie von dort unten aus direkt in die Schwärze geht? Was wird dann mit unserem letzten Gespräch?

Meine Mutter krallt sich meine Hand und drückt so fest zu, dass ihre Fingernägel mir ins Fleisch schneiden.

»Pfrühhhhhhhh!«, presst sie durch die Lippen, reiner, in Laute gegossener Schmerz. Sie braucht gerade dringend eine Hand zum

Drücken, zum Zerdrücken, und sie wählt die Hand von Herrn Mallach, dem Malermeister.

»Pfrühhhhhhhh!«

Alles tut ihr weh. Die Augen geschlossen, das Gesicht verzerrt. Ich drücke den Klingelknopf. Nebenan brüllt Andi. Orhans Schritte nähern sich unserem Zimmer.

»Uhaaa!!!«

»Ja, Andi, gleich!«, blafft Orhan um die Ecke und betritt unser Zimmer. Ich muss gar nichts sagen.

»Die Schmerzen?«, fragt er.

Ich nicke.

Er sagt: »Ich guck nach, ob wir ihr mittlerweile wieder was geben können.«

Orhan huscht wieder aus dem Zimmer, was Andi zu besonders vehementer Beschwerde veranlasst.

»Uhaaauhaaauhaaargh!!!«

»Gleich!!«

Nach zwei Minuten ist Orhan zurück, eine Spritze in der Hand. »Abstand reicht«, sagt er und drückt Mutter das Morphium in den Leib. An ihrem Jammern ändert sich nichts. »Es ...«, beginnt Orhan den Satz, den ich zu Ende bringe, »... dauert einen Moment, bis es wirkt, ich weiß.«

Orhan lächelt mich an. Er mag Menschen, denen das Elend genauso zur Gewohnheit geworden ist wie ihm. Er will gehen, doch ich halte ihn kurz fest.

»Orhan?«

»Ja.«

»Bleibt das so? Die geistige Umnachtung?«

Orhan zieht sachte die dichten Augenbrauen nach oben und zeigt aufs Bett. »Deine Mutter ist nicht verwirrt.«

»Aber ... sie ruft den Maler. Sie ist desorientiert.«

»Ja, aber sie ist nicht dement geworden oder so. Es sind die Schmerzen. Sie lösen das aus. Nur sie.« Ich stutze.

»Stell dir vor, du willst alleine die Wüste durchqueren. Überschätzt dich völlig. Dein Jeep bleibt liegen. Du kannst ihn nicht reparieren.

Läufst los auf der Suche nach einer Siedlung. Hunger. Durst. Hitze. Was passiert? Du bekommst Halluzinationen. Redest mit Menschen, die nicht da sind. Nicht, weil du plötzlich verrückt geworden bist, sondern weil du verdurstest. Findest du Nahrung, findest du Wasser, bist du wieder klar. Dein Hirn war ja nie krank. So ist das mit den Schmerzen. Dann die ganzen Mittel obendrauf. Morphium, Schlaftabletten. Das sediert natürlich massiv.«

Ich erinnere mich an meinen Zivildienst im urologischen OP des Krankenhauses. Hier wurde den Männern die Prostata ohne Vollnarkose reseziert. Sie bekamen ein Mittel, dessen Wirkung sie dazu brachte, hilflos auf einem Tisch liegend und ein langes Instrument in den Penis eingeführt, entweder stoisch zu dösen oder gar hin und wieder obskure Dinge von sich zu geben. Waren sie »weg«, warnte der Anästhesist damals stets alle Anwesenden, waren sie in Wirklichkeit eben nicht ganz »weg«, sondern konnten durchaus alles Gesagte hören und später, wenn man Pech hatte, auch erinnern. Sie waren weder völlig bewusstlos noch verrückt geworden. Sie hockten nur tief im dunklen Brunnen.

»Das heißt also«, sage ich, »wenn wir die Schmerzen besser in den Griff kriegen würden, und wenn meine Mutter weniger Drogen bekäme, wäre sie wieder da?«

Orhan stemmt einen Arm in die Hüfte, schaut auf meine Mutter und schüttelt so sachte wie bedauernd den Kopf: »Ja, schon. Aber … sie ist wirklich voller Krebs. Wir geben schon die Maximaldosis und trotzdem …«

»Dann soll das so bleiben?«, frage ich, lauter werdend. »Bis zum Ende?«

Andi brüllt.

Orhan sagt: »Ich muss mal nach Andi sehen.«

Ich stehe vorm Bett meiner Mutter, die nur noch leise murmelt und zuckt, nehme meine Jacke vom Haken, stecke mein Telefon in die Tasche und betrete die dörfliche Nacht.

Merke!

Schlägt der Schmerzpegel ins Extreme aus, wirken die verabreichten Mittel stets persönlichkeitsverändernd. Morphine sind keine Kopfschmerzpillen. Dennoch ist die Person, die man kannte, immer noch vorhanden! Und es kann Möglichkeiten geben, sie wieder hervorzulocken.

»Akupunktur.«

Leise klingt das Wort aus meinem Handy in die blauschwarze Nacht. Leise und entschlossen. Rechts von mir erstreckt sich ein Feld, aus dessen hinterem Rand sich die Silhouette des Waldes erhebt, wie auf der Seite eines Aufklappbilderbuches. Das Rauschen der Wipfel dringt kaum bis zur Straße. Es klingt wie das Meer bei Ebbe, weit hinterm Deich. Wie gerne würde ich jetzt dort spazieren gehen mit Sylvia, die ich angerufen und aus dem Schlaf gerissen habe, genau zur blauen Stunde, wenn die Träume am tiefsten sind und aussehen wie Gemälde von Salvador Dalí. Sie dachte, ich riefe mit der Todesnachricht an, doch ich rufe »nur« an, um mich auszuschütten. Mich leerzureden. An einen echten, hilfreichen Rat hatte ich gar nicht gedacht. Aber so ist sie. Sie hat immer einen parat. Manche Menschen halten das nicht aus, weil es Arbeit nach sich zieht. Ich liebe sie dafür. Der Rat ist fernöstlich und so bekannt die Methode auch sein mag – ich wäre nicht darauf gekommen.

»Den Versuch ist es wert«, sagt Sylvia. »Schaden kann's auf keinen Fall.«

Sie muss mich nicht überzeugen. Ich habe der Alternativmedizin schon immer großes Vertrauen entgegengebracht. Größeres als all den Pillen aus den Chemieküchen. Doch wenn man tagtäglich den Schmerz und den herannahenden Tod in der sachlichen Vorhölle von Hospital und Hospiz begleitet, entwickelt man schnell diesen bitteren Trotz, der alle sanften Methoden aus dem Bewusstsein wischt und dafür sorgt, dass man sich mit dem verbrüdert, was man eigentlich für einen Assistenten allen Übels hält. Wie beim Stockholmsyndrom, in dem Entführte ihre Kidnapper lieben lernen, weil sie alle Hoffnung verloren haben, jemals einen Ausweg zu finden. Die traditionelle chinesische Medizin könnte einer sein. Zur Abwechslung einmal ganz andere Nadeln.

Trotzdem stocke ich.

Sage nichts.

Sylvia hört nur meine Schritte auf ihrer Seite der Leitung, wo Katzen auf den Fensterbänken im Halbmondlicht liegen.

Sie weiß, warum ich zögere.

Mir ist alles zu viel.

»Du brauchst vom Hospizpersonal keine Erlaubnis dafür«, nimmt Sylvia mir meine erste Sorge: Die Diskussionen. Im Krankenhaus gäbe es welche. Mit Schwestern, die ihre Autorität untergraben sehen, und Ärzten, die auf ihre Therapiepläne pochen und irgendwelche Akupunkteure in hohem Bogen aus ihren Hallen jagen. Aber hier, im Sterbehaus, haben wir als Menschen freiere Hand.

»Ich suche jemanden in der Nähe heraus, ja?«, nimmt Sylvia mir meine zweite Sorge: Die Logistik. Stundenlange Recherche nach Heilpraktikern der Umgebung in einem Haus ohne Internet. Telefonate auf dem Flur, während Mutter nach mir ruft, als wäre ich tagelang verschwunden gewesen.

»Ich finde jemanden und schicke ihn direkt zu dir.«

Ich lächele.

Ein Kauz schreit in den Wipfeln am Feldrand.

Ich denke an die Geräusche, die wir in den Flitterwochen nachts gehört haben, draußen vor dem Fenster des Bungalows im australischen Busch zwischen tropischem Regenwald und Pazifik. Ein Gesang und Gezirpe aus tausend Stimmen. Wochenlang hatten Sylvia und ich nach der Verlobung unsere Vorstellungen von einer perfekten Hochzeit in kleine Kladden geschrieben. Jeder für sich, ohne dass der andere es sah. Dann verglichen wir. Und bei beiden stand: Ausbüchsen. Weit weg an einen Strand, an dem nachts um ein Uhr nur noch das Rauschen des Meeres und das Zirpen der Grillen zu hören ist statt der kehligen Stimmen betrunkener Hochzeitsgäste, die mit dem blanken Schädel vor einen geparkten Bus

rennen und sich danach unter dem Gelächter der Kollegen übergeben. »Aber deine Eltern, die nehmen wir mit, wenn du willst«,
sagte Sylvia damals am Mittagstisch, es gab Gnocchi mit Spinat und
Pfirsichpudding, und ich beobachtete mich selbst, wie ich sagte:
»Nein!«

So schnell und so klar, wie mir nie zuvor etwas klar gewesen ist.

»Nein«, wiederholte ich, »das ist *unser* Leben.«

Denn das war es bis dorthin und das blieb es auch danach.

Aus gutem Grund.

Ungeachtet dessen sorgte die Schwiegertochter, die meine Mutter nie persönlich kennen lernte, auch in dieser Nacht wieder für
sie.

Aus der Ferne.

Versteckt in den Wipfeln, hinter dem Deich.

Merke!

Für den Todkranken sind Sie der Begleiter, der Freund und der Anwalt vor Ort.
Als solcher können Sie sich noch besser
kümmern, wenn Sie draußen in der Außen-
welt selber einen Begleiter, Freund und
Anwalt haben, der den Wald, den Sie vor
lauter Bäumen nicht mehr sehen können,
aus der Vogelperspektive betrachtet.

ES FUNKTIONIERT

»Fühhhm.«

Mutter sinkt in den schwarzen Sessel, als wäre er das erste Mal ein
Möbelstück und kein Folterinstrument. Draußen scheint die Sonne
auf glitzernde Regenreste des frühen Morgens, die sich an die Spitzen der Grashalme klammern. Es ist halb zehn am Vormittag. Es
klappert in der Teeküche. Die Schwestern haben nicht mitbekom-

men, dass eine Heilpraktikerin in Zimmer 9 gehuscht ist. Sie kam lautlos über den Hintereingang und bewegt sich ohnehin wie eine Feder.

»Fühhhhhhhhhhhhm.«

Das Geräusch, das Mutters Lippen entweicht, klingt zwar ähnlich wie das »hrrrüüüm« des schlimmen Schmerzes, bedeutet aber das Gegenteil. Es fließt aus ihr heraus wie ein Quell der Erleichterung. Zwar ist sie noch nicht bei uns, aber sie befindet sich auch nicht mehr im tiefen, dunklen Brunnen. Ihr Lächeln erzählt selbst mit geschlossenen Augen von ganz anderen Orten, an denen sie sich gerade befindet. Ihrem Baum neben der Sitzbank am Rhein, wo sie die Frachter beobachtet. Der Promenade von Borkum beim alten Konzertpavillon. Oder den Dünen am Südende der Insel. Wo immer sie auch gerade ist, es ist ein guter Ort.

»Fühhhhhhhhhhhhm.«

Ein Seufzen, ein Ausatmen, ein Felsen, der von meinem Herzen fällt. Frau Gerner, die erst vor wenigen Sekunden die letzte Nadel in das Ohrläppchen meiner Mutter gesteckt hat, lehnt sich so vorsichtig zurück, als habe sie einen Turm aus Streichhölzern gebaut. Sachte nimmt sie die Hände nach hinten, dreht sich zu mir um und flüstert:

»Es funktioniert.«

Ich sehe.

Und staune.

Es funktioniert.

Ein paar Nadeln nur, kurz wie Heftzwecken, eingelassen in stabile Pflaster, damit sie im Ohr bleiben, solange Mutter hier lebt. Ein paar Punkte im komplexen Netz der Meridiane, die laut chinesischer Lehre den Körper durchziehen, und meine Mutter wirkt, als hätte sie nicht nur keine Schmerzen mehr, sondern als würde sie das erste Mal überhaupt im Leben richtig entspannen. Ich muss an einen Tagtraum denken, den ich immer wieder habe. Denn dauerhafte Anspannung, wie sie meine Mutter ihr Leben lang auszeichnete, kenne auch ich. Mein Kiefer ist ein Mahlwerk von tonnenschwerer Kraft, seine Muskeln hoffnungslos verhärtete Knorpel, die wie große Kiesel unter meinen Wangen lagern. In dem Tagtraum, den ich häufig habe, zerfließen diese Kiesel zu Sirup und mit ihnen mein Kopf, mein Nacken, meine Schultern. Ich löse mich auf, ohne zu verschwinden, werde formlos und leicht. Keine Muskeln mehr, die sich verhärten, und keine Knochen, die knacken. Kein Brustkorb, der beengt, und kein Hirn, das in künstliche Begriffe und Strukturen gießt, was von Natur aus, im All-Einem der Schöpfung, eine einzige große Verbindung ist. Das Nichts und das Alles, in dem ich aufgehe und endlich, endlich loslassen kann. Genauso fühlt sich gerade meine Mutter. Oder, um es mit den Worten von Frau Gerner zu sagen: »Es funktioniert.«

Merke!
Es gibt keine richtigen oder
falschen Lehren. Es gibt etwas,
das funktioniert, oder etwas,
das nicht funktioniert.

»Mein Gott, guck dir das an, Eveline.«
Mein Onkel zeigt auf seine Schwester, wie sie da liegt, zwar im Bett mittlerweile, aber mit gelockerter Miene. Meine Tante legt ihre Handtasche ab und zieht die Augenbrauen hoch. Mein Onkel hat mir seinen uralten Game Boy mitgebracht, die graue Konsole aus goldenen Zeiten. Als ich ein Teenager war, haben wir stets zusammen gespielt, alles was es damals gab, mit Verbindungskabel zwischen den Geräten, die Unterarme auf den Oberschenkeln, während auf dem Tisch der Ferienpension die Zigaretten ausqualmten. Ich habe Spiele dabei, auf meinem Laptop, aber ich schätze die Geste. Wie ein Krämer zieht er die nostalgischen Spielmodule aus einer Stofftüte und legt sie auf den Tisch. *Tetris, F1 Race, Super Mario Land,* sogar *Tail'Gator*, ein süßes Hüpfspiel mit einem Krokodil als Hauptdarsteller.
Ich zeige auf die Akupunkturpflaster am Ohr meiner Mutter.
»Das war Sylvias Idee.«
Meine Tante legt die Hand auf die schmale Schulter meiner Mutter und haucht: »Uta?«

Ich sage: »Ich wäre nicht darauf gekommen.«

Mein Onkel hebt den Stoffbeutel und steckt den Kopf hinein, als verberge sich im Dunkel der Baumwolle noch die überraschende Erstpressung eines Spiels, das eigentlich nur in Japan erschienen ist.

Ich sage: »Ich drehe dann mal meine Runde.«

Meine Tante streichelt ungebremst verwundert an meiner Mutter herum. Mein Onkel legt den Beutel ab, ohne die Erstpressung gefunden zu haben, und sagt: »Ja, mach das mal. Hast du dir verdient.«

In der Vormittagssonne wirkt der Waldrand näher als in der Nacht. Ein Feldweg führt am Acker vorbei in die Tannen. »Wirtschaftsweg« nennt man solche von Treckerreifen gezeichneten Pfade üblicherweise. Ein seltsames Wort. Die Wall Street ist schließlich ebenfalls ein Wirtschaftsweg. Die Art von Geschäft, die nach Dung und Erde riecht, ist mir lieber.

Ich denke zurück an den vorletzten Winter. Auch damals hat Sylvia etwas Bedeutsames für meine Mutter getan, ohne dass irgendjemand ihre Urheberschaft mitbekommen hätte. Genauer gesagt: Sie hat etwas für meine Mutter und meinen Vater getan. Sie hat ihrer Ehe Frieden geschenkt, knapp zwei Wochen, bevor mein Vater verstarb. Die Adventszeit war angebrochen und mein Vater trat in die Phase ein, in welcher das Ende absehbar ist. Der Schnee färbte Nordrhein-Westfalen grau, da er jeden Tag von Abgasen verschmutzt wurde und daraufhin frustriert schmolz. Ich wachte eines Morgens auf und sah Sylvia mit offenen Augen neben mir liegen. Sie schaute an die Decke und bewegte sachte ihre Pupillen. Ihre linke Hand kraulte den Kater und ihre süßen Füße bewegten sich, aus der Decke hervorschauend, langsam hin und her. Mit anderen Worten: Sie dachte bereits seit einiger Zeit nach. Über meinen Vater und seine begrenzte Zeit. Über die lange Ehe ihrer Schwiegereltern, die Höhen und Tiefen hatte und in der immer noch ein Splitter steckte, der nie gezogen worden war.

»Wie wär's mit einer tollen, goldenen Uhr?«, sagte sie an diesem Morgen, ihr erster Satz des Tages. Meine Augen waren bereits wieder geschlossen, doch sie wusste, dass ich eigentlich schon wach war. »Wie hat dein Papa deine Mutter immer genannt?«

Ich seufzte. Wollte nicht offiziell aufwachen. Wie jeden Tag damals. Wollte nicht in die Welt treten, in der mein Vater starb.

»Schatz? Wie war noch gleich sein Spitzname für sie?«

»Ursel ...«, murmelte ich.

Sylvia wackelte mit den Füßen und drehte den Kopf wieder Richtung Decke.

»Eine Gravur, hinten auf der Uhr. Da steht so was wie: ›Ursel, danke für unsere Zeit.‹ Oder umgekehrt. ›Danke für unsere Zeit, Ursel.‹«

Ich antwortete nicht. Zog meine Decke höher. Stellte es mir vor. Spürte, wie sich in mir eine Weggabelung auftat. Entweder sich einlassen auf diesen Satz, auf das letzte Lebewohl, oder darüber nachdenken, was eine stilvolle Damen-Uhr aus reinem Gold samt individueller Gravur wohl kosten mag. Letzteres würde weniger wehtun.

»Das darf so nicht enden«, sagte Sylvia. »Ob gerechtfertigt oder nicht: Deine Mutter ist noch zu bitter, wenn sie zurückschaut. Sie hat genug gute Erinnerungen, rückt sie aber nicht in den Vordergrund. Und dein Vater liebt sie abgöttisch, aber kann es nicht so zeigen. Jetzt erst recht nicht mehr, da hat er genug mit sich selbst zu tun.«

Ich schob meine Decke ein Stück nach unten.

»Es braucht nur eine Geste«, sagte Sylvia. »Dann können sich beide in Frieden verabschieden.«

So kam es, dass mein Vater meiner Mutter am ersten Weihnachtstag 2011 eine goldene Uhr überreichte, aus dem Krankenbett heraus, das längst ein Sterbebett war, obwohl es mangels freier Hospizplätze noch immer im Hospital stand. Als meine Mutter die Uhr umdrehte und die Gravur las, brach ein Schluchzen aus ihr heraus, das ich noch niemals von ihr gehört hatte. Sie stürmte aus dem Raum, weinte auf dem Flur, lief in zehn Sekunden zwanzig Mal auf und ab, kam wieder ins Zimmer und küsste meinen Vater so, als könne sie ihm und sich selbst endlich, endlich alles verzeihen, was gewesen ist, und als hätte sie schon seit Jahren darauf gewartet. Wo heute die Akupunkturnadeln sämtliche Schmerzspannungen aus ihrem Körper lösen, sprengte diese Geste meines Vaters damals in Sekunden einen Panzer aus verhärteten Gefühlen. Wer ihm den Vorschlag eigentlich gemacht hatte, hat sie niemals erfahren.

DER RESPEKT-DISPO

Mittlerweile stehe ich im Wald. Es riecht nach Kiefernnadeln und feuchtem Unterholz, einer Art von Moder, der zugleich Frische ist. Ein Paar auf Fahrrädern kommt mir entgegen, Mann und Frau, gepflegt und heiter, wie aus einer Werbung für Brotaufstriche. Meine Mutter würde sagen: Normal. Das bedeutet: Menschen, die in kleiner Schrift Haushaltsbuch führen. Sozialdemokratie wählen. An Gott glauben, aber die Kirche kritisieren. Obama gut finden und Helmut Schmidt, den Dalai Lama loben, aber Angela Merkel skeptisch beäugen, obwohl beide das gleiche Lachen haben. Menschen, die Fleisch essen. Menschen, die ihrem Ehepartner seine Schwiegereltern vorstellen.

Ich bin abnormal, denke ich, als die Radler an mir vorüberhuschen, knirschende Reifen auf Waldkieselweg. So abnormal wie unsere Zahnärztin, deren Mutter mit ihrem Gatten nichts zu tun hat. Oder unsere Nachbarn, deren jeweilige Eltern sich nicht mal richtig kennen. Aus meiner Blutsfamilie sind im Laufe der Jahrzehnte viele Menschen herausgefallen wie Backsteine aus einem Haus im Erdbebengebiet. Eine Großtante und ihr Sohn. Eine andere Großtante, die nie einen Sohn hatte, weil sie Nonne war und Jesus Christus geheiratet hat. Der zweite Bruder meiner Mutter, der jüngere, zu dem ich fünfzehn Jahre lang keinen Kontakt hatte, da ich die Richtlinien meiner Mutter übernahm, welche ihn als Bösen definierten in einer Geschichte, die ich als Junge überhaupt nicht verstand. Jetzt, wo sie stirbt, machte ich ihn ausfindig und verbrachte lehrreiche Stunden auf seiner Couch. Hörte mir in fünf Kaffeetassenlängen seine Version der Geschichte an, eine andere Geschichte, die davon erzählt, wie meine Mutter allen Menschen irgendwann die Gunst entzieht, die nicht bereit sind, ihren Vorstellungen von Normalität zu folgen. Die Geschichte der Verlobung mit einer geschiedenen Frau samt Tochter und einer Eskorte aus Mutter, Großmutter und dem örtlichen katholischen Pfarrer, die an die Tür klopfen, um dem Bruder zu erklären, wen man als anständiger Christ zu heiraten hat und wen nicht.

Meine Geschichte, die dazu führte, dass ich meine Herkunftsfamilie als Sohn und meine neue Familie als Ehemann von vorneherein und durch alle Zeit voneinander trennte, würde ein eigenes Buch füllen und ist hier nicht das Thema. Nur so viel: Sie erzählt davon, wie in der heutigen Zeit Menschen diskriminiert werden. Nicht offen und ehrlich wie früher, als klar war, dass das nicht geht mit Romeo und Julia, mit Effie Briest und Major von Crampas oder mit Rose De-Witt Bukater und Jack Dawson auf der Titanic. Als Familien ihre Tabus und Vorurteile noch bei offenem Visier auf der Standesflagge trugen. Heute drücken Familien ihre Geringschätzung für Menschen mit einem bestimmten Merkmal X anders aus. Sie sagen nicht offen: »Unsere Tochter Julia hat jetzt einen Freund, den Benjamin. Er ist ... ein Atheist / ein Orthodoxer / eine Bohnenstange / ein Untersetzter / ein CSU-Wähler / ein Kommunist / ein Tätowierter / ein Schnösel / ein Trinker / ein verklemmter Asket / ein bildungsferner Prolet / ein hochnäsiger Hochintelligenter / ein komischer Kauz ... und *wir verachten ihn dafür!*«

Nein.

Moderne Familien nutzen einen ganz anderen Satz. Einen, der gar freundlich klingt und huldvoll und der doch die schlimmste, nachhaltigste und perfideste Diskriminierung von Menschen aufgrund eines Merkmals darstellt, die es überhaupt geben kann. Sie sagen: »Unsere Tochter Julia hat jetzt einen Freund, den Benjamin. Er ist ... (hier das beliebige Merkmal einsetzen), *aber er ist ein ganz Lieber!*«

Noch mal, zum auf der Zunge zergehen lassen:

> *... aber er ist ein ganz Lieber.*

Dieser Satz ist an jovialer Selbstgerechtigkeit und wahrer Verachtung kaum zu überbieten. Er sagt: *Eigentlich* sind Menschen wie Benjamin für mich zutiefst defizitär. Dadurch, dass sie so sind, hängen sie auf dem Konto meines Respekts ohne eigenes Zutun automatisch knietief im Dispo, aus dem sie sich aber, wenn sie sich meinen Vorstellungen gemäß verhalten, langsam gegen Plusminus Null hochzuarbeiten haben. Bis ich eines Tages den Benjamin als Individuum aus der durch meine eigenen Vorurteile gebildeten Gruppe seiner Spezies gnädig herauslöse und über ihn sagen kann: »… aber *er* ist ein ganz Lieber.« Auch, wenn der Rest seiner Gattung natürlich erst mal verachtenswert bleibt.

Wie unfassbar verachtend diese Form jovialer »Toleranz« eigentlich ist, lässt sich dadurch klar machen, dass man all die möglichen Merkmale, wegen derer man Benjamin ungestraft in den Respekt-Dispo drängen darf, durch ein ganz spezielles Merkmal ersetzt. Stellen Sie sich einfach mal vor, eine Mutter würde, in gemütlich großer Grillrunde samt Familie und Nachbarn sagen: »Unsere Tochter Julia hat jetzt einen Freund, den Benjamin. Er ist Jude, *aber er ist ein ganz Lieber!*«

Das Fahrradfahrerpärchen ist an mir vorüber. Die Baumkronen brechen das Licht zu tausend Sorten Gold, Grün und Braun. Ein Jogger schwebt leichtfüßig über den Pfad. Unter der Wurzel einer umgestürzten Eiche sammelt sich der Müll eines jugendlichen Abends. Eine zerfetzte Isomatte, eine leere Flasche Havana Club, zerknüllte Zigarettenschachteln. Keine Bierdose. Das Weißblech verlässt seit langem die Wälder, denn es erzeugt Pfand. Ich denke daran, wie viele Dosen ohne Wert ich damals getrunken und auf den Asphalt gepfeffert habe. Immer nur auf den Asphalt, nie zwischen die Bäume. Denke an die Lieder, die ich dabei krakeelte, lauter Punkrock-Pamphlete für eine wirklich offene Gesellschaft, in der niemand ohne eigenes Verschulden in den Respekt-Dispo rutscht.

Ich hätte jetzt Lust auf ein Bier. Doch der Wald muss reichen. Ich atme tief ein. Tausend Düfte.
Meine Mutter hat damals bei jeder Frau, für die ich etwas zu empfinden begann, ein Merkmal gefunden, das sie in den Respekt-Dispo drückte. Sobald sie begriff, dass ich dennoch nicht von dem Mädel lassen konnte, griff die zweite Form boshafter Toleranz und Güte: Die »Erstmal-Taktik«. In ihr vermitteln moderne Mütter, dass es wichtig sei, sich als Mann »erstmal« auszuprobieren und »die Hör-

ner abzustoßen«. Nichts führe schneller ins Verderben als sich »zu früh festzulegen«. In dieser »nur gut gemeinten« Argumentation, die »das Kind« (auch, wenn es vielleicht schon 28 ist) nur schützen soll, wird jede Partnerin und jeder Partner zu einem bloßen Testballon degradiert, einem Kilometerstein auf dem langen Weg zur »Reife«. Wann diese einsetzt und man(n) »soweit ist«, sich ernsthaft zu binden, liegt stillschweigend im Ermessen des Elternhauses. Diese Mechanismen erlebt man immer häufiger und in immer mehr Familien der Gegenwart. Kinder sind keine Menschen mehr, die man tatsächlich eines Tages ins Leben »entlässt«, sondern eher Körperteile eines familiären Organismus, ebenso wie Ehepartner, Geschwister und nähere Verwandte. Bewegen diese Körperteile sich nicht so, wie es der Kopf der Sippe möchte (mal die Mutter, mal der Vater, selten beide), erleben sie Sanktionen durch subtilen Liebesentzug. Wagt ein Körperteil, vollständig aus dem Organismus auszutreten und seine eigene Lebensform zu wählen, kommt dies einer Amputation gleich. In seiner ganzen Klarheit steht mir das erst heute vor Augen. Unbewusst lernte ich es allerdings schon als Kind, wenn etwa mein Vater durch die Hinwendung zu seiner Fußballkarriere mir gegenüber in die Rolle des Bösewichts gedrückt wurde, der »nie da ist«, und das nur, um seine Zeit mit Menschen zu verbringen, von denen meine Mutter keinen Zweifel ließ, *wie* tief sie als Sportproleten in ihrem Respekt-Dispo steckten. Oder wenn nach und nach Brüder, Tanten, Großtanten und Cousins in eine Ungnade fielen, die rational zu durchdringen zwecklos gewesen wäre. Für einen selbst als weiterhin treues Mitglied des Familienkörpers war nur wichtig, zu wissen: Die sind jetzt Personae non gratae. Und nicht mal mehr trotzdem »ganz Liebe«.

Insofern war die in einer Tausendstelsekunde klar vor mir stehende Gewissheit, die Hochzeit als endgültig offiziellen Start meines eigenen Lebens auf die andere Seite des Erdenrunds zu verlagern, keine rationale Überlegung, sondern das intuitive Ergebnis aus Jahrzehnten der Erlebnisse in diesem Familienkörper. Wie der Psychotherapeut Eckhard Schiffer schreibt:

»Es ist also die Erfahrung eines ganzen Lebens, die jeweils hinter der Intuition steht. Sind es insbesondere die frühen Anteile dieser Erfahrung, die uns haben erleben lassen, wie wir uns unter wohlwollend-interessierter Wahrnehmung frei haben entfalten können, dann werden wir dies auch in der Begegnung mit unseren Mitmenschen (...) wiederholen können.«[5]

Und umgekehrt: Haben wir erleben müssen, dass die Wahrnehmung eines Familienorganismus alles andere als »wohlwollend-interessiert« bleibt, sobald unsere »freie Entfaltung« dahin geht, sich von ihm als Körperteil konsequent lösen zu wollen, wird uns die Intuition den Weg weisen, wie wir uns von dieser Prägung lösen können.

DIE AUFERSTEHUNG

Es ist Ostersonntag. Meine Mutter sitzt am Kopf der runden Tafel im Wintergarten, wie früher. Sie ist wach, anwesend, schmerzfrei, geduscht und frisiert. Vielleicht kann sie noch einmal nach Hause, hieß es damals im Krankenhaus, an Ostern. Dieser Transport ist unmöglich, doch ansonsten wirkt es ganz so, als habe sie daheim die Tafel gedeckt. Um 16 Uhr sind die Gäste eingetroffen. Um 11 Uhr bat sie mich, »schon mal den Kaffee anzusetzen«, und um 11:30 Uhr gleich nochmal. Sieben Kannen ließ ich in der Teeküche durchlaufen und von Schwestern, Pflegern und Angehörigen anderer Bewohner wegtrinken, bis es endlich spät genug war, dass die Koffeinladung passte. Ich holte Kuchen. Deckte den Tisch. Besorgte farbige Servietten. Sorgte dafür, dass meine Mutter noch einmal sein kann, was sie ihr Leben lang am liebsten war: Gastgeberin.
Es ist Ostersonntag.
Und meine Mutter ist auferstanden.

»Mein Gott, Uta, du siehst richtig gut aus!«

Evi, die beste Freundin meiner Mutter, tätschelt ihr die Schulter und legt lächelnd den Kopf schief. Die beste Freundin, die alle zehn Tage vorbeikommt, mit ihrem perfekten Talent, die schlechten Tage zu vermeiden. Ihr Mann Lennart schenkt den Gästen Kaffee ein, als ob ich nicht dazu fähig wäre. Wenn er sich mit gespieltem Ächzen über die Schulter eines Koffeinempfängers beugt, spannt sich sein Slimfit-Hemd unter der Anzugweste. Seine Frau würdigt mich keines Blickes oder Wortes. Er hebt seine kleinen Manager-Augen nur, um mich zu mustern wie einen verkrüppelten Gollum, der mit habgierigem Blick um das Erbe seiner Mutter schleicht. Mein Onkel bedankt sich für den Kaffee und sagt: »Wir sind jeden Tag hier.« Meine Tante macht Small Talk mit weiteren Freunden und Bekannten meiner Mutter, die alle vorher angerufen haben, um sich zu vergewissern, »dass Uta der Besuch auch wirklich nicht zu viel wird.« Was eigentlich bedeutet: Um sicherzugehen, dass der Anblick der ehemals starken Frau die Gäste nicht allzu schockierend daran erinnert, in welchem Gebäude wir uns eigentlich befinden.

»Das ist wie ein Wunder«, haucht Evi und kann vom Anblick ihrer Freundin nicht lassen, die schmerzfrei und geistig klar Ostern feiert, als wäre es doch nicht das letzte Mal und sie nur in einer Rehaklinik.

»Das Wunder heißt Akupunktur«, sage ich über meiner Kaffeetasse und füge hinzu: »Sylvia ist darauf gekommen.«

Evi starrt weiter ins Gesicht meiner Mutter und bewegt den Kopf um einen Millimeter, als wolle sie sagen: Drang da gerade das Lispeln einer Schmeißfliege an mein Ohr? Lennart sagt »ich setze dann noch mal eine neue Kanne an«, geht Richtung Flur, bleibt in der Tür stehen und fügt hinzu: »Ach, Oliver. Im Zimmer deiner Mutter ist noch dein Laptop an. Vielleicht musst du da noch ein Spiel abspeichern, oder so?«

Merke!

Man darf es an dieser Stelle ruhig noch mal sagen: Erwarten Sie niemals Respekt, Anerkennung oder Verständnis für das, was Sie erleben und erfahren, während Sie jemanden auf dem letzten Weg begleiten. Genossen Sie in der Familie schon immer ein hohes Ansehen, wird es Ihnen durch diesen Einsatz erhalten bleiben. Haben Sie es aus welchen Gründen auch immer verspielt, sollte die Sterbebegleitung nicht dazu dienen, es wieder zurückerobern zu wollen.

Die Kuchengabeln klimpern. Das Süßgebäck verschwindet in den malmenden Mündern. Ich schaue auf meine Uhr. Fast sechs. Können die nicht endlich gehen?

Schwester Beate hat mir erklärt, was dieses »Wunder der Auferstehung« eigentlich bedeutet. Dieses Entkommen aus dem tiefen, schwarzen Brunnen und Wandeln auf sonniger Erde. Hat mich darauf vorbereitet, als ich einzog, und es mir nochmal erklärt, als es dieser Tage wieder »bergauf« ging. Die erfahrene Sterbehausleiterin sprach über dieses Phänomen in der nüchternen Offenheit, für die ich sie jeden Tag umarmen könnte. »Viele Angehörige werden sogar unbewusst sauer darüber«, erzählte sie mir bei einer Zigarette im Hof, »und haben dann ein schlechtes Gewissen.« Aber das sei okay, das Sauerwerden. Es ist ja wirklich so, als würde man ganz offen betrogen. Man bekommt den Eindruck, es mit Genesung zu tun zu haben. Als wende sich das Blatt doch noch und der Sterbende würde wieder »nur« zum Kranken, der zurück kann, nach Hause. Man bekommt Hoffnung wider jede Vernunft, denkt an Gerüchte von magischer Genesung, gerade bei Krebs. Rätselhafte Remission. Spontanheilung. Weil der verlorene Sohn zurück ist, womöglich. Der Organismus seinen amputierten Körperteil wiederhat. Man sieht die Mutter im Rollstuhl aus diesem Haus zum

172

Wagen fahren. Und weiß doch: Alles Unsinn. Es wird mit Sicherheit die Bahre sein.

»Nutzen Sie die Zeit«, hat Schwester Beate auch gesagt, »man weiß nie, wie lange dieser Zustand anhält.« Und mit ihm natürlich: Die Ansprechbarkeit. Der klare Geist, der nicht aus der Tiefe nach dem Maler Mallach ruft, sondern lediglich danach fragt, ob man auch Schwarzwälder Kirschtorte geholt hätte, für Evi und Lennart. Fällt ein Todkranker aus diesem »letzten Aufbäumen« in die Dunkelheit zurück, ist die Chance gering, dass er für eine Zugabe noch einmal daraus auftaucht. Diese Phase hier, in der alle mit den Gabeln klimpern und über das Wetter reden, ist meine letzte Chance, die Dinge mit meiner Mutter zu klären.

Alle Dinge.

Logistisch.

Emotional.

Spirituell.

»So, hier ist noch eine Runde Kaffee!«, ruft Lennart und die Köpfe heben sich wie auf einer Straußenfarm. Meine Mutter lächelt zufrieden und zeigt zu mir: »Oliver will bestimmt auch noch!« Lennart gießt mir ein, weil er nun nicht anders kann. Ich nicke und trinke. Der Kaffee ist heiß, aber eiskalt im Vergleich zu den Kohlen, auf denen ich sitze.

Als am Abend endlich alle Gäste weg sind, schiebt Rolf meine Mutter aufs Zimmer, während ich die Tafel abräume. Sie ist in sich zusammengesunken, kaum dass die Tür sich geschlossen und Evis letzte Parfümwolke in zwei Teile gespalten hatte. Geistig ist sie noch anwesend, aber körperlich völlig am Ende. »Nur ins Bett«, sagt sie und Rolf pfeift vergnügt: »Aber klar doch, Frau Uschmann. Es war ein langer Tag.«

Seit die Auferstehung am Karfreitag langsam begonnen und Schwester Beate mich vorgewarnt hatte, versuchte ich, mit meiner Mutter zu reden. Ich vertraute auf ihr stets tatkräftiges Wesen, ihre unerschütterliche Grundüberzeugung, dass immer alles weitergehen muss, egal, wie ernst die Lage auch sein mag. Als ihre eigene Mutter starb oder mein Vater vor zwei Jahren gegen 20:45 Uhr im Hospiz in ihrer Gegenwart einschlief, hatte sie stets schon am Morgen darauf den Kaffee und die Papiere bereitet, um gemeinsam mit Bruder, Schwägerin, Bestatter und mir am Tisch im Wohnzimmer die Anzeigen, das Begräbnis, die Einladungskarten und die aktuelle Adressliste aller Anzuschreibenden zu besprechen. Die Dinge zu regeln, war stets ihr höchstes Gut. Wäre sie jemals im Leben entführt und aus heiterem Himmel wieder frei gelassen worden, hätte sie mit Sicherheit zu denen gehört, die daraufhin erst mal niemanden anrufen, sondern gemessenen Schrittes in ihre Wohnung gehen, die Besenkammer aufschließen und acht Stunden am Stück Grundreinigung machen.

Sie war es stets, die nach dem Ende eines Lebens alles organisierte, regelte und in klar strukturierte Bahnen lenkte. Und egal, was ich sie in diesen Tagen vorsichtig zu fragen versuchte, über Papiere und letzte Wünsche, über Benachrichtigungen ferner Verwandter oder über den örtlichen Pfarrer und sein Angebot, ihr als Katholikin jederzeit die letzte Ölung zukommen zu lassen, wenn sie dies wünsche – sie wimmelte jede Andeutung ab. Nicht, weil niemand gerne hört, dass er bald gesalbt werden soll, sondern weil es so schien, als wolle sie in jedem Fall daran festhalten, dass all die Planungen und Regelungen nach einem Sterbefall allein sie durchzuführen habe und als sei die Tatsache, dass dies schwierig wird, wenn sie selbst der Sterbefall ist, nur ein marginales Problem, das sich schon irgendwie noch lösen ließe.

»Wir reden darüber, wenn es soweit ist«, war ihre Standardantwort auf alles, seit sie aus dem dunklen Brunnen wieder aufgetaucht war. Nur eines erwähnte sie gleich mehrfach: »Im Büroschrank zuhause, da liegt ein Tagebuch. Ich hab ein wenig was geschrieben in den letzten Monaten. Das war mir ein Bedürfnis. Das musste einfach sein.«

Ich erinnerte mich daran, dass ich ihr zum letzten Weihnachten, das wir gemeinsam gefeiert hatten, ein ganzes Set zum Buchschreiben geschenkt hatte. Guter Füller, schwarze Tinte, gebundene Paperblank-Bücher in antikem Design. Ich hatte die fixe Idee, sie könne einfach mal ihr Leben Revue passieren lassen, so als Zwischenstand, vor dem Beginn des letzten Viertels. Ein schönes, aufgeräumtes Reflektieren, wie bei Theodor Fontane oder Martin Walser. Aber die Formulierung: »Es musste einfach sein«? Das klang nicht gut.

»So«, sagt Rolf, als ich das Zimmer 9 betrete, und rückt das Nackenkissen ein letztes Mal zurecht. »Alles gut?«
Meine Mutter nickt und schaut ihn dankbar an.
Noch wichtiger als all die planerischen Fragen, die sie nicht bereden möchte, ist mir das letzte Gespräch. Dieser *eine* Dialog, in dem man alles sagt, was es noch zu sagen gibt. Alles, was man noch loswerden möchte. Der Dialog, der Biker Claus mit seiner Mutter in siebeneinhalb Monaten nicht gelang. Seine Stimme klingt mir noch im Ohr, neulich, mit den Bierflaschen auf dem Flur: »Versuch irgendwie, es hinzukriegen. Das letzte Gespräch. Ja? Machst du das? Für mich?«

Meinem Vater habe ich damals einen Brief vorgelesen. Einen Brief von mir selber, den ich eine Woche zuvor meinem Onkel ins Hospiz mitgegeben hatte, weil ich beruflich zwingend unterwegs war und für den unwahrscheinlichen Fall der Fälle sichergehen wollte, dass mein Vater diese letzten Worte von mir auch hört, wenn ich nicht da sein sollte. Er war noch nicht in die letzte Phase eingetreten und sein Tod während meiner kurzen Reise unwahrscheinlich, aber trotzdem. Natürlich hatte er den Brief nicht gelesen – er war schon zu schwach, um mehr als eine Schlagzeile wahrzunehmen – und mein Onkel hatte sich nicht wie von mir erbeten als lebendiges Hörbuch betätigt. Also saß ich schließlich dort am Bett meines Vaters, der sich auch immer schwer getan hatte mit intimen Gesprächen, klappte den Umschlag auf und las vom Blatt ab, was ich alles noch loswerden wollte, während mein Puls raste, da jeder Satz einen Siegel unter die Tatsache machte, dass er in wenigen Tagen sterben würde. Es waren gute Sätze, das schon, aber ein Gespräch konnte man das nicht nennen. Eher einen Auftritt, eine Kurzlesung von Uschmann mit exklusivem Publikum. Ich klappte das Papier zu und vor dem Kippfenster rauschten die riesigen Fichten, während der Schnee ganz Nordrhein-

Westfalen mit grauweißer Trittschalldämmung versah. Ein paar Sekunden vergingen, dann sagte mein Vater: »Danke, Schatz.« Ich stand auf, verließ das Zimmer und ging zu meiner Familie, die draußen spazieren gegangen war, um uns alleine zu lassen.

Meiner Mutter habe ich keinen Brief verfasst. Dafür hätten wir zu viel zu besprechen. Gestern – sie hockte gerade auf dem Bettrand und wartete auf wohlwollende Waschung durch die Schwester, während ich sie festhielt, sagte ich: »Mum, ich soll dir von Sylvia danken. Danken dafür, dass sie deinen Sohn zum Mann haben darf.« Für eine halbe Sekunde drückte sie ihren kleinen Körper fester an meine Schulter. Dann sagte sie: »Wo bleiben die denn schon wieder?«

DIE ILLUSION DES LETZTEN GESPRÄCHS

Wir alle tragen Vorstellungen mit uns herum, wie gewisse Situationen zu laufen haben. Früher stammten diese Blaupausen aus Theaterstücken und Romanen. Heute prägen Spielfilme aus Hollywood das Bild. Und Fernsehserien. Noch bevor wir als Teenager das erste Date zelebrieren, den ersten Kuss küssen oder den ersten Streit in einer Beziehung erleben, haben wir bereits ein Dutzend Szenen davon im Kopf, wie ein erstes Date, ein erster Kuss oder ein erster Streit ablaufen könnten. Manchmal geht es sogar so weit, dass wir in einem Augenblick, in dem wir einfach nur unserem Herzen und Bauch folgen sollten, den Kontakt zur Situation verlieren und nicht mehr authentisch sein können. Wir erleben etwas zum ersten Mal in echt und verkrampfen uns, weil wir es schon hundert Mal in der Vorstellung erlebt haben, die Realität aber leider auf keine dieser hundert Szenen passt. Das macht Druck. Noch mehr Druck macht es, wenn die Erzählungen von Familien, Freunden und fernen Bekannten hinzukommen, die scheinbar alle wissen, »wie so etwas zu laufen hat«. Dogmen und Gebote aus der Erziehung. Geschichten der Erwachsenen, die man als Kind gehört hat. Klatsch und Tratsch unter Gleichaltrigen. So gleichen wir in wichtigen Lebenslagen ständig alles, was wir tun, mit einer großen Palette von Vorlagen ab. Und können dabei nur verlieren.

Die mit Abstand dramatischste und bedeutsamste Negativsituation, in die uns das Leben eines Tages unweigerlich hineinmanövriert, ist das Sterben eines nahen Angehörigen. Nicht die Krankheit, die noch geheilt werden kann. Nicht die Zeit in Krankenhäusern, in denen es tatsächlich um Therapie geht und um berechtigte Hoffnung, sondern die Zeit, in der alle Beteiligten wissen, dass es zu Ende geht. An dieser Stelle entfaltet sich der Druck aus hundert vorgefertigten Szenen und Erwartungen in einer Weise, die Sie noch nie zuvor in Ihrem Leben erfahren haben. Der Punkt, an dem Sie wissen, dass jede Begegnung mit dem tödlich Erkrankten die letzte sein könnte, ist der Punkt, an dem sich in Ihrem Gehirn die Filmklappe einblendet.
Sterben.
Das haben Sie schon gesehen, tausend Mal.
Wie es sein *sollte*.
Soldaten halten ihre besten Kameraden im Arm, den Kopf in der linken Hand, die Hand gebettet auf den Oberschenkel. Das Blut läuft aus der Nase, der Mann röchelt und beide – Sterbender wie Überlebender – finden in den letzten zehn Sekunden *genau* die passenden Worte. Danach Blick zum Himmel, Graugewitter, ein herausgeschrienes »Nein!« oder grimmiges Aufstehen und Nachladen, um den Verantwortlichen für diesen Tod das Verderben zu bringen, das sie verdient haben. Oder der Tod bei Liebenden, der schlimmste und zugleich romantischste von allen. Schlussdialoge, die einem das Blut gefrieren und die Tränen der Rührung in Strömen laufen lassen. Schlussendlich: Letzte Gespräche zwischen Vater und Sohn, Mutter und Tochter, Mutter und Sohn, Vater und Tochter. Der Vater, ein strenger Mann, ein störrischer Mensch, der »nie gern über Gefühle redete«, der aber nun, in den letzten Tagen vor seinem Ende, alles verzeiht. Ein paar rührende, kurze, ironische Sätze aus seinem Munde, die alles klar machen, ohne dass er es offen sagen kann, und dann der Sohn, der aufsteht, ihn auf die Stirn küsst und

es stellvertretend für beide sagt: »Ich hab dich auch lieb, Papa.«
Szenenwechsel. Musik. Abblende.

Das haben Sie alles im Kopf, wenn es ernst wird.

Sie sagen sich: Quatsch, alles nur Film. Die Realität wird anders. Und dann denken Sie daran, was man sich in der Familie über die Großtante Gabriele und ihren Sohn Hans-Werner erzählt hat. Die schwierigste, belastetste, ja sogar kränkste Mutter-Sohn-Beziehung, die man sich überhaupt vorstellen kann. So ödipal, so machtgesteuert, so neurotisch, dass selbst die Charaktere von Woody Allen erwachsen und gesund dagegen erscheinen. Kein Film. Bitterste Realität. Doch in den letzten Tagen vor Gabrieles Tod – so haben Sie es gehört und so hat es jeder erzählt – da »sprachen sich die beiden aus« und zwar »so richtig«. Sie sehen das förmlich vor sich hinter der gelb erleuchteten Scheibe des Hospizzimmers. Die alte Gabriele und der zwangsgestörte Hans-Werner, sie reden und reden »nächtelang«, bis endlich »alles gesagt« ist und »alles geklärt« und sie in Frieden geht und ihren Sohn mit einem guten Gefühl ins Leben entlässt. So erzählt man sich das, und Sie denken sich auf dem Weg ins Krankenhaus, ins Hospiz oder ins Sterbezimmer im eigenen Haus ein jedes Mal: Wenigstens *das* muss doch auch bei uns möglich sein. Sich aussprechen. Alles noch mal sagen, was gesagt werden muss. Die richtigen Worte finden, auch ohne Szenenmusik und Filmklappe.

Erwarten Sie es bitte *nicht*.
Nehmen Sie diesen Druck von Ihren Schultern.
Machen Sie sich klar: Das große, letzte Gespräch ist eine Illusion.
Und das davor auch.

LOB DER BANALITÄT

Das letzte Gespräch ist schon allein deshalb eine Illusion, weil Sie niemals wissen, wann es stattfindet. Stellen Sie sich vor, Sie führen es tatsächlich, in aller Dramatik und mit erleichternder Auflösung.

Alle Konflikte, die Sie jemals mit dem Sterbenden hatten, bringen Sie auf den Tisch. Es wird laut. Es fließen Tränen. Am Ende liegen Sie sich in den Armen. Eine wundervolle, optimale Schlussszene ... doch danach? Folgt kein Abspann! Der Film geht noch vierzehn Tage weiter. Und Sie sitzen da und versauen sich das optimale Ende durch Small Talk. Umgekehrt kann es vorkommen, dass Sie sich die große Aussprache oder die letzten Worte »aufheben«, bis »der richtige Zeitpunkt gekommen ist«. Das geschieht meistens, weil man sich denkt: Wenn ich *jetzt* zum großen Pathos aushole, klingt das so, als erwarte ich, dass danach Schluss ist. Man glaubt, sein Gegenüber durch diese Art von Gespräch geradezu zum Abtreten zu nötigen.

In den meisten Fällen hat man mit dem Sterbenden solche emotional aufwühlenden Gespräche niemals geführt, schon gar nicht in den letzten Jahren, als alle noch gesund waren. Dabei wäre genau *dann* der Zeitpunkt gewesen!

Merke!

Wenn Sie etwas wirklich Wichtiges zu klären haben, ein schwelender Konflikt aufzulösen ist oder nur eine schwierige, aber reinigende Aussprache das Leben aller wieder lebenswert machen kann: Führen Sie das Gespräch! Jetzt. Oder besser: Gestern. Denn am Ende sollte bereits alles gesagt worden sein.

Allein, man macht es nicht, wenn alle noch gesund sind. Weil man denkt, man hätte Zeit. In all den Jahren, in denen der Tod noch weit entfernt schien, nicht mal ein vager Schatten am Horizont, sprach man mit Vater oder Mutter über die Schneckenplage in ihren Beeten, über den aktuellen Bundesligaspieltag oder die neuesten Gerüchte in der Nachbarschaft. Über die Kinder, sicher, den Beruf, in dem es immer »gut« lief. Womöglich sind aus dem Mund der Eltern hier und da nach einer Geburtstagsfeier um zwei Uhr nachts, vom Alkohol gelockert, ein paar elementar ehrliche Worte zur Lebenslage herausgefallen, aber *so* ernst, *so* intim, *so* pur und ungefiltert persönlich wie beim »letzten Gespräch« wurde es nie. Fangen Sie also jetzt, im Hospital, Hospiz oder im heimischen Sterbezimmer damit an, signalisieren Sie dem Angehörigen: Das ist der Schlussgong! Folglich vermeiden Sie es ... bis es endgültig zu spät ist.

Der Todeszeitpunkt ist in Deutschland nicht zu bestimmen. In Ländern wie der Schweiz oder den Niederlanden, die Sterbehilfe erlauben, können Menschen sich gezielt darauf vorbereiten und letzte Gespräche tatsächlich bewusst führen, da beide Seiten wissen, dass es der Schlussakt ist.

Hier bei uns betreten Sie vom Moment der hoffnungslosen Diagnose an bis zum Augenblick des tatsächlichen Todes eine Zone des Ungewissen und Ungefähren, in der nur eines für den Angehörigen und für Sie wichtig ist:

Da sein!

Alles andere ist zweitrangig.
Was Sie gemeinsam tun.
Was Sie gemeinsam reden.
Ob Sie überhaupt über den Tod reden oder nicht.
Alles egal.
Hauptsache: Da sein.

Die Erwartungen an sich selbst werden die ganze Zeit in Ihrem Kopf mitlaufen wie ein ungewünschter Ohrwurm oder ein seltsames Programm auf dem Computer, das man niemals installiert haben wollte. Sie werden ständig das Gefühl haben, Zeit zu vergeuden, weil sie nun so begrenzt ist. Immerfort werden sich in Ihnen Monologe abspielen, vorwurfsvolle Selbstgespräche wie diese:

»Dies sind Vaters letzte Tage. Da kann ich doch mit ihm nicht nur über Fußball und den nächsten Spieltag reden. Über Prognosen, wer Meister wird, im Mai, wo wir doch *beide* wissen, dass er den Mai nicht mehr erlebt.«

»Dies sind meines Bruders letzte Tage. Da kann ich doch mit ihm nicht nur über Videospiele reden und mit ihm auf der PlayStation Autorennen spielen. Lachen und Rasen und diese profanen, albernen Gespräche über die falsche Wahl des Wagens und ›Riech meinen Auspuff!‹ führen, wo wir doch *beide* wissen, dass sein Leben nicht mal mehr bis zum Erscheinen der nächsten PlayStation weitergeht.«

»Dies sind Mutters letzte Tage. Da kann ich doch mit ihr nicht nur über Königshäuser und Prominente reden. Über den Tod von Prinz Friso und wie die niederländische Königsfamilie Abschied nimmt, wo wir doch *beide* wissen, dass wir *eigentlich* über den Tod reden sollten, der *hier* im Raum steht.«

Doch.
Sie können.
Sie sollen sogar.
In den Wochen und Tagen des Sterbens zählen nur die Bedürfnisse des Sterbenden. Und eines werden Sie in dieser Zeit erkennen: *Wir verändern uns nicht im Tod.* Oder auf dem Weg dorthin. Sterbende wollen den Tag meistens nur so gut und unterhaltsam rumbringen wie konventionell Kranke. Über Fußball reden, wie immer. Autorennen zocken, wie immer. Den Klatsch und Tratsch der Königshäuser verfolgen, wie immer.
Je länger das andauert, desto eher läuft man als Angehöriger Gefahr, deswegen sauer zu werden. Aggressiv. Ungeduldig.
Weil man den Eindruck bekommt, dass der Sterbende sich selbst betrügt und einem nun als Begleitender die undankbare Aufgabe zuschiebt, diesen Selbstbetrug zu unterbrechen. Irgendwann, denkt man sich im Stillen, muss er doch mal von selbst davon sprechen, dass

er *stirbt*, verflucht noch mal! Irgendwann muss er doch wenigstens einmal zusammenbrechen, damit ich ihn wieder aufbauen kann.

So werden Sie denken.

Wut wird in Ihnen aufkommen über dieses vermeintliche »Schauspiel« und die enervierende »Ignoranz«, mit welcher ein Mensch, der gehen muss, dieser Tatsache begegnet.

Die innere Unruhe wird Sie wahnsinnig machen und Sie werden denken:

»Ich kann doch nicht hier sitzen und weitere 90 Minuten damit verschwenden, mit Mutter stillschweigend *Das perfekte Dinner* zu gucken, wo sie vielleicht nur noch 900 Minuten hat. Oder 180. Oder zwei.«

»Ich kann doch nicht hier sitzen und weitere 90 Minuten damit verschwenden, mit Vater dieses vollkommen irrelevante Fußballspiel zu schauen. Dritte Liga! Am Nachmittag! Vfl Osnabrück gegen Stuttgarter Kickers, wo er vielleicht nur noch 900 Minuten hat. Oder 180. Oder zwei.«

»Ich kann doch nicht hier sitzen und weitere 90 Minuten damit verschwenden, mit meinem Bruder dämliche, sexistische Witze über Frauen am Steuer zu machen, während wir die aufgemotzten Autos durch *Gran Turismo 4* lenken, wo er vielleicht nur noch 900 Minuten hat. Oder 180. Oder zwei.«

Doch.

Sie können.

Sie sollen sogar.

Überlegen Sie mal ganz ehrlich, was Sie selbst tun würden, in dieser Lage.

Jede freie Minute über den Tod sprechen?

Ihren über Jahrzehnte zerschlissenen Glauben reorganisieren?

In großer Eile noch schnell den *Faust* lesen und *Hamlet*, weil Sie nie dazu gekommen sind? Wagner hören und Beethovens gesammelte

Klavierstücke? Die Quantenphysik doch noch verstehen? Alles nach-holen, schnell schnell, was sie verpasst haben, weil Sie stattdessen doch lieber Fußball schauten, Autorennen spielten oder über Promi-nente lästerten?

Wissen Sie, was ich tun würde?

Ich würde meine Frau bitten, die Katzen auf meinen Bauch zu legen und die ganze Zeit ihre friedlichen, idyllischen Spiele auf dem Nin-tendo DS zu spielen, in denen sie mit sprechenden Tieren ein klei-nes, buntes Dorf bewohnt und denen ich so gerne zuhöre, weil die Geräusche und die Musik mich wohlig einlullen wie ein kleines Kind. Ich würde in den Nächten, in denen ich nicht schlafen kann, meinen Lieblingsfilm *Jackie Brown* laufen lassen, weil ich die eng-lischen Dialoge zwischen Samuel L. Jackson, Robert deNiro und Robert Forster auswendig kann und diese Geschichte eine zeitlose Parallelebene für mein Leben darstellt. Und ja, oh ja, ich würde jede Sportschau gucken und weiter verfolgen, welcher Spieler wohin wechselt und wer wohl bald Meister wird, weil diese Dauer-Doku-soap für Männer der größte Stressabbau der Welt ist. Denn ich hätte Angst und würde mich im Augenblick und im Trost gewohnter Ge-spräche, gewohnter Geräusche und gewohnter Gadgets des Alltags verkriechen, bis *ich* soweit wäre.

Vergessen Sie jeden Anspruch, jede Formel, jeden Spielfilm und jede Erzählung anderer, was angemessen oder richtig sei in diesen letzten Tagen. Alles kann richtig sein in diesen letzten Tagen. Und aus Sicht der Anderen machen Sie ohnehin alles falsch.

DER GANZ NORMALE WAHNSINN

Es gibt ein Motiv im Postkartenständer unseres heimischen Dorf-ladens, das zu den Bestsellern gehört. Eine kleine Katze, eingeku-schelt in ein Handtuch, darüber der Spruch von Goethe: »Gebor-genheit ist ein größeres Wort für Glück.«

Geborgenheit.

Das sind nicht bloß flauschige Handtücher.

Meine Mutter hat weitere sechs Tage in solider Form hinter sich gebracht, so dass selbst Schwester Beate langsam beginnt, sie skeptisch zu beäugen, als wäre diese Frau womöglich doch der eine Fall unter einer Million, der eines Tages lebendig das Sterbehaus verlässt. Es ist Samstag und wir haben den Fernseher an. Meine Mutter hat sich ein Glas Wein gewünscht, ich habe ein Altbier geöffnet, und auf dem Bildschirm läuft *Wetten, dass ..?*

Geborgenheit.

Ich denke an die Zeit, als noch die Stimme von Thomas Gottschalk die Maschen des Flauschhandtuchs knüpfte. Oder gar die von Frank Elstner. Denke an den Teppich in der alten Wohnung, dessen weiße Bahnen im wilden Muster für mich Straßen darstellten, die ich mit Spielzeugautos befuhr, die ich auf dem grünen Rand neben der Bahn parkte. Die Teppichböschung. In meiner Nase liegt der Duft frisch gebratener Hähnchen und weicher, nach Früchten und Fichtennadeln duftender Haut, da ich gerade erst aus der Wanne gestiegen bin. Die Nordsee brandet hinter den Dünen und im Wind wehen die Hagebutten der Wildrosenbüsche, während meine Mutter mit dem Fuß quietschend den Ständer ausklappt, um das geliehene Fahrrad abzustellen, damit wir den Rest des Weges die alten Holzbohlen hinunter mit bloßen Füßen nehmen, die Kühltaschen in der Hand und den warmen Sand unter den Sohlen.

Geborgenheit.

Unendlich viele Witze und Worte, die nur wir verstanden und niemand sonst. Der »Steinadler«, der sich auf eine alte Tonaufnahme von mir als Kleinkind und meinem Onkel bezog, aufgezeichnet mit der 50er-Jahre-Kompaktanlage meiner Oma, auf der ich mich aufrege, weil mein Onkel ständig sagt, ich hätte nicht nur einen Vogel, sondern einen Adler, einen Steinadler sogar.

Geborgenheit.

Im Garten der Großmutter grillen und sich den Weg über die Waschküche sparen, um hinter die unendlich lange Nachkriegshausreihe zu kommen; einfach die Teller und Ketchup-Flaschen durch das Schlafzimmerfenster anreichen und jedes Mal Mutters »Vorsicht, Schatz!« hören, wenn ich mich über die Fensterbank aus dem Haus stemme, die Knie und Oberschenkel nah am rauesten Rauputz der Geschichte mit tausend messerscharfen Spitzen, die mir nichts anhaben können.

Geborgenheit.

Platten auflegen auf Mutters alten, silbernen Philips, auf und ab wogendes Vinyl von Hot Chocolate und Isaac Hayes, während die Gäste plauderten und lachten und mich priesen für das letzte Zeugnis oder die hölzerne, haltlose Kurzgeschichte, die ich auf der Schreibmaschine verfasst hatte, und sich Evi und Lennart von mir das nächste Lied wünschten.

Geborgenheit.

Die Vorfreude darauf, nach einem Tag mit acht Stunden Schule und einem Routinebesuch beim Hausarzt in der Imbissbude der Nachbarschaft Käsekrüstchen zu holen, immer wieder Käsekrüstchen, kross gebratene Schweinefleischstückchen in einer Soße aus zerlaufenem Käse, und dazu Fritten. Die Plastikschüssel auf den Schoß zu nehmen und Aufnahmen der *Bill Cosby Show* zu gucken, jeder klebrige Käsebrocken ein Trailer aus Kalorien, eine herrliche Vorschau auf den nächsten Klumpen.

An all das denke ich, bloß weil gerade *Wetten, dass..?* gesendet wird, dessen Zeit eigentlich auch schon abgelaufen ist. Ich stoße mit meiner Mutter an, Bier an Wein. Markus Lanz kündigt Udo Jürgens an. Ich denke daran, wie ich in all den letzten Tagen, hier in diesem Hospiz, in jeder Sekunde dieses ständigen, niemals nachlassenden Drucks eine Vision davon hatte, was ich tun würde, sobald ich nicht bloß Freigang habe, sondern vollständig aus diesem Knast entlassen bin. Was ich tun werde, wenn die Geiselhaft des Sterbens endet.

Ich werde spazieren gehen.

In meiner Geburtsstadt, an jeden Ort, an dem wir gelebt haben und an dem ich mich früher bewegte. Die Wohnung am Stadtwald, die alte Schule, die Fußgängerzone, über die meine Familie schimpft, seit ich denken kann, den Auesee, das Rheinufer. Und enden, ja, enden wird dieser Spaziergang in der alten Imbissbude, die es immer noch gibt, und ich werde mich setzen und sie bestellen, die Käsekrüstchen, eine doppelte Portion.

Geborgenheit.

Ich schaue zu meiner Mutter. Sie lächelt, mit geschlossenen Augen, doch ich fürchte mich. Fürchte mich, dass sie wieder abdriftet und die Augen geschlossen bleiben. Fürchte mich, dass sie bald wieder so sitzt, ohne dabei zu lächeln, und aus dem dunklen Brunnen heraus nach irgendwelchen Malern schreit.

Aber jetzt, in diesem Moment, ist sie glücklich.

Kein Vorwurf, keine Bitterkeit, kein Schmerz. Das Rotweinglas in der Hand, sitzt sie im schwarzen Sessel, lächelt, summt mit und wippt hin und her, während Udo Jürgens im Fernseher zum Refrain ansetzt: »Das ist der ganz normale Wahnsinn, Wahnsinn, Wahnsinn!«

Ich trinke am kühlen Altbier, denke an die riesigen Bestellzettel mit den winzigen Spalten, die mein Vater als Getränkekaufmann in der Zeit vor allen Computern heimbrachte und mit denen ich als Grundschulkind »Büro« spielte, denke an meine Mutter, wie sie lachend den Kopf schüttelt, während mein Vater versucht, alle Koffer, die sie gepackt hat, in den Mazda zu kriegen, denke an Frank Elstner und Thomas Gottschalk und Hot Chocolate, sehe meine Mutter wippen und singen mit ihrem dürren, ausgezehrten Körper im geblümten Schlafanzug und denke erstmals, seit ich hier bin, wider alle Vernunft und besseres Wissen: *Lebe weiter! Als die eine von einer Million. Überlebe das Hospiz! Lebe weiter und lass uns noch mal neu anfangen!! Lebe weiter!!!*

Udo Jürgens kommt zum Ende und verbeugt sich.

Das Publikum macht Standing Ovations.

Aus dem Nachbarzimmer ruft Andi nach Orhan.

DER TOD

Warum das Ende noch viel schlimmer ist als der schwere Weg dorthin, wie Sie dabei bleiben, ohne zu zerbrechen, und was Sie tun können, um unmittelbar danach sinnvoll für sich selbst da zu sein.

DER ATEM

Es ist der Atem.

Ich dachte immer, ich hätte das längst begriffen.

Damals schon, mit Mitte zwanzig, als ich begann, Bücher über den Buddhismus zu lesen und über Meditation. Als ich mich im Schneidersitz aufs Bett hockte und mich darauf einließ zu tun, was die ruhige Stimme auf dem Hörbuch zu mir sagte: »Einatmend weiß ich, dass ich einatme. Ausatmend weiß ich, dass ich ausatme. Einatmend werde ich mir meines Einatmens bewusst. Ausatmend werde ich mir meines Ausatmens bewusst.«

Wenn man sich als nervöser, arbeitssüchtiger Mensch, der ich ebenso bin, wie es meine Mutter immer war, erstmals hinsetzt, um Übungen zur inneren Ruhe und Achtsamkeit zu praktizieren, wird man sich während des Einatmens natürlich nicht seines Einatmens bewusst – stattdessen macht man innerlich Einkaufslisten. Ausatmend ignoriert man ebenfalls das Ausatmen. Stattdessen fällt einem ein, dass man heute Abend noch einen Termin hat.

Doch irgendwann kommt es. Das Gefühl der inneren Ruhe. Das Verständnis dafür, was diese Übungen sollen und wie erholsam und erhellend es ist, die Gedanken einfach ziehen zu lassen und tatsächlich zwanzig Minuten lang nur still da zu sitzen und auf seinen Atem zu achten. Es dauert Tage, Wochen, Monate, aber dann ist sie da, die einfache Erkenntnis, die den Abgehetzten so unglaublich schwer fällt: Die Atmung ist der Kern unseres Daseins, das elementare Lebenselixier.

Damals dachte ich: Tiefer kann man die Bedeutung des Atems für das menschliche Leben nicht durchdringen.

Heute weiß ich, dass das ein Irrtum war, denn: Die Bedeutung des Atems als Kern unseres Daseins begreift man erst dann wirklich, wenn man miterlebt hat, wie er auszusetzen beginnt ...

»HOL MICH HIER RAUS!«

Der Schweiß klebt in Strömen an meinem Rücken, als ich aufwache. Nicht wie in all den Nächten zuvor, da man auf der Gästebettmatratze dank des luftdichten Latexbezugs ohnehin immer schwitzt wie ein Stier, sondern anders. Der Schweiß, den ich jetzt kalt an meiner Wirbelsäule spüre, ist der Schweiß des Schreckens.

Es ist 6:07 Uhr, und das Atmen meiner Mutter hat mich geweckt, da es kein Atmen mehr ist. Es ist nun ein Japsen, ein Hecheln, ein grauenvolles Ziehen nach Luft, das wahrscheinlich schon zehn Minuten andauert, da ich mich erinnern kann, es eben noch in einem Alptraum gehört zu haben. Womöglich bin ich sogar noch eine Weile im Halbschlaf liegen geblieben, da ich hier im Hospiz gelernt habe, die Klagen meiner Mutter zu ignorieren, »weil sonst auch Ihre Mutter nie in den Schlaf kommt, wenn Sie ständig reagieren.« Doch jetzt wird mir klar, dass das Ziehen und Hecheln und Pfeifen, das dort ihrem Rachen entfleucht, nicht mehr das Übliche aus den letzten Nächten ist. Das ist Panik. Todespanik.

Ich springe aus dem Klappbett und sehe ihr Gesicht.

Verzerrt, eine Fratze, die Augen groß wie das Gelb eines Spiegeleis, das Weiß drum herum von Angst entstellt. Sie kann nichts mehr sagen, nicht mehr sprechen. Es ist, als hätte ihr Körper zur vollkommenen Überraschung der in ihm befindlichen Person bereits den Weg angetreten, zu dem diese Person noch längst nicht bereit ist. Es ist, als schreie meine Mutter aus dem Inneren ihres Körpers, der nun ganz und gar selbst der tiefe Brunnen geworden ist, so laut sie kann zu mir nach draußen: »Ich bin hier drin! Hol mich hier raus!«

Bislang, in all der Zeit seit den Tagen im Krankenhaus, drückte meine Mutter die Differenz zwischen ihren früheren Plänen und der Tatsache, dass sie todkrank geworden ist, nur durch eine leise, erstaunte Bitterkeit aus. Bislang war es so, als sage jeder ihrer Sätze eigentlich: »Ja. So ist das. Vor einem Jahr erst in Rente gegangen und täglich in aller Ruhe mit dem Rad zum Rhein gefahren und jetzt schon ein Wrack, dessen Krebs den Oberschenkelknochen zerfrisst, auf dass er beim Aufstehen in tausend kleine Teile zersplittern würde. Es ist nicht zu begreifen.«
Jetzt aber, an diesem Morgen mit kaltem Schweiß und sausenden Ohren, ist der Moment gekommen, an dem sie es *tatsächlich begreift*, und er kam ohne Warnung, ohne Vorbereitung, ohne Einleitung. Die Akupunkturpflaster noch am Ohr und den Geschmack des Osterkaffeekuchens noch auf der Zunge, hat der Tod sie in die Tiefe gestürzt, boshaft und unerwartet wie ein U-Bahn-Schubser, der nichtsahnende Fahrgäste aus der Menge heraus auf die Schienen wirft.
Jetzt weicht die Bitterkeit der Panik und das Aufschieben dem Zuspätkommen.
Jetzt schreit sie von da drinnen, unfassbar für sie selbst und mich, obwohl wir seit Wochen in einem Sterbehaus wohnen: »Oliver!!! Ich sterbe tatsächlich!!! Nicht *irgendwann*, sondern jetzt, in diesem Augenblick!!!
Oliver!!!
Hol mich aus diesem Körper raus, der ernsthaft mit 66 Jahren den Geist aufgibt. Dieser Mistkerl will wirklich abtreten, *jetzt*, verdammte Scheiße, und ich weiß, ich habe die ganze Zeit so getan, als wäre mir das klar, obwohl ich nicht darüber rede, aber ich habe trotzdem irrsinnigerweise geglaubt, dass es nicht sein kann, noch nicht … ich habe irgendwie gedacht, dass diese Zeit hier mit den Schwestern und Rolf und Orhan und dir in deiner Jogginghose und

Andreas Kieling im Fernsehen und den Gästen, die zum Kaffee kommen, noch weitergeht, aber sie geht nicht weiter, Oliver!!! Sie hört auf, jetzt, das darf doch nicht wahr sein!!! Hol mich hier raus!!! Hol mich sofort aus diesem Körper raus!!!«

Das alles sagen die panisch aufgerissenen Augen meiner Mutter mir im Bruchteil einer Sekunde, und ich laufe um das Bett, greife panisch nach der Klingel und stammele: »Alles okay, Mum. Der Pfleger kommt. Rolf ist da. Rolf kommt sofort.« Rolf, ihr ehemaliger Schüler, der Mann aus Frottee, die Fürsorge in Person. Für eine Hundertstelsekunde beruhigt es mich, dass er da ist, als ob er uns doch noch auf den letzten Metern retten könnte, bloß weil er *er* ist, weil er *Rolf* ist; der menschliche Verstand arbeitet so, in Extremsituationen macht er uns entweder zum eiskalten Killer oder zum Kind, das sich die Welt als Zauberwald vorstellt, in dem ein Krankenpfleger den Tod abwehren kann, weil er in der Geschichte früher schon mal eine Rolle gespielt hat.

Zu meinem Erstaunen befindet sich Rolf ebenfalls im Märchenmodus. Er ist ein Profi, ein erfahrener Hospizangestellter. Er *muss* bereits beim Eintreten begriffen haben, was los ist, rüttelt aber dennoch an meiner Mutter herum wie ein Soldat in dramatischen Filmen, der nicht wahrhaben will, dass sein Kamerad stirbt, während der Zuschauer es längst begriffen hat.

»Frau Uschmann, können Sie mich hören?«, ruft er.

»Frau Uschmann!«

Schwester Beate betritt das Zimmer. Ein Blick aufs Bett, ein ruhiges Nicken, nicht zu Rolf oder mir, sondern zu sich selbst, so wie man nickt, wenn man eine Aufgabe gelöst hat.

Rolf rüttelt und ruft, hebt den Kopf und wirft seiner Chefin die Namen einiger Medikamente zu. Die Begriffe sausen an meinen Ohren vorbei Richtung Tür, während ich den kleinen Kopf meiner Mutter anstarre, der geschüttelt wird von dem Ringen nach Luft. Rolf hört nicht auf. Buchstabe für Buchstabe schleudert er seiner Vorgesetzten neue Vorschläge entgegen. Schwester Beate lässt sie an sich abprallen wie eine lebenserfahrene Tante im Garten den Was-

serbombenhagel des übermütigen kleinen Neffen und wartet ab, bis Rolf die Munition ausgeht. Dann sagt sie, während Rolf und ich, beide auf Mutters Bett gestützt, sie ansehen:
»Alle bitte nun ganz ruhig werden. Wir machen jetzt gar nichts mehr. Sie ist auf dem Weg.«

Worte.
Worte sind das zweitwichtigste nach dem Atem.
Worte machen wirklich, was eigentlich bereits offensichtlich ist und was man doch beiseiteschieben will. Dadurch, dass Schwester Beate es sagt, ist es besiegelt. Meine Mutter *ist auf dem Weg.*
Unumkehrbar.
Rolf lässt den Kopf sinken und schüttelt ihn, als habe er versagt. Als sei er kein Sterbehelfer, sondern ein Krankenpfleger. Als arbeite er nicht in einem Haus mit 100 Prozent Todesrate. Er muss sich zwingen, nicht zu weinen. Meine Mutter war für ihn keine Bewohnerin wie jede andere auch. So professionell sich das Leben in manchen Berufen auch abwickeln lässt: Wer sein Gegenüber gekannt hat, den lässt dessen Tod nicht kalt. Ich denke an Soldaten und Befehlshaber. An Fliegerpiloten, die das Gefühl haben, ein Videospiel zu spielen, da sie ihre Opfer am Boden nicht einmal sehen. Könnten sie abdrücken, würden sie ihre Opfer am Boden kennen? Vielleicht sogar ihr Haus von innen, weil sie dort mal eine Party gefeiert haben, im Spätsommer, vor zwei Jahren? Wohl kaum. Man müsste lediglich sämtliche sieben Milliarden Menschen auf der Erde untereinander bekannt machen, und alle Kriege hätten ein Ende.
Was denke ich denn da?
Meine Mutter *war* für Rolf keine Bewohnerin wie jede andere auch?
Sie *war*?
Ich denke schon im Präteritum?
Schwester Beate betritt das Zimmer, schiebt den Stuhl neben das Bett und deutet an, dass ich mich setzen und Mutters Hand halten soll. Sie fragt, ob ich einen Kaffee möchte. Ich könne einfach sitzen bleiben, sie würde ihn mir holen. Sie sagt es, als ob sie es öfters sagt,

als ob das eben auf diese Weise läuft, wenn das Finale angepfiffen wurde, und es entsetzt und beruhigt mich zugleich.

Mutter stirbt.

Die Chefin holt einen Kaffee.

Das ist jetzt so.

Der Mensch gewöhnt sich an alles.

Ich gehe ums Bett herum auf die andere Seite, setze mich auf den Stuhl, nehme die Hand meiner Mutter, versuche, das grauenvolle Geräusch ihres quietschenden Atems zu akzeptieren, und sage: »Danke, schwarz.«

DIE ERLAUBNIS

Was kann man tun, wenn der Tod eintritt und der Angehörige in seiner sterbenden Hülle sichtbar tobend und protestierend von innen gegen die Wände schlägt?

Was soll man noch sagen, wenn er selbst nicht mehr sprechen kann, scheinbar auch nichts mehr hört (was *nicht* der Fall ist!) und das berühmte letzte Gespräch nicht stattgefunden hat?

Was kann man jetzt noch richtig machen?

Zunächst mal: Dableiben.

Bis zum letzten Atemzug.

Viele Menschen überfällt selbst dann, wenn sie den Sterbenden vorher wochenlang begleitet haben, die Furcht, im Augenblick des Todes selbst an seiner Seite zu bleiben. Plötzlich treten Fluchtinstinkte ein, die man selbst nicht kannte und für die man sich schämt. Fluchtinstinkte, die einen aus dem Zimmer treiben, unter Vorwänden und äußeren wie inneren Rechtfertigungen.

Der Rat dieses Buches lautete bis zu diesem Zeitpunkt, sich in der Sterbebegleitung viele Verhaltensweisen zu erlauben, die einem zunächst ein schlechtes Gewissen machen. Die langen Spaziergänge bei der »Ablöse«. Das Trinken. Das Fressen. Das Fluchen. Das innere

Ausleben »böser Gedanken«. Das Auslassen des letzten Gesprächs und Anschauen banaler Fernsehsendungen.

Alles gut.

Alles kein Grund für Selbstkasteiung.

Aber jetzt, im Augenblick des Todes, *auf dem Weg*, sind tatsächlich das erste Mal Skrupel berechtigt. Wer jetzt aufsteht und geht, bekommt keine Entschuldigung, keine Absolution, keine Rechtfertigung. Sie werden sich niemals selber verzeihen, wenn Sie jetzt gehen und abwarten, bis die Profis den Sterbenden über die Grenze gebracht haben.

Niemals.

Sagen wir es deutlich: Bewegen Sie Ihren Arsch wieder hinein!

So.

Und nun machen Sie Folgendes:

a) Sie schicken sämtliche anderen Menschen aus dem Raum und sagen alles, was Sie dem Sterbenden noch sagen wollen. Alles, was er oder Sie oder beide mit der stillen Begründung aufschoben, dafür sei später noch Zeit. Jetzt gibt es kein Später mehr, also sagen Sie alles. Es wird gehört.

b) Wenn alles gesagt ist, können Sie (müssen aber nicht) die »Anderen« wieder reinholen, aber bitte nur den engsten Kreis. Ist niemand da, wird es höchste Zeit, diesen engsten Kreis per Anruf zu informieren. Stirbt der Angehörige höflicherweise nicht an einem Werktag um 6:35 Uhr, sondern Sonntagnachmittag zur besten Kaffeezeit und befinden sich deswegen sowieso Dutzende Freunde und Bekannte im Gebäude, müssen Sie die Courage haben, trotzdem nur die engsten Menschen ins Zimmer zu lassen und der Riesentraube des Restes die Tür vor der Nase zuzuschieben. Eine zu große Menge von Menschen am Bettrand während des Todes ist keine Begleitung, sondern ein Publikum, und niemand will während des schlimmsten, intimsten und schwächsten Moment seines Lebens auch noch begafft werden.

c) In den folgenden Minuten oder auch Stunden bis zum letzten
Atemzug (der letzte Weg kann lang sein) reden Sie nun, während Sie die Hand des Sterbenden halten, beruhigend auf ihn
ein. Sollte es seinem eigenen Glauben entsprechen, bekräftigen
Sie die Hoffnung auf ein gutes Jenseits mit Sätzen wie: »Wir
sehen uns wieder!« Oder: »Du wirst es gut haben.« Sollten Sie
ihn aufrichtig lieben – und nur dann – ist spätestens jetzt der
Moment gekommen, es endlich mal wieder (und in seltenen
Fällen: das erste Mal überhaupt), zu sagen: »Ich liebe dich.« Die
wichtigsten, mächtigsten, einfachsten und zugleich bedeutends-
ten Worte der Welt.

Lassen Sie leise seine Lieblingsmusik spielen, und erschaffen Sie
in seinem Kopf Bilder, die ihm guttun. Malen Sie seine Lieblingsorte und Lieblingssituationen des Lebens in schillernden
Farben aus. Sagen Sie: »Jetzt spazierst du am Südstrand, die
Füße im Sand. Es ist ganz warm. Du hörst das Rauschen, und die
Gischt streichelt deine Füße.« Sie werden das Gefühl haben, es
sei lächerlich, und der berühmte Satz »Ich kann doch nicht …«
wird erneut in tausend Varianten in Ihrem Kopf plärren. »Ich
kann doch nicht wie so ein esoterischer Entspannungs-Guru
von Stränden und Möwen erzählen, während der Betroffene
Todesqualen leidet.«

Doch.
Können Sie.
Sie sollen sogar.
Es muss ja nicht das Meer sein. Ging der Sterbende jeden Samstag
ins Fußballstadion, schicken Sie ihn geistig in die Nordkurve. Malen
Sie das Spiel aus und die lauten Gesänge, das Getrommel und die
Slogans aus fünftausend Kehlen. Zitieren Sie seinen Lieblingsspiel-
film oder erzählen Sie Ihren schönsten gemeinsamem Kegelausflug
noch mal. Versinken Sie in Bildern, aber auch in Tönen und Gerüchen. Gehen Sie vor wie ein Romanautor, der alle Sinne anspricht,
damit das »Setting« im Kopf des Sterbenden wirklich so intensiv
wie möglich entsteht. Mindestens erreichen Sie damit, dass der

Sterbende sich beruhigt, selbst wenn Sie daran »glauben«, dass nach dem Tod nur das dunkle Nichts auf ihn wartet. Sie werden sehen: Die Panik flaut irgendwann ab, der Atem wird langsamer und ruhiger, das Schnappen nach Luft weicht dem endgültigen Aussetzen der Organe und Funktionen, was die Abstände zwischen den Atemzügen verlangsamt. Das würde womöglich auch ohne Ihr beruhigendes, persönliches Kopfkino-Sprechen geschehen, aber bedenken Sie, wie Sie selbst es lieber hätten, während Sie gehen: Um Sie herum im Raum nur betretenes Schweigen und verlegenes Hüsteln wie in einem Museumssaal ohne Licht oder ein farbenfroh inszenierter Aufenthalt an den Orten Ihrer Lebenslandkarte, die Ihnen immer die liebsten waren?

Das betretene Schweigen während des letzten Wegs ist bereits schlimm und dringend zu vermeiden, doch es gibt zwei andere Reaktionen auf den herannahenden Tod, die *noch* unmöglicher und für den Sterbenden im Grunde eine Folter sind: Das Reden *über* den Sterbenden statt *mit* ihm und das laute, verzweifelte Weinen und Schluchzen.

Beim Reden über den Sterbenden stehen die Angehörigen nervös und peinlich berührt von der Naturgewalt des Todes um das Bett herum und versuchen, der Situation ihren Schrecken zu nehmen, indem sie zueinander Dinge sagen wie:

»Mein Gott, dass er so leiden muss. Das hat er nicht verdient.«
Oder:
»Die Hauptsache ist, dass er es bald überstanden hat. Es ist besser so.«

Dabei wird an Tassen genippt und an Kinnbärten gekratzt, es werden Köpfe geschüttelt, Kragen zurecht gezupft, Ellbogen in Handflächen abgestützt, Fenster auf Kipp gestellt und wieder geschlossen und welk gewordene Blumen aus der Vase geholt. Vor einigen Jahrzehnten wurde dabei nervös geraucht, den Blick immer auf dem, der gerade den letzten Pfad hinunterstolpert, als wäre er kein lieber Mit-

mensch, sondern ein erschreckendes Phänomen hinter Glas. Pflegekräfte im Hospiz oder im Krankenhaus können ein Lied davon singen. Sie werden in diese Form morbiden Verlegenheits-Small-Talks
sogar hineingezogen, wenn sie das Zimmer betreten, und haben als
jüngere Angestellte nicht mal den Mut, den Angehörigen zu sagen:
»Hören Sie auf mit dem Unsinn! Setzen Sie sich ans Bett, halten Sie
seine Hand und reden Sie mit ihm! Er kann Sie nämlich hören!«
Das verlegene Gerede von wegen »es ist besser so!« und »gleich hat
er's hinter sich« in der Annahme, der Sterbende höre einen »sowieso
nicht mehr« ist egoistisch, grausam und feige. Stellen Sie sich vor, Sie
lägen dort im Bett und müssten gerade die schwerste Aufgabe Ihres
Lebens meistern – es loszulassen und die Grenze zu übertreten ins
Ungewisse – und diejenigen, die Sie dabei begleiten sollten, stehen
irgendwo im Zimmer und kommentieren das Geschehen. Räumlich
nah und doch unendlich fern.

Viel »menschlicher« und dennoch genauso falsch ist der oben genannte zweite Fall: Das laute, verzweifelte Weinen und Schluchzen.
Sicher: Ein Mensch, den Sie lieben, geht gerade. Für immer. Jede
Millisekunde, in der Ihnen das klar wird, lässt Ihnen die Tränen in
die Augen schießen. Sie wollen schreien, weinen, toben. Und von
dieser wuchtigen, kaum aufzuhaltenden emotionalen Flut mal abgesehen, nimmt ein Teil von Ihnen dieses Weinen und Schreien auch
sehr gerne an. Es ist der Teil, der immer noch darüber nachdenkt,
wie das denn aussähe, würden Sie *nicht* weinen und stattdessen ruhig
wie ein Therapeut oder ein Erzähler auf Hörspielkassetten auf den
Sterbenden einreden, um ihn innerlich an seinen Lieblingsort zu
führen. »Ich kann doch nicht ...«, plappert es schon wieder in Ihrem
Kopf, »ich kann doch nicht während der letzten Augenblicke *keine*
Träne vergießen!« Sie denken das nicht nur wegen der Umstehen-
den, sondern auch wegen des Sterbenden selbst. Was soll *er* denn
denken, fragen Sie sich, wenn ich ihn ziehen lasse, ohne zu weinen
und zu klagen? Wenn ich fähig bin, vierzig oder achtzig Minuten
lang ohne zu stottern oder zu schluchzen am Bettrand ein Hörbuch
aufzuführen? Dass es mir an Liebe mangelt. Oder wie?

Machen Sie sich an diesem Punkt klar: Sie *beweisen* Ihre Liebe gerade dadurch, dass Sie in diesem Moment da sind, die Hand halten und sich entschlossen haben, die Tränen und das Schluchzen zurückzuhalten, um stattdessen mit ruhigen, guten Worten einen inneren Ort zu schaffen, an dem sich am besten aus dem Leben treten lässt. Das ist genau, was der Sterbende in dieser Lage braucht, und es ihm zu bieten ist weit weniger egoistisch als hemmungslos die Tränen fließen zu lassen. Die entscheidende Frage bei allem, was Sie in dieser Extremsituation tun, lautet schließlich: Was *bewirkt* mein Handeln? Wozu *führt* es in diesem schrecklichen Mahlstrom der letzten Schritte, den der Sterbende gerade durchlaufen muss? Schöne, in friedlichem Tonfall geäußerte Worte, die Lieblingsorte lebendig werden lassen, führen zur Beruhigung. Ebenso wie die Vergewisserung, dass alles in Ordnung sei, alles geregelt, alles okay. Sagen Sie es, ob es stimmt oder nicht!

Ob das berühmte letzte Gespräch stattfand oder nicht! Ob der Sterbende in Wirklichkeit noch Rechnungen offen hat oder nicht! Sagen Sie es!

Hat der Sterbende ein so offensichtliches Trümmerfeld hinterlassen, dass es nach Heuchelei klänge, versprechen Sie ihm, dass Sie hinter ihm aufräumen werden. Sagen Sie: Alles ist gut. Alles ist im Lot.

Helfen Sie dem Sterbenden, das Leben loszulassen.
Erteilen Sie ihm die Erlaubnis, zu gehen.

Das ist das Allerwichtigste. Indem Sie explizit aussprechen, alles sei geregelt und »du kannst jetzt loslassen, es ist okay!«, erlauben Sie dieses Loslassen genauso wie durch das geduldige Inszenieren von Stränden und Brisen und Möwen im Wind, das dem Sterbenden signalisiert: Meine Lieben versetzen mich gerade in eine schöne Trance, damit es mir leichter fällt. Damit ich mit meinem persönlichen Lieblingsort im Kopf gehe. Und da sie das gut machen, sind sie selber bereit, mich gehen zu lassen. Sie sind bereit. Sie coachen mich gerade ins Ziel.

Denn das ist genau das, was eine optimale Sterbebegleitung leistet. Das ist die Art und Weise, wie Sie es betrachten sollten: Sie coachen den Sterbenden nach einem Marathon, der Leben hieß, nun endgültig ins Ziel.

Wer stattdessen weint, schreit, schluchzt oder sogar Sätze von sich gibt wie »du darfst uns noch nicht verlassen!«, leistet dem Sterbenden damit einen Bärendienst. Selbst, wenn Sie das so empfinden und sein Tod das größte Unrecht ist, das Sie sich vorstellen können. Selbst, wenn Ihr Dasein selbst gerade zusammenbricht, weil Sie ohne sie oder ihn nicht leben können. Selbst, wenn Sie das Gefühl haben, dass mit diesem Tod das ganze Universum implodiert, weil der Schmerz in Ihrem Herz alles, was ist, wieder zu einem schwarzen Punkt zusammenzieht: *Jetzt* dürfen Sie das *nicht* laut sagen. Denn wenn Sie das tun, machen Sie es dem Sterbenden unmöglich, loszulassen. Sie vermitteln damit, dass sein Sterben *Sie* zerreißt und im Ergebnis wird er sich Ihnen zuliebe dagegen wehren. Es ist aber zu spät. Er hat verloren. Er »ist bereits auf dem Weg«, wie die Chefschwester richtig sagte, und ihn auf diesem Weg noch zur Umkehr zu zwingen, verlängert nur unnötig das Leid und ist das Schrecklichste, was Sie überhaupt bewirken können.

Hinge der Sterbende an Maschinen, welche die Herzfrequenz messen, ließen sich die Auswirkungen der verschiedenen Sterbebegleitungen sogar beobachten. Da dies in allen Fällen, mit denen wir es zu tun hatten, nicht der Fall war, erlauben Sie, dass wir zur Illustration des Gesagten eine Katze heranziehen. Padouar, den ersten Kater in Sylvias Biografie. Eine wahre Persönlichkeit von Tier, zum Zeitpunkt seines Todes stattliche 23 Jahre alt, ein Methusalem in Menschenjahren. Als er in ihren Armen starb, war er bereits so abgemagert, dass man während seines Sterbens das Herz im Brustkorb überdeutlich pochen sehen konnte. Und sogar hier, bei einem Kater, der den Inhalt des Gesprochenen nicht wie ein Mensch verstehen kann, schlug das Herz ruhiger, wenn ihm sanft zugeredet und das Verlassen der Welt erlaubt wurde ... und es begann, in jedem Augenblick wieder zu rasen, in dem ein Schluchzer oder ein Seufzen nicht länger unterdrückt werden konnte. Sobald das Tier spürte, dass sein Tod dem Menschen großes Leid zufügte, hämmerte sein Herz und stemmte sich gegen das Unvermeidliche.

Wenn also nun sogar ein Haustier beim Sterben derartig eindeutig darauf reagiert, ob es gehen »darf«, und sich im Falle eines »Ja, du darfst!« von der ruhigen Stimme bis in die Ziellinie begleiten lässt, wie gut funktioniert das alles dann erst bei einem Menschen! Und wie schwer machen Sie es ihm, wenn Sie diese Begleitung vergeigen?

MÖWEN UND PAVILLONS

»Ach, Uta ... Mensch.«

Mein Onkel hält sich im Zaum. Seine Schwester stirbt, und ich merke, dass er gerne schluchzen würde oder Verlegenheitssätze äußern, aber gemeinsam mit mir und meiner Tante hält er sich an das Richtige. Seit zwei Stunden sitzen wir neben dem Bett und führen meine Mutter in endlosen Spaziergängen entlang der wichtigsten Orte ihres Lebens. Wir wiederholen uns dabei, da selbst eine große Insel wie Borkum irgendwann vollständig abgelaufen ist, aber das macht nichts. Die Panik im Atem meiner Mutter ist verschwunden, doch was ich sehe, während ich stoisch die Möwen über die Dünen segeln lasse, ist fast noch grauenhafter als das aktive Schnappen nach Luft. Es ist ein Körper, dessen Gesicht keine Mimik mehr zustande bringt außer *einem*, schrecklichen Blick. Die Augen weiterhin aufgerissen wie im Entsetzen über den eigenen Tod, aber nicht so, als blicke da noch meine Mutter durch diesen Kopf nach draußen zu uns in die Welt, sondern als sei sie bereits unendlich tief in den Brunnen gefallen, dessen Boden sich geöffnet und hinter ihr wieder geschlossen hat. Ganz so, als sei der Körper, der dort in immer längeren Abständen mit dem Atmen aussetzt, um dann nach fünf, nach sieben, nach zehn Sekunden, doch wieder zu ziehen, längst von meiner Mutter verlassen worden.

»Der Wind streicht sanft durch das Dünengras …«, raune ich, während ich meines Mutters rechte Hand drücke, seit zwei Stunden. Ihre linke liegt gegenüber in der meiner Tante. Hin und wieder schaut Schwester Beate lautlos durch den Türrahmen und nickt ihr sanftes Nicken mit halb geschlossenen Augen, das sagt: Ich weiß, es ist schlimm, aber es ist normal. Alles im Rahmen. Läuft.

»Denk an den Pavillon, Uta, an der Promenade«, sagt meine Tante, und ich halte mich zurück und schimpfe nicht mit ihr, weil ich eben noch mit Mutter auf der entgegengesetzten Seite der Insel war. Zu abrupte Szenenwechsel sind nicht gut. Wir sind hier nicht bei *Short Cuts*, beim Sterben reicht es völlig, sich der langsamen Schnittführung des *Traumhotels* zu bedienen.

»Ein kleines Orchester spielt«, fährt meine Tante fort, »und wir sitzen am Café gegenüber und essen Eis.«

Ein Atemzug des Körpers meiner Mutter zerstört den Wohlklang des Orchesters an der Promenade. Es klingt, als würde man eine Gabel quer über eine Schiefertafel ziehen. Ihr Kopf zuckt dabei, die Augen unverändert, bloß zwei Windschutzscheiben, hinter denen die Fahrerin fehlt.

Dann setzt der Atem wieder aus.

Fünf Sekunden.

Zehn Sekunden.

Elf Sekunden.

Zwölf …

Dreizehn …

Gebannt schauen wir auf den Mutterkörper, der innere Film auf Pause, wie schon oft am heutigen Morgen.

Vierzehn …

Wir schauen und mustern, legen den Kopf schief, als ließe sich so besser hören.

Fünfzehn …

Sehen uns an.

Sechzehn …

Denken alle das Gleiche.

Siebzehn …

Denken: Nein, bitte nicht.
Achtzehn …
Denken: Ja, bitte endlich.

DER LETZTE ATEMZUG

Bei einem langsamen Tod, der sich über Stunden hinzieht und der mit dem Atem des Menschen spielt wie ein böser Regisseur, der das Publikum mehrfach an der Nase herumführt und doch noch einen Akt draufsetzt, wo man das Ende vermutet hätte, wird in Ihnen endgültig der Wunsch aufkommen, dass diese Atempause nun wirklich keine Pause mehr ist, sondern das Ende. Das ist in Ordnung. Geißeln Sie sich nicht deswegen. Seit Stunden starren Sie konzentriert ins Gesicht Ihres Angehörigen und denken sich: Das war's jetzt tatsächlich. Sie bereiten sich darauf vor, die Hand loszulassen und endlich selbst loszulassen zu dürfen. Sie spüren, dass die letzten dreißig oder fünfzig oder zweihundert Minuten anstrengender waren als alles, was Sie jemals in Ihrem Leben als »Stress« bezeichnet haben, und Sie werden sich für eine halbe Sekunde auf irgendwas Tröstendes freuen, das Sie gleich – nach dem Tod, noch heute Mittag – tun werden, eine gigantische Portion Pommes essen etwa oder ein Eis, stundenlang laufen oder in einer Bar sitzen mit der größtmöglichen Erlaubnis zum Suff, die es jemals gegeben hat. Sie bekommen Trost-Visionen wie ein kleines Kind, und das ist alles okay und natürlich … doch dann, nach mittlerweile neunzehn Sekunden ohne Atem, hebt sich aus heiterem Himmel erneut der Brustkorb, und es geht weiter.

Die Frage ist nun: Woran erkennen Sie ihn, den wirklich allerletzten Atemzug?
Das Ende?
Die Entlassung, gefürchtet und herbeigesehnt?

Diese Frage lässt sich mit keiner Formel, keiner Definition und keinem schmissigen »Merke«-Kästchen beantworten.

Nur so viel ist sicher: Sie werden es spüren.
Intuitiv.

ROSENBLÄTTER IM GLAS

Ich stehe im Einzelzimmer des Hospizes im ersten Stock und schaue durchs Fenster hinab in den Innenhof. Die Sonne scheint, aber kein Bett steht auf den Terrassen. Die Spitzendecke unter dem Fernseher liegt glatt und unberührt.
»Hast mich nicht genutzt«, sagt das Zimmer.
»Nutze dich jetzt«, sage ich.
Die Tür ist geschlossen, ich habe telefoniert. Sylvia konnte ich sagen, was ich *wirklich* empfunden habe in den letzten drei Stunden. Sylvia konnte ich erzählen davon, wie der Gesichtsausdruck meiner Mutter sich doch noch änderte, als sie es geschafft hatte. Es war, als wäre sie kurz vor dem tatsächlich letzten Atemzug noch mal in ihren längst verlassenen Körper zurückgekehrt, um ihrem Gesicht den Ausdruck zu verleihen, den sie als finalen Kommentar für diese ganze Scheiße stehen gelassen haben möchte, eingefroren und unveränderlich, als mimische Unterschrift: Maximale Verbitterung.

Ich seufze.
Betrete das winzige Bad des Angehörigenzimmers, lasse Wasser ins Becken, mische Duschgel unter und versenke mein Gesicht im Duft der Wiesenkräuter. Im Raucherraum der Schwestern schräg gegenüber höre ich Stimmen. Rolf erzählt einer Kollegin von seiner Zeit als Schüler und den Vormittagen im Sekretariat, wo »Frau Uschmann« als wuselndes Wesen mit gefühlten acht Armen die Akten organisierte und stets genau wusste, wie ein Anliegen konkret zu behandeln sei. Schwester Beate bereitet derweil mit einer anderen

Kollegin meine Mutter vor. Der Pfarrer ist informiert und meine Tante väterlicherseits auf dem Weg. Das Zimmer Nummer Neun, das lange Zeit eine kleine Wohnung war, in der mein Laptop auf dem Tisch vor sich hin surrte, Klamotten auf der Fensterbank lagen und halb leere Tassen mit kaltem Kaffee sich überall verteilten wie schwarze Pollen, wird in diesem Augenblick in eine Abschiedskapelle verwandelt. Eine Bühne des Todes, bevor es wieder für einige Tage oder Wochen das Zuhause eines anderen Menschen im letzten Akt seines Lebens wird.

Ich schaue auf die Uhr.

Kurz vor zehn.

In der Schule wäre damals die große Pause zu Ende gewesen. Ich sehe den Hügel mit meinem ehemaligen Gymnasium vor mir. Denke daran, was ich heute noch vorhabe. Die Stadt wartet auf mich mit ihren Gassen und Geschäften und sechseckigen Bodenplatten. Der Rhein, der See, der Deich. In wenigen Stunden darf ich den langen, endgültigen Spaziergang machen, den ich die ganze Zeit vor Augen hatte, während ich hier war. Darf die gesamte Kulisse meiner Kindheit und Jugend durchwandern, unter die vor zwanzig Minuten ein Schlussstrich gezogen wurde, um 9:30 Uhr, also zu der Uhrzeit, zu der damals in der Schule die Pause begann und zu der die Menschen in Deutschland angeblich Knoppers essen. Zu der Uhrzeit, zu der ich laut Urkunde vor sechsunddreißig Jahren auf die Welt gekommen bin.

Der Pfarrer spricht.

Meine Mutter liegt frisch angekleidet auf dem Bett, das nun schräg und zentral im Raum steht, während alles andere herausgeräumt oder dezent an die Ränder geschoben wurde. Ihre Hände liegen auf der Decke, ein weißes, zum Quadrat gefaltetes Handtuch stützt das Kinn, damit ihr Kopf nicht haltlos auf die Brust fällt. Auf der Decke sind Rosenblätter verstreut, das ist Tradition in diesem Haus. Ist der Pfarrer fertig und haben sich alle verabschiedet, werden die Blätter wieder eingesammelt und mit vielen anderen in einer großen Glasvase gesammelt. Die Blätter meiner Mutter werden auf die von Frau

Heinze hinabsegeln und selber schon bald von denen bedeckt werden, die aus Andis Verabschiedung resultieren. Der zähe Hund war eher hier und hat meine Mutter überlebt, aber lange wird auch er nicht mehr im Ring stehen.

»Herr, unser Gott, dein sind wir im Leben und im Sterben. Du hast durch Jesus Christus dem Tod die Macht genommen. Wir bitten dich: Sei in dieser schweren Stunde bei uns und hilf uns.«

Das Ritual, welches der Pfarrer gerade im kleinen Kreis vollführt, nennt sich Aussegnung. Es beginnt mit einem Friedensgruß und einem Gebet, kann Lesungen aus der Bibel enthalten und persönliche, seelsorgerische Worte des Geistlichen an die Angehörigen, die womöglich noch einen letzten Anstoß brauchen, um nach der gemeinsamen Veranstaltung eine Weile mit dem Verstorbenen allein zu bleiben und sich – jeder für sich – zu verabschieden.
Es ist sinnvoll, selbst dann, wenn die Anwesenden nur noch auf dem Papier Christen sind oder sich längst abgemeldet haben, denn es setzt einen Rahmen. Ähnlich wie die Trauerfeier und die Bestattung dient die Aussegnung dazu, einen Akt der Lebensgeschichte sichtlich zu beenden. Der Mensch kann einschneidende Schritte in seinem Dasein nicht ohne Rituale gehen und tut er es doch oder wird er dazu gezwungen, bleiben Leerstellen offen, die sich einfach nicht schließen wollen, wie immerfort schwärende Wunden. Im *Inhalt* der Worte selbst findet niemand in diesem Raum gerade Trost, schon gar nicht meine Mutter, die – stünde ihr Geist nun unsichtbar neben uns – den sarkastischen Kommentar zu ihrem unverändert bitteren Gesicht geben würde, frei nach dem Motto: Das hat man nun davon, immer für alle da und noch dazu katholisch gewesen zu sein. Man beißt ins Gras in einem Alter, in dem Harrison Ford anfängt, sich über neue Drehbücher Gedanken zu machen, und Helmut Schmidt noch mindestens dreißig blendende Jahre als Bestseller-Autor vor sich hatte. Auch der Inhalt des »Vater unser«, das wir zu guter Letzt gemeinsam beten, ist weit weniger bedeutend als die Form, als die Geste, die es darstellt. Das Gebet als Verbeugung am

Ende eines langen Kampfes, als Handschlag des Schiedsrichters nach dem Abpfiff.

»Unser tägliches Brot gib uns heute, und vergib' uns unsere Schuld …«

Da liegst du, Mum, die Lippen schmal.

»… wie auch wir vergeben unsern Schuldigern.«

Du wolltest nicht, dass ich von deiner Krankheit erfahre.

»Und führe uns nicht in Versuchung …«

Ich esse wieder Fleisch, Mum, hast du das mitbekommen?

»…, sondern erlöse uns von dem Bösen.«

Tut mir Leid, Mum, dass ich mich freue, gleich endlich dieses Gebäude verlassen zu dürfen und endlich, endlich meinen Spaziergang zu machen. Es tut mir Leid.

»Denn dein ist das Reich und die Kraft und die Herrlichkeit in Ewigkeit.«

So häufig sagen die Menschen über einen Toten: Er sah so friedlich aus.

Ist das jedes Mal eine Lüge?

»Amen.«

TIGER UND FLAMMEN

Als der Wagen meines Onkels um die Ecke biegt und ich alleine vor dem Hospiz auf der Straße stehe, habe ich eine Ahnung davon, wie sich jemand fühlen muss, der nach fünf Jahren aus dem Gefängnis entlassen wird. Die Kneipe schräg gegenüber ist weiterhin wie ausgestorben. Auf dem Hof der Tischlerei räumt ein einzelner Mann schmale Bretter von links nach rechts, als gäbe es an einem Dienstagvormittag sonst nichts zu tun. Bevor ich in den Wagen steige und mich auf den Weg in die Heimatstadt mache, laufe ich ein letztes Mal die Strecke ab, auf der ich hier meine kurzen Auszeiten verbrachte. Ein weiteres Ritual nach dem »Vater unser«, das ich persönlich brauche. Ich kann grundsätzlich keinen Ort, an dem ich mehr als einen Tag verbracht habe, verlassen, ohne mich selbst wie eine

Figur durch den Abspann zu lenken. Ich gehe bis zum Rand des Feldes, an dessen Ende sich der Wald erstreckt, durch den »normale« Menschen sonntags Fahrrad fahren. Nun schleppt sich lediglich ein kleiner Mann keuchend aus dem Unterholz, das Stirnband durchnässt unter dem schwarzen Haarkranz, die Laufschritte so hart und mühsam, als müsse er Pflöcke in die lose Erde treten. Den Wald selbst noch mal zu besuchen, erscheint mir mit einem Mal überflüssig, als wäre der Abspann bereits vorüber und es auf einmal allerhöchste Zeit, endlich zu fahren, um den eigentlichen Pilgerweg zu beschreiten, den Gang quer durch mein altes Leben. Schwester Beate habe ich gedankt für alles, was sie für meine Mutter und mich getan hat. Sicher würden wir uns wiedersehen, bekräftigten wir gegenseitig, eine Benefizlesung zugunsten des Hauses, wenn man schon mal einen Schriftsteller kennenlernt, aber klar, aber klar.

Als das Hospiz im Rückspiegel des Wagens samt Kneipe und Tischlerei verschwindet, weiß ich, dass ich sehr lange brauchen werde, bis ich bereit bin, diesen Ort wieder zu betreten.

Und nun – die Heimatstadt.

Der Rundgang.

Ersehnt und erwünscht in jeder Minute der Gefangenschaft im Sterbehaus. Laufen, laufen und nochmals laufen durch die Welt, die meine Mutter und ich früher teilten. Laufen, laufen, laufen, um bei jedem Schritt den Trost des nächsten zu spüren, noch eine Straße, noch eine Kurve, noch eine Erinnerung, die nun geweckt werden soll, damit ich zum Start meines neuen Lebens als erwachsene Waise mit meiner Vergangenheit abgeschlossen habe. Laufen, laufen, laufen durch ein Gewühl von Menschen, die nicht ahnen, in welchem Licht die Straßen gerade für mich daliegen. Menschen, für die einfach nur ein Tag wie jeder andere ist und nicht der eine freie Tag nach dem Ende.

Die Kulisse meines alten Lebens hat sich verändert. Der Spielplatz wurde modernisiert. Die neue Rutsche ist jetzt turmhoch. Eine große, silberne Röhre. An der Stelle, wo sich nun kleine Rampen für

Skateboarder befinden, stand ich mit acht Jahren vor meiner Mutter und wurde rot, als sie mich fragte: »Wo ist dein BMX-Rad?« Ich hatte es vor drei Minuten einem völlig fremden Jungen »geliehen«, der damit »nur mal eben eine Runde zum Testen« drehen wollte. Meine Mutter musste gar nichts sagen. Sie rollte so stark mit den Augen, als müsse sie gleich innen etwas nachschauen, und ich dachte mir im Stillen: Wieso kann sie mir nicht trauen, wenn ich jemandem traue? Als der Junge zwei Minuten später lachend angerauscht kam, sportlich den Bordstein hinaufsprang, abbremste und mir das Rad mit den Worten »geiles Teil!« wiedergab, schien meine Mutter noch enttäuschter zu sein, als wenn sie Recht behalten hätte.

Der Spielplatz hat sich zwar verändert, ist aber wenigstens noch vorhanden. Vom alten Pop Shop mit dem mattschwarz verkleideten Schaufenster, in dem der Plattenhändler damals mittels selbstgebauter Regale dreißigtausend Werke auf fünfzehn Quadratmetern unterbrachte, kann man das nicht sagen. Auch das Fotogeschäft ist verschwunden, in dem meine Mutter ein paar Jahre arbeitete, bevor sie in den öffentlichen Dienst wechselte. Ich sehe mich, wie ich mit elf Jahren schwungvoll und ungebremst auf die frisch geputzte Glastür zulaufe und ich erst beim Vollkontakt bemerke, dass sie geschlossen ist. Ein unvergessliches Ereignis in der Geschichte des Kleinbildfilmverkaufs. Hinter der Theke sortierte ich Tüten entwickelter Filme und merkte mir die Namen der Familien und ihre dazugehörige Handschrift. Eines Nachmittags stand ich vollkommen starr, als ich bei einem willkürlichen Blick nach oben in der quadratischen Abdeckung der surrenden Deckenlampe die Silhouette einer handtellergroßen Spinne entdeckte. Bis heute weiß ich nicht, ob es sich bei dem Tier tatsächlich um eine aus einem Terrarium entlaufene Tarantel gehandelt hat und wie diese überhaupt unter die Hülle gekommen sein mag. Meine Mutter ließ den Laden absperren, der Kammerjäger kam, und sie brachte mich einige Kilometer außerhalb des Gefahrengebiets.

Nichts ist mehr, wie es war. Platten werden heute auf Spezialbörsen oder Internetseiten wie Discogs gehandelt. Kleinbildfilme mit 36 Bildern Fassungsvermögen fühlen sich in Zeiten fingernagelkleiner Speicherkarten für 10.000 Fotos antiker an als handbetriebene Kaffeemühlen. Der gute alte Kaufhof steht noch, doch die Rolltreppe endet nicht länger in der Abteilung für günstige Tischtennisschläger, deren Geruch von Sperrholz und Gummi mir heute noch zwischen den Nasenflügeln klebt, sondern zwischen Kleiderständern mit T-Shirts grellbunt die Zähne fletschender Tiger. Geschmacklose flammende Herzen und Totenköpfe aus dem Tattoo-Studio. Der Gang mit den kreischenden Klamotten verwandelt sich in meiner Fantasie in die finstere, schlichte, beruhigende Sportartikelabteilung des Jahres 1987. Meine Mutter spricht mit dem Verkäufer über Reagans Besuch in Berlin und seine forsche Nachricht an Gorbatschow, er möge doch bitte eben die Mauer niederreißen. Sie sagt »Gorbi«, wenn sie vom russischen Reformer redet und den Fleck auf seinem Schädel, den mag sie besonders gern. Meine Oma wirft mir derweil einen Fußball zu, eines dieser Exemplare aus Plastik, die leicht sind, beim Schießen hohle Pfeifgeräusche von sich geben, stets *Top Star* oder ähnlich heißen und ihr Design bis heute nicht verändert haben. Gleich gehen wir noch ins Restaurant hinter den Ständern mit der Tenniskleidung, eine Gaststätte mit braunem Teppich, dunkel abgehängten Decken und Aschenbechern auf den Tischen. Sie haben dort Fleischbällchen mit Soße, die heute beim Schweden Köttbullar heißen und damals, im Kaufhof-Restaurant, nun ja, Fleischbällchen mit Soße.

»Geh mal weiter, du Spast!«

Die Stimme eines jungen Mannes weckt mich aus meiner Erinnerung. Ich muss direkt am Ende der Rolltreppe stehen geblieben sein. Daher seine höfliche Aufforderung. Er meckert weiter, als ich längst Platz gemacht habe, damit seine Kumpel nicht denken, er sei sanftmütig geworden.

»Voll der Mongo«, lästert er, während sie zwischen den Tigern und Totenköpfen verschwinden, »der sucht bestimmt seine Mami.«

Es wird nicht besser.

Jedes Haus, jede Sitzbank, jeder Pflasterstein erinnert mich an etwas, doch dieses Etwas ist nicht mehr da.

Was habe ich erwartet?

Dass sich die Stadt zu Ehren des Todes meiner Mutter nur für diesen einen Nachmittag wieder in jene zurückverwandelt, die ich täglich als Teenager durchbummelte?

Die Stadt mit dem kleinen Comicladen, in dem ich nie bezahlte, sondern vier alte *Donald Duck* gegen zwei neue *Clever & Smart* tauschte?

Die Stadt mit dem roten Ständer voller Hörspielkassetten vor dem Geschäft nahe der Fahrradwache, in dem die Hüllen grundsätzlich leer waren und ich, während Mutter einen Kaffee trank, in aller Ruhe jedes Booklet der *Masters Of The Universe* aufklappte, um in der Sprecherliste nachzuschauen, ob dieses Mal eine seltene Figur in der Geschichte vorkommt, eine richtig seltene, wie Leech oder Stratos?

Die Stadt, über die meine Mutter ihr Leben lang lästerte, man könne in ihr überhaupt nicht durch die Fußgängerzone gehen, während sie mit mir vier Mal die Woche durch die Fußgängerzone ging?

Die Stadt tut mir nicht den Gefallen, sich zu verwandeln.

Sie macht schamlos einen auf 2013 mit Festplattenrecordern bei Saturn statt Videokassetten. Teenagern, die nackengebeugt auf ihr Smartphone starren, statt klappernd Kassettenhüllen zu öffnen. Und einer riesigen Comicabteilung in der Mayerschen, in der *Clever & Smart* von japanischen Mangas abgelöst wurden, die man von hinten nach vorne liest und in denen die Augen der Frauen größer sind als ihre Wespentaille.

Meine Mutter ist tot.

Ich glaube, ihr Baum sollte es erfahren.

Ich verlasse die Innenstadt und fahre raus zum Rhein, zur wuchtigen, jahrhundertealten Kastanie nahe dem ehemaligen Brückenpfeiler, der längst eine Aussichtsplattform für Touristen ist. Schonend bringe ich dem Gewächs bei, was passiert ist. Ein Frachter lässt sein tiefes Horn ertönen wie zum Totengruß. Tauben landen zu meinen Füßen und schauen mich vorwurfsvoll an, da keinerlei altes Brot aus meinen Taschen rieselt. Als ich es verantworten kann, den Baum wieder alleine zu lassen, fahre ich zum Auesee, halte auf dem knirschenden Kies des kleinen Parkplatzes nahe der Rampe, über welche die Taucher ins Wasser steigen, und biege zu Fuß auf den Weg ab, der einen bei entsprechender Ausdauer einmal rund um das Gewässer führt.

Meine Eltern hatten diese Ausdauer ihr Leben lang. Kaum ein Wochenende, an dem wir nicht zu dritt mindestens den See umrundeten, häufig nur zum Aufwärmen für die Weiterfahrt in benachbarte Dörfer.

Hier habe ich gebadet, während meine Mutter braungebrannt auf der Wiese lag und sich wunderte, dass ich das Schwimmen doch noch gelernt habe, was ihr niemals gelang.

Hier habe ich die meiste Zeit meines jugendlichen Lebens verbracht, die T-Shirts aus dem Laden übergestreift und die Lieder der aufgedruckten Gruppen grölend. An diesen Ufern habe ich gefeiert, getrunken, gekotzt und geschossen. Lautes Salut aus der Schreckschusswaffe eines ziegenbärtigen Freundes, Bierdosen am Gürtel wie Patronen, die endlosen Sterne über uns und das Gefühl, sich niemals im Leben anzupassen.

Ohne das Krawallrollenspiel der Gruppe, allein mit mir und meinen wahren Vorlieben, las ich hier Theodor Fontane in einer Ufernische. Freiwillig, in den Ferien. Hier, am See, schrieb ich ungelenk Gedichte, die Füße im Wasser. Verse, die ich stets meiner Mutter zeigte, woraufhin sie Jahr für Jahr kopfschüttelnd sagte: »Das muss doch mal einer bemerken.« Ich frage mich, wie sie sich das immer vorgestellt hat. Der Sohn schreibt Lyrik und Kurzprosa am Teich, legt die Blätter nach dem heimischen Vortrag in seine Schublade, ein Lektor fährt fünf Kilometer vom Ortsrand entfernt auf der A3 vorbei, nimmt Witterung auf, reißt kurz vor Ausfahrt noch rechtzeitig das Steuer herum und lässt sich von seiner poetischen Nase bis vor unsere Haustür leiten, um dort Verse anzukaufen wie diese:

Lautlos wie die Möwen fliegen meine Gedanken
über den See und träumen von Tagen,
in denen wir an allen Seen leben, als gute Freunde,
nicht als Besucher, unsere Füße ins Wasser hängen
und sagen: »Wir haben's geschafft.«

Ungefähr fünfhundert Meter lege ich zurück, bis ich anhalte. Noch mal fünfhundert und ich käme an die Stelle, an der ich als Kind Steine übers Wasser springen ließ. Immer, wenn mir ein Wurf mit mehr als fünf Hüpfern hintereinander gelang, hatte meine Mutter gerade nicht hingesehen. Es dauerte noch zwanzig Jahre, bis sie ein Handy besitzen sollte, aber der abgeknickte Kopf mit Blick in die Handtasche war auch ohne Technik schon eine verbreitete Gewohnheit. Ich für meinen Teil nahm mir vor, ruhiger zu leben. Hinzusehen, in der Natur. In dem wild wuchernden Wäldchen hinter der Abzweigung imaginierte ich mir über Jahre hinweg ein Haus. Eine Hütte zwischen den Bäumen, unangemeldet bei Stadt und Staat, stets im Zwielicht, da die Sonne sich erst in den Blattkronen und dann in den Ritzen meiner groben Holzbohlenwände bräche, bevor sie in Streifen auf meinen morgendlichen Müsliteller fiele. Nur noch fünfhundert Meter und ich könnte auch dieser Stelle Hallo und Lebwohl sagen.

Aber das Bedürfnis ist weg.

Wie heute Vormittag am Waldrand nahe dem Hospiz.

Wie eben noch in der Stadt.

Die Vision, die mich wochenlang im Sterbehaus auf engstem Raum am Leben hielt, der Gedanke, wirklich *jeden* Meter unseres alten Daseins Bürgersteig für Bürgersteig abzulaufen, hat einfach so seine Dringlichkeit verloren. Stattdessen sehe ich nun etwas anderes vor mir, das ich unaufschiebbar tun soll. Ich betrete Mutters Wohnung, die nun meine Wohnung ist. Nehme die Ausgabe der *Hörzu* vom Sofa, die meine Mutter dort abgelegt hat, bevor sie aus dem Leben gerissen wurde. Fahre mit dem Heft in der Hand zur Imbissbude unseres alten Viertels, statt in blödsinnigem Pathos zu Fuß hin zu pilgern. Setze mich an einen Tisch im Schnellrestaurant und lege das Magazin neben den Teller. Bestelle eine riesige Portion Käsekrüstchen mit Fritten, zu Ehren meiner Mutter und meiner selbst als einfacher Sohn, den man glücklich machen konnte, wenn der Käse zäh zerlassen über das knusprig krosse Schweinefleisch floss.

Ich eile den Weg zurück, den ich eben noch dramatisch entlang schreiten wollte, als wäre er tatsächlich nur noch eine zu absolvierende Strecke, steige ins Auto und fahre zur Wohnung.

Die *Hörzu* liegt tatsächlich auf der runden Sofaecke.

Wie immer.

Wie seit sechsunddreißig Jahren.

Das Heft ist Monate alt. Die letzte Ausgabe vor der Diagnose.

»*Oliver?*

»*Ja?*«

»*Ich kann es nicht fassen, dass ich dann meine Wohnung nie mehr wiedersehe.*«

Ich nehme das Heft, fahre ins alte Viertel, bestelle die Käsekrüstchen mit doppelter Pommes und bitte um einen Kugelschreiber, um das Kreuzworträtsel fertig zu machen, das meine Mutter im Februar unterbrechen musste.

TUN SIE ES!

In den vergangenen Wochen mögen Sie sich kurze Auszeiten gegönnt, hin und wieder leise geflucht, haufenweise Kuchen und Kaffee konsumiert oder die Biervorräte des Hospizes geplündert haben. Sie folgten dennoch stets zu hundert Prozent der Devise: Alles für den Sterbenden. Die Phasen, in denen Sie etwas »für sich« taten, dienten lediglich der notwendigen Regeneration, um für den Einsatz fit zu bleiben.

Diese Regel, dieses Prinzip, dieses eherne Gesetz, von der hoffnungslosen Diagnose bis zum letzten Atemzug sich selbst zugunsten des Sterbenden zurückzunehmen, wird nun, an diesem einen Tag unmittelbar nach dem Tod, auf den Kopf gestellt.

Vollständig.

Kompromisslos.

Ohne Wenn und Aber.

Es dauert nicht lange und Sie müssen wieder funktionieren, schon am nächsten Tag steht üblicherweise die Planungssitzung mit dem Bestatter an, doch jetzt und hier zählen nur Sie, Sie, Sie!

Sie und *Ihre* Bedürfnisse.

Wenn Ihnen danach sein sollte, zu flüchten und ans Meer zu fahren, um dort auch nur für einen einzigen Abend stundenlang den Strand entlang zu wandern, bei Schnee und Eis oder im Nieselregeln – tun Sie es!

Wenn Ihnen danach sein sollte, sich daheim ins eigene Bett zu legen, die Embryostellung einzunehmen und für zwanzig Stunden kein Wort mehr mit irgendwem zu reden – tun Sie es!

Sie würden am liebsten eine Tonne Kartoffelchips essen und dabei alle Filme schauen, die Arnold Schwarzenegger in den Achtzigern gedreht hat? Jetzt schon alte Familienfotos heraussuchen und weinen, bis Sie vor Entkräftung ohnmächtig werden? Sich betrinken in der schlechtesten Bar der Stadt, die Sie noch niemals betreten haben und in der mit Sicherheit keiner intime Fragen stellt? Den Computer einschalten, ein Kriegsspiel starten und aus Rache für das ungerechte Leben einfach nur stundenlang töten?

Tun Sie es!

Sie werden die Kraft brauchen, die Sie daraus ziehen, denn die Geschichte ist nun nicht etwa zu Ende, sondern beginnt gerade erst von neuem. Was bislang von Ihnen verlangt wurde – ein Leben in seinen letzten Zügen zu begleiten – war hart. Was in den folgenden Tagen und Wochen von Ihnen verlangt wird – ein vergangenes Leben würdevoll aufzulösen – wird auf eine ganz andere Weise an Ihnen zehren.

GOTTESLOB UND EINKAUFSZETTEL

Meine Güte, bin ich satt.

Ich schließe die Tür der Wohnung und lege die *Hörzu* wieder auf die Sofaecke, als könne Mutter andernfalls gleich um die Ecke kommen und ungeduldig fragen, wo die verdammte Fernsehzeitung nun wieder abgeblieben sei. Die Wohnung liegt still da. Draußen im Innenhof des Wohnkomplexes fließt das Licht einiger Fenster in die Gärten und verfängt sich in Buchsbaumhecken und Rosen. Es ist dunkel geworden. Mein Onkel und meine Tante wohnen nebenan, eine Wand weiter, doch sie lassen mich heute in Ruhe. Morgen um zehn sind wir verabredet, am großen, nussbaumfarbenen Esstisch, auf dem ich gerade den Schlüsselbund ablege. Hier empfing meine Mutter die Gäste. Weihnachten, Ostern, Pfingsten, Geburtstage. Neben dem Tisch der Durchgang zur kleinen Küche und an der Wand schräg gegenüber die mächtige, deckenhohe Bücherwand von Paschen. Ein Boden dieses Möbelstücks wiegt so viel wie drei komplette Billys von IKEA. So prominent die Literatur ausgestellt wird, so bescheiden kauern sich der kleine Flachbildfernseher und die winzige Kompaktanlage zusammen auf einem Rolltisch gegenüber dem Sessel. Die Fernbedienung liegt auf dem Fußhocker davor. Im Sessel hat früher immer mein Vater gesessen, während Mutter sich in die Ecke der Sofalandschaft mummelte, ihre Decke auf den Beinen und das Weinglas in Griffweite. Arte. 3Sat. WDR.

Ach, Mum.

Einfach so den Fernseher einzuschalten, erscheint mir nicht richtig. Was, wenn das Erste, das dieses Wohnzimmer nach dem Tod meiner Mutter berieselt, ein paar vulgäre Neureiche sind, die die grellen Tigerklamotten mit den Flammenherzen tragen und sich beim Neureichsein filmen lassen? Hat Mutter dafür die Bücherwand aufgestellt? Was ich bräuchte, wäre eine aktuelle Ausgabe der Fernsehzeitung, um vorher nachschauen zu können, was ich der Wohnung zumuten kann. Womöglich läuft gerade irgendwo Andreas Kieling. Oder wenigstens ein Interview mit Helmut Schmidt. Das würde Mutter freuen.

Ich schleiche in die Küche und öffne den Kühlschrank. Mein Onkel hat alles Verderbliche entfernt. Dennoch denke ich bei allem, was darin ist, dass Mutter es irgendwann das allerletzte Mal in die Hand genommen hat. Die Margarine von Kerrygold. Den Tomatenketchup. Das ungeöffnete Glas mit Gewürzgurken. Sie hat es rausgenommen, beschlossen, auf Gewürzgurken heute doch keine Lust zu haben, und wieder reingestellt. Für später.
Und jetzt?
Später?
Tot!
Innerhalb einer Gurkenglaslänge.

Auf dem Tisch in der Küche liegen Notizblöcke und geöffnete Briefe. Einladungskarten zu Geburtstagen. Der Tisch ist ein kleines Bistromöbel mit kaum mehr Durchmesser als ein Autoreifen. Platte aus Marmor, Fuß aus Gusseisen. Unter einer Tasse klemmt ein handgeschriebenes, kleines Blatt. Ein Einkaufszettel. *Brot, Marmelade, Kaffee, Spüli, Mülltüten.*
Nachricht an den Einzelhandel: Es hat eine klare Kaufabsicht für Brot, Marmelade, Kaffee, Spüli und Mülltüten gegeben, die jetzt *definitiv* nicht mehr eingelöst wird. Womöglich muss da irgendetwas kalkuliert werden.

Ich gehe ins Wohnzimmer zurück, zum Bücherregal. Kann jetzt nicht sitzen. Mein Gott, ich könnte genau sagen, *welches* Brot, *welche* Marmelade und *welchen* Kaffee meine Mutter gekauft hätte und wo. Ich könnte losgehen und den Zettel wirklich machen.

Die Tränen kommen.

Stoßen von unten mit Fäusten in die Kehle.

Ich habe heute schon geweint, vorhin, am Telefon. Sylvia fragte, ob sie vorbeikommen soll, wenigstens heute Abend, damit ich nicht allein bin, bis morgen der Bestattertermin ansteht. Ich lehnte ab, wie immer. Nicht in diese Welt. Diese Welt muss ich nun beerdigen, zusammen mit meiner Mutter, um in unsere Welt zurückkehren zu können, wo Brot, Marmelade und Kaffee von anderen Marken sind. Tot.

An prominenter Stelle in der Bücherwand stehen Bibeln. Als Blickfang, ungefähr auf Kopfhöhe, da, wo man auch Thomas Mann und Goethe lagert, damit die Gäste vor Ehrfurcht Schluckauf kriegen. Bibeln und Gesangbücher aus der Kirche. Das *Gotteslob*, in dutzend Varianten. Hat sie die alle aus der Messe mitgenommen?

Mein Gott, sie ist tot.

Mein Gott?

Ich frage mich, was ich eigentlich glaube, wo meine Mutter gerade ist.

Es gab eine Zeit in meinem Leben, da hätte ich diese Frage eindeutig mit »nirgendwo!« beantwortet und mich dabei gut und überlegen gefühlt. Von der Religion hatte ich mich abgewendet und von jeder Art der Metaphysik gleich mit. Eine Formulierung wie »meine Mutter«, die immer stillschweigend die Person und somit die Seele meint, war zu jener Zeit für mich gleichbedeutend mit »der Körper meiner Mutter und die Milliarden Impulse im neuronalen Netzwerk ihres Gehirns.« Nicht mehr. Nicht weniger.

Es tat gut, so zu denken.

Eine ganz neue Form von Sicherheit.

Keine Spekulationen mehr über Gott, das Jenseits oder das Wesen unseres Bewusstseins abseits biochemischer Prozesse und Vorgänge. Keine Gefahr, sich irgendwem gegenüber eine Blöße zu geben und irgendetwas anderes zu sein als ein aufgeklärter, die Dinge klarsehender Mann, der die Stärke hat, sich nicht länger etwas vorzumachen.

Den Soundtrack zu dieser Haltung spielten Bad Religion, eine amerikanische Band, deren Sänger als Professor für Evolutionsbiologie an der Universität lehrt und der in dem Song »Materialist« vom Album *The Process Of Belief* singt: »It's there for all to see / don't talk of hidden mysteries to me.« Dazu zieht er das Wort »Materialist« im Refrain des Stückes lautmalerisch entzwei, so dass daraus »Mater-*Realist*« wird. Genau als das sah ich mich damals auch. Als Realist.

Ich nehme eine Bibel in die Hand. Das Papier ist dünn und knistert beim Blättern wie ein leises Feuer.

Was ich in meiner Zeit als knüppelharter Realist ebenfalls liebte, waren Krimis. Genauer gesagt: Amerikanische Justizdramen. Das Rechtssystem in den USA hat dafür gesorgt, dass die Anwälte selbst beim Vorliegen ziemlich eindeutiger Beweise für die Schuld ihres Klienten noch einen letzten Trumpf im Ärmel haben. Sie können es schaffen, den Mitgliedern der Jury, die schlussendlich das Urteil nach bestem Glauben und Gewissen fällen, eine Dosis der mächtigsten Waffe im Kampf um den menschlichen Verstand einzuträufeln: Den *begründeten Zweifel*. Bleibt nach allen Plädoyers, Kreuzverhören und tagelangen Diskussionssitzungen der ehrenamtlichen Volksvertreter am Vorabend der Urteilsverkündung dieses letzte Bisschen begründeter Zweifel bestehen, sprechen sie den Angeklagten frei.

Begründeter Zweifel.

Ein Hauch davon nur, ein Funke.

Das reicht.

Sie sind gläubig? Wirklich gläubig? Nicht bloß eingeschrieben in Ihrer jeweiligen Konfession wie ein Mensch im Fitnessstudio, der noch einen Vertrag mit dem Gesundheitstempel hat, aber längst nicht mehr hingeht?

Dann finden Sie sicher einen Weg, mit dem Tod nahestehender Menschen umzugehen.

Sie sind nicht gläubig? Ein Rationalist, ein Realist, ein Mensch der Wissenschaft und der reinen Stofflichkeit, der allerdings keinerlei Problem damit hat, sein Modell konsequent zu Ende zu denken? Der gut damit leben kann, dass unsere Existenz als komplexes Säugetier nach *einer* Lebensspanne ohne Fortsetzung, Bonuslevel oder Wiederkehr endet?

Dann finden Sie ebenfalls sicher einen Weg, mit dem Tod nahestehender Menschen umzugehen.

Sollten Sie allerdings zu denen gehören, denen ihr intellektuelles Gewissen zwar verbietet, zu glauben, die mit der schrecklichen Konsequenz des Todes aber einfach nicht zurecht kommen, haben Sie nur eine Chance auf Trost und Hoffnung: Sie müssen das eigene, hart realistische Weltbild ganz ohne Rückgriff auf Religion trotzdem mit einem Hauch *begründeten Zweifels* konfrontieren.

Ein Hauch davon nur, ein Funke.

Das reicht.

Im Folgenden lernen Sie zwei Denkwege kennen, die dabei helfen, den begründeten Zweifel daran, dass alles nur endliche Materie ist, zu wecken. Einen naturwissenschaftlichen Weg und einen rein logischen. Sie zeigen auf, dass so etwas wie eine unsterbliche Seele durchaus existieren könnte. Und ein Urgrund rein geistiger Natur, der allem Materiellen vorausgeht. Gehen Sie diese Wege mit, ein paar Seiten nur. Eine Kaffeetassenlänge. Nicht zu viel, um selbst als nüchterner Realist auszutesten, ob sich der begründete Zweifel am eigenen Weltbild wecken lässt, oder? Am Ende könnte er noch nützlich sein.

DER NATURWISSENSCHAFTLICHE WEG

»I'm mater-*realist*!«, singt Evolutionsforscher Greg Graffin in oben
erwähntem Song, »it's there for all to see / don't talk of hidden mysteries to me.«

*Es liegt für alle sichtbar da, sprich mir gegenüber nicht von versteckten
Mysterien«* – eine Definition von Naturwissenschaft und Realismus,
die bei genauer Betrachtung vollkommen überholt ist. Es braucht
keine Esoterik, keinen Spiritualismus und keine Religion, um selbst
und gerade als harter Naturwissenschaftlicher zu der Erkenntnis zu
kommen, dass im Universum selbstverständlich eine Menge »ver-
steckter Mysterien« existieren. Eines davon war bis vor kurzem das
Higgs-Teilchen, von Wissenschaftlern auch gern tabulos das »Got-
testeilchen« genannt. Der Physiker Peter Higgs postulierte 1964 die
Existenz dieses Elementarteilchens, ohne diese in irgendeiner Form
beweisen zu können. Seine Überzeugung speiste sich aus der internen
Logik moderner physikalischer Modelle, nach denen dieses Teilchen
existieren *muss*, da sich sonst nicht erklären ließe, wie und woher alle
anderen Elementarteilchen überhaupt ihre Masse beziehen. Fast
vierzig Jahre lang arbeitete man mit der Annahme, dass das Gottes-
teilchen und damit das sogenannte Higgs-Feld existieren. 2012 gelang
den Forschern mittels des Teilchenbeschleunigers im Schweizer Forschungszentrum CERN der erste Nachweis dieses Teilchens, dessen
genaue Spezifikation seither in immer neuen Experimenten ausgearbeitet wird.

Masse.

Materie.

»It's there for all to see«?

Wirklich?

Ein Haupthindernis für viele, an so etwas Immaterielles wie die Seele
zu glauben, besteht in der Vorstellung, dass die Wirklichkeit vom
Fassbaren bestimmt wird und nicht von im wörtlichen Sinne Un-
Fassbarem. Die Physik allerdings zeigt uns seit langem das Gegenteil.
Lange Zeit glaubte die Menschheit, das kleinste nicht weiter teilbare
Element, das »die Welt im Innersten zusammenhält«, sei das Atom.

Selbst, wenn der Stand der Dinge immer noch so wäre, müsste man als reiner Materialist bereits einsehen, dass ein Atom im Prinzip zum größten Teil aus Nichts besteht.

Könnte man das einfachste Atom, das Wasserstoffatom, tausend-billionenfach vergrößern, hätte der Atomkern (in diesem Fall nur ein Proton, sonst ein Proton und ein Neutron) einen Durchmesser von etwa 1,7 Meter und würde in fünfzig Kilometern (!) Entfernung von einem Elektron umkreist, das einen Durchmesser von 0,1 Millimetern hat. Ein umgekehrt gedachtes, aber ähnlich anschauliches Bild besteht darin, sich das gesamte Atom als Fußballstadion vorzu-stellen, in dem der Kern selbst einer Mücke auf dem Anstoßkreis gleicht.

Nun wissen wir mittlerweile durch die Quantenphysik, dass nicht einmal Atome die Elementarteilchen aller Materie sind, sondern sechs Sorten Quarks, sechs Sorten Leptonen, zwölf Wechselwir-kungsteilchen, die für Kraftfelder sorgen, mittels derer Quarks und Leptonen aufeinander Einfluss nehmen können, sowie schließlich das lange vermutete und kürzlich bewiesene Higgs-Teilchen. Die Materie selbst bildet sich aus Elektronen und Quarks, doch damit überhaupt etwas in Bewegung gerät und Teilchen sich anziehen, ab-stoßen oder umwandeln, benötigt es eben jene Wechselwirkungs-teilchen, deren Regelwerk, nach denen im Mikrokosmos die Dinge ablaufen, in komplexen Theorien wie der Quanten-Flavor-Dynamik und Quanten-Chromo-Dynamik (QCD) beschrieben wird.

Sich mit diesen Theorien zu beschäftigen, lohnt dank empfehlens-werter Literatur[1] für Laien und zahlreicher guter Webseiten[2] auch dann, wenn man nicht auf der Suche nach wissenschaftlich begrün-deter Hoffnung auf ein irgendwie geartetes »Jenseits« ist.

Hier, auf unserer kurzen Suche nach einem »begründeten Zwei-fel« ist erst einmal nur wichtig, was für weltbilderschütternde Kon-sequenzen sich eigentlich aus der Quantenphysik ergeben. Kon-sequenzen, die den Entdecker und Begründer dieser Disziplin, Max Planck, 1944 einen Vortrag mit den Worten beginnen ließen:

»Meine Herren, als Physiker, der sein ganzes Leben der nüchternen Wissenschaft, der Erforschung der Materie widmete, bin ich
sicher von dem Verdacht frei, für einen Schwarmgeist gehalten
zu werden. Und so sage ich nach meinen Erforschungen des
Atoms dieses: Es gibt keine Materie an sich.«[3]

Vier dieser Konsequenzen seien im Folgenden skizziert.

1. DER KERN ALLER DINGE IST UN-FASSBAR

Und das im wörtlichen Sinne. Die hochkomplexen Experimente der
Teilchenphysiker weisen zwar die Existenz der heute angenomme-
nen Elementarteilchen nach, können aber nicht belegen, dass diese
Teilchen irgendeinen feststellbaren Durchmesser haben. Lange Zeit
war man sich zudem nicht einig, ob die Objekte der Quantenphysik
überhaupt den Eigenschaften von Teilchen oder den Eigenschaften
von Wellen folgen. Das eine schließt immerhin das andere aus. Wellen verbreiten sich im Raum, können sich überlagern und somit
gleichzeitig an *verschiedenen* Stellen in *verschiedener* Stärke wirken.
Teilchen können zu einem *bestimmten* Zeitpunkt X nur an einem
bestimmten Ort Y mit einer *bestimmten* Kraft Z wirken. Es kommt
also darauf an, wie man beobachtet. Werner Heisenberg hat das in
seiner berühmten Heisenberg'schen Unschärferelation 1927 auf den
Punkt gebracht. Entweder kann der Physiker den Aufenthaltsort
eindeutig bestimmen, dafür aber nicht die Bewegungsgeschwindig-
keit, oder umgekehrt. Die Messung selbst legt also fest, ob beispielsweise bei einem Lichtquantum die Eigenschaft als Teilchen oder die
Eigenschaft als Welle hervortritt. Eine Lösung dieses sogenannten
Welle-Teilchen-Dualismus fand man schließlich in der Theorie der
Quantenfelder, also der Theorie, die das entscheidende Augenmerk
auf die Wechselwirkungen legt. Dennoch ist die Heisenberg'sche
Unschärferelation bis heute Sinnbild einer auch und gerade für die
Wissenschaft bedeutsamen Einsicht: Immer sorgsam zu berücksich-
tigen, dass und in welcher Weise das Ergebnis einer Untersuchung
von der Methode abhängt.

Merke!

2. ENTSCHEIDEND SIND UNSICHTBARE WIRKUNGEN

Elementarteilchen bilden keinerlei funktionierendes Gefüge des Universums aus ohne Kräfte, die zwischen diesen Teilchen für Wechselwirkungen sorgen. Das, was die Wirklichkeit formt, sind nicht wild klumpende Materie oder sinnlos herumschwirrende Wellen, sondern die von jedem täglich spürbare Schwerkraft, die elektrische und die magnetische Kraft sowie die auf Teilchenebene wirksame schwache wie starke Wechselwirkung. Eine Frage, welche die Wissenschaft bis heute umtreibt, ist: Handelt es sich bei diesen Kräften um unterschiedliche oder unterliegt ihnen die *eine* bislang unentdeckte Kraft, die lediglich in verschiedenen Erscheinungsformen auftritt? Mal ganz abgesehen von der Frage: Wo kommen diese Kräfte überhaupt her? Max Planck schockierte die Wissenschaftswelt in seiner bereits erwähnten Rede von 1944 diesbezüglich mit den Worten:

> »Alle Materie entsteht und besteht nur durch eine Kraft, welche die Atomteilchen in Schwingung bringt und sie zum winzigsten Sonnensystem des Alls zusammenhält. Da es im ganzen Weltall aber weder eine intelligente Kraft noch eine ewige Kraft gibt – es ist der Menschheit nicht gelungen, das heißersehnte Perpetuum mobile zu erfinden – so müssen wir hinter dieser Kraft einen bewußten intelligenten Geist annehmen. Dieser Geist ist der Urgrund aller Materie.«

Merke!

Wenn der Namensgeber des weltweit meist anerkannten Wissenschaftsinstituts in Deutschland – einer Institution, die von der Esoterikmesse oder dem Kirchentag nicht stärker entfernt sein könnte – die Behauptung aufstellt, dass der Geist der Materie vorangeht, darf man sich als »Realist« durchaus Zweifel daran erlauben, dass die »Seele« auf der Stelle verschwunden ist, wenn der Körper »seinen Geist aufgibt«.

3. NICHTS IST DETERMINIERT, ALLES NUR »WAHRSCHEINLICH«

Den 14. Dezember 1900, an dem Max Planck in der Deutschen Physikalischen Gesellschaft zu Berlin das allererste Mal die Quantentheorie vorstellte, bezeichnet der Psychiater und Theologe Manfred Lütz in seinem Buch *Gott. Eine kleine Geschichte des Größten* als »argumentativen Super-GAU des real existierenden Atheismus«.[4] Nicht »nur«, weil diese Theorie, wie eben gesehen, den Geist kausal vor die Materie stellt, sondern auch, weil sie eine weitere tragende Säule klassischer Wissenschaft zum Einsturz brachte: Die Überzeugung, dass die Naturgesetze deterministisch sind. Sprich: Dass im Rahmen der Naturgesetze alles immer in gleicher Weise und zu hundert Prozent vorhersagbar geschieht. Diese Gesetzmäßigkeit schloss aus wissenschaftlicher Sicht alles aus, worauf »Glaube« gleich welcher Art basiert. Wunder, göttliche Fügung, paranormale Phänomene.

Die Quantenphysik legt dar, dass nun nicht mehr länger eherne Gesetze, sondern nur noch »Wahrscheinlichkeiten« gelten. Lütz zitiert den wegweisenden Quantenmechaniker Pascual Jordan mit den Worten: »Ob die Himmelfahrt Christi wirklich stattgefunden hat, ist nach wie vor Glaubenssache. Aber dass sie den Naturgesetzen zufolge überhaupt nicht stattgefunden haben kann, wird man nun nicht mehr sagen können.« Als Leitfaden seiner Arbeit und der daraus erwachsenen Erkenntnisse schrieb Jordan: »Es war meine Absicht darzulegen, dass alle Hindernisse, alle Mauern, welche die ältere Naturwissenschaft auf dem Wege zur Religion aufgerichtet hatten, heute nicht mehr da sind.«[5] Die unappetitliche Tatsache, dass Jordan sich im Dritten Reich den Nazis anschloss, muss an dieser Stelle zwar erwähnt werden, entzieht der Quantenmechanik aber nicht ihre Gültigkeit, da bislang keine elementare Wechselwirkung zwischen moralischer Niedertracht und wissenschaftlicher Unwahrheit gefunden werden konnte.

Merke!

Wenn die als »harte« Wissenschaft anerkannten Grundlagen der Quantenmechanik die festgelegten Naturgesetze zugunsten reiner »Wahrscheinlichkeiten« vom Tisch fegen, darf man sich als »Realist« durchaus Zweifel daran erlauben, dass »keine Wunder geschehen« können.

4. ALLES IST MIT ALLEM VERBUNDEN

Hier klingt schon die Überschrift esoterisch, doch das Modell entstammt ebenfalls der Labor gewordenen Antithese zur Räucherstäbchenmesse – dem Forschungszentrum CERN. Dort wies der Physiker Nicolas Gisin experimentell nach, dass Teilchen untereinander Informationen austauschen, und zwar vollkommen unabhängig von ihrer Entfernung. Zeigt Teilchen A eine bestimmte Eigenschaft wie etwa einen positiven Spin (seine »Drehzahl«), taucht eine dazu korrelierte Eigenschaft (ein negativer Spin gleicher Stärke) bei Teilchen B absolut simultan auf.[6] Aus diesem Versuch ziehen einige Quantenphysiker den Schluss, dass seit dem Urknall große Teile des Kosmos miteinander verschränkt sind und auf subtile Weise miteinander kommunizieren. Die Theorie der Quantenverschränkung, die »esoterisch« klingt, sich aber in ganz konkreten mathematischen

Formeln ausdrücken lässt, die jeder »Realist« erst einmal widerlegen soll, behauptet im Prinzip, dass Teilchen, die einmal zusammengehört haben, selbst noch in einer Milliarde Jahren und mit Lichtjahren von Entfernung miteinander verbunden bleiben. Sie unterstreicht in der Konsequenz die Idee, dass alles, was ist, und alles, was noch wird, bereits in der unendlichen Konzentration der Ur-Einheit vor dem großen Knall angelegt war, und ermöglicht es zumindest perspektivisch, sich die Gedanken des menschlichen Gehirns nicht bloß eingeschlossen in einen konkreten Schädel, sondern auch einwirkend auf ein wie auch immer geartetes Feld sämtlichen Bewusstseins vorzustellen. Die vom Biologen Rupert Sheldrake vorgeschlagenen »morphogenetischen Felder«, mit denen er u.a. Telepathie erklären will[7], halten in dieser Hinsicht leider keiner wissenschaftlichen Untersuchung stand, doch einige Physiker gehen mittlerweile der These nach, dass die Vorgänge im menschlichen Gehirn den Gesetzen der Quantenphysik gehorchen. Und das würde allen Ideen, die im Bewusstsein mehr als »nur« das Gesamtergebnis neuronaler Vorgänge sehen, neues Futter geben.

»Die aus der Quantenphysik herrührende Möglichkeit einer *durch den Raum ausgedehnten Ganzheit* wird für das Verstehen des Gehirns von Bedeutung sein«, sagt der Frankfurter Physiker Prof. Thomas Görnitz. »Gedanken sind Quanteninformationen«.[8] Eine These, der in den USA der Bewusstseinsforscher Stuart Hameroff und der britische Mathematiker Roger Penrose nachgehen, die das bis heute ungeklärte Rätsel des »Bewusstseins« durch »Quantenkohärenzen« in den Hohlräumen der Mikrotubuli des Gehirns erklären wollen, welches sie als »Biocomputer auf Basis von Quanteneffekten« beschreiben.[9] Unschwer zu erkennen, dass diese Forschungsfelder ferner die Existenz einer »Seele« bzw. eines vom Körper unabhängigen Bewusstseins ganz neu denkbar machen, was u.a. von dem deutschen Physiker Prof. Dr. Hans-Peter Dürr erforscht wurde, der 2014 verstarb und 2007 in einem Interview mit dem Magazin *P.M.* sagte:

»Im Grunde gibt es Materie gar nicht. Jedenfalls nicht im geläufigen Sinne. Es gibt nur ein Beziehungsgefüge, ständigen Wandel, Lebendigkeit. Wir tun uns schwer, uns dies vorzustellen. Primär existiert nur Zusammenhang, das Verbindende ohne materielle Grundlage. *Wir könnten es auch Geist nennen.* Etwas, was wir nur spontan erleben und nicht greifen können. Materie und Energie treten erst sekundär in Erscheinung – gewissermaßen als geronnener, erstarrter Geist.«[10]

Merke!

Wenn der innere Kern allen Seins nicht die Materie ist, sondern der Geist, der alles strukturiert und in Gang hält, und wenn in absehbarer Zukunft womöglich sogar die im »Bio-Computer« Gehirn laufende Software namens »Bewusstsein« quantenfeldtheoretisch erklärt werden kann, darf man sich als »Realist« durchaus Zweifel daran erlauben, dass die »Hardware« des Körpers bedeutsamer ist als die Software des Geistes.

DER DENKLOGISCHE WEG

Wer keine Zeit hat, sich den »begründeten Zweifel« am eigenen, handfesten Tot-ist-tot-Materialismus durch tagelanges Abtauchen in die Schriften und Formeln der theoretischen Physik zu erarbeiten, ist hiermit dazu eingeladen, ganz ohne blindes Vertrauen auf seltsame Forscher, die tief unten in der Schweizer Erde Teilchen aufeinander zurasen lassen, den Weg auf rein denklogischem Wege zu gehen. Der von Max Planck oder Hans-Peter Dürr vertretene Gedanke, dass aller Materie ganz grundsätzlich ein Geist unterliegt und somit die Idee, dass jede Form, die im Diesseits in Erscheinung tritt, »geronnener, erstarrter Geist« ist, taucht schließlich in der Geschichte der Philosophie schon seit Jahrhunderten immer wieder auf.

Und da gute Philosophie ganz ähnlich wie Mathematik keine Experimente benötigt, sondern ihre Schlüsse streng und plausibel aus sich selbst heraus zieht, laden wir Sie hiermit dazu ein, den Kaffeebecher noch einmal nachzufüllen und ein paar dieser Gedanken zu folgen.

Im Mittelalter war es Thomas von Aquin, dem der Gedanke an ein ewiges, formloses, nicht-materielles Ur-Eines kam. Und zwar nicht – um mit dem erfolgreichsten Science-Fiction-Film der letzten zwanzig Jahre zu sprechen – als eine geheimnisvoll gegebene »Matrix«, die der Mensch erst erkennen kann, wenn er die »rote Pille« geschluckt hat. Eine solche hatte eher Platon im Sinn, als er vor ca. zweieinhalbtausend Jahren sein »Höhlengleichnis« ersann. In dem sitzen einige Menschen ihr Leben lang festgebunden in starrer Position, ohne den Kopf drehen zu können, in einer Höhle und können nur wahrnehmen, was als Schatten und Echo an die Wand geworfen wird, der sie gegenüber hocken. Diese Menschen halten das, was sie an der Wand sehen, für *die* Realität, da sie niemals die tatsächlich realen Verursacher der Schatten und Stimmen gesehen haben, die hinter einer halbhohen Mauer in ihrem Rücken herumlaufen. Platon wollte damit verdeutlichen, dass die sichtbare Welt nur ein verzerrtes, unvollkommenes Abbild der eigentlichen Welt hinter den Dingen ist. Thomas von Aquin, ein Mönch, ein Theologe, gar ein Heiliger der katholischen Kirche, wendete sich gegen diese Vorstellung und sagte: Nein, unsere physische Existenz hier und jetzt ist das Vollkommene und nicht bloß Abbild irgendeiner höheren Ebene. Er schrieb als erster Theologe tatsächlich dem menschlichen Verstand selbst und der Vernunft die Kraft zu, alles Wesentliche zu erkennen, also wörtlich verstanden auch das wahre Wesen der Dinge zu durchschauen. Dieses wahre Wesen (er nannte es »quidditas«, also die »Was-Heit«) ist natürlich auch bei ihm mehr als die bloße Form (»formae«), die man gerade vor sich sieht. Man kann aber allein durch seinen Verstand von dieser Form abstrahieren und sich ferner Gedanken darüber machen, welche »Akzidenzien« zu einer Wesenheit gehören, also welche sie begleitenden Notwendigkeiten und Attribute.[11] So wäre der Körper beispielsweise die Akzidenz der Seele, die das Eigentliche darstellt, und der konkrete individuelle Mensch mit *dieser* krummen Nase, *diesen* ausgelatschten Schuhen und *dieser* seltsamen Gewohnheit die manifest gewordene Form einer Seele mit ihrem Körper. Der Grundgedanke lautet immer: Es muss – wie für die Form des Fußabdrucks im Sand – für das, was hier und jetzt *ist*, das *Seiende*, eine Ursache geben, ein ursprünglich ursächliches *Sein*, in dem alle möglichen Formen in der Potenz enthalten sind. Dieses *Sein* selbst kann aber keine eigene Ursache mehr haben. Dieses *Sein* ist aus sich selbst heraus. Manche nennen es Urgrund. Manche nennen es Ur-Code. Manche nennen es Gott. So zum Beispiel Hegel. Für ihn macht »das reine Sein (…) den Anfang, weil es sowohl reiner Gedanke als das unbestimmte, einfache Unmittelbare ist, der erste Anfang aber nichts Vermitteltes und weiter Bestimmtes sein kann.«[12]

Merke!

Wenn alles, was in der Welt ist,
eine Ursache hat, oder besser:
Wenn jede Form, die sich zeigt,
ein formloses Medium braucht,
das sie überhaupt erstmal sichtbar
macht, dann MUSS es für die milliarden
»Fußspuren«, die das Seiende darstellt,
ein unendliches und ewiges Feld aus
»Sand« geben, in dem sie sich abzeich-
nen. Dieser »Sand« kann selber denk-
logisch keine Grenze haben, kein Ende,
keine noch größere Form, auf welcher
er liegt, denn er ist das Ur-Medium
für die Ver-Wirklichung aller Formen.

Ob man dabei mit Gott argumentiert oder nicht – es geht immer um die einerseits so schwer zu fassende und andererseits so augenfällige Logik, dass jede Form nur durch ein Medium sichtbar werden kann. Dass nichts, aber auch gar nichts überhaupt wahrnehmbar wäre ohne Differenzen zu etwas anderem. Differenzen entstehen aber notwendig aus Einheiten heraus. Wo sich alles, was ist, aus der Abgrenzung von Formen bildet, muss eine Ur-Form existieren, die selber ewig und nicht flüchtig ist.

Martin Heidegger schrieb dazu:

> »Solange das Dasein als Seiendes *ist*, hat es seine ›Gänze‹ nie erreicht. Gewinnt es sie aber, dann wird der Gewinn zum Verlust des In-der-Welt-seins schlechthin. Als Seiendes wird es dann nie mehr erfahrbar.«[13]

Ist dieser Gedanke einmal wirklich in seiner Essenz in das eigene Bewusstsein gekrochen, entsteht der größte aller begründeten Zweifel. Der Gedanke: Das »Sein« kann sich nicht darin erschöpfen, bloß die Summe alles »Seienden« darzustellen. Und wenn das so ist, kann sich die Seele eines Menschen nicht darin erschöpfen, beim Ablauf des körperlichen Verfallsdatums restlos mit zu verschwinden. Das wäre ja glatt so, als wenn mit dem Wegschütten des kalt gewordenen Kaffees aus Ihrer Tasse, welche die letzten Seiten neben Ihnen stand, das Konzept »Kaffee« selber gleich mit auf ewig im Ausguss verschwände. Und das wäre gerade für wache Realisten eine Schande.

LIEBEN, LERNEN UND DER EIGENE HIMMEL

Ich stelle die Bibel zurück. Im Vitrinenschrank hinter mir glitzern die Gläser. Gläser für Pils, Gläser für Alt, Gläser für Rotwein, Gläser für Weißwein, Gläser für Cognac. Breite Schwenker, unter die man die Finger schiebt, als würde man sich für den rotgoldenen Tropfen den restlichen Abend Zeit lassen. Die geistigen Getränke dazu stehen in Bleikristallflaschen auf der alten Nähmaschine. Der kleine Rest Brandy in der ganz breiten Flasche könnte das Ende der Füllung sein, an der mein Vater schon trank, als ich mich noch aufs Abitur vorbereitete.

Eine Schnur aus graziler Weihnachtsbeleuchtung wandert wie ein Würmchen die Vitrine hinauf, schlängelt sich dort oben durch ein paar Zweige künstlichen Efeus und setzt sich rechts vom Möbelstück kreisförmig in einer ein Meter hohen Dekorationsschale fort, die mit Glassteinen bestückt ist und in einem Gestell aus dunklem, gebürsteten Stahl liegt. An dem schmalen Stück Wand über ihr hängen Engel. Sie grüßen quer durch den Raum die Sammlung kleiner Buddhas, die auf einem winzigen, vor vierzig Jahren golden lackierten Wandregal aus Holz neben der Tür zum Schlafzimmer hocken. Die Einrichtung einer Wohnung ist der geronnene Geist eines Menschen.

Im Fach unter den Bibeln stehen die Fotoalben. Die ältesten von ihnen sind in Stoff eingebunden. Knallgrünes, knallrotes und knallblaues Textil, rau und unverwüstlich wie ein alter Sofabezug. Sie enthalten historische Schätze. Die ersten Bilder darin sind uralte Schwarzweißfotografien meiner Urgroßeltern, die quicklebendig waren, als Franz Kafka nachts in Prag »Das Urteil« schrieb und Ernst Ludwig Kirchner in Dresden die Plakate für die Ausstellung der Künstlergruppe Brücke aufhängen ließ. Meine Großväter folgen später, der eine kleiner Helfer an der Heimatfront, der andere Frontsoldat in Russland. Die Fotoalben, in denen ich erstmals auftauche, als Säugling in den Armen meiner Mutter, die eine tellergroße Sonnenbrille trägt, sind in Leder gebunden. Alles, was ich mit der Familie vom Schlüpfen per Kaiserschnitt bis zum Übergang auf das Gymnasium erlebt habe, klebt mit handschriftlichen Untertiteln garniert in diesen Kladden, geschützt von feinem, matt durchsichtigem Knisterpapier. Danach wechselt das Format in Dutzende dieser schmalen Klappfotomappen mit Klarsichtfächern. Ich nehme eine davon heraus und schlage sie auf. Meine Eltern und ich vor einem Tal in den Bergen. Wanderpunkt, Aussichtsplattform. Nadelbaumkronen, soweit das Auge reicht. Wir sind häufiger ans Meer denn in die Berge gefahren. Auf den Nordseeinseln konnte jeder mit jedem mithalten. In Grimms Märchenwelt der tiefen Wälder und verschlungenen Pfade eilte mein Vater dem Rest der Familie meistens voraus. Er fuhr morgens mit dem Fahrrad »Brötchen holen« und streckte die Route dabei auf zehn Kilometer, während wir noch schliefen. Auf der gemeinsamen Wanderschaft zeigte er gerne auf eine obskure gelbe Kreidenotiz an einem Baum und sagte: »Lasst uns diesen Pfad nehmen, der ist nicht so weit.« *Nicht so weit* bedeutete dann meistens zwanzig Kilometer Gewaltmarsch durch den Busch. Manchmal überquerte man bei Vaters »kurzen Wegen« zwei Mal die Grenze zwischen Deutschland und Österreich, ohne es zu bemerken.

Die Biografie eines Menschen ist der geronnene Geist seiner Entscheidungen.

Wo will ich leben? Welche Orte besuchen? Welche Menschen treffen?

Ich muss an ein anderes Modell des Jenseits denken, welches ich kennengelernt habe. Es stammt weder aus einer Weltreligion noch aus dem Formeldickicht der Quantenphysiker, sondern aus einer Fernsehserie. *Supernatural* ist eine mittlerweile neun Staffeln währende Grusel- und Mysterygeschichte, die als comichafte Dämonenjagd begann und sich nach und nach zu einer von blutigem Pathos getriebenen Neuinterpretation der Johannes-Apokalypse entwickelte. Bei allem Radau brachten die Drehbuchautoren im Rahmen der Show eine sehr poetische und packende Idee für das Leben nach dem Tode in die Welt, das jene erwartet, die nicht das Pech haben, in die Hölle zu rutschen.

Der Gedanke: Jeder hat seinen eigenen Himmel.

Es gibt ihn, den »Himmel«, aber er ist keine göttliche Luxusetage über den Wolken, die alle Menschen gleich erleben, sondern eine

Dimension, in der man auf ewig, abseits linearer Zeit, sein Dasein ausschließlich an den Orten verbringt, an denen man in seinem irdischen Leben am glücklichsten war. In diesem Sinne habe ich versucht, meine Mutter in den Stunden ihres Todes durch das hypnotische Inszenieren des Nordsee-Kopfkinos auf geradem Wege in ihren eigenen Himmel zu führen. Die Urne, die sie damals für meinen Vater auswählte, und die Platte im Fach der Stele auf dem Friedhof zeigen Fußspuren im Sand. Ich hoffe, sie spaziert dort nun gemeinsam mit meinem Vater und muss ihn nicht endlos suchen, weil zur Lebenslandkarte seines eigenen Himmels auch die dunklen Waldwanderpfade entlang der österreichischen Grenze gehören.

Wäre der »eigene Himmel« Sinn und Ziel des Daseins, ginge es darum, möglichst viele gute Erinnerungen auf einer weitläufigen persönlichen Lebenslandkarte zu sammeln.

Die schönste und zugleich sinnvollste Definition davon, was die kurze Materialisation als Mensch auf Erden überhaupt soll, stammt von Sylvia. Ihr zufolge dient unser Dasein im Diesseits dazu, *zu lieben und zu lernen,* und zwar beides ein Leben lang und bedingungslos.

Wenn das so ist, ginge es darum, sich während der begrenzten Zeit auf Erden stets die staunende und herzliche Zuwendung zur Vielfalt der Begegnungen mit Menschen, Orten und Gedanken zu bewahren und möglichst viele Perspektiven in der Betrachtung der Welt kennen gelernt zu haben. Sicher: Nicht jeder kann neun Monate im Jahr reisen, ohne zwischendurch die Kasse aufzufüllen, und nur wenige haben das Glück, für eine bezahlte Gage als Abenteurer Deutschlands wilde Wälder zu durchstreifen oder in Afrika die Urvölker aufzusuchen, ihr Vertrauen zu gewinnen und ihre Rituale miterleben oder gar daran teilnehmen zu dürfen. Manch einer möchte das auch gar nicht und ist selig im eigenen Garten, den Rechen an der Hecke und die Tasse auf dem Tisch neben dem Kartenspiel. Es ist für die eigene Zufriedenheit sinnvoll, sich den Blick über den Zaun mit offenem Geist und Neugier stets zu bewahren. Außerdem sieht die Lebenslandkarte des eigenen Himmels ein wenig vielfältiger aus, wenn man sich ein wenig auf dem Erdenrund umgesehen hat.

Die Lebenslandkarte des eigenen Himmels und das Modell des Liebens und Lernens lassen sich natürlich perfekt miteinander kombinieren. Das geografische wie geistige Reisen wäre der Mediator zwischen beiden, denn wer viel rumkommt und sich das Erdenrund anschaut anstatt jeden Sommer auf dem Balkon der immer gleichen Allgäuer Ferienwohnung bei der Lektüre der Welterforschung aus zweiter Hand wütend auf den Tisch zu klopfen, wird sowohl mehr lernen und lieben als auch einen vielfältigeren eigenen Himmel gestalten.

Schaden kann es auf keinen Fall, vor allem nicht vor dem Hintergrund einiger neuerer Erkenntnisse der Nahtodforschung. Hier leistet der Heidelberger Professor Markolf H. Niemz interessante Arbeit. Der studierte Physiker entwickelt heute elektronische Überwachungsgeräte für Patienten auf Intensivstationen und kam über die ständige Konfrontation mit dem Tod zur Beschäftigung mit diesem Forschungsbereich, den die meisten Naturwissenschaftler weiterhin lieber unangetastet lassen. Anders als die Verfechter des systematischen Experiments, das sich in Sachen Todeserlebnis nun einmal nicht durchführen lässt, vertraut er auf die Sammlung und den Vergleich zahlreicher Erlebnisberichte von Menschen, die eine Nahtoderfahrung hatten, von den Medizinern aber zurückgeholt werden konnten. Die Mehrheit der Patienten berichtete übereinstimmend vom bereits berühmt gewordenen, kurzzeitigen Schweben über dem eigenen Körper und dem sofort darauf folgenden Tunnel mit einem (nicht blendenden) Licht an seinem Ende, in das sie hineingezogen wurden. Niemz interpretiert diese Erfahrungen nicht als Halluzinationen, sondern zieht als Physiker die Möglichkeit in Betracht, dass die Seele als nur aus Lichtquanten bestehender Speicher beim Sterben des Körpers auch tatsächlich mit Lichtgeschwindigkeit in die Ur-Einheit des gesamten, ewigen Lichtfeldes zurückkehrt ... wodurch sich der optische Effekt des sich

zuspitzenden Tunnels ergebe, als welchen man das Zusammenzie-
hen des Raums wahrnehmen würde, könne man Reisen mit Lichtgeschwindigkeit antreten.

Viel entscheidender als die Frage, ob die Seele nach dem Tod wie das
Raumschiff Enterprise mittels Warp in der Tiefe des Lichtraums
verschwindet, ist die von Patienten mit Nahtoderlebnissen beschriebene Erfahrung, dass eine Lebensrückschau während der Auflösung
des Ichs tatsächlich stattfindet. Allerdings nicht wie ein flotter Film-
trailer, sondern »aus den Perspektiven aller, die irgendwie daran be-
teiligt waren«. Laut den von Niemz befragten Patienten wird man
dabei »alle Liebe, die man anderen geschenkt hat, selbst empfinden«
und »entsprechend alles Leid, das man anderen zugefügt hat«, ebenfalls. Professor Niemz:

> »Meine wichtigste Erkenntnis ist, dass die Liebe und das Wissen
> die höchsten Werte sind, die das Leben zu bieten hat. Zu dieser
> Erkenntnis kam ich in zahlreichen Gesprächen mit Menschen,
> die dem Tod schon sehr nahe waren – sogenannten Nahtoder-
> fahrenen. Folgerichtig setze ich die Seele, weil ich sie als den
> wichtigsten Teil eines Lebewesens betrachte, mit seiner gefühl-
> ten Liebe und seinem gelernten Wissen gleich.«[14]

Wir könnten nun schreiben, dass es für einen erträglichen Tod von
Vorteil wäre, nicht ein Leben lang ein kleingeistiger, lernresistenter,
boshafter und verbitterter Querulant gewesen zu sein, doch leider
gibt es keine Garantie für ein friedliches Sterben. Wir glauben allerdings, dass die Wahrscheinlichkeit dafür steigt, wenn man während
seines Lebens liebt und lernt.

Ich denke an die schmalen Lippen meiner Mutter. Den letzten Ge-
sichtsausdruck. Ihre eigene Mutter tat sich noch schwerer mit dem
Tod. Meine Großmutter starb im Heim, das katholische Haus der
Gemeinde, für die sie ihr Leben lang ehrenamtlich gearbeitet hatte.
Ich verbrachte dort die gesamte Nacht vor ihrem Tod am darauf-

folgenden Vormittag. Saß am Tisch gegenüber dem Bett und arbeitete durch, während ich sanfte Sinfonien aus der Klassiksammlung laufen ließ. Sie war schon längst »auf dem Weg«, wie Schwester Beate sagen würde, nur dass ihr Weg statt drei Stunden ganze fünfzehn brauchte. Was dort lag, war physisch meine Oma, doch auch sie wohnte nicht mehr passgenau in ihrem Körper, sondern verbarg sich hinter den Augen wie ein Kind, das man in eine dunkle Scheune gesperrt hat. Keinerlei mechanisches Gerät hielt sie noch am Leben, kein Schlauch endete in ihrem Körper außer der der künstlichen Ernährung, und doch klang das Rattern und Schnorcheln ihres Atems, als wäre es nicht mehr sie, die da mit der mechanischen Gleichmäßigkeit eines Güterwaggons Luft holte, sondern nur noch ihr Organismus, der sich im Diesseits zu halten versuchte, als ob er in Eigenintelligenz wüsste, dass er ohne die längst abflugbereite Seele eben keine Chance mehr hatte.

Ich sprach mit ihr, natürlich.

Sagte, was noch zu sagen war.

Doch ich saß auch einfach nur da und tat, was der Kern meines Wesens ist. Ich arbeitete, schrieb, las, döste sogar irgendwann zwischen 3:45 Uhr und 4:50 Uhr im Sessel, dem einzigen Originalmöbelstück, das aus ihrer Wohnung hierher transferiert worden war. Ich wusste: Das dauert. Das Rasseln und das entsetzte Gesicht waren schrecklich, doch der Mensch gewöhnt sich an alles. »Ich hätte das nicht gekonnt«, sagte mein Onkel später. Doch, hätte er.

Das rote Album mit Stoffeinband. Meine Oma als Schulmädchen. Schwarzes Kleidchen, Schultüte, eine riesige Schleife auf dem Kopf. Ob Professor Niemz Recht hat? Tat sie sich so schwer bei ihrem Tod, weil sie zwar jeden liebte, der zur Familie gehörte und ihren Erwartungen gemäß handelte, aber vielen Menschen gegenüber zu feindselig war? Musste sie fünfzehn Stunden rattern wie die erste Dampfmaschine, weil jedes »doofe Balg«, das sie im Hinterhof beschimpft, jede »Bekloppte« aus der Gemeinde, über die sie je gelästert und jeder »Ausländer«, der auch ohne persönliche Bekanntschaft ihren Unmut auf sich gezogen hatte, auf ihrem Weg ins Licht Spalier stand und sie zwang, die Welt wenigstens jetzt einmal mit seinen Augen zu sehen? Wie viele Menschen haben sich in meinem Leben angesammelt, bei deren innerem Anblick sich meine Augen in Schlitze verwandeln und mein Kiefer verhärtet? Wie lang wird mein Spalier der Enttäuschten und Verprellten sein?

Ich stelle das Album zurück in die Bücherwand und schüttele diese Gedanken ab. Es gibt etwas zu tun. Vieles. Die Wohnung meiner Eltern, in der ich gerade stehe, ist weiterhin Teil meiner Lebenslandkarte, doch ab sofort ein vollständig neuer Ort. Ein Museum der Erinnerungen. Ein Haushalt zum Auflösen. Eine Zweitwohnung in der Heimatstadt für mindestens noch drei Monate. Oder länger? Was, wenn ich ihn behalte, diesen Außenposten? Ich wundere mich über mich selbst. Woher kommt dieser Gedanke? Wieso fühlt es sich so an, als käme mir der Gedanke, die Wohnung womöglich zu behalten, weil die Wände um mich herum zu mir sagen: »Wage es bloß nicht, dich hier bloß als Verwalter aufzuspielen«?
»Ist ja gut«, erwidere ich ihnen innerlich. »Morgen ist hier erst mal Meeting mit dem Bestatter.«
Das scheint sie zu beruhigen.
Derlei morbide Konferenzen haben sie schon mehrfach erlebt.
Nur nicht mit mir als Vorsitzendem.
»Komm, trink einen Cognac«, sagen die Wände. »Mach die Vitrine auf. Nimm dir einen Schwenker. Steh nicht nur so rum, als würdest du nicht hierher gehören.«
Mein Blick fällt ins Schlafzimmer auf die gemachten Betten. Auch Vaters Schlafstatt ist bestückt, obwohl er die letzten Monate seines Lebens in einem Krankenbett im Zimmer nebenan verbracht hatte und davor im Gästebett, das man in dem kleinen Raum aus dem Schrank ausklappt. Das letzte Mal, als ich dort saß, schlug ich ihm flüsternd Sylvias Idee mit der goldenen Uhr für Mutter vor. Danach zeigte ich ihm lustige Katzenvideos auf YouTube.

In keinem dieser Betten kann ich schlafen. Und auf dem Sofa? Mit dem Kopf in der Ecke neben den *Hörzu*-Ausgaben, wo meine Mutter zuletzt mit der Decke saß, bevor die tödliche Diagnose wie eine Horde Einbrecher mit Skimasken in die Wohnung einbrach und sie aus dem Leben zerrte?

»Los, jetzt nimm schon den Cognac!«, sagen die Wände, »Mach es wie Vater.«

»Ich muss noch fahren«, erwidere ich, lösche das Licht, gehe zum Wagen auf dem nahe gelegenen Rathausparkplatz und atme frei durch bei dem Gedanken, die Nacht vor dem Bestatter-Treffen doch lieber zu Hause zu verbringen.

DIE BESTATTUNG

Warum eine Beerdigung auch Sie das letzte Hemd kosten kann, wie Bestatter die Kunst der wohlwollenden Überrumpelung perfektionieren und was Sie tun können, um Ihre Angehörigen würdevoll zu verabschieden.

DER PROFESSOR

Während meines Studiums der Germanistik bekam ich die Gelegenheit, statt trockener Kurse über grammatische Theorien oder Interpretationen alter Gedichte den Workshop eines Dozenten zu besuchen, der hauptberuflich in der Wirtschaft arbeitet. Nur ab und zu besuchte der bereits erwähnte Professor Dr. Tschauder die Universität, um uns naiven Studierenden die Realität nahezubringen. Er beriet Firmen sowie Manager, trug einen schmalen Kinnbart und einen Anzug, wie man ihn zu Meetings in Frankfurter Bankhochhäusern anzieht. Seine Uhr war groß und teuer, seine Haltung aufrecht und zugleich auf legere Weise autoritär. Die Hände hielt er beim Sprechen immer so, wie es bei uns die optimale Wirkung erzielte, ohne dass wir uns dessen bewusst gewesen wären. Selbst in den Pausen diente die Art und Weise, wie er mit uns den Small Talk führte und dabei seinen Kaffee trank, einem bestimmten manipulativen Zweck, dessen Wirkung er uns nachher im Seminar offenbarte. Die vier Wochenenden seines Workshops zur »Kunst des Überzeugens« brachten mir mehr für das Leben als all die tausend üblichen akademischen Stunden auf dem Campus. Die Arbeit, die ich für den Kurs verfasste, verwende ich noch heute als Blaupause für eigene Seminare und als Nachschlagewerk in Sachen Rhetorik und Suggestion. Sie handelt von den »vier Prinzipien der Überzeugung«, die ich anhand von Reden unseres ehemaligen Verteidigungsministers Rudolf Scharping sowie des Ex-US-Präsidenten George W. Bush praktisch in Aktion vorstelle. Reden, die 1999 und 2001 dazu gedient haben, die Kriege im Kosovo und Afghanistan vorzubereiten. Diese Methoden der Manipulation, mit denen sich Feldzüge rechtfertigen lassen, werden von Politikern genauso angewendet wie von Managern, Lobbyisten oder Abteilungsleitern. Wie gut sie allerdings auch auf die Berufspraxis von Bestattern passen – das ist das Einzige, was der Professor uns damals nicht verriet.

STRUKTUR, WENN DIE WELT AUS DEN FUGEN GERÄT

Meine Seminararbeit, die ich damals zum Thema Manipulation verfasste, trug den Titel *Struktur, wenn die Welt aus den Fugen gerät*.[1]
Struktur.
Ordnung.
Sie ist es, nach der wir uns am meisten sehnen, wenn wir den Halt verlieren. Das fruchtbarste Feld, um die Saat der Überzeugung zu säen, ist die Verwirrung. Die Unsicherheit. Das innere Chaos. Wenn der Mensch nicht mehr weiß, wo hinten und vorne ist, wenn das Herz in Schieflage gerät und selbst der Kopf des souveränsten Erwachsenen die Übersicht verliert. 2001 betraf diese Verwirrung nahezu jeden Menschen in der westlichen Welt. Als am 11. September die Flugzeuge in das World Trade Center flogen, zogen die in Schleife gesendeten Bilder uns allen den Boden unter den Füßen weg. *Jeder* weiß noch, wo er sich an diesem Nachmittag befand und was er gerade tat. Keiner vergisst die tausend Fragen, die ihm in diesem Augenblick durch den Kopf schossen. Was geschieht da gerade? Ist das wirklich wahr? Wer tut so was? Was wird jetzt aus uns allen? In Momenten wie diesen verwandeln Erwachsene sich in unsichere, ängstliche Kinder, die abwarten, bis die Großen sie an die Hand nehmen und durch den Nebel führen. Erklären, was eigentlich los ist.

Ansagen, was als nächstes zu tun sein wird. Wer in diesen Schlüsselmomenten als erster die Hand reicht und die Geschehnisse »einordnet«, definiert damit die Wirklichkeit. »Americans are asking«, sagte George W. Bush im September 2001 nur wenige Tage nach den Anschlägen, »Who attacked our country? Americans are asking: Why do they hate us? Americans are asking: How will we fight and win this war?«[2] Mit diesen paar Sätzen war die Marschroute gesetzt. Da gibt es ein Wir. Da gibt es ein Die. Und da gibt es Krieg. Das ist nicht schön, aber es ist klar. Und es hat Auswirkungen bis heute. Für uns alle.

Der Tod eines Angehörigen ist ein persönlicher 11. September.
Immer.
Ausnahmslos.

Stand man dem Verstorbenen nahe und hat man mit ihm all die letzten Weihnachtsfeste, Jahreswechsel und Geburtstage verbracht, reißt der Tod eine Lücke, in der wie in einem Spielfilm in Zeitlupe all die schönen Szenen ablaufen, die es fortan nicht mehr geben wird. Das gespiegelte Lachen in dem zum Prosten erhobenen Glas. Die Blicke zum Himmel, wenn die Rakete aus der Sektflasche zischt. Der Morgen mit der Teetasse am Fenster und er, wie er mit den Kindern draußen in der frühen Wintersonne einen Schneemann baut.

Stand man dem Verstorbenen nicht nahe und hat sich der Kontakt in den letzten Jahren auf gelegentliche Telefonate und Postkarten zu den wichtigen Festen beschränkt, reißt der Tod eine Lücke, in der all die schmerzhaften Fragen tanzen. Hätten wir es miteinander besser machen können? Ist es meine Schuld, dass wir so viel gemeinsames Leben verpasst haben? Bin ich jetzt auch einer von denen, über die sonst immer in der Nachbarschaft mit betroffenem Kopfschütteln geredet wurde: »Er war ja immer zu beschäftigt, um seine Eltern zu besuchen. Tja. Jetzt ist es zu spät.«

Stand man dem Verstorbenen nahe in Feindschaft und bestand das Verhältnis nur noch aus Streit und Konflikt, reißt der Tod eine Lücke, die mit Aufwühlung geflutet wird wie ein Schiffsdeck nach dem Bruch der Sicherheitsschotts. In den schlimmsten Momenten hat man dem nun Verschiedenen schließlich sogar den Tod gewünscht, hat man sich zumindest vorgestellt, wie einfach und stressfrei und angenehm eine Welt ohne ihn wäre, doch jetzt ist er weg, weg und wehrlos, und die erwartete Erleichterung bleibt entweder aus oder wird von Schuldgefühlen und schlechtem Gewissen begleitet.

So oder so oder so – der Tod eines Angehörigen lässt *jeden* als genau das hilflose Kind zurück, zu dem wir alle mutieren, wenn Türme fallen und eine Welt auf dem Kopf steht. Und in diesem Augenblick, »wenn die Welt aus den Fugen gerät« und wir nach nichts so sehr dürsten wie nach dem Dritten, der uns Struktur und Übersicht bringt, tritt der Bestatter auf den Plan.

FÜNFZIG PLUS

Frau Kibeck kommt immer am nächsten Morgen. So ist der Ablauf. So war es bei meiner Oma. So war es bei meinem Vater. Erst in der Nacht zuvor hat man im Zimmer des Altenheims im Sessel aus dem ehemaligen Wohnzimmer die Nacht verbracht und das grauenhaft gleichmäßige Rasseln und Röcheln in seine innere Klangdatenbank aufgenommen. Erst in der Nacht zuvor hat man seinen Vater im Zimmer des Hospizes auf die bereits kühle Stirn geküsst und danach um Mitternacht mit dem Onkel ein Bier auf ihn getrunken. Erst wenige Stunden hat man nun nach Mutters Tod sowie dem Tag in der Geburtsstadt mit Käsekrüstchen und sprechenden Wänden daheim geschlafen und ist bereits um acht Uhr wieder ins Auto gestiegen, da sitzt Frau Kibeck auch schon am Esstisch in Mutters Wohnung, meinem neuen Außenposten, und breitet die Mappe mit den Materialien und den Checklisten aus. Dazu: Ein großer Ordner mit

Entwürfen für die Trauerpost. Die übernehmen sie ebenso wie die Zeitungsanzeigen, die Floristik und die Gastronomie. Das Bestattungsinstitut Kibeck ist eine Full-Service-Agentur.

Damals, 2009 und 2011, war ich in diesen Momenten lediglich anwesend. Ich habe bloß den Kaffee angesetzt um 8:30 Uhr nach dem Aufstehen aus Mutters Bett, in dem sie mich schlafen ließ wie früher als Kind, während sie die Nacht auf der Couch im Wohnzimmer verbrachte, wahrscheinlich schlaflos, aber Decke und Kissen so drapiert, dass ich mir über ihren Zustand keine Sorgen machen musste. Ich habe den Kaffee angesetzt und bin danach in Ruhe aufs Klo gegangen. Lektüre der *Hörzu* neben der geräumigen Badewanne mit der breiten Ablage, danach warmes Wasser ins Gesicht mit duftendem Duschgel aus Mutters unerschöpflicher Sammlung in den wasserabweisenden Körben … und währenddessen das Geräusch von Ordnerpappe auf dem Holz des Büroschranks, da Mutter schon mal alle wichtigen Papiere raussuchte.

Heute aber, im Frühling 2013, bin ich selber meine Mutter. Ich habe nicht wie geplant die Nacht hier verbracht, wo die Wände einem Cognac andrehen wollen, und die Ordner, die ich wahrscheinlich hätte aus dem Büroschrank ziehen müssen, habe ich lange noch nicht gesichtet.

Frau Kibeck macht das Gesicht, das sie schon früher gemacht hat, bei Oma und bei Vater. Für eine halbe Sekunde wird mir klar, dass es ein Berufsgesicht ist, eine professionelle Betroffenheit, die nichts mit mir oder meiner Mutter zu tun hat, aber diese halbe Sekunde geht schnell vorbei und weicht wieder dem Gefühl, das mich eigentlich vollständig beherrscht: Blindes Vertrauen.
Halt.
Sicherheit.
Frau Kibeck ist die Stimme, die nun Ordnung in mein Chaos bringen wird, Struktur in die Welt, die aus den Fugen geriet. Und vor allem: Frau Kibeck und ihr Sohn begraben unsere Familie schon, seit ich denken kann. Soweit ich weiß, hat ihr Unternehmen bereits

meine Großväter bestattet, als ich noch ein Kind und ein Teenager war, und somit gehört Frau Kibeck im Grunde zur Familie, so sehr und so bedingungslos wie der Zimmermann Herr Leuchtenberg, der Mutter seit Jahrzehnten die Küchen und Türen gebaut hat, den Kleiderschrank und die Bücherwand montiert, den Laminatboden gelegt und früher das Fischgrätparkett. So sehr wie der Maler Mallach, nach dem Mutter im Hospiz in ihren vom Morphium verursachten Visionen rief, als könne er ihr schwindendes Leben neu anstreichen. Frau Kibeck meint es gut mit uns. Frau Kibeck wird mir sagen, was nun alles zu tun ist.

Merke!

Ein Dienstleister, der ein Leben lang für eine Familie gearbeitet hat, ist immer noch ein Dienstleister. Und ein Bestattungsunternehmen heißt nicht umsonst Bestattungsunternehmen und nicht etwa Bestattungsfürsorge.

Frau Kibeck spricht.

Ich sehe, wie sich ihre Lippen bewegen, und nicke.

Nicke zu den gebührenpflichtigen Sterbeurkunden, der Trauerpost in Laserprint, der Floristik und dem Kiefernsarg *Nummer 0 rustikal*, der im Krematorium zu Bielefeld mit Mutter zu Asche zerfallen wird, nachdem ihn die Gäste bei der Trauerfeier bewundern durften. Es werden sicher siebzig sein, womöglich auch achtzig, neunzig sind auch denkbar. »Wissen Sie was?«, höre ich mich sagen, »Machen Sie einfach hundert fertig.« Hundert Einladungskarten für die Trauerfeier und hundert kleine Kärtchen mit der Aufschrift »Einladung zum anschließenden Kaffeetrinken«, die den eigentlichen Einladungskarten als Extrablatt im Visitenkartenformat beiliegen. Frau Kibeck schätzt, dass – sollten alle hundert Gäste plus Begleitung kommen – allenfalls die Hälfte auch am Kaffeetrinken teilnimmt. Es ist allerdings einerlei, denn das Restaurant ist groß und durch bewegliche Wände modifizierbar und an dem geplanten Tag

nach der Trauerfeier gehört es ohnehin ganz uns. Es heißt *Himmel &*
Erde, schließt stilvoll wie schön ausgestattet direkt an den Friedhof
an und bildet mit den Büros des Bestattungsunternehmens, dem
Abschiedsraum, den Kühlungen und der Trauerhalle einen Gebäu-
dekomplex. Wie gesagt, die Kibecks sind eine Full-Service-Agentur.
»Gut, wir decken ein für fünfzig plus«, notiert sich Frau Kibeck. Das
Kaffeetrinken nach der Trauerfeier ist besonders wichtig, von allen
Familien in dieser Stadt ist mir niemand bekannt, der es nicht
durchgeführt hätte. Kaffee und Kuchen sind unabdingbar in dieser
Region, und meine eigene Mutter hat es immer im vollen Umfang
gebucht, also wer wäre ich, es zu unterlassen? Mein Onkel und
meine zwei Tanten nicken, nippen an ihren Tassen und schauen
mich an, als wollten sie sagen, dass ich ein sehr erwachsener Mensch
bin und genau das Richtige tue.

»Dann schauen wir jetzt mal nach der Gestaltung der Anzeige,
okay?«, fragt Frau Kibeck so zaghaft wie höflich, als sei dies nicht
ohnehin der nächste Programmpunkt. Der übernächste wird die
Terminabsprache mit der Trauerrednerin sein, da es für Mutter wie
für Vater trotz katholischer Konfession keinen Priester, sondern
eine weltliche Rednerin geben soll, die »Conny«, wie sie in der Stadt
alle liebevoll nennen, die »Conny«, die aus Interviews mit den Angehörigen und der Lieblingsmusik der Verstorbenen individuelle,
einzigartige Vorträge macht, die ihr Geld und den warmherzigen
Spitznamen tatsächlich wert sind. Anders als vieles, was just in diesem Augenblick, am Morgen nach dem Tod meiner Mutter, zwischen Kaffeetassen, Milch und Zucker unsichtbar auf die Liste der
Positionen rutscht, die das Bestattungsunternehmen einige Wochen
später in Rechnung stellen wird. Auf die Idee, bei diesem Gespräch
auch nur einmal nach den Kosten zu fragen, komme weder ich noch
sonst wer aus meiner anwesenden Restfamilie. Schließlich sitzt hier
nicht der Zimmermann Leuchtenberg oder der Maler Mallach, mit
dem man feilscht und handelt. Hier geht es nicht um Leben, hier
geht es um den Tod. Da spricht man nicht über Geld. Oder? Frau
Kibeck nimmt einen Schluck vom Kaffee und schlägt mit ernster
Miene den Musterordner für die Traueranzeigen auf.

FAMILIENKULTUR

»Um uns ausschließlich auf die Wünsche und Anliegen unserer Angehörigen bzw. Hinterbliebenen zu konzentrieren, haben wir unsere Forderungen im Rahmen eines laufenden Factoringvertrages an die abcfinance GmbH abgetreten. Zahlungen mit befreiender Wirkung der abgetretenen Forderung sind unter Angabe der Rechnungsnummer 130117 / C-10327-5490017 innerhalb von 14 Tagen ausschließlich auf das unten angegebene Konto zu leisten.«

So steht es auf der Rechnung des Bestattungsunternehmens, die ich einige Wochen nach der Trauerfeier für meine Mutter sowie der einige Zeit später stattfindenden Urnenbeisetzung bekam. Idiotischerweise bin ich pikiert. Die Menschen, die einem das Gefühl geben, im Grunde zur Familie zu gehören, lagern ihre Buchhaltung an eine anonyme Firma aus, die ganz bestimmt nicht zur Familie gehört und die im Falle eines Zahlungsverzuges höchstwahrscheinlich so anonym und gnadenlos auf die Begleichung der Schulden pocht wie die Inkasso-Hooligans, die in den Nachmittagsreportagen des Privatfernsehens mit Stiernacken und Unterarmtätowierung vor den Haustüren stehen. Und *warum* wird das Eintreiben des Geldes dieser GmbH überlassen? Damit sich die Bestatter »ausschließlich auf die Wünsche und Anliegen unserer Angehörigen bzw. Hinterbliebenen« konzentrieren können. Die pure Nächstenliebe. Und eine meisterhafte Rhetorik! *Unsere* Angehörigen bzw. Hinterbliebenen. Als wäre jeder Kunde, der jemanden verloren hat, tatsächlich ein Angehöriger der Bestattungsfirma und alle eine große Familie. Nur, dass Familienmitglieder selbst dann, wenn sie sich untereinander Rechnungen stellen würden, wohl kaum ein Fremdunternehmen beauftragen würden, um das Geld des Bruders einzutreiben.

Es gibt noch ein Unternehmen, das ich in meinem Leben kennen lernen durfte, in dem jedem das Gefühl gegeben werden sollte, Teil einer Familie zu sein. Eine große Werbeagentur in Berlin, in der ich ein Jahr lang arbeitete. Die einzelnen Abteilungen dieses Konzerns für gekonnte Bewusstseinskontrolle hießen nicht etwa »Abteilungen«, sondern »Familys«. Ich war Teil der »Family 4« und jeden Montagmorgen präsentierten wir wie die Familien 1, 2 und 3 unsere Kampagnen und Erfolge vor der versammelten Belegschaft, angeführt von unserem Kreativdirektor wie Fußballmannschaften von einem Kapitän. Der Wettbewerb unter den »Familien« sollte die Motivation heben und den Zusammenhalt innerhalb der Gruppen stärken. Als Agentur selbst wiederum waren alle Familien gemeinsam eine große, einzigartige Sippschaft gegen all die Spießer da draußen in der altmodischen Arbeitswelt. Eine Kommune kreativer Köpfe mit Tischtennisplatte und Kicker-Liga im Keller und begehbarem Garten auf den Dächern über Berlin, die Bionade und den Chai Latte immer zur Hand und rund um die Uhr für die Sache verfügbar. Gleitzeit statt Stechuhr, gratis Frühstücksbuffet in der Firma wie in einem guten Hotel, Pizzabestellung für alle, wenn es beim Entwerfen neuer Ideen mal wieder Nacht wurde. Wir durften denken und texten, wo immer wir wollten. Fiel uns nichts Gutes ein, setzten wir uns aufs Fahrrad oder in unsere Kleinwagen und fuhren raus zum Wannsee, nach Potsdam oder in eine Paintball-Halle zum gegenseitigen Beschuss mit Farbpatronen. Die Geburtstage eines jeden feierten wir mit Barbecue auf dem Dach oder in vom Laserlicht durchflackerten Clubnächten. Zur Weihnachtsfeier nahm die Family 4 in einem professionellen Berliner Tonstudio den alten Gassenhauer »We Are The World« noch einmal neu auf und drehte dazu ein satirisch gemeintes »Making Of«, in dem vom Praktikanten bis zum Boss alle gemeinsam kichernd Rockstar spielten. Es war eine Welt des Duzens und Geduzt Werdens, der ständigen Geselligkeit. Nur zwischendurch, manchmal, da fiel einem auf, dass man seit 74 Stunden nicht mehr die eigene Wohnung betreten, eigene Gedanken gedacht und eigene Gespräche geführt hatte, die mit dem eigenen Leben zu tun hatten und den Menschen, die *eigentlich* die eigene Familie bilden. Begann man eines Tages, darauf zu bestehen und seine ganze Freizeit eben nicht ausschließlich den Belangen der Firma zu opfern, reagierte die »Family« mit Enttäuschung und Ausgrenzung. Bekam einer der Angestellten sogar Kinder und begriff nach Jahren der ritualisierten, bonbonfarbenen Arbeitssucht erst durch sie, dass es ein Leben abseits der »Family« überhaupt gibt, war seine Karriere in dieser Branche am Ende. Die fürsorgliche Umarmung war in Wirklichkeit gnadenlose Ausbeutung.

Was in der Werbung als Prinzipien der Manipulation ganz bewusst angewendet wird, kommt im »fürsorglichen« Bannkreis der Bestatter teils von selbst zur Wirkung. Dass der Bestatter im emotionalen und logistischen Chaos nach dem Tod als erster »Strukturgeber« auftritt, liegt im Wesen seines Berufs und muss nicht absichtlich geplant werden. Interessant ist aber nun zu sehen, wie die Arbeit des Beisetzungsunternehmens auch im Weiteren auf entwaffnend selbstverständliche Weise allen »sechs Prinzipien der Überzeugung« entspricht, die der weltberühmte Psychologe Robert Cialdini einst in seinem Standardwerk *Die Psychologie des Überzeugens*[3] als Grundlage aller Beeinflussung und Bibel sämtlicher Verkäufer, Werber und Manager dargelegt hat.

1. DIE GEGENSEITIGKEIT

Wer einem einen Gefallen tut, bekommt garantiert einen Gefallen zurück. Besonders fühlen wir uns verpflichtet, Dankbarkeit für Menschen zu empfinden, die »in der Not an unserer Seite stehen« und das sogar »Tag und Nacht«. Sehr leicht vergessen wir im Falle des Bestatters, dass dies kein Freundschaftsdienst, sondern ein Job ist. Dem Notarzt, Rettungssanitäter oder Feuerwehrmann sind wir ähnlich dankbar.

2. DIE AUTORITÄT

Wer in seinem Metier ein Experte ist oder gar einen Titel hat, wird ernster genommen als ein »Laie«, selbst wenn dieser sich fünfzig

Jahre seines Lebens mit einem Thema beschäftigt hat. Im Falle des staatlich geprüften Bestatters ist sein Expertentum sogar unausweichlich wichtig. Niemand von uns kann (oder darf) einen Verstorbenen selber unter die Erde oder in die Stele bringen. Ist der Fachmann oder die Fachfrau, die uns dabei zur Seite steht, zudem noch geprüfter Thanatopraktiker (vom griechischen Thanatos, dem Gott des Todes), liegen wir ihm als Laien ohnehin längst zu Füßen.

3. DIE KONSISTENZ

Wer anderen gegenüber gewisse moralische Werte oder Prinzipien äußert, kann fortan wortlos darauf festgenagelt werden. Er nagelt sich sogar selbst darauf fest, denn keiner will vor sich selbst als Verräter dastehen. Daher interpretieren wir in unserem Leben selbst dann, wenn wir unsere Handlungsweise vollständig ändern, alle unsere Entscheidungen so, dass unser »Grundprinzip« weiterhin bestehen bleibt. Der Idealist, der als junger Mensch mit selbst kopierten Flugblättern zu Demonstrationen gegen große Konzerne aufrief und später in einem solchen Konzern Umweltbeauftragter oder Personalberater wird, sagt nicht: »Klar habe ich meine Prinzipien verraten. Hey, ich will mir eine Villa leisten können!« Er sagt: »Von innen heraus kann man in der Wirtschaft viel mehr bewegen!« Im Falle des Todes von Angehörigen werden höchste moralische Werte von vorneherein unterstellt. Schon beim Aussprechen des Beileids ist klar: Eine würdevolle, schöne Verabschiedung ist »in aller« Interesse. Was würdevoll und schön ist, bestimmt man an dieser Stelle allerdings kaum noch selbst, sondern überlässt es nahezu willenlos dem nächsten Prinzip …

4. DIE SOZIALE BEWÄHRTHEIT

Was »schon immer so« gemacht wurde und vor allem, was in der Familie / Gruppe / Gemeinde / Kleinstadt »so üblich« ist und als »angemessen« betrachtet wird, macht man zu 90 Prozent ebenfalls so. Schließlich will keiner sich nachsagen lassen, für die eigenen Angehörigen nicht »mindestens« das Gleiche getan zu haben wie »alle anderen ebenfalls«. Und was allgemein üblich ist, bestimmt wiederum der Bestatter im Fahrwasser der von ihm mitgestalteten örtlichen Tradition. Wer sonst?

5. DIE KNAPPHEIT

Je enger das Angebot, desto höher der Preis und desto zwingender die Wahl der Ware. Bestattungsunternehmen sind immer eine zwingende Wahl, denn selbst, wenn es in einer Stadt mehrere zur Auswahl gibt, bestimmen die Familiengeschichte und das Umfeld, wem hier »weiterhin« zu vertrauen ist. Denn die erste Beisetzung, die Sie organisieren müssen, ist niemals die *erste* Beisetzung.

6. DAS SYMPATHIEPRINZIP

Wen man mag, dem vertraut man. Und was ist auch so schlimm daran? Sie sind doch nett, die Menschen von der Firma Kibeck. Und sie sind selbst eine Familie. Ein Unternehmen in zwei Generationen. Sie sind besorgt. Sie sind da. Sie haben ihre Stimmen auf die Klangfarbe »Fürsorge« geschaltet. Sie mögen den Kaffee, den man serviert, und sie sagen nach jedem dritten Satz: »Wir machen das schon.« Es gibt nichts Beruhigenderes, was man in dieser Lage der Unsicherheit hören will.

UMSONST IST NUR DER TOD?

Der Betrag, den Familie Kibeck mit Hilfe der abcfinance GmbH letztlich für die Bestattung haben wollte, lautete auf € 5168,56.
In Anbetracht der Leistungen, die dafür erbracht wurden bzw. der Auslagen, die das Institut als durchlaufende Posten vorgestreckt hatte, »kein überzogener Preis«, wie uns ein Bestatter aus dem Münsterland bei der nachträglichen Recherche zu diesem Buch beschwichtigte, der anonym bleiben möchte. Nennen wir ihn an dieser Stelle Bernhard Schierbaum. Er betreibt kein Full-Service-Angebot und würde viele der von Familie Kibeck übernommenen Positionen

auslagern. Anfallen würden diese Kosten allerdings so oder so, auch wenn sich bei jedem einzelnen Posten in dieser Branche stets »ein Spielraum« gestalten ließe. Das Einbetten samt Ankleiden und hygienischer Versorgung des Verstorbenen schlägt beispielsweise bei vielen anderen Bestattern nur mit € 85,– statt mit € 195,– zu Buche und die »Benutzung der Kühlung« von der Überführung bis zur Bestattung ist für den Fall, dass der Kühlraum öffentlich gestellt wird, günstiger, als wenn der Bestatter selbst eigene Kühlungen betreibt – und diese gerne mal »zum Tagespreis eines Fünf-Sterne-Hotels« berechnet.

Alles in allem aber ist bei einer ordentlichen Bestattung immer mit € 4000,– bis € 5000,– zu rechnen, wobei die tausend Euro Differenz meistens vom Trauerkaffee in der Gastronomie herrühren. Menschen im Pflegeheim, deren Rente bis auf ein kleines Taschengeld vollständig in die Kosten ihres Aufenthalts dort fließt, dürfen übrigens auf einem gesonderten, zweckgebundenen Sparbuch maximal € 3500,– für ihre eigene Bestattung beiseitelegen.

Diese Faustregelspanne von € 3500,– bis € 5000,– für eine Bestattung gilt allerdings nur, wenn bereits ein Grab existiert, in welches der Verstorbene dann beispielsweise zu seinem Partner gebettet wird. Muss überhaupt erst mal ein Grab angemietet, ausgehoben und eingerichtet und noch dazu ein Grabstein eben nicht bloß um einen Namen erweitert, sondern vollständig neu gehauen werden, saust das Preisbarometer schnell wie der Wind auf rund € 10 000,– in die Höhe … inklusive obskurer bürokratischer Kleinbeträge wie der Gebühr für die zum Aufstellen eines Grabsteines, je nach Friedhofsordnung und Gemeinde auch mit jährlicher Standsicherheitsprüfung.

Zehntausend Euro.

Ein Krankenpfleger wie etwa der gute Rolf aus dem Hospiz verdient laut Tarifvertrag des öffentlichen Dienstes[4] je nach Einstufung brutto zwischen € 1800,– und € 2400,–. Normale Köche, Verkäuferinnen und Verkäufer im Einzelhandel oder Bürokräfte landen in vergleichbaren Regionen. Der moderne Journalist, der längst keinen festen Vertrag mehr hat, sondern seine Artikel und Beiträge zu Dumpingpreisen im Streuprinzip verkauft, hat beim Herannahen des Todes ebenso wenig zu lachen wie so mancher einfache Landarzt oder selbständige Automechaniker. Unter all den vielen Stammtischphrasen des Alltags, von denen viele tatsächlich wahr sind, gibt es keine, die mehr daneben liegen würde als »umsonst ist nur der Tod«.

Wie setzen sich die Kosten, die das Sterben so teuer machen, also zusammen und wie lauten die Punkte auf der To-Do-Liste, die ein Bestatter in seinem Handwerk zu absolvieren hat?

VERÄNDERLICHE POSTEN

Stirbt ein Mensch, muss zunächst mal ein Arzt, der seine Vorgeschichte kannte, den Tod bestätigen. In einem Krankenhaus oder Hospiz ist das kein Problem, da der Gast oder Patient schließlich aufgrund seiner tödlichen Erkrankung eingeliefert wurde. Bei einem natürlichen Tod daheim muss der jeweilige Hausarzt oder irgendein anderer Mediziner, der mit der Krankengeschichte vertraut war, den Tod amtlich bezeugen. Sollte aufgrund widriger Umstände (Ferien, Krankheit, Praxispleite) kein Doktor verfügbar sein, der den Verstorbenen und seine Akte kannte, trägt ein herbeigerufener Notarzt automatisch »unbekannt« als Todesursache ein und es wird augenblicklich die Polizei eingeschaltet. Das kann zu unangenehmen Situationen führen, schließlich will selbst der staatstreueste Bürger nicht unmittelbar nach dem Tode eines lieben Menschen die Kripo auf der Schwelle stehen haben. Es ist jedoch sinnvoll und unausweichlich, da nur so sichergestellt werden kann, dass tatsächlich alles mit rechten Dingen zuging und der Tod eines Gatten beispielsweise nicht zum Zwecke der Lebenserleichterung der geplagten Ehefrau herbeigeführt wurde. Ist der Tod amtsärztlich festgestellt, holt der Bestatter den Leichnam ab, um ihn in das jeweilige Friedhofsinstitut zu überführen, wo später die Aufbahrung im Abschiedsraum sowie die zwischenzeitliche Kühlung stattfindet. Diese Abholung kann im bereits endgültigen Sarg oder im aus manchen Krimiserien bekannten schwarzen Hartschalen-Koffer geschehen, dem sogenannten »Bergungssarg«. Im Abschiedsraum wird der Leichnam mit Decke, Kissen und auf den Rand des Sarges getackertem Spanntuch (damit es nicht einsackt) aufgebahrt, so dass Angehörige, Freunde und Bekannte bis zum Tage der Trauerfeier und Bestattung noch individuell Abschied nehmen können. Handelt es sich um eine klassische Erdbestattung, bei der nach der Trauerfeier sofort der Gang zur Grabstelle folgt, gehört beispielsweise auch das Besorgen von sechs Sargträgern zu den Aufgaben des Bestatters, was sich häufig schwieriger als gedacht gestaltet. Da man den direkten Angehörigen selbst diese Aufgabe selbstverständlich nicht zumutet, sind es traditionellerweise kräftig gebaute Nachbarn, die den Verstorbenen schultern – da die meisten Beisetzungen allerdings tagsüber in der Woche stattfinden, bleiben hier mangels Urlaubstagen häufig nur rüstige Rentner übrig, die diesen letzten Dienst für ein (steuerlich absetzbares) Handgeld von im Münsterland zwanzig Euro verrichten. Hat der Verstorbene sich dafür entschieden, lieber verbrannt und später in der Urne beigesetzt oder per Seebestattung im Meer verstreut zu werden, organisiert der Bestatter den Transport zum Krematorium und verkauft den Angehörigen zusätzlich zum in diesem Fall meist einfachsten Sarg eine motivisch zum Verstorbenen passende Urne, an der sich jedoch wenig verdienen lässt. Die zunehmende Neigung der Deutschen, sich nach dem Tode gnadenlos verfeuern zu lassen, bereitet den Bestattern daher auch Kopfschmerzen, denn »im Grunde«, so Bernhard Schierbaum, ist trotz allen Spielraums bei frei interpretierbaren Positionen wie »Reinigung und Desinfektion« einer Trage für € 74,– oder satt berechneten Fahrt- und Personalkosten für die Überführung »unterm Strich nur mit einem einzigen Posten wirklich Geld zu verdienen, und das ist der Sarg«. Alles andere, so der Münsterländer Bestatter weiter, der bereits weit über tausend Beisetzungen organisiert hat, »sind letztlich bloß durchlaufende Posten«.

Doch genau hier bestünde seitens des Bestatters die Pflicht, die Angehörigen bereits bei der ersten Besprechung klar und deutlich darüber aufzuklären, was da später auf sie und ihr Konto zukommt und vor allem – aus welchen Posten genau sich der gesamte Prozess eigentlich zusammensetzt.

Denn wer sagt eigentlich, dass eine große, professionelle Trauergastronomie mit fünfzig Gästen sein muss, bei der jedes einzelne Gedeck € 14,50 kostet und sämtliche Biere, Apfelsäfte und stille Wasser noch einmal extra berechnet werden? Wo steht geschrieben, dass man nicht genauso gut ins Haus oder in die Wohnung des Verstorbenen einladen, die Kaffeemaschine anwerfen und für fünfzig Gäste beim örtlichen Bäcker Kuchen und Teilchen kaufen kann, die dann dort verspeist werden, wo jeder Gegenstand Anlass zu gemeinsamen Erinnerungen gibt? Würde dieser Anblick dem Verblichenen nicht gefallen?

Wer sagt, dass Trauerpost in Laserprint auf Hochleistungspapier samt Gestaltung für weit über fünf Euro pro Umschlag (ohne Briefmarke) vom Bestattungsinstitut oder einem von ihm beauftragten Fremdanbieter produziert werden muss? Womöglich hat man selber einen Menschen in der Verwandtschaft, der sich mit Design auskennt und der mit Hilfe seines für € 329,– erworbenen, tonnenschweren Epson AcuLaser schon Einladungspapiere für Hochzeiten, Jubiläen und Firmenfeste im ganzen Dorf produziert hat?

Wer sagt, dass eine professionelle Rednerin oder ein professioneller Redner die letzten Worte zum Leben des Verstorbenen schreiben und vortragen muss? Zwar sind diese Menschen meist mit wirklicher Empathie bei der Sache und angesichts des Gesamtaufwandes von Gesprächen mit den Angehörigen, Schreiben der Rede und Vortragen am Trauertag mit rund € 300,– für alles unschlagbar wertig, doch selbst hier gibt es kein Gesetz, das verbietet, der Familie und den Freunden selbst die Gelegenheit für letzte Worte zu lassen.

Zugegeben: Viele Menschen sind froh, all diese Aufgaben auslagern zu können. Allein die Vorstellung, anlässlich eines selber ausgerichteten Empfangs die ganze Wohnung des Verstorbenen erst mal auf Vordermann bringen zu müssen oder bei privater Trauerpost-Erstellung zwischen Grafiker, Papierbedarfsladen und Post hin- und herzueilen, mag die Mehrheit dazu bewegen, die Kosten aufzubringen, die von dieser Logistik entlasten. Das ist in Ordnung. Nicht in Ordnung ist, dass manche Bestattungsinstitute die Alternative gar nicht erst denkbar machen und so tun, als sei Selbermachen an dieser Stelle außerhalb jedes zivilisierten Horizonts. Dabei spart es denen, die auf den Euro achten müssen, nicht nur Geld, sondern hilft auch jenen, für die Aktionismus, Aktivität und persönliche Beteiligung an allen Schritten bereits zur Trauerarbeit gehört.

Merke!

Haben Sie den Mut, sämtliche ver-
änderlichen Elemente der Bestattung
im Zweifel selber zu übernehmen.
Sei es aus finanziellen Gründen oder
sei es, weil diese Variante für Sie
persönlich angemessener wäre.

Geht man in den Elektromarkt, um sich einen neuen Drucker, eine neue Waschmaschine oder ein kleines Notebook für unterwegs zu kaufen, stellen einem die Verkäufer in 90 Prozent der Fälle sämtliche Alternativen vor. Obschon ein Saturn, ein Media Markt und erst Recht ein kleiner, lokaler Electronic Partner zwingend Geld verdienen müssen, kommt es häufig vor, dass ein Satz fällt wie: »Also, wenn Sie mit dem Gerät nur *das* machen müssen, ist es sinnlos, die ganz große Kiste zu kaufen. Da reicht die kleine Variante vollkommen.«
Nicht nur Händler, sondern sogar Dienstleister bieten verschiedene mögliche Versionen ihrer Arbeit an, sei es ein Landschaftsgärtner, der »bei der Wahl der Bodendecker noch was machen kann«, oder ein Automechaniker, der statt Originalteilen auf die Möglichkeit von

Nachbauten oder gebrauchten Stücken vom Verwertungshof aufmerksam macht. Da stellt sich doch die Frage: Wenn schon Angestellte profitorientierter Massenhändler oder Dienstleister an Haus, Auto und Garten wie selbstverständlich je nach Kunde und Zweck freiwillig die günstigere Alternative anbieten, wieso stellen Bestatter die verschiedenen Möglichkeiten nicht einmal zur Disposition?

Der Buchautor und Sachverständige für Bestattungen Peter Wilhelm schreibt in seinem beratenden Weblog:

>»Deshalb ist es wichtig, daß man den Bestatter – als denjenigen, der alle Kosten und Positionen kennt – auffordert, aufzulisten was KOMPLETT auf einen zukommt. Inklusive sämtlicher Gebühren für das Grab, die Verwaltung, Blumen, Zeitung und Trauerdruck. (…) Nur so kann man die ganze Zeit über einen Überblick behalten und wird dann hinterher nicht überrascht vom Stuhl fallen, wenn die Rechnungen eintreffen.«[5]

Als ich Frau Kibeck im Nachhinein darauf ansprach, wieso sie beim Meeting am Nussbaumtisch meiner Mutter zwischen Bücherwand und Gläservitrine nicht einfach mal darauf aufmerksam gemacht hat, dass ich für die Begleichung der Gesamtrechnung später fünfeinhalbtausend Euro berappen muss, antwortete sie ebenso empört wie pikiert: »Herr Uschmann, ich habe früher schon versucht, die Familien bei der Konsultierung auf die kommenden Kosten aufmerksam zu machen, und wissen Sie, was dann passiert ist? Sie waren beleidigt und gekränkt, als ob ich ihnen unterstellen würde, arm zu sein und es sich nicht leisten zu können.«

Eine Haltung, die Bernhard Schierbaum nicht verstehen kann. »Es lässt sich zwar nicht alles bis auf den Euro genau abschätzen, aber die grobe Richtung muss ein Bestatter von sich aus angeben.« Anders als ich hätte allerdings auch mittlerweile »jeder zweite Kunde den Mut, danach zu fragen«.
Gut so.

Angesichts der Tatsache, dass der Tod unausweichlich ist und außer Großverdienern niemand in diesen Zeiten den Spielraum hat, stets tausende von Euro unangetastet beiseite zu legen, empfiehlt sich der Abschluss einer Sterbegeldversicherung oder eine Mitgliedschaft in der *Notgemeinschaft am Grabe*.[6] Zahlt man hier beispielsweise ab dem 35. Lebensjahr monatlich € 5,90 ein, würden die Angehörigen selbst im Falle eines morgigen Verscheidens bereits € 3719,65 für die Bestattungskosten ausgezahlt bekommen.

Für den Fall, dass weder der Verstorbene selbst irgendwo Erspartes liegen hat noch irgendjemand greifbar ist, der die Bestattungskosten tragen kann (so etwa häufig im Falle von Pflegebedürftigen ohne Familie), zahlt das Ordnungsamt dem Bestatter € 1250,– und die Gemeinde stellt eine anonyme Grabstelle für ein Urnengrab. In diesen Fällen wird *immer* eingeäschert, selbst wenn der letzte Wille dies ausdrücklich verbietet. Wo keine Kohle ist, wird Asche sein.

DER ENTWAFFNENDE PETER

Ich sitze in der ersten Reihe der Trauerhalle und halte Hände. Oder Hände halten mich. Rechts mein Onkel, links meine Oma väterlicherseits. Sie ist 91 Jahre alt und kann nicht fassen, dass hier ständig alle vor ihr sterben. Die Halle ist voll. Verwandtschaft, Freunde, Arbeitskollegen. Von schräg rechts stechen mir die bösen Blicke von Evi und Lennart in den Nacken. Die gute Frau Schümers, die es verdient hätte, statt ihrer in einer der vorderen Reihen zu sitzen, hält sich bescheiden im Hintergrund. Vorne malt Trauerrednerin Conny ein Bild meiner Mutter in ihren letzten Wochen, das ich in einem Einzeltreffen mit ihr konturiert habe. Nur sie und ich, ohne weitere Familie, die ihren eigenen Termin bei ihr bekam. Während sämtlicher Gespräche hat sich die Frau nicht eine Notiz machen müssen. »Ich forme die Rede im Kopf«, sagte sie und behält Recht. Was sie sagt, ist kein unpersönlicher Kitsch, sondern so nahe an der Wirklichkeit der letzten Wochen, wie es für das Publikum gerade noch erträglich sein kann. Sie inszeniert meine Mutter als Kämpferin, die nicht loslassen und nicht hinnehmen konnte, was mit ihr geschieht. Die noch viel vorgehabt hätte. Die sich nicht fügte. Man hört das selten in dieser Deutlichkeit und jeder hier hört es gerade anders. Ich sehe die Diskussionen mit Nachtschwester Renate vor mir und das Gerangel um das Gitter am Bett. Einmal, fällt mir wieder ein, machte meine Mutter eine Sprechpause, sah Renate lang und vorwurfsvoll an und sagte dann: »Nein. Ich hatte mir das hier alles ganz anders vorgestellt.«

Der Sarg meiner Mutter ist geschlossen und blumengarniert. Davor steht ein gerahmtes Foto. Ich habe den ganzen Tag noch nicht geweint, anders als bei der Trauerfeier für meinen Vater im gleichen Raum, bei der ich keine Sekunde mit dem Schluchzen und Schnorcheln aufhören konnte. Mein anderer Onkel, seine Frau und ihre Tochter, also meine Cousine, sind gekommen. Der lange Zeit abgetrennte Teil der Familie, den ich wieder besucht und eingebunden habe, auch wenn dieses Land für meine Mutter tabuisiertes Territorium war. Ich beginne, mich zu fragen, was die vielfältige Kohorte an Besuchern denken mag, wenn ich nicht langsam anfange, meinen Schmerz öffentlich zu machen. Ein Gedanke, der auf sicherem Wege dazu führt, dass man erst recht versteinert. Conny kommt ans Ende eines Sinnabschnitts ihrer Rede und ein Lied von Peter Maffay beginnt. Es ist nicht das erste heute, und ich sollte mich nicht wundern, denn immerhin habe ich sie ausgesucht. Doch wo »Ich seh dich« – Maffays groß angelegte Ansprache an den Herrgott – mich nur ein wenig fester in den Stuhl gedrückt hat, zieht mir das Stück, das jetzt beginnt, im Bruchteil einer Sekunde die Schuhe aus. Es ist »Ich wollte nie erwachsen sein« aus *Tabaluga,* und schon während der ersten paar Worte schießen Tränen und Laute aus mir heraus, die alle in der Halle innerlich zusammenzucken lassen.

»Ich wollte nie erwachsen sein
Hab' immer mich zur Wehr gesetzt.
Von außen wurd' ich hart wie Stein
und doch hat man mich oft verletzt.«

Ich sehe meine Mutter vor mir, wie sie als Teenager dazu gezwungen wurde, sich viel zu früh um ihren kleinen Bruder zu kümmern. Wie sie die Rolle der armen ausgebeuteten Kümmerin, die sich aufopfert und dafür nach und nach immer mehr absolute Folgsamkeit verlangt, aufgedrückt bekam. Wie sie eigentlich immer ein anderes Leben wollte.

»Irgendwo tief in mir bin ich ein Kind geblieben.
erst dann, wenn ich's nicht mehr spüren kann,
weiß ich, es ist für mich zu spät,
zu spät, zu spät.«

Das erste Mal habe ich dieses Lied auf dem Schoß meiner Mutter gehört, zwischen den Grastapeten der alten Wohnung, die Kassette in der Stereoanlage aus den Siebzigerjahren. Solange ich ein Kind blieb, war alles gut.
Doch jetzt ist alles zu spät, zu spät, zu spät.

Durchgeschüttelt von Erdbeben, die ich sonst magmakerntief in mir begrabe, zucke ich in der ersten Reihe herum und denke nicht mehr darüber nach, wie die Leute mich bewerten oder beobachten mögen. Heule, heule, heule, während Peter Maffay seine von Rolf Zuckowski geschriebenen Worte singt, die ich als erwachsener Mann und erfahrener, harter Rockjournalist eigentlich kitschig finden müsste, und drücke die Hand meiner Oma, die zwei Jahre zuvor schon ihren Sohn beerdigen musste.

BLOSS NICHT DEN BETRIEB AUFHALTEN

Eine Position, die mir Familie Kibeck nach meiner Beschwerde im Nachhinein als Kulanz erließ, war die »Aufbahrung im Abschiedsraum« für € 66,–. Den Grund dafür stellte vor allem die Tatsache dar, dass niemand, aber auch absolut niemand diese Chance zu einer wirklich ruhigen Minute mit dem Leichnam meiner Mutter nutzte. Dabei wäre speziell sie eine klassische Kandidatin für wahre Besucherschlangen gewesen. »Frau Uschmann« oder »die Uta« kannte jeder in dieser Stadt. Ihr ganzes Leben verbrachte sie hier, angefangen von der Ausbildung als Vierzehnjährige (!) in einer Firma für Brunnenbau bis hin zu ihren letzten ehrenamtlichen Leseförderstunden für benachteiligte Kinder, die ihr noch vor zehn Wochen eine rührende Genesungskarte gesendet hatten. Dazu enge wie weite Freundinnen und Bekannte aus allen Ecken der Welt. Die Familie, der engste Kreis, hat in den Tagen vor der Trauerfeier längst Abschied genommen, aber für all die anderen, die nicht zugegen waren, als Schwester Beate den letzten Weg ansagte und schon mal die Rosenblätter zupfte, ist so ein Aufbahren gedacht. Damit sie in aller Ruhe einen Abschluss finden können, die Freundinnen und Kolleginnen, ungestört und in persönlicher Eigenzeit, seien es zehn Sekunden oder zehn Minuten.

Aber: Sie bleiben fern.

Ein typisches Symptom unserer Gesellschaft, die mit der todernsten Sache des Sterbens ungefähr so gut umgehen kann wie ein pubertierender Teenager mit einem Heiratsantrag.

Merke!

*Die schlimmste Diskriminierung
findet gegenüber Menschen statt,
die einen peinlich betroffen machen
oder den Betrieb aufhalten.*

Kranke.
Alte.
Sterbende.
Verstorbene.
Sie sind unerträglich für die meisten. Weil sie das Tempo rausnehmen, in das wir uns hineingetaktet haben. Weil sie uns Tage, Wochen und Monate aus dem eigenen Leben ziehen und uns dazu

zwingen, uns an Orten aufzuhalten, die verdrießlich stimmen, und uns mit Themen auseinanderzusetzen, die man nicht einfach so ironisch wegwitzeln kann. Vor allem aber auch: Weil sie unsere eigenen Probleme relativieren.

Denn Schmerz ist ebenso subjektiv wie real.

Hat ein Mensch »Sorgen«, weil sein Job ihn auffrisst und mit Anforderungen konfrontiert, denen er nicht gewachsen ist, ist das für ihn schlimm. Ist ein Geschäft zerbrochen und das Konto rast in die roten Zahlen, ist das schlimm. Ist ein Herz zerbrochen und die Seele rast in die roten Zahlen, ist das noch schlimmer. Springt ein Frankfurter Investmentbanker vom Hochhausdach, weil er sich die Schande ersparen will, seiner Freundin vom Rauswurf aus der Firma zu berichten, bleibt er auch dann ein Brei auf dem Asphalt, wenn die somalischen Flüchtlinge in den Lagern von Dadaab sachlich betrachtet weitaus größere Probleme haben. Die Sorgen des Bankers waren *für ihn* der Untergang seiner Welt und keine Nachrichtenmeldung hungernder Afrikaner hätte daran etwas ändern können.

Nein, die nicht.

Aber vielleicht ein Besuch beim krebskranken Kollegen Rainer, früher ein Baum von Mann, der am Wochenende Überlebenstraining für die ganze Abteilung organisierte und in den durchgearbeiteten Nächten über den Dächern der Metropole das Potential von Facebook als zukünftigem Aktienunternehmen schon erkannte, als die meisten auf dem Monitor gerade erst das letzte Mohrhuhn abgeschossen hatten. Rainer, der dieses Überlebenstraining nicht mehr bestehen würde. Eine Stunde an seinem Bett hätte dem Banker seine eigenen »Sorgen« ohne Ausweg vielleicht relativiert. Eine Stunde, und er hätte das Hospiz verlassen müssen mit der verdammten Pflicht, seinen Schmerz, seinen Stress und seine Schande um ein paar ganz gewaltige Klassen herunterzustufen.

Und genau das wollen wir nicht.

Wir hassen es, wenn das harte Schicksal anderer unser eigenes Leid relativiert. Wenn unser Schmerz, der uns antreibt und definiert, der uns den allabendlichen Griff zur Bierflasche erlaubt oder die heillose Unordnung in der Wohnung, das frivole Fressen ganzer Pizzaberge und das Töten von Kohorten auf unserem Computer ... wenn dieser, unser Schmerz im Vergleich zu den Schmerzen eines Sterbenskranken plötzlich dasteht wie die albernen Problemchen eines Teenagers. Zum Kotzen!

Menschen müssen nicht einmal sterben, damit wir plötzlich ihre Gesellschaft meiden. Rollstuhl reicht auch, Lippenbekenntnisse und Antidiskriminierungsgesetze hin oder her. Oder Scheidung: Hat ein Ehepaar über Jahre hinweg *einen* gemeinsamen Freundeskreis gehabt, wird es nach der Trennung keine Treffen in der Gruppe mehr geben. Niemand möchte es sich antun, am Wochenende auch nur eine Sekunde betretenes Schweigen aufkommen zu lassen oder sich ein Kursbuch zur Navigation rund um »brisante« Themen anlegen zu müssen, die in Anwesenheit beider »Ex«-Ehepartner sorgsam umschifft werden müssen. Im Ergebnis wird mindestens einer der beiden den Freundeskreis auf immer verlassen, da nur so der Andere eine Chance hat, sein Kainsmal als »Geschiedener« endlich ablegen zu können. Und blieb man damals in der Schule sitzen, wurde man von denen, die weitergekommen waren, ebenso mit Befremden betrachtet wie von denen, in deren Stufe man von oben heruntergerutscht war.

Wir wollen nicht aufgehalten werden.
Mit Freundschaftsdiensten, ja.
Mit Umzügen, gut, da gibt es Würstchen und Bier, und es ist schnell vorbei.
Mit kleinen Sorgen, lösbaren Problemen, okay, da gibt es Trostkuchen und Wein, auch wenn es länger dauert.
Aber nicht, bitte nicht, mit ausweglosem Ernst.

Als mein Großvater mütterlicherseits starb, hielt man mich vom Leichnam sorgfältig fern. Das sollte ich nicht sehen, das müsse man mir nicht zumuten. Kinder und der Tod, das geht nur in Comics oder Filmen, die heute ab sechs Jahren freigegeben sind und vor zwanzig Jahren noch ab zwölf gewesen wären. Der Tod ist ein Cartoon, allenfalls. Und häufig nicht mal das. Zu Halloween 2011 zogen Sylvia und ich weiße Metzgerkittel an, beschmierten große Küchenmesser mit dunkelroter Marmelade und bereiteten auf einem Tablett *abgeschnittene Finger mit Blutschorf* vor, optisch eindrucksvoll aus Marzipan, Mandelhälften als Fingernägeln und der dunkelroten Marmelade als Blut hergestellt. Wenn Kinder klingelten, um Süßes zu fordern, sagten wir, dass sie genau zur richtigen Zeit kämen, da wir gerade Menschen schlachten. Die meisten lachten, doch ein kleiner Junge war aufrichtig entsetzt. Mit großen Augen sah der kleine Junge zu uns auf und sagte im Brustton der Überzeugung: »Stimmt nicht! Menschen kann man gar nicht umbringen!« Die Mutter, sicherlich Urheberin dieser Annahme im kleinen Vorschulkopf, widersprach nicht. Eine sinnvolle Art und Weise, den Nachwuchs auf die Welt vorzubereiten.

Ein vergleichsweise gesundes Verhältnis zum Tod haben die alteingesessenen, traditionellen Bauernfamilien. Stirbt ein alter Mensch auf einem Hof im Münsterland – und er *wird* nach Hause geholt, statt im Hospiz oder Hospital den letzten Weg zu gehen –, versammelt sich nach dem Verscheiden in aller Ruhe die gesamte Großfamilie bis runter zum Urenkel. Niemand ist hier »zu jung«, um den Leichnam zu sehen, und müssen ausgewanderte Verwandte aus fernen, fremden Ländern wie Brasilien, Belgien oder Bayern anreisen, nutzen die Familien die gesetzlich erlaubte Zeitspanne, in der ein Verstorbener zu Hause liegen bleiben darf (36 Stunden) gnadenlos aus. Will sagen: Diese Menschen haben nicht mal ein Problem damit, noch eine Nacht im gleichen Gebäude zu schlafen, in dem eine Wand weiter ihr verstorbener Vater liegt. Eine Vorstellung, welche die meisten Städter in heilloseren Grusel versetzt als eine ganze Kinonacht mit Folter-Sadismus-Filmen wie *Saw* oder *Hostel*. Eine ganze Horrorgattung mit dem Namen »Torture Porn« können die modernen, westlichen Menschen erfinden, verwandelt sich jedoch ein realer Mensch in einen Leichnam, nehmen sie Reißaus wie bei Spinnenbefall und sind unfähig, den Raum zu betreten, bevor der Kammerjäger, pardon, der Bestatter kommt.

Es gibt neuerdings Versuche, einen offenen Umgang mit dem Sterben zu finden, der weder die Religion bemühen muss noch sich in grauenhafter, scheinbar kathartischer Angstabwehr durch fiktive Gewaltorgien flüchtet. Das vorliegende Buch ist ein solcher. Herausragende, vollkommen anders gestrickte Titel wie *Geschichten vom Sterben* (John von Düffel & Petra Anwar)[7] oder *Sterben für Anfänger* (Susanne Conrad)[8] ebenfalls. Kristian Gidlund, Schlagzeuger der schwedischen Rockband Sugarplum Fairy, führte vom Zeitpunkt seiner Magenkrebsdiagnose an bis zu seinem Tod ein offenes Internet-Tagebuch mit dem Titel »I Kroppen Min« (»In meinem Körper«)[9], das in Schweden bis zu 650 000 Leserinnen und Leser erreichte. Ob die Verarbeitung des eigenen Sterbens als Theaterstück (Christophs Schlingensiefs »Krebs-Oper« *Mea culpa*) oder gefeierter Dokumentarfilm (Farrah Fawcetts *Farrah's Story*), vor deren Premieren rote Teppiche ausgerollt und im Blitzlichtgewitter Sektflöten gefüllt werden, eher geschmacklos oder sogar noch hilfreicher ist als die eher intime Lektüre von Büchern und Blogs, steht freilich zur Diskussion. Sicher ist nur: Das Bedürfnis der Betroffenen, den eigenen Verfall mit der breiten Öffentlichkeit zu teilen, was mittlerweile auch bei Nichtprominenten mit Hilfe von Internetvideos geschieht, ist nicht zwingend unanständig oder unnatürlich. Es wird lediglich unserem Zeitgeist gemäß als Übergriff wahrgenommen. »Bis ins 19. Jahrhundert starb man öffentlich«, schreibt der französische Soziologe Philippe Ariès in *Geschichte des Todes*.[10] »Nahezu jeder durfte das Sterbezimmer betreten. Heute ist die denkbar realste Aussicht, in der Einsamkeit eines Krankenzimmers zu sterben.« Oder als Leichnam aufgebahrt im Abschiedszimmer vergeblich auf die Feiglinge zu warten, die nur am geschlossenen Sarg Abschied nehmen können …

DIE HOCHHAUSSIEDLUNG

Zur Urnenbestattung einige Wochen nach der großen Trauerfeier ist nur ein kleiner Kreis erschienen. Auf dem Weg zu den großen, massiven, in einem sanften Halbkreis aufgestellten Stelen schreite ich als erster hinter dem Bestatter, der die Urne trägt, und Rednerin Conny, die gleich noch ein paar Worte sagen wird. Ich halte den Kopf gerade und gesenkt, doch aus den Augenwinkeln betrachte ich die klassischen Erdgräber. Gepflegte Krume, zarte Bepflanzung, dekorative Trittsteine, wohlgeschnittene Buchsbaumhecken und diese wunderbaren, alten Lampen aus schwerem Guss, deren kleine Türchen quietschen, wenn man ein frisches Grablicht hineinstellt. Die Lampe meiner Eltern ist klein und klebt in Kopfhöhe an der Tür der Stele. Daneben hängt ein Halter für eine winzige Ein-Blumen-Vase. Wie eine Hochhaussiedlung, denke ich im Stillen. Meine Eltern haben Nachbarn. Über sich, unter sich, neben sich.

Conny spricht.
Knapper und entschärfter als bei der Trauerfeier. Heute wollen wir niemanden mehr aufregen. Natürlich steht im Restaurant wieder die Kaffeetafel bereit, doch nicht die Aussicht auf Käseschnittchen und Sahnekuchen tröstet mich in dieser Stunde, sondern das Vorhaben, nachher in aller Ruhe über den Friedhof zu wandern und *echte* Gräber zu besuchen. Ich habe rote Grablichter, ein ganzes Dutzend davon. Sie sind das erste, was mir ins Auge fiel, als ich einen Blick in den Keller der Wohnung warf, die ich aufzulösen habe. Zwei Sechserpacks originalverschweißte Grablichter: Das erste, was ich aus diesen Wänden entfernte, um es sinnvoll einzusetzen. In zwei Stunden, wenn die Kaffeegesellschaft sich aufgelöst hat, werde ich zum Wagen gehen und diese Lichter verteilen. Auf dem Grab meiner Oma und meines Opas natürlich. Zwischen den exzessiv gepflanzten Bodendeckern auf der Ruhestätte meines ehemaligen Schulfreundes Thomas, der damals in der neunten Klasse als Leukämiekranker zu uns kam und mit dem sich außer mir niemand

abgeben wollte, da keiner eine Freundschaft mit eingebautem Verfallsdatum erträgt. Danach werde ich meine Taschen voller Lichter auf fremden Gräbern leeren. Werde überall dort, wo die Kerze ausgebrannt ist oder schon lange keine mehr hingestellt wurde, das gusseiserne kleine Törchen öffnen und zum Anzünden des Lichtes in die Hocke gehen, wie es sich verdammt noch mal gehört!

Conny spricht.
Ein paar Worte über das Motiv auf der Urne und der Gedenkplatte auf dem Schrank aus Granit. Über die *Spuren im Sand*. Gemeinsam beginnen wir, zu beten. Jeder für sich, in stillem Gedenken. Ich falte die Hände und bitte darum, dass meine Eltern tatsächlich gemeinsam in ihrem »eigenen Himmel« am Strand spazieren gehen und dass die Wahl des Motivs auf Urne und Platte womöglich sogar mit dafür sorgt, dass dies tatsächlich geschieht, weil sie dem großen Quantenfeld ein Signal sendet. Kann ja sein. Zugleich fluche ich innerlich über Mutters Wunsch, sich mit der Urne in einen Schrank stellen zu lassen, der noch dazu am äußersten Rand des Geländes steht. Rauscht man mit dem Auto am Friedhof vorbei, fällt der Blick auf den Rücken der Stelen. Der vierte Stock, in dem meine Eltern stehen, ragt noch dazu ungemütlich über die Mauer hinaus. Nichts gegen das Verbrennen, denke ich, während alle die Köpfe gesenkt lassen und vorsichtig nachschauen, wann der erste ihn wieder hebt, aber Tote gehören in die Erde. Oder ins Wasser. Sie sollten wieder eins werden mit einer Ursubstanz von Mutter Natur und nicht in 1,80 Meter Höhe ohne Hoffnung auf Verfall in einem Schrank lagern, als wäre immer noch nicht Ruhe, sondern nur eine gewisse Archivierungszeit angebrochen.
Der Friedhof ist bis heute einer meiner Lieblingsorte in dieser Stadt, weil er sich nicht verändert und niemand das Recht hat, seinen uralten Baumbestand anzutasten, um einen Parkplatz für einen Großmarkt zu bauen oder Kleiderständer mit flammenden Tigern aufzustellen. Es gibt Ecken auf diesem Friedhof, die sind absolut mystisch. Verborgen in geheimnisvollen Winkeln und beschützt

von Ulmen und Eichen, die derart alt sind, dass sie schon hier gestanden haben, als Goethe in Weimar seinen Werther niederschrieb. Und was macht Frau Uschmann? Sie bezieht mit ihrem Mann den Betonbau an der Außenmauer!

Da niemand den Kopf hebt, räuspert sich Conny und leitet zum Abschluss der Zeremonie über. Ein letztes Mal tritt jeder Anwesende zur Stele vor, dann knirschen Slipper und Wanderschuhe Richtung Gasthaus. Ich lasse meinen Blick über die anderen Gedenkplatten streifen und lese die Namen sämtlicher neuer Nachbarn meiner Eltern. In meinem Rücken lässt der Wind seine Finger durch die 250 Jahre alten Baumkronen fächern. Viel zu weit weg.

STUNDENGLAS UND STREUSAND

Das entscheidende Kriterium für die Art und Weise der Bestattung ist der letzte Wille des Verstorbenen. Unbestritten. Da auch Sie eines Tages der Verstorbene sein werden, machen Sie sich schon jetzt Gedanken darüber, welche Optionen Sie sich und Ihren Angehörigen eröffnen wollen. Neben der klassischen Bestattung im Erdgrab (als Leichnam oder Asche) sowie dem Bezug einer Stele sind in Deutschland der Friedwald[11] und die Seebestattung[12] die meistgewählten Alternativen. Im Friedwald wird die Asche in einer biologisch abbaubaren Urne direkt an den Wurzeln »Ihres« Baumes beigesetzt. Der Mensch wird nicht nur wieder eins mit der Natur, sondern nährt gewissermaßen die Vitalität eines Jahrhunderte überdauernden Lebewesens. Für naturverbundene Menschen eine ebenso tröstliche wie romantische Konzeption. Bei einer Seebestattung (die früher übrigens nur für Menschen erlaubt war, die ein Leben lang mit der See zu tun hatten) verabschiedet man den Verstorbenen nach dem zu Wasser Lassen der Urne mit dem Dippen und Hissen der Flagge sowie dreimaligem Ertönen der Schiffshupe, dem Signal für eine gute Reise.

Zu den noch exotischeren Bestattungsformen gehören die bei Freunden der Berge beliebte Almwiesenbestattung sowie die Felsbestattung. Ehemalige Piloten oder Hobbysegler können mittels der Flugbestattung ein letztes Mal abheben. Die Amerikaner bieten solventen Kunden sogar bereits eine Weltraumbestattung an. Der Schauspieler James Doohan alias »Scotty« aus *Raumschiff Enterprise* wählte stimmigerweise diese Variante. Unabhängig von der Bestattungsart ist es zudem möglich, aus einem kleinen Teil der Asche des Verstorbenen einen Diamanten pressen zu lassen und ihn somit ein Leben lang bei sich zu tragen.[13]

Grundsätzlich sollte für Bestattungen das gleiche gelten wie für Hochzeiten.

Lassen Sie sich nicht davon einengen oder einschüchtern, was »üblicherweise« in der Gesellschaft oder der Familie als »angemessen« gilt. Weder beim Verfassen Ihres eigenen letzten Willens noch beim Durchziehen unorthodoxer Maßnahmen, solange Sie im Einklang mit dem letzten Willen des Verstorbenen sind. Dorit Witt beispielsweise – die, wie Sie wissen, letzte überlebende Mutter unseres Kreises – äußerte erst kürzlich wieder den Wunsch, im Falle ihres Verscheidens ihre Asche (brennen wollen die Mütter heutzutage alle) entweder in ein Stundenglas abzufüllen oder aber auf der Kölner Domplatte im Winter als Streusand einzusetzen. So könne sie als ehemals arbeitswütige Gastronomin auch noch im Tode »weitermalochen« oder wahlweise den Besuchern des Weihnachtsmarktes als Rutschstopp nützlich sein.

Es ist bedauerlich, dass die Ausführung von derlei kreativen Vorschlägen in unserem Land gesetzlich untersagt ist. Zwar war es gut und richtig, dass sich über die Jahrhunderte Gesetze zur ordnungsgemäßen Bestattung von Leichnamen durchsetzten, um Seuchen einzudämmen und Schindluder mit den Körpern zu vermeiden. Den Menschen allerdings sogar den freien Umgang mit der Asche der verstorbenen Angehörigen zu verbieten, die in Deutschland nicht einmal im heimischen Schrank stehen darf, stellt einen unnötigen Eingriff in die privatesten Belange der Menschen dar. Unsere niederländischen Nachbarn sind da weiter. Sie dürfen die Überreste ihrer Lieben nach der Einäscherung mit nach Hause nehmen.

Von der generellen Art und Weise der Bestattung einmal abgesehen, dürfen Sie sich auch erlauben, das gesamte Drumherum im Einklang mit den Wünschen des Verstorbenen so frei zu gestalten, wie es für ihn und für Sie den bestmöglichen Abschluss darstellt. Will sagen: Statt eines zivilisierten Trauerkaffees wären ein rauschendes Fest mit Rockband und dreihundert tobenden Gästen ebenso erlaubt wie das vollständige Verweigern jeder sozialen Festivität zugunsten eines komplett intimen Abschiednehmens vor der Küste Pellworms.

Was immer Sie wählen – wählen Sie für den Verstorbenen und für sich, nicht für die realen oder unterstellten Sittenansprüche der Trauergesellschaft!

KNIE, HÜFTE, RÜCKEN

Die Stele ist zu, der Kaffee ist getrunken. Die Gäste haben sich in alle Winde verstreut und sind froh, nun auch die zweite Trauerfeier hinter sich zu haben. Ich bin als einziger auf dem Friedhof verblieben und verteile in aller Ruhe die Grablichter aus Mutters Keller. Oma und Opa schimpfen, was ihre Tochter sich dabei gedacht hat, so früh abzutreten. Thomas liegt unter den Bodendeckern im gemeinsamen Grab mit seiner Mutter, die wenige Jahre nach ihm verstarb. Die Ruhestätte ist derart bepflanzt worden, da niemand mehr übrig ist, der körperlich fit genug wäre, sich um klassisches Rupfen, Jäten und Pflanzen zu kümmern. Jedes Grab auf einem Friedhof braucht einen konkreten Ansprechpartner, dessen Kontaktdaten bei der Verwaltung hinterlegt sind. Beobachtet diese, dass eine Grabstätte zu verlottern beginnt, sendet sie an die verantwortliche Person eine Mahnung raus. Nach zwei bis drei Mahnungen ohne Reaktion wird das

Grab aufgelöst. Schließt eines Tages ein ganzer Friedhof seine Pforten, werden sämtliche Gebeine aus noch »aktiven« Gräbern auf den neuen Standort in der Gemeinde umgebettet.

Die Gräber fremder Familien, in die ich die restlichen Grablichter stelle, sind alle sehr gepflegt. Jede zweite Inschrift kommt mir bekannt vor. Hat man vom nullten bis zum zwanzigsten Lebensjahr ununterbrochen in einer überschaubar großen Stadt gelebt, weckt nahezu jeder Name irgendeine vage Assoziation. Es fühlt sich heimisch an, obwohl es nur ein Nebel der Erinnerungen ist, ein waberndes Feld verschollener Referenzen zu örtlichen Kneipenbesitzern, Kaufmannsdynastien, Kolpinghausbesuchern oder Krankenhausschwestern. Die Geburtsstadt, die einem im Ortskern so fremd werden kann, umgibt einen auf dem Friedhof mit der beruhigenden Trance ausgebremster Veränderung.

Als das letzte Licht verteilt ist, setzt die Dämmerung ein. Eine alte Dame packt ihre Sachen zusammen. Gartenhandschuhe, Gießkanne, Dreizack. Sie kann ihren Mann nicht nur besuchen, sondern die Erde pflegen, in welcher er begraben liegt. Langsam wuchtet sie sich hoch.
Sie hat Knie, sie hat Hüfte, sie hat Rücken.
Aber sie hat was zu tun, wenn sie herkommt.
Ich werfe die Verpackungsfolie meines eben verbrauchten Sechserpacks Grablichter in die Sammelmülltonne, nicke der Frau zu und knirsche über den Kies zum Wagen.

DAS SICHTEN
DER DINGE

Warum Sie den Sachen des Verstorbenen viel Zeit widmen sollten, wie ein Leben sich aus Dingen formt und was Sie tun können, um nicht wie betäubt zwischen den Erinnerungen zu stehen und keinen Anfang zu finden.

DER EINBRECHER

Es sieht aus wie nach einem Einbruch. Die Türen der Kommoden und Vitrinen sind geöffnet und die kleinen Schachteln, gefalteten Tischtücher und versilberten Gabeln fließen heraus wie bei einem Dammbruch. Auf dem Teppich liegen Bücherstapel und auf dem Sofa Fotos. Der Computer surrt im geöffneten Büroschrank des Gästezimmers, und auf dem Plattenspieler dreht sich die alte Scheibe von Isaac Hayes. Die Küche sieht aus, als hätte der Einbrecher nicht gewusst, ob er sich Tiefkühlbaguettes mit Keksen und Oliven machen soll oder doch lieber Linsensuppe mit Schokosoße. Dazu trinkt der konfuse Mann aus sieben verschiedenen Tassen Kaffee, die allesamt halb voll in irgendwelchen Regalfächern oder auf der Ablage der Badewanne stehen. Der Einbrecher kann kein Profi sein, so sehr, wie er sich von allem gleichzeitig ablenken lässt. Der Einbrecher wird auf diese Weise niemals mit der Wohnung fertig werden.

Der Einbrecher … bin ich.

»Ich hab' versucht, Utas Garten so gut zu beschneiden, wie ich konnte«, sagt mein Onkel und steigt über die offene Terrassentür ins Wohnzimmer ein. Da er einen Schlüssel hat, könnte er auch vorne ums Haus gehen und durch die Wohnungstür kommen, aber der Weg durch die Hecke von Garten zu Garten ist schöner. Das Chaos, in dem ich wie ein Sechsjähriger sitze, der seine große Spielzeugkiste ausgekippt hat, befremdet ihn nicht. Es ist bereits mein vierter Tag vor Ort, doch immer, wenn ich beginnen will, den Haushalt meiner Eltern systematisch in den Griff zu bekommen, verzettele ich mich heillos, als wäre jedes Objekt gleich wichtig. Gerade eben habe ich in der Kommode links neben der Eingangstür alte Schulhefte und Zeugnisse gefunden. Kurz zuvor befahl mir eine alte Packung Teebeutel eindeutig, wenigstens schon mal den ersten von ihnen aufzubrühen. Wie ich mir sonst vorstellen würde, den ganzen Tee wegzubekommen, bevor ich hier eines Tages den Schlüssel abgebe, fragte die Packung. »*Falls* ich den Schlüssel abgebe«, konterte ich, während ich den Kessel bereits auf den Herd setzte. Als das Wasser zu kochen begann, öffnete ich eine Schublade und sortierte wild durcheinandergewürfelte Kellen aus Plastik und Holz hin und her, bis mir einfiel, dass ich gerade auf dem Computer den Browser mit eBay und Amazon geöffnet hatte, um nachzuschauen, was die CD *Momente der Stille* sowie ein zu drei Vierteln gefüllter Flakon des Parfüms *Opium* von Yves Saint Laurent eigentlich noch wert sind.

»Wie wär's mit Kaffee?«, frage ich meinen Onkel und wuchte mich vom Laminat auf, denn die Maschine für das schwarze Gold lasse ich natürlich den ganzen Tag laufen, fordernde Teebeutel hin oder her. Eigentlich würde ich gerne sagen: »Wie wär's mit Klopfen?« Aber wie könnte ich? Mein Onkel hat wochenlang Mutters Garten gepflegt und ich sie fast zwei Jahre lang ignoriert. Zur Belohnung erbe ich alleine die Wohnung und ein paar ordentlich geführte Konten und Versicherungspolicen. Da kann der Onkel klopffrei kommen, wann er will.

Die Menge der Dinge, die in der Wohnung um menschliche Aufmerksamkeit buhlen, scheint ihn nicht so sehr zu überfordern wie mich. Zielstrebig zeigt er auf die große Stehlampe hinter dem Sofa, ein antik designtes Behaglichkeitsmodell mit einem Schirm, der nach oben strahlt, und einer nach unten gerichteten Halbschale samt dekorativen Klimperstäben am Ende.

»Die Lampe würden wir dir dann abnehmen«, sagt er, ohne zu erläutern, ob »abnehmen« nun »abkaufen« heißt oder »netterweise auch selber rüber tragen«.

An meinem ersten Tag, den ich dafür auserkoren hatte, mit dem Sichten der Dinge anzufangen, standen sie – also Onkel und Tante von nebenan – nach fünf Minuten in der Tür, fragten, warum ich mich denn nicht melden würde, da ich doch hier anfange, und klebten unsichtbare Reservierungszettel auf alle möglichen Gegenstände. Auf den Rahmen mit den eingefassten alten Taschenuhren ebenso wie auf nahezu alle Möbel aus dem Gästezimmer, besonders den Schrank mit dem Ausklappbett. Sie würden gerade ihr eigenes Gästezimmer renovieren, da käme das gut aus. Für meine Tante väterlicherseits hatten sie die unsichtbaren Reservierungsaufkleber stellvertretend mitgebracht. Sie interessiere sich für den kleinen Wohnzimmertisch, die Lampe vorne auf der Kommode und vor allem die antike Nähmaschine. Nur, dass ich das schon mal wüsste. Noch nie zuvor hatte ich einen Haushalt aufgelöst und noch nie zuvor anders über meine Verwandten gedacht als in den für Familien natürlichen Aggregatszuständen »totales Vertrauen« und »totaler Ärger«, doch jetzt begann langsam, eine neue Stimme in mir zu flüstern, die mich ebenso lispelnd wie überdeutlich fragte: »Fällt dir auch auf, dass dir hier niemand anbietet, dir die alten Plastikkellen oder die olle Mikrowelle *abzunehmen*? Dafür war das Auto schon weg, als Mutter noch im Krankenhaus lag.«

Wie einen bösen Geist schüttele ich diese Stimme seit Tagen ab, auch jetzt wieder, als ich meinem Onkel Kaffee einschenke, der – die Tasse am angewinkelten Arm – ins Wohnzimmer zurückschlendert und die Bücherwand mustert. Keinen der Reservierungswünsche für wertvolle antike Nähmaschinen, gute Möbel oder die beste Lampe des Hauses habe ich bislang mit einer klaren Zusage beschieden. Soweit höre ich auf die innere Stimme. Das allein macht mir allerdings ein derart schlechtes Gewissen, dass ich jetzt, wo mein Onkel vor den Buchrücken steht, von selber sage: »Und falls Eveline die ganzen Titel da mal durchsehen möchte, soll sie nach Feierabend in aller Ruhe stöbern kommen. Sie liest doch so gern.«

Mein Onkel dreht sich um und nickt anerkennend.

Die Lispelstimme zischt: »Bist du bekloppt? Gerade die Bücher! Als Kind hast du diese Sammlung schon geliebt und dir vorgenommen, das alles mal irgendwann selber zu lesen. Wenn du groß bist. Jetzt bist du groß, hast sie geerbt und löst sie direkt zum Verschenken auf? Denk an Sigmund Freud: Glück ist die Erfüllung verspäteter Kindheitswünsche.«

»Klappe!«, zische ich zurück, »der Onkel hat den Garten gemacht, und ich war monatelang nicht da.«

»Der Onkel hat schon das Auto gekriegt. Noch zu Lebzeiten!«

»Und ich bin Alleinerbe!«

»Eben«, tobt die Stimme jetzt so laut, dass ich Angst habe, mein Onkel könne sie hören, »das sind jetzt *deine* Bücher, *deine* Lampen und *deine* Nähmaschine. Weil deine Mutter es bis zum Schluss so wollte und das Testament *nicht* geändert hat. Das ist jetzt *deine* Wohnung. Kapierst du das denn nicht?«

Ich seufze.

Mein Blick streift in einer Sekunde den Sessel, den Teppich, den Rolltisch mit Fernseher und Ministereoanlage und den Stapel alter *Hörzu*-Magazine im untersten rechten Fach der Bücherwand. Die muss ich alle noch lesen, denke ich, so wie ich denke, dass ich sämtliche alte Teebeutel aufzutrinken habe. Gleichzeitig frage ich mich, ob ich mit dem Sofa und dem Sessel leben könnte, falls ich die Wohnung behalte. Denke daran, dass ich bis heute noch nicht den Fernseher eingeschaltet habe, und frage mich, was zwanzig Jahre alte Teppiche wohl wert sind und in welchem der vielen, alten, muffigen Aktenordner ich die Rechnungen dazu finden mag.

Alles ist gleichzeitig.

Alles ist wichtig.

Mein Onkel nimmt ein Buch aus dem Regal, blättert darin herum, wippt von einem Fuß auf den anderen und sagt: »Ach ja, über die Teppiche brauchst du dir keine Gedanken machen. Die würde Marlies dann auch mitnehmen.«

DAS GROSSE WIMMELBILD

Eine der beliebtesten Gattungen von Computerspielen sind zurzeit die sogenannten Wimmelbild-Abenteuer. Darin schaut man sich in Ruhe liebevoll gezeichnete Szenerien an, die heillos mit Objekten vollgestopft sind. Im Rahmen einer Geschichte sucht man das Durcheinander gezielt nach bestimmten Objekten ab. Erst, wenn man alle Dinge gefunden hat, geht's weiter.

Eine Haushaltsauflösung ist das schwierigste Wimmelbild, vor dem Sie jemals gestanden haben. Rund zehntausend Teile besitzt der westliche Mensch der Mittelklasse im groben Durchschnitt. Zehntausend Objekte zum Auswerten, Bewerten und Sortieren. Zehntausend. Das wäre schon viel, wenn es sich bei den Dingen um fremde Gegenstände handeln würde. Nun aber reden wir von zehntausend Gegenständen, die Ihnen selbst größtenteils vertraut sind oder vertraut waren. Von einem in Möbel, Bücher, Geschirr, Bilder, Sammelfiguren und Textilien gegossenen Persönlichkeitsprofil des Verstorbenen. Von Erinnerungen, die Sie aus jeder Zimmerecke anstürmen wie Sinnesorkane. Von dem Gefühl, einerseits ein Einbrecher zu sein, der pietätlos in den privatesten Dingen eines Menschen herumwühlt, und andererseits ein Kind, das zurückkehrt in eine Landschaft, die es vor Jahrzehnten verlassen hat, in der einem die meisten Berge und Täler allerdings in Sekunden wieder vertraut werden. Dazu je nach Kontext noch eine Prise Schuldgefühl gegenüber den Verwandten aufgrund der Alleinerbschaft sowie eine generell leicht nervöse und ablenkungsanfällige Persönlichkeitsstruktur – und es werden Ihnen einer oder mehrere der folgenden Fehler unterlaufen, die im Angesicht des großen Wimmelbilds Zeit und Nerven kosten.

DIE UNTERSCHIEDSLOSIGKEIT

Sie verlieren jedes Gespür für Prioritäten und Abstufungen. Jedes Objekt, jeder Handgriff und jede mögliche Option erscheint Ihnen gleich wichtig. Eben noch wollten Sie sich an den Tisch setzen, um

Blatt für Blatt *diesen einen* Ordner zu untersuchen, da legen Sie eine LP auf, um bei der Bürokratie ein wenig Musik zu hören. Auf dem Weg zum Plattenspieler hocken Sie sich vor die geöffnete Schublade mit dem Sonntagsbesteck, weil Ihnen einfällt, dass Sie noch die Gravur auf der Rückseite notieren wollten. In der Schublade für Stifte und Zettel purzeln Streichholzbriefchen, Feuerzeuge, Flaschenöffner und Cocktailspieße wild durcheinander. Sie kramen einen Karton aus dem Schrank, um wenigstens diesen unverkäuflichen Plunder schon mal zur Seite zu sortieren, als Ihnen ein Reisebügeleisen vor die Füße fällt, dessen Wiederverkaufswert Sie sich bei eBay zu überprüfen vornehmen. Wo waren Sie eben noch stehen geblieben?

DIE WILLENLOSIGKEIT

Sie verlieren jedes Gespür für Ihr Recht auf Ruhe, Abgeschiedenheit und Eigentum. Immer gegeben, Sie sind Alleinerbe des Hauses, der Wohnung oder wenigstens des gesamten Inhalts, *haben* Sie schließlich das Recht, zunächst einmal die Tür hinter sich zu verschließen und sich den Dingen alleine zu stellen. Stattdessen öffnen Sie von der ersten Minute an der Verwandtschaft oder gar »hilfreichen« Freunden Tür und Tor, damit diese Ihnen »helfen«. Das ist aber gar nicht möglich, solange Sie keinen Plan haben. Ohne Plan erschöpft sich diese »Hilfe« darin, dass alle mehr oder weniger große unsichtbare Reservierungszettel verkleben oder gleich anfangen, die Einrichtung aus dem Haus zu tragen. Sie kommentieren das unruhige Gewusel und die auf Sie einströmenden Fragen mit halbgaren Zusagen und undefinierbarem Gewackel des Kopfes, weil Sie zu diesem Zeitpunkt weder die Übung noch die Übersicht noch das Rückgrat haben, irgendwelche strukturierten Entscheidungen zu treffen. Folglich treffen die anderen diese für Sie.

DER KOMPLETTIERUNGSWAHN

Sie verlieren jedes Gespür dafür, welche Handlungsstränge des Lebens man sinnvoll zu Ende bringen muss und welche man gerade selber erfindet. Diese einer Zwangsneurose ähnliche Anwandlung ist seltener als die zuvor genannten Phänomene, muss aber erwähnt werden, damit Sie als Betroffener nicht denken, Sie seien damit alleine. Sprich: Sie bekommen angesichts der immer noch nicht zu fassenden Tatsache, dass der Mensch, der diese vier Wände bis vor Kurzem noch mit Leben gefüllt hat, tot ist, die fixe Idee, alles, was er zuletzt »angebrochen« hat, zu Ende bringen zu müssen. Jeden Teebeutel aufzugießen, jede Konservendose zu essen, jedes angefangene Kreuzworträtsel in den herumliegenden Heften zu lösen. Sie essen pappig gewordene Kekse aus der alten Dose. Saufen Weinflaschen leer. Holen monatelang eingefrorene Gerichte aus der Tiefkühltruhe und wärmen sie auf.

DAS BIOGRAFISCHE VERSINKEN

Sie verlieren sich selbst, weil Sie abtauchen. In Erinnerungen, die durch Fotos hervorgerufen werden oder durch alte Mappen von Geburtstagsfeiern und Ferien. Vor allem aber: Weil Sie den Verstorbenen mit einem Mal *völlig neu* kennen lernen. Sie finden Artefakte seines Lebens, die Sie niemals zuvor gesehen haben und von denen Sie nichts wussten. Alte Schulhefte. Postkarten von ihm und an ihn von Menschen, die sie nicht kennen. Eine weit abseits des offiziellen Bücherregals gelagerte Sammlung uralter Bücher, die sein Weltbild als Kind geprägt haben. Verrauschte Videos einer Jugend in den Sechzigerjahren. Körnige Dias aus der Welt des Wirtschaftswunders. Oder, bei älteren Biografien: Schachteln mit Erinnerungen aus Kriegszeiten. Feldpost, Ehrenkreuze, Briefbögen mit Hakenkreuzen. Was auch immer Sie finden, der Tag ist gelaufen. Stundenlang hocken Sie auf dem Boden und kommen von den Zeittunneln, die sich dort auftun, nicht los. Diese Art, sich zu verzetteln, ist immer noch die beste, kostet aber eine riesige Menge emotionaler Energie und wertvoller Zeit, die womöglich besser eingesetzt wären, *nachdem* Sie alles andere geregelt haben.

Falls Sie sich dem Verstorbenen auch nur halbwegs verbunden fühlen, wird Ihnen mindestens einer dieser typischen Fehler unterlaufen. Das ist nur natürlich, denn sobald Sie das nunmehr verwaiste

Haus oder die Wohnung betreten, sind Sie selbst dann, wenn Sie allein reingehen, durch die Menge der eingelagerten Erinnerungen ständig von Menschen umgeben. Menschen auf Fotos. Menschen auf Videos. Menschen in Briefen. Uralte Onkel und Tanten, die Sie zuletzt als Kleinkind gesehen haben. Immer noch lebendige Onkel und Tanten, allerdings in völlig anderem Alter, als Teenager oder Twens, mit seltsam gezwirbelten Spitzbärten und Platten von Black Sabbath in der Hand, abgelichtet vor dem Baggersee am schwarzen Wald, wo diese heute so erwachsenen Menschen mit neunzehn Jahren ihren ersten Opel Ascona versenkt haben, nachdem der für fünfzig Mark erworbene Gebrauchtwagen schon hinter der dritten Kurve sein Leben ausgehaucht hatte. Alle Quellen liegen offen, und die Welt steht auf dem Kopf. Denn früher, als Sie klein waren und natürlich auch bis zuletzt als erwachsener Besucher, durchzog all diese Schränke, Vitrinen, Schubladen und Abstellkammern stets ein Netz aus unsichtbaren Grenzen und Verbotslinien. Niemand wühlt in den Erinnerungen seiner Eltern, solange sie noch leben. Niemand hockt sich um Mitternacht vor die Kommode, um persönliche Notizen einzusehen, während die Mutter bei ihrer Freundin in Düsseldorf weilt und man am Wochenende nur eben die Katze hütet. Aber jetzt, jetzt sind diese Grenzen aufgehoben. Jetzt liegt alles da, und Sie müssen jede Sekunde eine andere Entscheidung treffen, was Sie mit den Sachen machen sollen. Deswegen ist es so wichtig, dass Sie dabei *erst mal allein* sind. Deswegen ist es so wichtig, dass Sie sich dafür alle Zeit nehmen, die Sie brauchen.

Es gibt freilich eine radikale Alternative zu dem belastenden, zeitraubenden und energieintensiven Sichten der Dinge. Sie lautet: Einfach den Haushaltsauflöser rufen. Die absolut persönlichen und privaten Dinge aus den Schränken holen und danach alles, was noch steht, so wie es ist, einem fremden Menschen zur Ausschlachtung anbieten. Dieser fremde Mensch verschränkt dann entweder die Arme, senkt die Brauen, hebt die Hand, wackelt mit dem Kopf und sagt: »Dafür kriege ich nichts mehr. Für fünfhundert Euro nehme ich alles mit. Dann sparen Sie sich die Gebühren beim Recyclinghof.« Oder er verschränkt die Arme, senkt die Brauen, hebt die Hand, wackelt mit dem Kopf und sagt: »Fünfhundertnehmischmit!« Egal, welche Version Sie antreffen, werden Sie den Mann noch mit Ach und Krach auf tausend Euro hochhandeln und dann mitanschauen, wie der über vierzig Jahre zu Einrichtung und Sammlungen geronnene Geist eines Menschen innerhalb zweier banaler Stunden schnell, grob und lieblos in einen Laster geschmissen wird.

Wenn Sie bei dem Gedanken an dieses Bild nichts anderes als Erleichterung empfinden, können und sollten Sie das machen. Doch wenn Ihnen diese Vision des großen Lasters auch nur einen Hauch von Unbehagen bereitet, dass es »zu schnell« gehen könnte, fügen Sie sich dem Tempo Ihrer Seele und tun Sie es nicht.

LISTEN UND LEBENSLANDKARTEN

Mein Laptop surrt auf dem Esstisch. Er saugt eine CD von Eric Clapton ein. *Slowhand*, ein Klassiker. Ich habe ihn irgendwann rund um die Jahrtausendwende meinem Vater zu Weihnachten mitgebracht. Zu der Zeit bewohnte er eine kleine Wohnung im Schatten der Kirche zu Fusternberg. Ein paar Jahre hatten sich meine Eltern getrennt, dann vereinten sich Bücher und Musik wieder zu einer Sammlung. Ich denke schon, dass ich die CDs behalte, aber es fühlt sich gut an, sie in meinem iTunes auf dem Rechner zu archivieren. Während das Programm die Töne der flinken Finger des Gitarrenmeisters in Dateien übersetzt, blättere ich in einem alten Haushaltsbuch. Ein fest kartoniertes A5-Heft mit karierten Seiten. Meine Mutter hat wirklich *alles* aufgeschrieben. Jeden Euro und jeden Cent. An jedem einzelnen Tag. Die Positionen sind nicht untereinander gelistet, obwohl sich das Karopapier dafür anbietet. Stattdessen reihen sich die Ausgaben eines Tages in dicht geschriebenen Textblöcken aneinander.

*Kuchen Geburtstag Oma Hanni 20,– Knoblauchpillen, Aspirin
16,– WC-Reiniger, Eyeliner, Spüli, Teelichter 7,– Brot 2,– Tee,
Schokolade 17,–*

*Kaution Garage 20,– Kuchen 5,– Äpfel, Birnen 4,– Brötchen,
Schwarzbrot 5,– Kartoffeln, Kohlrabi, Tomaten, Rucola, Peter-
silie 7,–, Hähnchenkeulen, Bockwurst 12,–, Currypfanne, Rapsöl,
Brie, Bananen, Mango 26,–*

Einträge von Jahren, die Geschichte eines Lebens in Einkäufen. Ich selber habe als Kind Listen verfasst, über alles Mögliche. Die verschiedenen Sorten von Leerkassetten. Alle Marken und Typen von Schulheften. Die Gummistärke und Effet-Werte von einzeln klebbaren Belägen für Tischtennisschläger. Als ich mit 21 Jahren mit einem Freund eine vierzehntägige Pauschalreise durch die USA unternahm, verschwand er für ein leidenschaftliches Stelldichein im Hotelzimmer der mitreisenden rothaarigen Claudia, während ich auf dem Bett unseres Raumes zu Originalfolgen der *Bill Cosby Show* im Fernsehen auf den Cent genau Buch über meine Urlaubsausgaben führte.

Das Notizbuch meiner Mutter riecht nach kaltem Qualm. Der Geruch steckt in allen organischen Materialien der Wohnung, wenn auch schon Jahre lang nicht mehr geraucht wurde. Das Papier der Bücher, der Bezug des Sofas oder die Fasern der Teppiche haben sich Jahrzehnte zuvor mit einer Mischung aus Zigarettenrauch und Parfüm vollgesogen, die man kaum mehr bemerkt, wenn man sich in der Wohnung aufhält, die einem aber stets von neuem in die Nase boxt, sobald man ein paar Minuten draußen gewesen ist. Womöglich saugt mein Laptop auf dem Esstisch gerade nicht nur die Töne von Eric Clapton, sondern auch den süßlich-qualmigen Geruch in sich auf. Ich weiß nicht, ob ich mich daran gewöhnen werde. Neben dem Computer liegen ein geöffneter Ordner und mein aktuelles Notizbuch mit der Liste der verschenkten Belege meiner eigenen Romane und den für Cent-Beträge verkauften Buttons. Sie ist immer noch nicht fertig. Ein Leben aus Listen.

Ich verzettele mich. Komme nicht vorwärts. Taumele benebelt durch die Kulisse aus altem Qualm und *Opium* von Yves Saint Laurent. Ich könnte den Haushaltsauflöser rufen, der »Fünfhundertnehmischmit!« sagt. Doch ich würde es niemals tun. Denn ich habe erlebt, was mit mir passiert, wenn ehemalige Orte meiner Biografie einfach so verschwinden und ich nicht angemessen von ihnen Abschied genommen habe. Die Wohnungen und Häuser der Menschen, die wir lieben oder auch nur mögen, sind schließlich Teil unserer Lebenslandkarte. Sie brennen sich mit allen Sinnen in unser Bewusstsein ein. Denken Sie an den alten Partykeller Ihres Onkels mit dem roten Linoleumboden als Tanzfläche oder die Garage Ihres Schulfreundes aus der 8. Klasse, in der Sie mit ihm immer Tischtennis spielten. In Sekundenschnelle haben Sie ganz spezifische Geräusche im Ohr, ganz spezifische Bilder vor Augen und ganz bestimmte Gerüche in der Nase. Wenn Sie heute als erwachsener Mensch am Elternhaus eines Schulfreundes vorbeifahren, kann es Ihnen vorkommen, als sei die Zeit dort stehen geblieben. Als könnten Sie anhalten, den Motor ausschalten, in die Garage gehen, sich einen Schläger nehmen und gegen den Schulfreund eine Partie spielen, während seine Mutter für Sie beide Kakao oder Waldmeisterbowle macht. Beim Lebensraum von Angehörigen gilt diese Intensität tausendfach.

Die Wohnung meiner Großmutter mütterlicherseits ist so ein Fall. In den zwei Zimmern mit Küche, Bad und Rumpelkammer lebten nach dem Krieg auf gerade mal 45 Quadratmetern meine Großeltern mit zwei Söhnen und einer Tochter. Meine Mutter und ihre beiden Brüder hatten keine eigenen Zimmer, sie stapelten sich wie Kaninchen im Stall und lebten vom Auslauf in dem riesigen Gemeinschaftsgarten, den die Kommune hinter den langen Reihenmiethäusern errichtet hatte, die wie ein lückenloser Wall den Stadtring flankieren. Im Garten mit den betonrandeingefassten Blumenbeeten, dunklen Ecken aus Rhododendren und Nadelbüschen sowie einem staubigen Rundweg, der wie die 400-Meter-Bahn eines Fußballstadions außen rum um den zentralen Rasen führt, verbrachte auch ich große Teile meiner Kindheit. Schwungvoll schoss ich meinem Onkel und meinem Vater auf der Wiese den Fußball zu, der stets unberechenbare Sprünge machte, wenn er auf eine der mächtigen Wurzeln traf, welche die uralte Kastanie durch das Gelände schlug. Dieser Baum stand bereits zweihundert Jahre bevor die Stadt von den Alliierten dem Erdboden gleichgemacht wurde hier, überlebte den Bombenhagel und zeigte dem letzten hinfort sausenden Kampfflugzeug mit dem längsten Ast den nussbewehrten Stinkefinger hinterher. Drei Mal in der Woche kam ich in die Küche meiner Großmutter zum Essen. An Weihnachten manövrierte ich als Zwölfjähriger das neue Fernlenkauto zwischen den Beinen der Erwachsenen durch Flur und Wohnzimmer und hielt als Zwanzigjähriger beim Sonntagskaffee lautstarke Vorträge, welche Partei die Familie bitteschön am kommenden Wahlsonntag anzukreuzen hätte, wenn sie *wirklich* die Regenwälder, die Tiere und die Urvölker dieser Welt retten will. Die Möbel dieser Wohnung, das Geschirr, das Besteck in der Küche, der uralte Flummi in der Schublade unter dem Drehscheibentelefon und der Schafsfellbezug des Klodeckels – das alles war über dreißig Jahre lang Teil meiner Lebenslandkarte. Und dann, als die Wohnung meiner Großmutter nach ihrem Umzug ins Heim neben der Kirche aufgelöst wurde ... war ich nicht vor Ort.

Gar nicht.

Keinen einzigen Tag.

Die Auflösung fiel in eine Zeit, in der mir alles wichtiger war als an der Entrümpelung von Omas Wohnung teilzunehmen ... zumal meine Mutter als Managerin der Aktion das auch gar nicht verlangte. »Da musst du nicht helfen«, sagte sie damals am Telefon und fragte lediglich aus der Ferne ab, welche Bücher aus Opas alter Sammlung ich übernehmen wolle, die *Buddenbrooks* seien dabei in einer Ausgabe von 1954, das sei doch was für mich, und das alte Porzellan mit dem Goldrand, das könne ich auch haben, als Erinnerung. Ich hörte mir das an und warf in den Redefluss meiner Mutter einzelne Begriffe hinein. *Ahasver* etwa, ein Roman von Stefan Heym, der jahrzehntelang neben »meinem« Sonntagssessel in der Schrankwand auf Höhe meines Ohrs gestanden und in dem ich immer nur den ersten Satz gelesen hatte. *Ahasver* also sagte ich, oder »Flummi! Flummi!«, wie ein kleiner Junge, der auf keinen Fall will, dass das alte Ding verloren geht. Auf die Idee, trotz der Bekräftigung meiner Mutter, keine Hilfe zu brauchen, beim Ausräumen der Wohnung anwesend zu sein und sich von diesem Ort zu verabschieden, kam ich damals nicht. Ich hätte den Räumen Lebewohl sagen können, 31 Jahren Erinnerung, vor allem dem Garten und der alten Kastanie. Ich hätte den staubigen Rundweg um den Rasen noch einmal gehen können, denn der Garten lässt sich nicht von außen betreten, wenn man das Haus nicht bewohnt, außer man klettert über den Zaun des Schulhofs der dahinter gelegenen Grundschule. Und wie sähe das aus? Ein erwachsener Mann, der sich auf den Schulhof von Kindern schleicht und dann, wenn die Lehrer und die Sicherheitskräfte ihn mit dem Gesicht auf den Asphalt gepresst haben, röchelt: »Ich wollte doch nur noch mal den Garten meiner Großmutter besuchen.«

Kurzum: Ich habe mich nicht verabschiedet.

Und das Ergebnis ist fatal.

Seit vier Jahren nun fahre ich, wenn ich in der Stadt bin, auf dem Ring an der ehemaligen Haustür meiner Großmutter vorbei und *spüre* nicht, dass hinter diesen Fenstern nun jemand anderes lebt. Ich habe kein Gefühl dafür, keinen Begriff davon. Für mich stehen hinter diesen Nachkriegsmauern immer noch die alten Möbel. Auf dem grünen Klo ist der Deckel mit Schafsfell bespannt und in der Schublade des beigen Telefonschränkchens liegt zwischen Omas Halstüchern der alte, angefressene Flummi, den ich übrigens nie bekam. Stefan Heyms *Ahasver* habe ich bekommen, das Buch steht bei uns daheim in der Bibliothek in einem Fach mit Siegfried Lenz und Heinrich Böll, aber fahre ich an dieser Tür vorbei, steht der Roman trotzdem weiterhin auf Kopfhöhe in der Schrankwand meiner Oma neben dem Sessel. Die Wohnung meiner Großmutter wurde auf meiner Lebenslandkarte niemals gelöscht oder zu einem historischen Ort der Erinnerung umgeschrieben. Sie blieb einfach. Und ich kann den verpassten Abschied von diesem Ort nicht einmal nachholen.

Es ist Abend geworden. Meine Tante ist gekommen und pickt sich Bücher aus dem Regal, die sie interessieren. Es sind nicht so viele wie befürchtet. Sie liest vor allem Fantasy und skandinavische Krimis. Zwei Gattungen, denen meine Mutter nicht sehr zugetan war. Dafür hat sie sich drei Flaschen Rotwein aus den Fächern neben dem Herd gezogen. Sie stehen auf dem Esstisch neben den niedrigen Stapeln ausgesuchter Bücher.

Die innere Stimme meldet sich wieder: »Jetzt setz' dich doch endlich mal durch. Du willst doch allein sein. Alleine sortieren. Alleine entscheiden.«

»Es sind nur ein paar Bücher«, flüstere ich.

»E-r h-a-t b-e-r-e-i-t-s d-a-s A-u-t-o«, buchstabiert mir die innere Stimme vor. Mit skeptisch prophetischem Blick mustert sie die Einrichtung und fügt böse lispelnd hinzu: »So nett das alles hier aussieht. Was denkst du, welcher Gegenstand aus dem ehemaligen Besitz deiner Mutter unterm Strich wohl der einträglichste war? Kleiner Tipp: Er fährt und man muss Sprit und Öl einfüllen.«

Ich schnaufe.

Meine Tante sieht kurz auf.

Mein Onkel nimmt sich ein Bier aus dem Kühlschrank. Ein halber Kasten war im Keller noch übrig.

Ich hocke weiter auf dem Boden vor der Kommode, das Notizbuch in der Hand, und denke an all die Weihnachtsfeste, bei deren Bescherung ich ebenfalls zu Füßen meiner Verwandten hockte. Mein Onkel hat während meines Studiums die Miete der Bochumer Wohnung gezahlt, sage ich mir. Und kann trotzdem nicht anders als an die Worte denken, die meine Schwiegermutter in ihrer direkten Kölschen Art schon vor Wochen geäußert hatte, als meine Mutter noch lebte und noch nicht einmal ins Hospiz umgezogen war. »Pass auf«, warnte sie mich vor den Geschehnissen der nahen Zukunft, »pass auf, Oliver. Ich kenne das. Sie fangen an, die Beute zu verteilen, da ist der Körper noch nicht kalt!« Ich legte damals wütend auf, als sie das sagte, und empfand es als Verleumdung meiner Blutssippe. Bis zu jenem Nachmittag im Krankenhaus.

»WAS ICH DICH FRAGEN WOLLTE.«

Es ist früher März. Erst vor wenigen Tagen habe ich im Dunkeln das erste Mal das Krankenzimmer meiner Mutter betreten und den Satz gesagt, den ich seit Tagen geübt hatte: *»Ist das okay für dich, dass ich hier bin?«* Der erste Satz nach fast zwei Jahren Schweigen. Jetzt lädt mich mein Onkel »auf einen Kaffee« in die Cafeteria des Krankenhauses ein und ich ahne schon, dass im Folgenden das Gericht über mich gehalten werden wird. Wir nehmen unsere Tassen entgegen, setzen uns und beobachten ein paar Sekunden schweigend die Leute.

»Oliver, was ich dich fragen wollte.«

Ich schlucke schwer, als mein Onkel diese Worte ausspricht. Er rührt Kondensmilch in seinen Kaffee. Am Tisch neben uns machen unschuldige, junge Krankenpfleger in blauer Kluft Scherze über ihren Tellern mit Mailänder Schnitzeln in Tomatensoße. Wenn in meiner Blutsfamilie jemand ein Gespräch mit den Worten »was ich dich fragen wollte« anfängt, wird es meistens dramatisch. »Was ich dich fragen wollte« geht meistens mit Worten wie »was hast du dir eigentlich dabei gedacht?« weiter und führt dazu, dass man den Ort des Geschehens einige Stunden später mit so massiven Schuldgefühlen verlässt, dass sich die Filiale von McDonald's am Ortsrand schon wieder auf hohe Einnahmen durch Frustfressen freuen darf.

Mein Onkel zögert leicht, tut sich schwer.

Dann sagt er: »Was ich dich fragen wollte: Mutters Honda, der wird ja nun nicht mehr gefahren werden. Davon müssen wir ja leider Gottes ausgehen.«

Ich blicke auf.

Mein Kaffee bleibt schwarz. Es ist die achte Tasse heute. Der Pfleger am Nebentisch fuchtelt mit einem rot glänzenden Schnitzelstück auf der Gabel in der Luft herum. Mit seinem krausen Haar und den Löckchen über den Ohren sieht er aus wie ein Mann, der Benjamin oder Maximilian heißt, die Pflege als Berufung begreift und privat gerne Theater spielt. Oder Cello.

»Und da wollte ich dich fragen«, sagt mein Onkel, »ob ich den Wagen in Zahlung geben darf.«

Ich denke an die Worte, wegen denen ich mit meiner Schwiegermutter geschimpft habe: »*Pass auf. Sie fangen an, die Beute zu verteilen, da ist der Körper noch nicht kalt!*«

Mein Onkel will den Wagen in Zahlung geben.

Den Wagen, den seine Schwester mit Sicherheit nicht mehr fahren wird. Die Schwester, die einen Flügel weiter in ihrem Krankenzimmer liegt und täglich zur Bestrahlung gefahren wird, wo man nichts mehr retten, sondern nur noch lindern kann. Leider Gottes ...

»Wenn ich daran denke«, sagt mein Onkel jetzt und dreht den Kopf mit besorgtem Blick Richtung Fenster, wo man über die Dächer kleiner Häuser fast bis zur Rheinbrücke schauen kann, »die ganze Wohnung, das Auflösen.«

Ich nicke, als teilte ich seine Sorge. Dabei denke ich noch gar nicht ans Auflösen. Doch jetzt noch nicht! Ich denke an Strahlentherapie, die nicht der Therapie dient. An von Tumoren zerfressene Knochen. Daran, wie ich die letzten Wochen oder Monate mit meiner Mutter verbringen werde. Ich denke an meinen Vater und das Jenseits und meinen Glauben, der in den 36 Jahren, in denen ich auf Erden weile, schon zwischen grimmiger Ablehnung, mystischem Pathos, politischer Ersatzreligion und Sinnsuche in den Weltformeln hochintelligenter Physiker hin und her geschossen ist wie eine Flipperkugel zwischen ihren Bumpern. Aber an die Auflösung des Besitzes denke ich jetzt noch nicht.

»Eins ist ja klar«, sagt mein Onkel. »Du wirst der Alleinerbe.«

Ich lege eine zweite Hand an meine Kaffeetasse. Dem Pfleger am Nebentisch fliegt das Fleischstück von der Gabel zwischen die Teller seiner Kolleginnen. Womöglich war es Absicht.

»Deine Mutter hat das alles vorbereitet.«

Ich wusste nicht, dass ich alles erbe. Das war mir neu. Zwar bin ich Einzelkind, aber angesichts der Konflikte, die es in den letzten Jahren gab, hätte ich mir durchaus vorstellen können, dass sie einen Teil ihres Geldes karitativen Zwecken spendet. Oder eben ihrem Bruder, der immer da war, was auch nicht anders geht, als Nachbar Hecke an Hecke. Er scheint aber nichts zu kriegen. Da ist der Verkauf des Autos schon jetzt doch nicht zu viel verlangt, oder? Denke ich mir, während ein Teil von mir über den Tisch langen und ihm ins Gesicht brüllen möchte: Wie kannst du *jetzt schon* nach dem Auto fragen??? *Jetzt???*

»Ich will meinen alten sowieso in Zahlung geben für einen Neuen«, sagt mein Onkel. »Dann haben wir beide weg.«

Ich lange nicht über den Tisch.

Rühre nur in meinem Kaffee, in dem es nichts zu rühren gibt.

Klingt doch gut, beruhige ich mich.

Klingt doch gut, so ein Satz: Dann haben wir beide weg.

Das ist doch schon mal was.

Auf dem Dach der alten Häuser unter uns streiten sich zwei Tauben. Die eine pickt, die andere springt rückwärts mit flatternden Flügeln, bis sie die Flucht ergreift. Der Pfleger hilft seiner Kollegin, die Tomatensoßenspritzer von ihrem Kittel zu wischen.

RAFFINIERTE FORMULIERUNGEN

Machen Sie sich eines klar: Die Schwiegermutter hat Recht.

Ihre Verwandten werden sich auf den Nachlass stürzen wie Menschen auf den Sommerschlussverkauf, vor allem dann, wenn sie offiziell keinen Erbanspruch haben. Das klingt böser, als es tatsächlich ist. In Wahrheit ist es einfach nur menschlich. Nicht im moralischen Sinne, »menschlich« als Synonym für »gut«, sondern im Sinne Friedrich Nietzsches, »menschlich« als Synonym für »unvollkommen«. Es ist »menschlich, allzumenschlich« bei der Jagd nach Beute schnell sein zu wollen. Es ist menschlich, allzumenschlich, egoistisch zu sein und im absolut wörtlichen Sinne »hab-gierig« angesichts der besagten zehntausend Dinge in einem Haushalt, die sich plötzlich gratis vor einem auftun und die herrenlos geworden sind.

Das Problem ist nun, wie man selbst darauf reagiert.

Wie machtlos man sich fühlt.

Man sagt eben nicht in der Cafeteria, aufspringend, vor allen Gästen eine Szene machend: »Wie kannst du es wagen, schon jetzt nach dem Wagen zu fragen, wo Mutter noch gar nicht gestorben ist???« Man denkt sich: Ich war weg, er war da. Er hat Mutters Garten gemacht. Er hat sich das verdient.

Und selbst, wenn man niemals Konflikte mit dem Verstorbenen hatte, die einem ein schlechtes Gewissen machen könnten, sucht man *trotzdem* nach Gründen, warum es fies und falsch und verachtenswert wäre, den Ansprüchen anderer Familienangehöriger vehement zu widersprechen.

Wiedermal tönt im Kopf die vertraute Frage: »Wie sähe das denn aus?«

Materialistisch!

Egoistisch!

Gierig!

Pfui!

Auf die Idee, dass die Ansprüche der Anderen, gegen die man sich nicht wehrt, um gut dazustehen, *genauso* materialistisch, egoistisch und gierig sein könnten, kommt man erst gar nicht.

Und dann?

Dann lässt man zu, dass die Verwandten vom ersten Tag an mit in den aufzulösenden Haushalt kommen. Dort wuseln sie immerfort um einen herum, fassen vorsichtig mit den Fingerkuppen Gemälde, Skulpturen oder Möbelstücke an, setzen einen melancholischen Blick auf und sagen etwas, dessen Formulierung zu 99 Prozent dazu führt, dass Sie ihnen gegen jede innere Stimme nahezu willenlos die Dinge gratis oder für einen Spottpreis überlassen. Hier einige der intuitiv brillanten Formulierungen seitens der Angehörigen, die dabei oft zum Einsatz kommen.

»DEN COUCHTISCH *WÜRDE ICH DANN WOHL* NEHMEN.«

Die scheinvorsichtige Formulierung im Konjunktiv (»würde ich dann wohl«) suggeriert, dass dieses Angebot ein Akt der Güte ist und Sie den Tisch anderweitig ohnehin nicht loswerden würden. »Nehmen« lässt zudem offen, ob sich dahinter ein Kaufangebot verbirgt oder angenommen wird, dass Sie den Tisch gratis rausgeben. Es wird abgewartet, was Sie unterstellen, und diese Variante dann gewählt. Interessant an dieser Stelle ist, dass derlei Angebote nie für Objekte gemacht werden, die Sie *tatsächlich* anderweitig nicht loswerden würden. Glauben Sie mir: Sätze wie »Die abgewetzten Küchenmesser und den alten Waschbeckenunterschrank mit der absichtlich zersägten Rückwand würde ich wohl nehmen« werden Sie bei einer Wohnungssichtung niemals hören.

»DIE RADIERUNG MIT DEN GEHÖFTEN KRIEGE ABER ICH, ODER?«

Diese selbstsichere Aussage wird immer dann angewendet, wenn es zwischen dem Objekt und dem fragenden Verwandten eine engere Verbindung gibt oder wenn zumindest so getan wird, als sei dies der Fall. Der Satz bedeutet eigentlich: »Was willst du in deiner modernen Wohnung mit einem Bild, das du sowieso nicht aufhängst?« Würden Sie darauf bestehen, das Bild zu nehmen, ohne die eigene Wand damit schmücken zu wollen, wären Sie der herzlose Spekulant, der den Nachlass ins Auktionshaus trägt, statt ihn dorthin zu vermachen, wo er tatsächlich zum dekorativen Einsatz kommt. Natürlich können Sie das Bild zu diesem Zweck verschenken, doch wenn an dieser Stelle in Ihnen innerer Widerwille aufkommt, sollten Sie sich von dem scheinbar unantastbaren Argument nicht irritieren lassen.

»*UNSER* KÜHLSCHRANK IST JA MITTLERWEILE URALT ...«

Geniale indirekte Forderung. Da gibt es in der Küche, die Sie geerbt haben, einen ganz jungen, erst vor einem Jahr ausgetauschten Kühlschrank mit Klimaklasse A++, den niemand mehr braucht und der die Welt retten kann. Und da gibt es bei den Verwandten eine alte Möhre mit der CO_2-Bilanz eines 20-Liter-Jeeps. Was für ein Mensch wären Sie, wenn Sie diesem Unrecht nicht ein Ende setzen, indem Sie den Kühlschrank verschenken, vor allem, da Sie früher im Sessel von Omas Wohnung immer stundenlange Plädoyers gehalten haben, dass die Verwandtschaft gefälligst grün wählen soll?

»SAG MAL, *BESTEHST* DU DARAUF, DIE BUDDHAS ZU NEHMEN?«

Famose Wahl des Verbs. Der eigene Wunsch, die durchaus ansehnliche und womöglich wertvolle Sammlung kleiner Buddha-Figuren aus Holz, Kupfer, Marmor und Elfenbein unentgeltlich mit nach Hause zu nehmen, wird in die rhetorische Frage verpackt, ob man als Erbe darauf »bestehe«, sie behalten zu wollen. Wer auf etwas besteht, beharrt oder pocht, ist ein Pedant, ein Sturkopf, ein manischer Klammerer. Und wieso nicht ein paar Figuren abgeben? Seltsam nur, dass die »bestehst du darauf?«-Strategie niemals auf Sammlungen alter Kartenspiele, Bierdeckel oder Kronkorken angewendet wird.

Vermeiden Sie das alles.
Beharren Sie als Alleinerbe darauf, sich so lange alleine und ungestört innerhalb der Relikte eines Lebens aufzuhalten, bis Sie bereit sind, die Pforten zu öffnen.

Gelingt Ihnen dieser Kraftakt, haben Sie zumindest schon einmal Ruhe. Bleibt die Gefahr, sich wie oben beschrieben inmitten des großen Wimmelbilds ständig heillos zu verzetteln. Wenn immer alles gleich wichtig ist, alles ablenkt und man im wahrsten Sinne des Wortes nicht weiß, wo man anfangen soll, hilft es, sich vor Augen zu führen, wieso man tatsächliche Wimmelbildspiele eigentlich überhaupt lösen kann.
Stellen Sie sich vor, der Computer würde Ihnen in *Shadow Shelter*, *Dark Tales* oder *Haus der 1000 Türen* den Befehl geben: »Ja, gut. Dann such mal *alles* in dem Bild und guck irgendwie nach, was sich damit noch anfangen lässt.«
Man würde das Spiel niemals beenden.
Stattdessen geben diese Spiele genau an, welche Objekte nun im aktuellen Wimmelbild gesucht werden sollen. Sie eröffnen dem Geist und dem Auge, mittels eines Filters strukturiert und gezielt das Chaos zu durchforsten.

Genau darin liegt die Methode für ein Auflösen des Wimmelbilds Wohnung, das sowohl Ihrer Seele wie Ihrem Geldbeutel gut tun wird *und* den angesammelten Dingen des Verstorbenen den angemessenen Respekt erweist.

DIE 5-SCHRITTE-METHODE

Wenn Sie in Ihrem eigenen Haushalt Frühjahrsputz machen und einmal von Grund auf ausmisten, gehen Sie wahrscheinlich räumlich vor. Zimmer für Zimmer, Schrank für Schrank, Schublade für Schublade, Teil für Teil. Eine gute Systematik und allemal besser, als mitten im Wimmelbild zu stehen und auf jeden Sinnesreiz gleichzeitig zu reagieren. Aber eine Systematik, die für Haushaltsauflösungen leider nicht taugt. Allein in einem einzigen Schrankfach des Verstorbenen können Sie schließlich schon ein Mischmasch aus Gegenständen finden, die alle für sich völlig verschiedene Handlungsweisen nach sich ziehen. Ein Ordner mit Versicherungsscheinen und laufenden Verträgen erfordert Kündigungsmaßnahmen und Sortierungen des bürokratischen Dickichts. Der alte Federhalter will entweder restauriert und behalten, familienintern verschenkt oder weltweit per Auktion angeboten werden. Das VHS-Video von der Silberhochzeit schreit »sieh mich an!«, während das abgewetzte Kartenspiel womöglich tatsächlich im Müll landen darf … es sei denn, die handschriftliche Notiz auf dem Pik-As hat Ihnen noch was zu sagen. Wenn Sie bei einer Haushaltsauflösung Schrank für Schrank und Schublade für Schublade vorgehen, werden Sie sich nach kurzer Zeit wieder genauso in den Kategorien verzetteln, als hätten Sie alle Fächer gleichzeitig aufgerissen. Anstatt *einmal* durch alle Ecken zu gehen und in jeder Ecke fünf verschiedene Aufgaben zu finden, ziehen Sie die Schöpfkelle besser fünfmal durch den gesamten Haushaltsbottich und schöpfen Sie dabei mit jedem Mal eine komplette Kategorie vollständig ab. Das hört sich unnötig aufwändig an, spart aber unterm Strich Zeit und Energie, da es durch glasklare Systematik die ablenkungsreiche Hypnose aushebelt, welche das Sammelsurium der Dinge ansonsten auf Sie ausüben kann.

SCHRITT 1: DIE PRIVATSACHENSICHTUNG

Gehen Sie durch alle Schränke, Schubladen und Ecken und achten Sie *nur* auf persönliche und intime Dinge. Damit sind nicht etwa Kleidungsstücke, Schmuck oder signierte Bücher gemeint, die man auch intuitiv unter dem Begriff »intim« fassen würde, sondern ausschließlich Dinge, die in keiner Weise eine »Ware« darstellen könnten. Tagebücher, alte Briefe, Fotoalben, Notizhefte, Schulmaterial, Zeugnisse, Privatfilme. Stellen Sie die Kartons zurecht und entfernen Sie diese Artefakte als erstes vollständig aus der Wohnung.

SCHRITT 2: DIE BÜROKRATIESICHTUNG

Gehen Sie durch alle Schränke, Schubladen und Ecken und achten Sie *nur* auf Papiere, die heute noch (!) eine Bedeutung haben. Will sagen: Uralte Arbeitsverträge, Gehaltsabrechnungen oder Schriftverkehre über längst abgeschlossene Gerichtsverfahren zählen nicht zur Kategorie »Bürokratie«, sondern zu den privaten Artefakten. Offene und noch laufende Versicherungen hingegen, Mitgliedschaften von ADAC bis Zoopatenschaft, Telefonverträge, sprich alles, was seinen Abschluss erst noch durch Sie als Erben finden muss, sammeln sie in zentralen Ordnern oder Hängeregistern und systematisieren es am besten auf der Stelle in einer Weise, die Ihrer Vorstellung von Übersicht entspricht. Dieser Schritt kann Zeit kosten und erfordert häufig, Blatt für Blatt zu analysieren, kann Ihnen allerdings »hinten raus« eine Menge Ärger und Kosten ersparen.

SCHRITT 3: DIE ANDENKENSICHTUNG

Sind Sie aus welchen Gründen auch immer der Auffassung, mit den Unterlagen, Fotoalben und Artefakten aus der *Privatsachensichtung* bereits genügend konservierte Erinnerungen zu besitzen, können Sie diesen Schritt überspringen. Ansonsten nehmen Sie sich nun die Zeit, in Ruhe darüber zu entscheiden, welche Dinge Sie in Ihren Haushalt und Ihre Sammlungen überführen wollen.

SCHRITT 4: DIE GESCHENKESICHTUNG

Nachdem Sie alles Private aus der Wohnung entfernt sowie sämtliche Papiere in eine für Sie funktionierende Ordnung gebracht und die in Ihren Haushalt umziehenden Gegenstände definiert haben, bleiben nun »nur noch« Dinge übrig, die verkauft, verschenkt oder gespendet werden könnten. Bevor es damit losgeht, ist jetzt – *und erst jetzt* – die Zeit angebrochen, in aller Ruhe zu entscheiden, wer aus der Familie und dem Freundeskreis was sinnvollerweise vermacht bekommen sollte. Entfernen Sie auch diese Geschenke aus dem Konvolut des Haushalts und machen Sie den Menschen damit eine Freude.

SCHRITT 5: DIE WARENSICHTUNG

Ob noch alle Möbel übrig und die Schränke weiterhin voll sind oder ob wir an diesem Punkt schon von einer halb leeren Wohnung sprechen ... wie immer die Kulisse um Sie herum nun aussieht – das ist nun der Bestand, den Sie guten Gewissens auflösen können, ohne dabei Angst haben zu müssen, irgendwelche bedeutsamen privaten Dinge, Papiere oder Sachen, »die ich eigentlich doch behalten wollte«, zu übersehen. Was jetzt noch da ist, dürfen Sie in der Tat Raum für Raum, Schrank für Schrank und Schublade für Schublade bearbeiten, indem Sie es Stück für Stück einschätzen und schließlich eine Entscheidung treffen. Verkauf, Spende, Müll.

Diese fünf Schritte kosten je nach individueller Situation mehr oder weniger Zeit, mehr oder weniger Herz, mehr oder weniger Nerven. Doch sie sollten gegangen werden. Was es auch kostet. Oder besser: Was es auch einbringt.

Was im Einzelnen dabei auf Sie zukommen kann und worauf im Detail zu achten ist, das kommt nun im Folgenden, wenn die einzelnen Schritte ausführlich behandelt werden.

SCHRITT 1:
DIE PRIVATSACHENSICHTUNG

Die Kommode ist ein Geheimnisträger. Die Kommode ist ein Dimensionstor. Über Jahre hinweg bin ich an ihr vorbeigelaufen, ohne zu ahnen, dass meine Eltern darin ihre gesamte Vergangenheit lagerten. Jetzt sitze ich schon wieder davor und schaffe es kaum, die alten Mappen und brüchigen Papiere ungelesen in den Karton für Privates zu packen, der neben mir auf dem Fußboden steht. Uralte Briefe fallen in meine Hände. Der Absender: Mein Großonkel Kurt aus der DDR, der meiner Mutter in den Westen schreibt. Seiner Nichte, die damals auf den Schultern ihres Vaters unterm Scheinwerferlicht der Grenzer geflohen ist, während Kurt und seine Frau in Merseburg blieben. Ich finde einen Stapel identischer Lebensläufe, die meine Mutter Mitte der Sechzigerjahre auf Vorrat getippt hat und anscheinend nicht verbrauchen musste. Das Jahr, in dem sich die Buchstaben mit der Schreibmaschine ins gräuliche Papier gruben, war das Jahr, in dem die Beatles *Rubber Soul* veröffentlichten.

1953 bis 1961 Katholische Volkschule an der Martinistraße in Wesel
1961 – 1964 Berufsschule des Kreises Rees. 1961 – 1964 Lehre als
Einzelhandelskaufmann bei der Firma Robert Zumkley (Möbel-
haus) in Wesel. Abschluß mit dem Kaufmannsgehilfenbrief – Note:
»befriedigend«.

Sieh einer an, denke ich. Meine Mutter hat eine Ausbildung zum Einzelhandelskauf*mann* gemacht. Ich stelle mir vor, wie es wäre, der Personalchef einer Firma würde seine weiblichen Auszubildenden heute noch Kauf*männer* nennen. Die deutsche Bahn müsste feuerfeste Sonderzüge anfordern, um all die Gleichstellungsbeauftragten mit den Fackeln halbwegs rechtzeitig vor die Tür des Sexisten zu bringen.

Das Abschlusszeugnis meines Vaters aus der Katholischen Volksschule am Hansaring. Unterzeichnet vom Schulleiter im März 1961, ein Jahr bevor die Beatles überhaupt begannen, Platten zu veröffentlichen. »Biblische Geschichte« und »Katechismus« waren einzelne Fächer zu jener Zeit. Mit einer Vier in beiden Disziplinen hat sich mein Vater als wenig gewissenhafter Christ erwiesen. Dafür war er in der »Raumlehre« und im »Rechnen« sehr gut.

Ins Poesiealbum meiner Mutter hat ihre Mitschülerin Gisela geschrieben: »Die Güte, die innige selbstlose Güte ist das einzige Band, das die Menschen wahrhaft verbindet.« Poesiealben sind heute selten geworden, soweit ich weiß, und an die digitalen Pinnwände ihrer Facebook-Profile schreiben sich Schülerinnen heute eher gegenseitig Sätze wie: »Guck hier das neue Video von Casper!«

Die Vergangenheit meiner Eltern.

Wie viele Jahre kannte man sich?

Wie viele Stunden hat man miteinander geredet?

Es waren tausende und abertausende in meinem Fall, aber ein so genaues Bild von ihrem Leben als Kinder und junge Erwachsene, wie die Sachen in der Kommode es zeichnen, hat sich mir im Leben niemals aufgetan.

Merke!
Beim Sichten privater Artefakte lernen Sie den Verstorbenen in seinen Lebensstationen neu kennen.

Zwei Uhr.

Nachts.

Ich kann nicht aufhören, zu lesen.

Diesmal sind es keine alten Zeugnisse oder Postkarten, die mich fesseln, sondern Beschwerdebriefe. Zuerst habe ich das Muster gar nicht erkannt. Ein Ordner für Prozesse hat mich auf seine Spur gebracht. Im Folgenden fand ich überall solche Schreiben, in denen ich einen Zug meiner Mutter kennen lerne, der mir niemals klar vor Augen stand. Immerfort hat sie den Leuten geschrieben, was ihr nicht passt, woran prinzipiell nichts auszusetzen wäre. Irritierend ist allerdings die Art und Weise, wie sie das macht. Ständig verwendet sie *emotionale, persönliche* Vorwürfe in *sachlichen, geschäftlichen* Kontexten. Es liest sich im Grunde so, als wäre sie ihr Leben lang davon ausgegangen, dass *alle* Menschen ein Teil ihrer Familie seien und ihr Loyalität schulden, wo sie Hingabe und Vertrauen schenkt. Da die Menschen das die meiste Zeit nicht tun, steigert sich ihre Verbitterung über die Jahre in den Schriftstücken in dramatischem Maße. Ohne Unterlass ist sie »entsetzt« oder »enttäuscht«. In einem Brief an die Hausverwaltung schreibt sie:

> »Sie wissen genau, dass eine Auseinandersetzung mit der Firma Grunert völlig sinnlos ist und es auch nicht meine Aufgabe ist. Sie als Hausverwaltung sind für mich der Ansprechpartner und für Problemklärungen zuständig. Ich bin *menschlich zutiefst enttäuscht* und *musste Ihnen* dieses mitteilen.«

Gerne hebt sie bei konkreten Beschwerden auf allgemeingesellschaftliche Missstände ab. »Anscheinend geht es unserer Wirtschaft doch nicht so schlecht, wenn Handwerker solch ›kleine‹ Aufträge nicht mehr ausführen müssen«, schreibt sie in einer ausgedruckten Mail an die Hausverwaltung. In einem anderen Brief, natürlich auch an die Hausverwaltung, beginnt sie ihre Beschwerde:

> »Seit nunmehr fast vier Jahren wohnen wir in der Steinstr. 13a und müssen leider feststellen, dass sich die Wohnqualität negativ verändert hat. Nicht nur in unserem Haus wechseln die Mieter häufig, auch in den anderen Häusern ist dies festzustellen.«

Der Fairness halber soll gesagt sein, dass die Hausverwaltung mit einem fatalen Wasserschaden in der Wohnung vor Jahren dermaßen salopp und unverantwortlich umging, dass ein amerikanischer Anwalt die Lungenkrankheiten meiner Eltern zu Recht statt auf die Zigaretten auf die Feuchtigkeit in Wand und Boden zurückführen würde und dass das eben zitierte Schreiben eigentlich von der Lärmbelästigung des neuen Nachbarn handelt, der noch dazu seine Terrasse mit dem Hochdruckreiniger fräst, so dass die dreckigen Fetzen wie ein Höllenregen hinab rauschen – sich aber generell darüber zu beschweren, dass in einem Wohnkomplex mit weit über vierzig Einheiten »die Mieter wechseln«, ist schon von außerordentlich interessanter Exzentrik. Eine weitere beliebte Formulierung in den zahllosen Schreiben, die ich finde, lautet: »Es war mir ein Bedürfnis.« In einem Brief an die Krankenkasse klärt sie auf:

> »Dankend habe ich Ihr Schreiben über meine langjährige Mitgliedschaft erhalten. Leider muss ich jedoch eine Korrektur vornehmen. Sie danken mir für meine 25-jährige Mitgliedschaft, ich bin jedoch bereits seit 1961 Mitglied der Barmer. Meiner Meinung nach könnte die Differenz daraus resultieren, dass ich von 1984 – 1987 über meinen Mann versichert war und ab Oktober 1987 wieder in die Barmer ging, als ich im öffentlichen Dienst begann, der bis zu meinem Rentenantritt dauerte. *Es war mir ein Bedürfnis*, das aufzuklären.«

Merke!
Beim Sichten privater Artefakte lernen Sie den Verstorbenen auch in einigen Charakterzügen neu kennen.

Ich lege die Papiere beiseite und denke daran, wann ich diese Worte von ihr das letzte Mal live gehört habe.
»Es war mir ein Bedürfnis …«
Im Wintergarten des Hospizes hat sie das gesagt, als sie mich darauf aufmerksam machte, auf das Tagebuch zu achten, das sie in den letzten Monaten ihres Leben verfasst hatte.
»Es war mir ein Bedürfnis …«
Die entsprechende Kladde war das erste, was ich fand, als ich den Computerschrank öffnete. Unübersehbar lag sie auf der Tastatur, als ob mir damit gesagt werden sollte: Bevor du hier irgend-

etwas in Google nachschlägst, lies erst mal die Gedanken deiner Mutter.

Ein »Tagebuch«, das ihr »ein Bedürfnis« war, kann kein normales Tagebuch sein. Kein Erlebnisbericht über schöne Fahrradtouren, die Freude an ihren ehrenamtlich betreuten Schulkindern und auch keine aufrichtige Reflexion über die Angst vor dem Tod. Ein »Tagebuch«, das meiner Mutter »ein Bedürfnis« war und von dem mir mehrfach gesagt wurde, es unbedingt lesen zu sollen, kann nur ebenfalls ein Beschwerdebrief sein. Der längste, den sie jemals verfasst hat. Adressat dieses Mal nicht die Hausverwaltung, sondern die verdorbene Frucht ihres Schoßes. Die Kladde liegt nicht mehr auf der Tastatur. Sie war das erste, was in den Karton für »Privates« wanderte. Ungelesen. Vorerst.

Ich packe die Anschreiben zusammen. Eine große Sammlung bitterer Enttäuschung und grollenden Unmuts. Ich stehe auf und gehe in die Küche, um Kaffee zu holen. Frage mich, was ich tun würde, hätte meine Mutter echte Tagebücher geschrieben. Tausende von Seiten in Kladden mit Jahreszahlen von 1961 bis 2013. Wie ginge ich damit um? Wie sollte ich damit umgehen?

EXKURS: SONDERFALL TAGEBUCH

Unter allen privaten Artefakten, die Sie beim Sichten der persönlichen Dinge finden, stellen Tagebücher (und gegebenenfalls Briefwechsel) einen Sonderfall dar. Es spricht nichts dagegen, sich alte Zeugnisse und Poesiealben anzuschauen, und Aktenordner jedweder Art *müssen* sogar zwingend geöffnet und Blatt für Blatt ausgewertet werden, wie später in Schritt 2 zu sehen ist. Im Umgang mit den Tagebüchern eines Menschen sollte man allerdings klaren moralischen Regeln folgen. Hat der Verstorbene in seinem Testament verfügt, dass ausnahmslos niemand jemals die Tagebücher lesen darf, ist es richtig und legitim, sie zu vernichten. Wird das Thema im letzten Willen überhaupt nicht angesprochen, kommt es darauf an, ob der Betroffene vollkommen unerwartet verstorben ist oder ob er Zeit hatte, sich auf seinen Tod vorzubereiten. Hatte er diese Zeit und sorgte er in ihr trotzdem nicht dafür, die Tagebücher entweder selber zu vernichten oder im Testament zu verfügen, dass keiner sie anzurühren hat, darf man davon ausgehen, dass es ihm recht war, wenn die Nachkommenschaft zu lesen bekommt, was er von ihr dachte. Hatte er diese Zeit *nicht*, weil ein Unfall oder ein Herzinfarkt ihn vollkommen überraschend aus dem Dasein riss, sollte man auch dann, wenn kein Leseverbot vorliegt, erst mal die Finger von den intimen Texten lassen. Eine mögliche Maßnahme wäre hier, sie in einem Tresor wegzuschließen und in seinem eigenen Testament zu verfügen, dass sie erst dann von irgendwem gelesen werden dürfen, wenn niemand mehr lebt, der den Autor persönlich kannte. Ob man selber kurz vor dem eigenen Tode den Safe noch mal öffnet, die Texte liest und den Inhalt mit ins Grab nimmt, muss man mit dem eigenen Gewissen vereinbaren.

Was immer Sie beim Auffinden und Entfernen der privaten Artefakte aus der Wohnung auch finden – da dieser erste Schritt nach der 5-Schritte-Methode nicht willkürlich, sondern systematisch und geplant stattfindet, ist es an dieser Stelle »erlaubt«, während des Sichtens auch mal nächtelang vor alten Papieren, Fotoalben oder Videos kleben zu bleiben. Dieses »Verzetteln« ist schließlich kein Verzetteln im strukturellen Sinne mehr, sondern »nur« ein zeitliches Ausdehnen eines in sich geordneten ersten Schrittes. Eines Schrittes zudem, der zwar logistisch bedeutend schneller geht als die späteren, emotional aber am meisten Kraft kostet.

SCHRITT 2: DIE BÜROKRATIESICHTUNG

Meine Mutter war überall Mitglied.
Es ist unglaublich.
Ich erinnere mich an einen Sonntag im Sommer 1998. Die Kirmes hatte ihre Pforten am Rhein geöffnet, und ich kam zum Kaffeetrinken in den Garten meiner Oma. Zuvor hatte ich alleine den Trödel-

markt besucht, der sich auf dem Weg zur Kirmes Richtung Promenade die Straße entlang der Kleingartenanlage zieht. Ich hatte eingekauft, alte Bücher und neue CDs. Und ich hatte unterschrieben. Mitgliedschaft in einem obskuren Tierschutzverein, sechzig Euro im Jahr, »nur fünf Euro pro Monat für die geplagten Kreaturen«, wie die aufgedrehte junge Frau mir gesagt hatte, während sie mit grauenhaften Fotos in Klarsichthüllen vor mir herumwedelte, auf denen Kühe lebendig und zappelnd mit einem Bein an Kranseilen hingen. Meine Mutter nahm mir damals den Durchschlag der Einzugsermächtigung aus der Hand, die ich vor einer Stunde erteilt hatte, und hielt mir einen Vortrag über Leichtgläubigkeit.

Und jetzt?

Hocke ich am Esstisch und bedecke ihn fast vollständig mit Papieren und Kontoauszügen, aus denen hervorgeht, dass meine Mutter ihr Geld an nahezu jeden überwies, der halbwegs seriös gemeinnützige Arbeit machte. Das Deutsche Rote Kreuz. Die Malteser. Die Fußmaler, die jedes Jahr zu Weihnachten ungefragt ein Paket Karten schicken. Die Weseler Tafel. Die SOS-Kinderdörfer. Die Schwestern vom Heiligen Geist. Kleinbetrag für Kleinbetrag nagte die gute Tat an den finanziellen Vorräten. Hilfreich war die Mutter, redlich und gut.

Und wie ich eigentlich dachte: Ordentlich.

Doch was ich erlebe, während ich versuche, all die Belege und Policen und Verträge zu ordnen, die mir in die Hände fallen, wirkt eher wie das »System« eines Philosophiestudenten mit Junggesellenbude im 16. Semester. Die Lebensversicherungen stecken in einem Ordner mit der Aufschrift »Schule«, die Stromrechnungen der letzten Monate liegen lose im Computerschrank zwischen ausgedruckten Mails, einem aus der Hörzu gerissenen Bericht über »die zehn größten Gefahren im Internet« sowie Rezepten für Ananas-Putenpfanne und Quinoa-Aufläufe.

Merke!

Egal, wie ordentlich ein Mensch zu sein scheint, seine wichtigen Papiere sind grundsätzlich rätselhaft zerstreut.

Jedes Leben hinterlässt seine Spuren. Die unpersönlichsten, unpoetischsten und in jeder Hinsicht ungemütlichsten davon sind die bürokratischen. Falls Sie also nicht zufälligerweise ein begeisterter Buchhalter oder leidenschaftlicher Controller sind, ist die *Bürokratiesichtung* der mühseligste Schritt. Gerade deshalb aber sollten Sie ihm ganz besondere Aufmerksamkeit und Konzentration schenken. Was Sie emotional brauchen, um den Nachlass des Verstorbenen in den Griff zu bekommen, sind die Dinge aus der *Privatsachensichtung* oder das wiedergefundene alte Kinderspielzeug aus der Truhe. Was Sie *logistisch* brauchen, um den Nachlass des Verstorbenen in den Griff zu bekommen, sind Fakten und Belege. Mitgliedsnummern, Versicherungsnummern, Kundennummern, Auftragsnummern. Nummern, Nummern, Nummern. Was Sie alles finden werden oder finden müssen, hängt größtenteils vom individuellen Fall ab und müsste in einem komplett eigenen Buch verhandelt werden. Eine alte Frau zum Beispiel, die zuletzt nur ihre Witwenrente bezog und lediglich Verträge mit dem Vermieter, der Telekom und einem Stromanbieter sowie ein Abo des *Goldenen Blatts* besaß, macht es dem Nachkommen leicht. Erben Sie hingegen neben einem Privathaushalt gleich noch den Familienbetrieb samt seiner Buchhaltung mit, können Sie gleich einen Steuerberater anrufen. Ein typisches »Mindestpaket« an Papieren, das Sie zusammenkriegen sollten, könnte so aussehen:

- Testament
- Sterbeurkunde weiterer Angehöriger desselben Haushalts
- Unterlagen der Bank und sämtlicher Konten, Sparbücher, Tresore
- Mietvertrag oder Besitzurkunde des Hauses / der Wohnung bzw. Auszug aus dem Grundbuch

- Scheine und Beitragsrechnungen aller laufenden Versicherungen
- Verträge mit Versorgern von Strom, Heizung und Wasser
- Vertrag mit dem Anbieter für Internet und Telefon
- Verträge über Mitgliedschaften in Vereinen und gemeinnützigen Organisationen
- Papiere zu Daueraufträgen, die beispielsweise in Form von Spenden vom Konto abgehen
- Abonnementverträge mit Zeitungen, Zeitschriften, Pay TV oder Streamingdiensten
- Offene Leasingverträge
- Papiere über Schulden des Verstorbenen bei anderen oder umgekehrt über Ansprüche des Verstorbenen an andere

Egal, wie sehr diese Liste in Ihrem konkreten Fall verlängert werden müsste oder sich verkürzen ließe: Entscheidend ist nur, dass Sie sich vergegenwärtigen, wie wichtig es ist, schon jetzt wirklich *jeden* Aktenordner, *jedes* Notizheft, *jeden* losen Block und *jede* schrumpelige Ledermappe zu öffnen und *Blatt für Blatt* durchzugehen.

Das ist wörtlich gemeint.

Blatt

für

Blatt.

Konzentrieren Sie sich und überschlagen Sie nichts. Reißen Sie sich zusammen. Machen Sie sich Papier für Papier bewusst, *was da steht* und in welche Kategorie es gehört. Heften Sie es in neue Ordner um oder legen Sie es in die Hängeregistermappen, die Sie nach eigener Methode gestalten. Werfen Sie es in zehn verschiedenfarbige Kartons, wenn es Ihnen hilft.

Aber machen Sie es.

Sofort.

Nicht später.

Und Blatt für Blatt.

Man muss das so deutlich betonen, denn wenn Sie die *Bürokratiesichtung* verschludern, kostet es Sie später Zeit und Ärger. Ob Sie nun offiziell das Erbe antreten, eine Versicherung übernehmen, mit dem Vermieter über die Kaution verhandeln oder auch einfach nur ein Abonnement kündigen wollen – all das wird nichts ohne Fakten, Fakten, Fakten und Nummern, Nummern, Nummern.

Es gibt Menschen, die bei derlei bürokratischen Arbeiten trotz aller guter Vorsätze und Konzentration in eine seltsame Betäubung fallen. Wie ich. Zwar kann ich auf Befehl meines Steuerberaters Listen darüber verfassen, wem ich auf einer Lesereise im Frühjahr 2008 in welcher Kneipe einen Button geschenkt habe, doch beim Sichten von Ordnern ist es möglich, dass ich plötzlich vor der Beitragsrechnung einer Versicherung sitze und nicht mehr wahrnehme, was da auf dem DIN-A4-Blatt steht. Meine Augen können es sehen, so wie sie in der Schule mathematische Formeln oder die Kürzel im Periodensystem sahen, aber im Gehirn kommt nichts mehr an. Stumpf wie ein Molch hocke ich vor den Zahlen und Nummern und Sätzen in Geschäfts- oder Juristendeutsch und könnte genausogut auf einen Abdruck abstrakter Kunst glotzen, die geometrischen Figuren von Hans Arp etwa oder Kasimir Malewitschs *Schwarzes Quadrat*.
In diesem Fall hilft es, sich von jemand anderem retten zu lassen, der einen sichereren Blick auf die Dinge hat. Sylvia bot mir damals, wenn ich ins Auto stieg, um fast täglich über die B54 in die Geburtsstadt zu pendeln, wieder und wieder an, mitzukommen und mir zu helfen, doch ich als lebendiger Trennstab zwischen meiner alten und meiner neuen Welt wählte lieber die Variante, Kisten voller Papiere mit ins Münsterland zu bringen und sie dort ins Büro zu tragen, wo Sylvia bereits wartete, um den Blätterwald fachgerecht zu durchforsten. Das hatte zudem den Vorteil, dass sie meine zweite Schwäche neben der »bürokratischen Betäubung« ausgleichen konnte – mein störrisches Aufschieben wichtiger Telefonate. Ich kann stundenlang aus heiterem Himmel mit alten Schulfreunden telefonieren und seit einiger Zeit ist es mir ein liebes Hobby geworden, ungebetene Anrufer aus dem Call Center dreißig Minuten lang aufzuhalten und mit Hoffnung auf einen Abschluss zu füttern, bevor ich mich für das nette Gespräch bedanke und mich erstaunt zeige,

dass ich noch nicht erwähnt habe, dass ich das Angebot natürlich nicht annehme – aber wenn ich einfach nur eine Versicherung, ein Gaswerk oder den ADAC anrufen soll, um die Verträge zu kündigen, »vergesse« ich das so zuverlässig wie einen Termin beim Zahnarzt. Sylvia wartet dann am Schreibtisch, wenn ich morgens meinen Laptop aufklappe, lächelt mich an, nimmt eine To-Do-Liste in die Hand, fragt, ob ich schon hier oder dort angerufen hätte, und lässt mich keine Minute eher etwas anderes machen, bevor die Liste nicht mindestens drei Häkchen oder mehr aufzuweisen hat.

Suchen Sie sich vergleichbare Hilfe für die *Bürokratiesichtung* von Ihrer Frau, Ihrem Mann, anderen Verwandten oder Freunden, die ein ganz wunderbares Gesicht machen werden, wenn Sie auf den Satz »*Du musst nur was sagen, wenn du bei der Wohnungsauflösung Hilfe brauchst*« nicht die Tür aufmachen, um die Leute in Ruhe plündern zu lassen, sondern um sie tagelang auf die Reise durch muffige Aktenordner zu schicken. Angebot ist schließlich Angebot.

SCHRITT 3: DIE ANDENKENSICHTUNG

So.

Kurz durchatmen.

Alles Private und Intime ist aus dem Haus, ebenso, wie sämtliche Papiere ihre neue Ordnung gefunden haben und zur Bearbeitung oder zum Vorzeigen bei Institutionen bereit stehen. Nun können und sollen Sie selbst in aller Ruhe durch das Angebot bummeln gehen und sich ehrlich fragen: Was will ich behalten? Was würde ich niemals verkaufen, verschenken oder wegwerfen? Schieben Sie diesen Schritt nicht auf nach dem Motto: Wenn ich ohnehin den Hausbasar mache / auf den Trödelmarkt fahre / Auktionen bei eBay einstelle / die Sachen fürs Spenden raussuche wird mir schon von selbst auffallen, was ich eigentlich behalten will.

Lassen Sie das!

Vermischen Sie nicht diesen Schritt und die *Warensichtung,* die nicht umsonst gleich ein vollständig eigenes Unterkapitel bekommt.

Fragen Sie sich *jetzt,* was Sie tatsächlich als Gegenstände übernehmen möchten, statt es in Geld oder gutes Gewissen zu verwandeln. Natürlich ist dies eine unglaublich persönliche Sache, aber wenn Sie sich die Jahre nach der Haushaltsauflösung einfacher machen wollen, handeln Sie schon jetzt nach der Faustregel: *So viel wie nötig und so wenig wie möglich.*

Die Tendenz in Ihnen wird sein: Im Zweifel fürs Behalten.
Dabei sollte es genau umgekehrt laufen: Im Zweifel gegen das Behalten!
Warum?
Es ist ein Irrglaube, zu denken, dass man vom Leben mit dem Verstorbenen mehr »behält«, je mehr Dinge man behält. Erinnerungen hängen eher an Texten, an Fotos oder an kleinen, wirklich intimen Stücken als an der Masse der Möbel, der Bücher oder der Dekorationsgegenstände. Behalten Sie von dem ganzen Zeug zu viel, tritt sogar der *gegenteilige* Effekt ein! Die Dinge, die hier – im Kontext der noch bestehenden Wohnung des Verstorbenen – schöne Erinnerungen erzeugen, werden später bei Ihnen zu Hause, eingelagert und gestapelt als Staubfänger, mit den Monaten zu einer nervigen Belastung. Und so, unmerklich und wirksam, verbinden Sie mit der Zeit keine schönen Erinnerungen mehr damit, sondern nur noch das schlechte Gewissen, diese Sachen ja »immer noch« aufräumen, einsortieren oder am Ende doch »sinnvoll« verkaufen zu müssen, wobei »sinnvoll« heißt, dass Sie seit Wochen Preise dafür verlangen, die niemand bezahlt, oder eine so aufwändige Artikelbeschreibung bei eBay gestalten wollen, dass Sie überhaupt nicht erst damit anfangen. Was Sie behalten haben, um von der Vergangenheit mehr »zu behalten«, wird zu einer ärgerlichen Last in der Gegenwart.

Um das zu vermeiden, fragen Sie sich beim letzten Filterdurchgang durch den Haushalt einfach nur ehrlich bei jedem Gegenstand:

a) Würde ich das Teil sofort und ohne Zwischenlagerung (!) stimmig in meine Einrichtung integrieren?

b) Würde ich das Teil in meinem Alltag tatsächlich praktisch benutzen und verwenden, weil es mir ohnehin noch fehlt?

c) Sammele ich ohnehin bereits Gegenstände genau dieser Art und würde das Teil daher meine eigene Sammlung bereichern und erweitern?

d) Hat dieses eine Teil in meinem gemeinsamen Leben mit dem Verstorbenen eine so entscheidende Rolle gespielt, dass es genauso wichtig und einzigartig ist wie die alten Fotos oder Briefe aus Schritt 1?

e) Ist dieses eine Teil ein uraltes Spielzeug, Kleidungsstücke oder Geschenk aus meiner eigenen Kindheit, das lediglich hier gelagert und nie in meinen eigenen Haushalt überführt wurde?

Trifft einer dieser Punkte zu, entfernen Sie den entsprechenden Gegenstand aus dem Haushalt.

Trifft kein einziger dieser Punkte wirklich zu, lassen Sie ihn im Bestand zur Verwertung in den nächsten beiden Schritten, denn die Wahrscheinlichkeit ist groß, dass er Ihnen später nur zur Last fällt, auch wenn es sich jetzt noch nicht so anfühlt.

SCHRITT 4: DIE GESCHENKESICHTUNG

Wahrscheinlich denken Sie schon seit Beginn dieses Kapitels wieder ständig den berühmten Satz: *Ich kann doch nicht ...*
»Dies sind meine Verwandten. Meine Familie. Da kann ich doch nicht als Alleinerbe tagelang die Tür zumachen, um ungestört drei

Schritte durchzuziehen, und erst jetzt, weiterhin alleine zwischen den Sachen, überlegen, wer was als Geschenk und Erinnerung erhalten soll.«

Doch.

Sie können.

Sie sollen sogar.

Es ist hart und erfordert Selbstbewusstsein, aber unterm Strich ist es sogar besser für die Beziehungen und den Familienfrieden als die übliche Methode, von der ersten Minute an willenlos die Plünderung zuzulassen und dabei die Fäuste in der Tasche zu ballen. Auch auf Seiten der Verwandtschaft und der Freunde erzeugt es eine ganz andere Form von Dankbarkeit und Sinnstiftung, wenn sie nicht vom ersten Tag an die Erlaubnis haben, ihren steinzeitlichen Instinkten nachgehen zu dürfen und die gesamte Höhle zu plündern. Es ist wie mit einem guten Essen, das auch nicht mit einem Zentner Nachtisch beginnt, oder wie bei der Freude des Sammelns, die sofort beendet wäre, würde man einen Philatelisten auf einen Schlag mit allen wichtigen Briefmarken der Welt überschütten. Hürden, Grenzen und Limitierungen erzeugen Wertigkeit. Und eine Auswahl, die individuell auf den einzelnen Menschen zugeschnitten ist, erzeugt Sinn und beendet die Geschichte eines Lebens viel schöner und stimmiger als der unstrukturierte Hausbasar. Auch auf eine »Familienauktion« oder ähnliche Späße sollten Sie verzichten. Gehen Sie stattdessen durch die Wohnung oder das Haus und erinnern Sie sich daran, welche Gegenstände welche Menschen mit dem Verstorbenen besonders verbunden haben. Hat die alte Nähmaschine damals nicht Tante Margret aus Mannheim mitgebracht? Schenken Sie sie zurück! Sind der Verstorbene und sein Bruder nicht immer gemeinsam zu sämtlichen Konzerten der Stones gepilgert? Schnappen Sie sich jede Platte, jedes Buch und jedes Andenken, welches damit zu tun hat, und schenken Sie es dem Bruder! Ist es nicht so, dass die leicht schrullige Freundin Gundula aus Gammertingen diese ganzen kleinen Figürchen noch sammelt, die dort zu Dutzenden in einem Setzkasten stehen und die Sie persönlich niemals mit nach Hause nehmen würden? Wickeln Sie die kleinen Racker in Zeitungspapier ein und schicken Sie ein Paket in den Süden! Und – zu guter Letzt – finden Sie heraus, welche Gegenstände im Haushalt der Verstorbene sich »eigentlich« nur mal geliehen hatte und von wem. Zu den größten freudigen Überraschungen gehört es schließlich, vollkommen erstaunten Menschen nach fünfzehn oder zwanzig Jahren ihre Bohrmaschine, ihre Romantaschenbücher oder ihr Gartenwerkzeug zurückzugeben. Die Freude wird so groß sein, als hätte Homer Simpson seinem Nachbar Ned Flanders in der letzten Folge der letzten Staffel doch noch mal seinen Rasenmäher zurückgebracht. Und glauben Sie es: Bei der Haushaltsauflösung werden Sie merken, dass in jedem Menschen ein kleiner Homer Simpson steckt.

SCHRITT 5: DIE WARENSICHTUNG

Sie haben das Wimmelbild gelöst und die »Schöpfkelle« nun insgesamt vier Mal nach ganz bestimmten Kriterien durch den Haushalt gezogen. Dabei haben Sie Kategorie für Kategorie wie Schichten abgetragen und stehen nun in einer Ansammlung von Gegenständen, die – so wie sie ist – verwertet werden kann, ohne sich noch weiter fragen zu müssen, ob irgendwer was bekommen soll oder sich irgendwo noch dringend zu bewahrende Dinge verbergen. Für Ordner, Papiere und Gebrauchsgegenstände, die Sie innerhalb des Haushalts einfach noch benötigen, während Sie mit der Verwertung beginnen, richten Sie am besten eine zentrale Ecke oder ein provisorisches Büro ein. Denn alles andere ist nun Ihr großer Hausbasar. Sei es, dass Sie einfach die Türen aufmachen und tatsächlich einen Basar veranstalten, sei es, dass Sie alles in Kartons packen und auf den Trödel fahren, sei es, dass Sie Teil für Teil ins Internet stellen oder eine der vielen anderen Möglichkeiten nutzen. Welche Art des Verwertens für welche Art von Gegenstand am sinnvollsten ist und wie Sie nun den Rest des Haushalts so auflösen, dass Sie nichts unter dem realen Wert verkaufen und nichts unter dem gefühlten Wert wegwerfen, benötigt Zeit und somit ein ganz eigenes Kapitel.

DAS VERWERTEN
DER DINGE

Warum Sie beim Verkaufen und Verteilen des Nach-
lasses besonders sorgsam sein sollten, wie Sie
das Wertschätzen und Verhandeln lernen und was
Sie tun können, um am Ende mit einem guten Ge-
fühl in der leeren Wohnung zu stehen.

DAS ERBE ANTRETEN

Dieses Buch ist kein Ratgeber zum Thema Erbschaft. Um sämtliche
Arten von Schwierigkeiten und Abläufen rund ums Erben zu bespre-
chen, sind nicht umsonst komplett eigene Titel mit mehr als 300 Sei-
ten verfasst worden, deren Lektüre in jedem Fall ratsam ist.[1] Wer sein
Bücherregal für überfüllt hält, informiert sich auf digitalem Wege auf
Webseiten wie www.erbrecht-heute.de.

Das folgende Kapitel geht von dem »Optimalfall« aus, dass Sie klarer
Alleinerbe sind und weiter nichts verfügt wurde. In diesem Fall können Sie in Haus oder Wohnung bereits auf der Stelle loslegen – um
allerdings auch über die Konten und Sparbücher verfügen zu können, müssen Sie das Testament erst einmal »eröffnen« lassen. Zu
diesem Zweck tragen Sie es zum örtlichen Amtsgericht, wo die zuständige Beamtin oder der zuständige Beamte sich den letzten Willen sowie Ihre Personalien anschaut und daraufhin ein Schreiben
ausstellt, auf dem steht, dass »die aus dem Eröffnungsprotokoll er-
sichtliche Verfügung von Todes wegen eröffnet« wurde und »die Be-
urkundung nachgewiesen« ist. Gibt es keinen Termin für die Nach-
lasseröffnung, weil Sie eben Alleinerbe sind und niemand Drittes
vom Verstorbenen zum Testamentsvollstrecker ernannt wurde, genügt dieses Schreiben den Bankbeamten und anderen Autoritäten

meistens schon, um Ihnen den Zugriff auf die Gelder zu ermöglichen.

Für den Fall, dass die Bankmenschen den Verstorbenen als persönlichen Kunden gut kannten.

Für den Fall, dass wir von einer kleinen Stadt sprechen.

Und für den Fall, dass Sie sich sicher sein können, dass nicht eines Tages doch noch irgendwo aus heiterem Himmel eine neuere (!) Fassung des Testaments auftaucht als jene, die Sie bei der Haushaltsauflösung gefunden haben.

Sie sehen schon, das sind eine Menge einschränkender Bedingungen. Deswegen ist es sehr empfehlenswert, sich vom Amtsgericht nicht bloß die Testamentseröffnung bestätigen zu lassen, sondern einen offiziellen Erbschein zu beantragen. Haben Sie den in der Hand, ist Ihre Berechtigung, das Vermögen zu behalten und den Nachlass zu verwalten, durch nichts und niemanden mehr anzufechten. Nicht umsonst wird er deswegen auch »Erbausweis« genannt. Die Kosten für diesen Erbschein richten sich nach der Höhe des Erbes.

KLIMASÜNDEN

»Hiermit setzen wir, die Eheleute 1. Uta Uschmann, geb. Schmidt, am 06.03.1947 und 2. Jürgen Uschmann, geb. am 21.03.1947 uns gegenseitig als Vollerben ein. Erbe des Letztverstorbenen soll unser Sohn Oliver Uschmann geb. am 30.05.1977, sein.«

Kurz und bündig steht es auf dem 1-Blatt-Testament.

Dazu: Ein zweites Stück Papier mit präziser Beschreibung, wo genau sich welche Unterlagen bezüglich Konten, Sparbüchern und Tresorschlüsseln finden lassen sowie einer Auflistung aller Geldvermögenswerte. Schließlich, in der gleichen Klarsichthülle: Ein Umschlag mit Fotos von Schmuck, Silberbesteck und den paar scheinbar wertvollsten Möbeln. Eines muss man meiner Mutter lassen: Mögen auch manche Versicherungsscheine oder Telekomrechnungen neckisch zwischen Kochrezepten verschwinden und der Mietvertrag wahrscheinlich in einem Anfall von Wut auf die Hausverwaltung im Wald begraben worden sein – in Sachen Testament und Vermögen war sie vorbildlich präzise. Und minimalistisch.

Das ist gut so.

Denn wer mit einfachsten Mitteln größtmögliche Klarheit schaffen will, setzt mittels eines nur aus wenigen Zeilen bestehenden letzten Willens das Kind oder die Kinder als eindeutige Erben ein oder verfasst – falls verheiratet – ein so genanntes *Berliner Testament*, das genauso klingt wie oben zitiert. Der Ehepartner erbt darin beim Tod des jeweils anderen automatisch. Verstirbt auch der zweite, ist die Nachkommenschaft dran. Zwar gibt es in Deutschland auch ohne Testament eine »gesetzliche Erbfolge«, die von selbst in Kraft tritt, doch ist absolut dringend davon abzuraten, *nichts* schriftlich niederzulegen. Genauso wie man dringend davon abraten muss, den Menschen, den man liebt, nicht zu heiraten *und* zudem nicht glasklar und eindeutig als Alleinerben des Vermögens einzusetzen. In diesem Fall bekommt der Lebenspartner nämlich keinen Krümel.

Ich stelle mir so einen Fall vor, während ich von der Sparkasse zu Fuß durch die Stadt zur Wohnung gehe. Ein Mann und eine Frau, nennen wir sie Manfred und Jutta, lebten dreißig Jahre lang glücklich zusammen. Sie haben niemals geheiratet, weil sie sich auf einer Party zu den Klängen des Doppelalbums *Physical Graffiti* von Led Zeppelin kennenlernten und sich damals schworen, niemals spießig zu werden. Wie es immer so ist, wenn Hippies sich das Leben teilen, ging Manfred arbeiten und Jutta kümmerte sich um die drei Kinder. Nicht um patriarchalische Rollenbilder zu reproduzieren, sondern weil Manfred nun mal verdammt gut darin war, Instrumente zu reparieren, und weil Jutta sich leidenschaftlich um Haus und Hof kümmerte, da beide in eine private biologische Landwirtschaft mit eigenen Hühnern, Schafen und Ziegen integriert waren. Die drei Kinder mochten das gackernde und mähende Treiben, solange sie klein waren, und hassten es, als sie in die Pubertät kamen und von den Mitschülern stets als »Kinder von Bullerbü« gehänselt wurden. Sie trugen Latzhosen, die Mitschüler T-Shirts und Kappen mit grellen Tigern und Flammen darauf. Zwanzig Jahre später sind die Kinder selber erwachsen, haben aber alle nicht genug Geld, um sich ebenfalls Häuser und Kinder leisten zu können. Gerne wären sie aus Protest gegen die Eltern reich genug geworden, um sich in moderne Glasbauten ohne Ziegen einzumieten, aber das gelang ihnen nicht. Ihr Vater Manfred schaffte es, als Hippie guten Wohlstand zu erlangen, da er im Wirtschaftswunder unter strengen Kaufmannseltern aufwuchs, gegen die er protestieren konnte, während er gleichzeitig von ihnen lernte, wie man sich am Riemen reißt und Kohle macht. Wächst man allerdings eine Generation später in der Wirtschaftskrise unter antiautoritären Hofeltern auf, gegen die man nur protestieren könnte, indem man dem Kapitalismus frönt, den die Eltern handwerklich beherrschen, aber verbal verfluchen, lernt man weder ordentlich zu rebellieren, *noch* wenigstens widerwillig lebenstüchtig zu werden.

Nun stirbt Manfred unerwartet mit sechzig Jahren, und Jutta steht verzweifelt auf ihrem Hof. Sie erbt nichts, da sie eben nicht verheiratet waren und Manfred sich ebenfalls keine Zeit genommen hat, einen letzten Willen zu verfassen. Die Verzweiflung Juttas rührt aber vor allem daher, dass ihre drei erfolglosen Sprösslinge nun in der kalten Gnadenlosigkeit, die nur eine Kindheit unter Weltverbesserungsingenieuren erzeugen kann, tatsächlich ihr gesetzlich verbrieftes Erbe fordern. Da Jutta niemals ein eigenes Einkommen hatte, führt das dazu, dass sie ihren geliebten Hof verkaufen und die Erlöse den Kindern vermachen muss, während sie in eine kleine Wohnung zieht, wo ihr Schafe und Ziegen fortan nur noch in Dokumentationen über das schöne Deutschland im WDR begegnen.

Der Dom nähert sich zwischen den Häusern. Meine gehässige Fantasie über Manfred und Jutta dauerte den ganzen Weg durch die Fußgängerzone. Wie kurzweilig. Ich frage mich, ob ich mein eigenes Testament restaurieren sollte. Zusätzlich zum klassischen Vererben gibt es schließlich noch das »Vermächtnis«. Klingt pathetisch und groß, bedeutet aber lediglich, dass innerhalb des Testaments ganz bestimmte Gegenstände oder Geldsummen ganz konkreten Menschen »vermacht« werden. Der Rest des Testaments bleibt davon unberührt. Möchte man beispielsweise, dass eine verarmte Freundin aus dem Gesamtvermögen einen Betrag von € 1000,– erhält, schreibt man genau das in den letzten Willen:

> »Meiner Kegelfreundin Anneliese Hartmann,
> wohnhaft Blumenstraße 27, 45787 Musterstadt,
> vermache ich aus meinem Vermögen einen Betrag von
> € 1000,–, zahlbar sechs Monate nach meinem Todestag.«

Gleiches gilt natürlich für präzise benannte (!) Schränke, Münzsammlungen, Haustiere oder antike Bücher. Entscheidend ist: Nur was *geschrieben* steht, ist Gesetz und Verpflichtung für den Erben und Verwalter des Nachlasses.
Nichts anderes!
So kann es Ihnen zum Beispiel passieren, dass Verwandte an Sie als Erben herantreten und Ihnen ebenso beiläufig wie gewissenzerschmetternd erzählen, »wie oft« der Verstorbene gesagt hätte: »Wenn ich mal sterbe, dann soll die arme Anneliese auf jeden Fall tausend Euro bekommen.«
Diese Bemerkung wird dann meistens abgeschlossen vom Ausdrücken der Zigarette, versonnenem Verpusten des Restqualms und dem Zusatz: »Nur, dass du es weißt.«
Bevor Sie nun daraufhin zur Bank rennen und in einem Anfall erzwungener Herzensgüte tausend Euro abheben, um sie als Eilbote zu Fuß in die Blumenstraße zu tragen und die verarmte Anneliese auf Knien um Verzeihung zu bitten, dass Sie als reicher Erbe erst so spät erscheinen, *oder* auch bevor Sie diesen angeblich verbal geäußerten »Willen« pauschal ablehnen, gilt hier wieder eine ähnliche Faustregel wie beim Umgang mit dem Tagebuch: Ist der Verstorbene vollkommen unerwartet aus der Welt getreten und hatte er somit keine Zeit mehr, sein Testament aufzusetzen oder zu modifi-

zieren, dürfen Sie erwägen, der armen Anneliese »ihre« tausend Euro zu bringen. War der Tod allerdings für den Verstorbenen absehbar und er hat trotzdem die ganze Zeit über nirgendwo schriftlich niedergelegt, dass Anneliese tausend Euro erhalten soll, haben Sie *keinerlei* Verpflichtung oder Grund, der verbalen Verfügung aus zweiter Hand nachzugeben.

Ich schließe die Haustür auf. Die Nachbarin kommt mir entgegen, um Müll in den Keller zu bringen. Sie lässt ihre Tür halb offen stehen. Die Wohnung ist exakt so geschnitten wie bei meinen Eltern, also bei mir, nur dass der Boden nicht aus abgenutztem Laminat besteht, sondern aus großen Natursteinfliesen. Vor »meiner« Tür steht ein Schirmständer aus Rattan. Sieben Schirme stecken darin. Schirme bringen gar nichts ein, so viel weiß ich wohl schon, seit ich vor ein paar Tagen mit der *Warensichtung* angefangen habe. Es liegt mir auf der Zunge, zu sagen: »Hallo Frau Neustädter. Wollen Sie einen Schirm? Oder zwei?« Stattdessen sage ich: »Hallo Frau Neustädter. Angenehm heute, oder?« Sie stimmt mir zu und fabuliert zwei Minuten über die »richtigen« Temperaturen, in denen die Menschheit leben sollte, und die »falschen« Temperaturen, die alle ein Ergebnis unserer »Klimasünden« seien, zum Beispiel Bullenhitze im Sommer und Eiseskälte im Winter. Ich bin erleichtert, dass Frau Neustädter nicht denkt, ich würde schon jetzt die Sachen meiner Mutter einfach so gewissenlos verschleudern. Jedes Mal, wenn ich bis jetzt aufgrund von Schritt 1 bis Schritt 4 volle Kartons aus der Wohnung geschleppt habe, sah ich sie am Fenster und kam mir vor wie ein skrupelloser Geier, ein Leichenschänder, ein marodierender Halunke ohne Moral und Anstand. »Es sind nur Akten, Frau Neustädter, ich trage hier nur Akten raus!«, hätte ich gerne gerufen und rief es auch innerlich bis hinter den Ortsausgang, wo mich die Schuld wieder auf den Parkplatz des amerikanischen Schnellrestaurants trieb, das gut an meiner Gewohnheit verdient, unnötige Schuldgefühle durch Geschmacksverstärker zu bekämpfen. Als Frau Neustädter mit ihren Ausführungen über das Klima fertig und im Begriff ist, die Treppe zu den Mülltonnen im Keller runter zu steigen, bleibt sie noch einmal

stehen, zeigt auf den Rattanständer und sagt: »Den Schirm mit den Sonnenblumen fand ich immer ganz schön.«
»Nehmen Sie«, sage ich, »nehmen Sie ruhig …«

EHRE DEN VERSTECKEN

Wenn es nun also damit losgeht, die Dinge zu verwerten, spüren Sie bereits wieder die elenden, kleinen Biester aufsteigen, die Sie schon den ganzen Weg bis hierher begleitet und behindert haben: Skrupel.

Im Krankenhaus dachten Sie sich: »Ich kann doch jetzt nicht nach Hause fahren und morgen auf dem Tennisplatz mein Spiel machen, auch wenn Mutter mir sagt: ›Junge, mach dein Spiel und erzähl' mir davon!‹«

Im Hospiz dachten Sie sich: »Ich kann doch nicht hier sitzen und weitere 90 Minuten damit verschwenden, mit Mutter stillschweigend *Das perfekte Dinner* zu gucken, wo sie vielleicht nur noch 900 Minuten hat. Oder 180. Oder zwei.«

Beim Gespräch mit dem Bestatter dachten Sie sich: »Ich kann doch jetzt nicht nach dem Preis fragen, wo es um die letzte Ehre geht oder das große Kaffeetrinken aus dem Restaurant als kleines Kaffeetrinken in die Wohnung verlagern und statt hundert Gästen nur zwanzig bewirten.«

Was immer Sie seit dem Anruf und der Nachricht vom nahenden Ende getan, gesagt und entschieden haben: Ständig hatten Sie Skrupel.
Skrupel, Skrupel, Skrupel.
Und immer der Gedanke: »Wie sieht das denn aus?«
Aber da war auch noch was anderes.
Die Stimme Ihrer selbstsicheren Vernunft, die sagte:

»Natürlich kannst du morgen dein Ligaspiel auf dem Tennisplatz absolvieren, es innerlich deiner Mutter widmen und direkt danach, die Schweißbänder noch am Handgelenk, ins Krankenhaus fahren und ihr am Bettrand so euphorisch vom Sieg berichten wie damals als kleiner Junge, wenn du vom Spielen heimkamst und die Erlebnisse aus dir heraussprudelten. Diese drei Minuten Begeisterung machen deine Mutter glücklicher als zwei Stunden Pflichtbesuch, in denen du in Gedanken woanders bist.«

»Natürlich kannst du mit Mutter stillschweigend *Das perfekte Dinner* gucken, weil es ihr gut tut, weil es sie ablenkt und weil sie im Moment ohnehin noch nicht über den Tod sprechen will, sondern über Honig-Senf-Vinaigrette und Heidschnucke à la Madeleine.«

Die Stimme, die sagte:
»Natürlich kannst du die Bestatterin nach dem Preis fragen und handeln und die Gäste in Mutters Wohnzimmer einladen, wo die alte Kaffeemaschine gurgelt, wie sie es immer tat, und wo die Teilchen von Bäcker Coenen geholt werden, wie Mutter sie selbst immer zu holen pflegte, deren wichtigstes Ritual der Sonntagskaffee am eigenen Esstisch war.«

Dieser Stimme sollten Sie auch jetzt zuhören, wenn die Skrupel in Ihnen brüllen:
»Mutter ist erst seit zwei Wochen verstorben. Da kann ich doch nicht *jetzt schon* anfangen, für alle Menschen sichtbar mit dem Verkauf der Sachen anzufangen, potentielle Kunden ins Haus lassen, den Kombi für den Trödel vollpacken oder gar einen öffentlichen Hausbasar ausrufen.«
Doch.
Sie können.
Sie sollen sogar.
Wenn Sie nämlich jetzt anfangen, aus falsch verstandener Pietät eine »Pause« einzulegen, kann Ihnen passieren, was einem unserer Bekannten passiert ist. Er rührte die Habseligkeiten seiner verstorbe-

nen Frau »erst mal« nicht an. Halb aus persönlicher Verzweiflung, halb aus dem Gedanken heraus, »was wohl die Menschen denken« würden, finge er schon »so früh« damit an, als trauernder Ehemann Dinge zu verschachern. Das Ergebnis: Tausende von Sachen stapeln sich *noch heute*, Jahre nach dem Tod der Frau, im Haus und belasten die Räume und seine Seele. Ein nicht mal sonderlich extremer Fall, wenn man bedenkt, dass ganze Wohnungen und Häuser Verstorbener in Deutschland über Monate hinweg vollständig unangetastet wie Geisterkulissen dastehen – was absolut niemandem hilft und schon gar keinen mehr lebendig macht. Heute zerreißen sich die Leute im Falle des Bekannten übrigens ihre Mäuler darüber, wie lieblos und willensschwach der Mann sein muss, wenn er sich über Jahre hinweg nicht die Mühe macht, die Besitztümer seiner Frau würdevoll zu verwerten, indem er sie wenigstens armen Leuten spendet.

Merke!

Wenn Sie »zu früh« anfangen, die Dinge zu verwerten, werden die Menschen schlecht über Sie reden. Wenn Sie »zu spät« anfangen, die Dinge zu verwerten, werden die Menschen schlecht über Sie reden. Zwischendurch fragen sie beiläufig, ob sie gratis einen Schirm haben dürfen, und erzählen dann, wenn sie ihn erhalten haben, wie gedankenlos Sie als Erbe einfach so die Sachen verteilen.

In den kommenden Wochen ignorieren Sie also bitte »die Menschen« und machen sich eines klar: Sie ehren die Dinge weder durch den Zeitpunkt, an dem Sie sie verwerten, noch dadurch, dass Sie absichtlich keinen Gewinn daraus schlagen. Sie ehren die Dinge und ihren ehemaligen Besitzer, in dem Sie sich ihnen mit Ruhe und System widmen und sie auf die bestmöglichste Weise verwerten. Diese »bestmögliche« Weise kann darin bestehen, sie zu guten Preisen an wirklich interessierte Menschen zu verkaufen, sie an Institutionen zu verschenken, die ihre Sachspende zu schätzen wissen, oder das wegzuwerfen, was schon lange hätte weggeworfen werden müssen und wozu der Verstorbene zu seinen Lebzeiten einfach keine Zeit oder Kraft gefunden hat.

Wie Sie entscheiden, welche Maßnahme für welche Art von Sachen die richtige ist, erfahren Sie später Kategorie für Kategorie. Zuvor ist allerdings noch ein grundsätzlicher Aspekt zu beachten, der ebenfalls von inneren Skrupeln begleitet werden wird. Was Sie nämlich ab sofort lernen und bis zum letzten ausgefegten Krümel aus der Wohnung nicht mehr vergessen dürfen, klingt für Sie und Ihre antrainierten Schuldgefühle wahrscheinlich erst recht nicht nach Sohn oder Tochter, Bruder oder Schwester, Mann oder Frau, sondern mehr denn je nach einem Einbrecher, der die lange Abwesenheit in der Urlaubszeit abgewartet hat und nach seiner Tat die Wohnung mit offenen Schubladen und auf dem Boden verteilten Klamotten hinterlässt. Sie sollen ... auf versteckte Wertgegenstände achten.
Gold.
Silber.
Schmuck.
Geldscheine.
Und zwar *ü-ber-all.*
»Ich kann doch nicht ... wie sieht das denn?«, schreit es schon wieder in Ihnen.
Doch!
Sie können!
Sie sollen sogar!
Was würde der Verstorbene denn sagen, der seine Schätze absichtlich gut versteckt hat, wenn diese nicht Ihnen als Erben zugutekämen, sondern aus Versehen völlig fremden Leuten, weil Sie Trottel die abgetragene Winterjacke mit den tausend Innentaschen für € 4,32 auf eBay verkauft haben, ohne zuvor zu bemerken, dass sich in zwei der tausend Innentaschen fünf prachtvolle Hunderter verbergen?

Wie fände es denn Ihr Vater, der in mühevoller Kleinarbeit doppelte Böden in die Schubladen der Kommode getischlert hat, um darunter ein paar Feinunzen Gold zu verstecken, wenn nicht Sie diesen Schatz finden würden, sondern ein Antikgroßhändler, der die Kommode für € 120,– angekauft hat?

Und was ist mit den unglaublichen Verstecken, die sich besonders die ältesten Herrschaften gerne aussuchen? Hat Ihre Großmutter ihr Bargeld etwa unter der Spüle im Umverpackungskarton für Spülmaschinentabs verborgen, damit Sie das Ding achtlos in den Müll werfen und die Ratten auf der Halde die zehn Fünfziger fressen?

Denn von zweierlei dürfen Sie ausgehen:

a) Menschen verstecken Wertsachen.
b) Je älter die Menschen sind, desto besser sind die Schätze verborgen.

Meine Großmutter väterlicherseits gelangte zum Beispiel, als sie noch in ihrer Wohnung lebte, aber die ersten Anzeichen leichter Demenz auftraten, zu der Überzeugung, ein obdachloser Mann würde in der Nacht heimlich in ihrem Wohnzimmer auf dem Sofa übernachten. »Die Puppe steht anders«, lautete ihre erste Begründung für diese These. Sie hatte täglich den Eindruck, ihre gut erhaltene Kindheitspuppe, die bei ihr auf dem Sofa lebte, würde über Nacht stets ein wenig versetzt werden. Der zweite Grund für ihre Vorstellung vom fremden Übernachtungsgast, der immer morgens rechtzeitig verschwindet, war einer, den auch nicht demente Menschen mehrheitlich blind akzeptieren: »Die haben da neulich sowas im Fernsehen gezeigt.«

Konsequent, wie meine Oma ist, schloss sie sich jedenfalls zum Schutz vor dem nächtlichen Gast allabendlich aus ihrem eigenen Wohnzimmer aus und versteckte den Schlüssel. Ihre Medikamente beließ sie auf dem Couchtisch hinter der verriegelten Wohnzimmertür, so dass meine Tante den gesamten Tag damit verbrachte, den Schlüssel zu suchen, um das Wohnzimmer wieder aufzukriegen. Den Schlüssel hatte meine Oma schließlich dermaßen narrensicher versteckt, dass nicht mal sie selbst sich zu erinnern vermochte. Das Gleiche praktizierte sie wenige Wochen später mit dem Schlüssel für die Terrasse. An diesem Tag war ich zugegen und nahm gemeinsam mit meiner Tante vom Tiefkühlfach bis zum Klospülkasten wirklich *alles* auseinander, um am Ende doch den Schlüsseldienst zu rufen. Ich vermute, man wird das gesamte Haus entkernen müssen, um diesen Schlüssel eines Tages wiederzufinden.

Was der angebliche nächtliche Sofaschläfer für die leicht demente Großmutter ist, sind der Staat und das Finanzamt für geistig noch vollkommen intakte Menschen. Und seien wir ehrlich – mit Recht. Wie können wir unseren Verstorbenen verdenken, statt Spareinlagen bei einer Bank lieber Bargeld, Gold, Schmuck oder andere Reserven in privaten Verstecken gebunkert zu haben angesichts der Tatsache, dass nicht mal ein Zehntel des »Buchgeldes«, das um die Erde rotiert, noch von echten Werten gedeckt wird? Wie können wir es den Verstorbenen verdenken, so viel wie möglich in Geheimfächern und Keksdosen gebunkert zu haben angesichts dessen, was investigative Schriften wie *Die Milliarden-Verschwender: Wie Beamte, Bürokraten und Behörden unsere Steuergelder zum Fenster hinauswerfen*[2] oder der jährliche Bericht des Bundes der Steuerzahler[3] regelmäßig über den »verantwortungsvollen« Umgang der Politik mit unserem Steuergeld hervorbringen?
Ehren Sie diese finanzielle Selbstverteidigung des Verstorbenen, indem Sie seine wohlgehüteten Schätze *nicht* bergen?
Wohl kaum!
Daher gilt bei allem, was Sie im Laufe der gesamten Verwertung der Dinge in die Hand nehmen, *grundsätzlich* als erstes: Schauen Sie nach versteckten Schätzen!
In einem »wertlosen« Taschenbuch können Geldscheine stecken.
In einer unauffälligen Streichholzschachtel kann sich ein Ring verbergen.
In jeder einzelnen Tasche jeder Jacke, jeder Hose und jedes Hemdes können Münzen klimpern, ebenso wie in Einmachgläsern, Töpfen oder den Schachteln alter Kartenspiele. Ein Fliesenleger hat uns bei

den Recherchen für ein anderes Buch berichtet, dass sich Bündel voller Bargeld oder Schachteln mit Schmuck sogar schon hinter der Abdeckung am Rand der Badewanne verborgen haben, die mit diesen kleinen Klammern versehen ist und sich abnehmen lässt, um im Falle eines Klempnereinsatzes an das Abflussrohr zu kommen.

Halten Sie die Augen offen.

Ehren Sie die Qualität des Verstecks, indem Sie sich die Mühe machen, es zu finden.

Das ist die erste generelle Regel bei allem, was Sie im Folgenden tun. Die zweite lautet: Lernen Sie zu verhandeln!

MARKTGESETZE UND SCHAUSPIELER

Nahezu alles im aufzulösenden Nachlass hat einen Wert. Die Kunst besteht darin, ihn zu bestimmen. Geht man nach den Fernsehquoten, darf angenommen werden, dass bei aller hohen Bildung, die Sie als Leserin oder Leser eines Buches aus dem Verlagsprogramm von Pantheon sicher genossen haben, jeder Zehnte von Ihnen »trotzdem« schon mal die Doku-Soap *Der Trödel-Trupp* auf RTL II gesehen hat. Die professionellen Haushaltsauflöser, Händler und Möbelrestaurateure Sükrü Pehlivan, Otto Schulte und Mauro Corradino helfen darin überforderten Menschen beim Aufräumen und Auswerten hoffnungslos überladener Haushalte oder beim Sichten von Nachlässen. Bei aller berechtigten Kritik an der Vereinfachung der Vorgänge, welche die Sendung vornimmt, vermittelt sie aber dennoch ein paar allgemein wahre und aus persönlicher Erfahrung zu bestätigende Einsichten.

Die Top 5 dieser Erkenntnisse lassen sich so zusammenfassen:

1.) Es findet sich immer ein Grund, warum man einen Gegenstand angeblich »irgendwann noch mal« gebrauchen kann. In Wirklichkeit ist das »*irgendwann* noch mal gebrauchen können« ein Vorwand, nicht loszulassen. *Irgendwann* bedeutet *niemals*.

2.) Verwechseln Sie den *sentimentalen* Wert, den ein Objekt für Sie hat, niemals mit dem *ökonomischen* Wert, den es auf dem Markt hat. Keiner bezahlt einen Aufpreis für Ihre persönlichen Gefühle. Entweder ist Ihnen der Gegenstand so wichtig, dass Sie ihn bereits bei der *Andenkensichtung* aus dem Haus geschafft haben, oder Sie sehen ein, wie der »wahre Wert« der Ware zurzeit aussieht.

3.) Fragen Sie sich bei jedem Preis, den Sie für etwas verlangen: »Was würde *ich selber* dafür maximal bezahlen?« Wenn Sie diese Frage ehrlich beantworten und davon nochmal 10 Prozent abziehen, sind Sie meistens bei einem realistischen Wert angekommen.

4.) Recherchieren Sie nüchtern und ausführlich die tatsächlichen, aktuellen Sammler- und Gebrauchtwarenpreise für die Dinge, die Sie zu veräußern haben. Niemals zuvor war dies so einfach und umfangreich möglich wie in Zeiten des Internet.

5.) Wenn ein Objekt noch brauchbar ist, seine Restauration und Reinigung aber auf einen menschenwürdigen Stundenlohn umgerechnet mehr kosten würde, als Sie danach im Verkauf erhalten, sollte es entweder unbearbeitet gespendet oder zusammen mit anderen Sachen in einem großen Paket gebündelt angeboten werden.

All diese Gesetze vernünftigen Handelns leuchten sofort ein. Die Menschen, denen in der Trödler-Doku geholfen wird, missachten sie auf eine teils so offensichtlich uneinsichtige Weise, dass man häufig den Verdacht hat, diese mangelnde Einsicht sei zugunsten der Dramatik nur inszeniert. Wie lässt es sich sonst erklären, dass zum Beispiel einer für einen zehn Jahre alten Aufsitzrasenmäher, der als Neuware € 599,– kostet, ohne zu lachen € 550,– verlangt – von einem Händler, der das Gerät erst mal reparieren und danach noch mit Gewinn verkaufen muss! Man schaut sich das an und ist sich ganz sicher: *Diese* Unvernunft der Leute ist natürlich nur gespielt. Sie ist mit dem Regisseur vorher verabredet worden, damit die übliche »Dramatik« der Sendung inszeniert werden kann, die immer dem Ablauf *Störrigkeit – Misserfolg beim Verkauf – Beratung – Einsicht – Erfolg beim Verkauf* folgt. Man nimmt es sogar hin, wenn die Leute in der Sendung wütend oder weinend davonrennen, weil sie scheinbar einfach nicht akzeptieren können, wie wenig manche Sachen nach all der Zeit noch wert sind, und denkt sich: Es ist alles nur Theater. Und dann?

Dann steht man selber das erste Mal beim offenen Hausbasar in der zwanzig (!) Jahre alten Einbauküche der eigenen verstorbenen Mutter, antwortet auf die Frage eines Interessenten, was die Küche denn kosten würde, ganz ernsthaft und ohne, dass ein Regisseur von RTL II es einem befohlen hätte: »Fünftausend Euro!« und wundert sich, warum der Mann plötzlich so peinlich berührt ist und nicht weiß, ob er über diese Forderung lachen oder vor Fremdscham rot werden soll.

Damit Ihnen all das gar nicht erst passiert und Sie sich Zeitvergeudung, Nervenstress und Enttäuschungen sparen, hier nun eine Übersicht darüber, wie der Wert von Dingen einzuschätzen ist und auf welchem Wege man sie am besten so würdevoll wie möglich aus dem Haus bekommt.

DIE FAUSTREGELN

In den kommenden Tagen, Wochen oder gar Monaten sind Sie im Grunde ein kleiner Unternehmer. Ein Händler für Gebrauchtwaren. Denken Sie sich die Wohnung oder das Haus, das Sie auflösen, als Ihr Kontor. Als Kaufmann und Händler brauchen Sie nicht bloß ein ordentliches Lager, sondern auch Vertriebswege. Wollen Sie eine Auktion nach der anderen bei eBay einstellen? Oder lieber feste Dauerangebote in den Marktplätzen des weltweiten Netzes? Sehen

Sie sich jeden Samstag auf einem Trödelmarkt oder eher im eigenen »Kontor«, das Sie für einen Hausbasar öffnen? Oder schicken Sie gerne Mails an alle Freunde in Ihrem Verteiler oder auf Facebook und hoffen, unter ihnen Interessenten für all die Sachen zu finden? Bevor Sie gleich im Folgenden eine systematische Übersicht über die möglichen Vertriebswege finden, brauchen Sie als solider Kaufmann auf Zeit allerdings noch etwas. Drei Faustregeln, die für alle Arten von Dingen gelten, die Sie verkaufen wollen.

Faustregel 1!
```
Viel Zeit = hohe Einnahme
Wenig Zeit = niedrige Einnahme
```

Wenn Sie »einfach nur alles so schnell wie möglich loswerden wollen«, erzielen Sie die niedrigsten Preise. Sie erinnern sich an die extremste Version dieser Methode, den Ankauf des gesamten Bestandes auf einen Schlag durch einen Haushaltsauflöser. Und wie heißt es bei dem? »Für fünfhundert Euro nehme ich alles mit!« Wie oben angedeutet, krankt auch *Der Trödel-Trupp* an dieser Tempovorgabe, in einer Woche so viel wie möglich verkaufen zu müssen. Das andere Extrem würde es darstellen, wenn Sie vom einzelnen Taschenbuch bis zum losen Scharnier für Schranktüren *jedes* Teil einzeln an private Endkunden verkaufen und *niemals* etwas bündeln, verschenken oder professionellen Ankäufern anbieten würden. Auf der langen Gerade zwischen diesen beiden Polen liegen je nach Gegenstand die vernünftigen Varianten. Ein medizinisches Fachbuch fürs Studium oder einen gut erhaltenen VW Käfer für Bastler können Sie (den Platz zum Einlagern vorausgesetzt) monatelang anbieten, da sich nach einer Weile ein Liebhaber oder Nischenkunde findet, der einen hohen Preis zahlt. Einen Stapel alter Romane von Stephen King oder einen nichtssagenden Daihatsu Baujahr 2002 sollten Sie so billig und zügig wie möglich aus dem Weg schaffen, da in diesen Fällen kein Warten der Welt auf gut zahlende Kundschaft lohnt.

Faustregel 2!
Seltene Ware = hohe Einnahme
Verbreitete Ware = niedrige Einnahme

Eben wurde es schon angedeutet – ein Roman von Stephen King ist als Bestseller so verbreitet, dass er in jedem zweiten Haushalt liegt und somit nichts wert ist, außer er wäre vom Autor signiert. Ein japanischer Kleinwagen hat selten »Kultstatus«, ein VW Käfer oder Opel Kadett schon. Eine massive Bücherwand aus Echtholz findet der geneigte Käufer nicht alle naselang auf eBay. Mit Billy-Regalen von IKEA schmeißt man ihn zu. Menschen sammeln, weil sie zu einem erlauchten Kreis gehören wollen, und ein erlauchter Kreis ist immer klein. Einem rein rational denkenden Außerirdischen könnte man niemals erklären, wieso der Homo Sapiens für die eine kleine Plastikfigur aus einem Überraschungs-Ei nur zwanzig Cent bezahlt, die andere ihm aber zwanzig Euro wert ist – es sei denn, ein winziges Stückchen buntes Papier ist nicht dabei.

Faustregel 3!
Ehrlichkeit beim Zustand =
hohe Einnahme / Unehrlichkeit beim
Zustand = niedrige Einnahme

Stünde hier »guter Zustand = hohe Einnahme« hätten Sie protestiert und gesagt: Müssen die denn das Offensichtliche schreiben? Aber so einfach ist es nicht mal. Menschen kaufen auch halbe Autowracks, weil sie daraus ein ganz bestimmtes Teil brauchen, oder Möbel mit Kratzern und Dellen, weil sie gerade eine WG cool einrichten und Kratzer und Dellen für sie als »Vintage« gelten, mal abgesehen davon, dass die Sachen günstig sind. Ein Sammler von Schallplatten oder Comics möchte einen perfekten, makellosen Zustand ohne Risse, Flecken oder Beschriftungen. Ein DJ, der immer noch Vinyl auflegt, oder ein Familienvater, der die Comics kauft, damit sie tatsächlich von seinen sieben Kindern gelesen werden, stört sich nicht an heftigen Gebrauchsspuren. Wichtig ist nur, dass

Sie den Zustand einer Ware *ehrlich* einschätzen. Der Kundschaft gegenüber sowieso, das erfordern der Knigge und der Selbsterhaltungstrieb. Vor allem aber müssen Sie lernen, in der Beurteilung des Zustands *zu sich selbst* ehrlich zu sein! Das ist schwer, denn wie beim Durchstöbern der alten Beschwerdebriefe während der *Privatsachensichtung* oder der Erkenntnis, dass selbst Eltern mit ihren Akten chaotisch waren, während der *Bürokratiesichtung* lernen Sie jetzt bei der *Warensichtung* den Verstorbenen schon wieder neu kennen. Der Kunde beispielsweise, der sich als erster Mutters Küche ansah und mich für geisteskrank hielt, als ich fünftausend Euro dafür verlangte, hatte beim Öffnen der Schubladen sicher schon etwas entdeckt, was ich zu dem Zeitpunkt einfach noch ignorierte. Die Böden der großen Schubladen, in denen unverderbliche Nahrungsmittel lagerten, waren nicht dunkelbeige, weil das ihre natürliche Farbe darstellte. Sie waren dunkelbeige, weil sich auf das strahlende Weiß des Furniers mit den Jahren eine drei Millimeter dicke Schicht klebrigen Drecks abgesetzt hatte, den man am Niederrhein auch »Knies« oder »Spack« nennen würde. Mit Knies oder Spack habe ich meine Mutter niemals im Leben zusammengebracht! Knies oder Spack war ein Makel anderer Leute. Als die Küche nach einigen Wochen leer geräumt war und ich sie putzte, benötigte ich, um den Knies und Spack auf den Böden der Schubladen loszuwerden, einen ganzen Liter ätzendes Aceton. Und hätte ich nicht auf der Suche nach verborgenen Geldscheinen oder anderen Schätzen die Taschen der Blazer, Jacken und Hosen meiner Mutter vor dem Verkauf durchsucht, hätten sowohl die nette Dame aus dem Second-Hand-Laden für Damenmode sowie die Kundinnen auf eBay, die über den Kauf von günstiger Kleidung für ihre Familie froh waren, zu ihrem *und* meinem Erstaunen alte, benutzte Taschentücher und lose kullernde Atemfrischpastillen gefunden. In j-e-d-e-r einzelnen Tasche! Mit benutzten Taschentüchern und lose kullernden Atemfrischpastillen in Hosentaschen habe ich meine Mutter ebenfalls niemals zusammengebracht. Benutzte Taschentücher und lose kullernde Atemfrischpastillen in Hosentaschen waren der Makel meines Vaters und mir, wenn Mutter früher in der Kindheit stets aus der Waschküche fluchte, »dass die Männer niemals ihre Scheißtaschen nachgucken können!« Kurzum: Öffnen Sie die Augen für den *tatsächlichen Zustand* der Waren. Nur so haben Sie auch die Chance, die Ware rechtzeitig von Knies, Spack oder Pastillen zu befreien, bevor Sie sie überhaupt anbieten.

DIE VERTRIEBSWEGE

Die drei Faustregeln sollten Sie verinnerlichen, bevor Sie Ihr zeitweiliges Geschäft eröffnen. Je nachdem, wie selten, häufig, gut oder schlecht in Schuss ein Gegenstand nun ist und wie viel Zeit Sie demnach auf seinen Verkauf aufwenden wollen, wählen Sie dann die Vertriebswege. Generell eröffnen Sich Ihnen hier folgende Varianten.

DAUERHAFTES ANGEBOT AUF EINEM ONLINE-MARKTPLATZ

Sie eröffnen ein Mitgliedskonto in einem Online-Marktplatz wie (je nach Thema) www.amazon.de, www.booklooker.de oder www.mobile.de und bieten die gebrauchte Ware dort ohne zeitliche Begrenzung an. Das hat zwei Vorteile. Zum einen sind nahezu alle denkbaren Produkte bereits in der Datenbank gelistet. Sie müssen nicht wie bei eBay oder den Kleinanzeigen die Artikel selber beschreiben und auch selten eigene Fotos machen. Sie tippen einfach das Buch, die CD oder den Gebrauchtwagen (hier machen Sie natürlich Fotos) ein, suchen ihn raus und werden dadurch zu einem von wenigen (gut) oder vielen (weniger gut) Anbietern dieser konkreten gebrauchten Ware im jeweils angegebenen Zustand. Sie schauen sich die aktuell kursierenden Preise an und unterbieten einfach alle Konkurrenten, wenn es schnell gehen soll. Oder Sie sagen sich: Meine alte Gesamtausgabe von Goethe befindet sich im Zustand »sehr gut« statt »akzeptabel«, also lasse ich sie auch für einen höheren Preis drin und warte ab. Mit der Zeit gleichen Sie die Produkte aus Ihrem virtuellen Lagerbestand mit der Entwicklung der Preise ab und korrigieren Ihre Angebote nach unten oder oben. Für alle Medien sowie zahllose andere Haushaltsgegenstände und Geräte ist Amazon Marketplace hier tatsächlich der bequemste Anbieter mit dem größten potentiellen Käuferpublikum. Dort einen Shop zu eröffnen lohnt sich vor allem, wenn Sie Nischenprodukte anbieten und einen langen Atem haben. Siehe das Beispiel oben: Das sehr spezifische Medizinfachbuch werden Sie dort nach einiger Zeit sicher zum Bestpreis los, da gerade Menschen, die gezielt nach Speziellem suchen, kaum die Kleinanzeigen oder das vom Image her zum Händler- statt Privatflohmarkt verkommene eBay durchforsten. Verkauf mit langem Atem über Amazon Marketplace rechnet sich trotz der happigen Gebühr, die Amazon selbst einstreicht. Natürlich können Sie den Konzern auch aus moralischen Gründen meiden, weil er in Deutschland kaum Steuern zahlt oder bei seiner letzten Reform der Allgemeinen Geschäftsbedingungen für Verkäufer Paragrafen erfunden hat, die sich bereits auf Deutsch so lesen, als hätte man seine Organe an ihn vermietet, und die mit der Bemerkung beginnen, »dass nur die englische Originalfassung der AGB Rechtskraft« habe. Wenn Sie das tun und Ihr Glück nur auf anderen Marktplätzen versuchen wollen, seien Sie aber wenigstens konsequent und lesen Sie auch dort vorher die AGB Paragraf für Paragraf. Nur mal so aus Spaß ...

ZEITLICH BEGRENZTES ANGEBOT BEI EBAY
ODER EINEM ANDEREN AUKTIONSHAUS

Also in der Praxis: Bei eBay. Natürlich gibt es für Verkäufer im Bereich gemischter Ware auch www.hood.de, www.smartvie.de (D, CH und Ö) oder den reinen Schweizer Anbieter www.ricardo.ch, doch ein anderes Auktionshaus als eBay zu wählen, lohnt sich im Grunde nur dann, wenn es sich auf ganz spezielle Nischen konzentriert. So lässt sich Kunst etwa auf www.artnet.de anbieten, guter Wein bei www.munichwinecompany.com oder Rockmusik der härteren Gangart und alles, was an Fanartikeln dazugehört, bei www.rockauktion.de. Für den unwahrscheinlichen Fall, dass Sie einen Haushalt auflösen, in dem riesige alte Industriemaschinen herumstehen, können Sie diese bei www.surplex.com zur Versteigerung anbieten. Eine Übersicht über alle Auktionshäuer finden Sie bei www.myauktionen.de. Dort sind auch Anbieter gelistet, bei denen man nur kaufen und nicht verkaufen kann wie zum Beispiel die offizielle Zollauktion des Bundes (www.zoll-auktion.de), die Auktionen der deutschen Justiz (www.justiz-auktion.de) oder der kanadische Anbieter www.icollector.com, auf dem sich die Menschen um »klassische« Sammelobjekte wie Münzen, Briefmarken, Gemälde, antike Waffen oder Edelsteine prügeln. Seiten wie diese sind als *Rechercheinstrument* entscheidend, wenn es darum geht, konkret herauszufinden, was die aufgefundenen Artefakte im Haus auf dem Markt wert sein könnten. Als ganz normaler Verkäufer bieten Sie bei eBay & Co. Ihre Sachen entweder in Form einer Auktion oder eines Festpreisangebotes an. Beides ist zeitlich begrenzt, hat aber den Vorteil, dass es nach Ablauf der Zeit entweder »weg« ist oder Sie – vielleicht auch erst nach mehreren Runden – endlich einsehen, dass dieser oder jene Artikel leider keinen interessiert. Der Erfolg einer Auktion erhöht sich, wenn Sie wirklich gute Fotos machen (eine Binsenweisheit), eine sehr genaue Beschreibung einfügen (noch eine Binsenweisheit) und zusätzlich den Mut oder die Zeit finden, das angebotene Objekt mit einer fantasievollen Geschichte zu garnieren. Letzteres ist keine Binsenweisheit, kann aber funktionieren, wenn die Geschichte gut ist (wahr muss sie dafür nicht sein) und dem Objekt dadurch eine gewisse Aura gibt. Ein weiterer entscheidender Aspekt ist der Zeitpunkt, an dem die Auktion endet. Sie können sich denken, dass mehr Leute an einem Sonntagvormittag oder Dienstagabend das Schlussgebot auf Ihre alte Vitrine oder den bestens erhaltenen Rasenmäher zur Selbstabholung setzen als um 3 Uhr nachts oder an einem Samstagabend zur Zeit der Geburtstagsfeiern oder Länderspiele.

ZEITLICH BEGRENZTES ODER DAUERHAFTES ANGEBOT IN DEN KLEINANZEIGEN

Virtuelle Kleinanzeigen im Netz wie unter http://kleinanzeigen. ebay.de/anzeigen/ (eine reine Kleinanzeigenseite, die eBay gehört, aber mit dem klassischen Auktionshaus nichts zu tun hat), www. markt.de oder den jeweiligen Versionen von www.meinestadt.de lassen sich im Prinzip endlos kostenfrei verlängern oder wieder neu einstellen. »Reale« Kleinanzeigen in der örtlichen Lokalzeitung sind begrenzt gebührenfrei und kosten ab einer bestimmten Textlänge. Sie lohnen sich im Prinzip nur, um ganze Einrichtungen oder teurere Gegenstände wie Fahrzeuge anzubieten oder zum offenen Hausbasar einzuladen, falls einer stattfindet. Für solche Zwecke sollte man die gute, alte, klassische Zeitung nicht außen vor lassen, da speziell ältere Menschen sie immer noch aus jahrzehntelanger Gewohnheit lesen und dabei vor allem zwei Seiten aufschlagen: Die Todesmeldungen und die Kleinanzeigen. Auf den Internetseiten für Kleinanzeigen können Sie im Prinzip alles inserieren, müssen sich aber klar machen, dass es nur wenige Tage in der Liste weit genug oben steht, damit es sofort ins Auge fällt. Der Vorteil liegt in einem breiten Publikum, das gerne mal diffus irgendwie nach allem stöbert. Der Nachteil liegt in einem breiten Publikum, das gerne mal diffus irgendwie nach allem stöbert.

TRÖDELMARKT UND HAUSBASAR

Der Trödelmarkt empfiehlt sich für alle Gegenstände, die tatsächlich transportierbar sind. Seine Qualität liegt in der Mischung aus flanierenden Privatpersonen, denen Sie für alte Romane, angewetzte Gartenscheren oder Platten von James Last immer noch einen Euro abnehmen können, und professionellen Zwischenhändlern, die Ihnen gerne mal vor Ort anbieten, den halben Stand oder Teile davon (*alle* Elektronik, *alle* Bücher, *alle* Spiele) auf einen Schlag abzukaufen. Beide Typen Mensch (den gütigen Privatmann für Einzelteile und den abgezockten Händler für große Konvolute) können Sie auch ins Haus oder in die Wohnung locken, falls Sie vor Ort einen Basar veranstalten. Der Vorteil liegt hier natürlich darin, dass Sie die gesamte Einrichtung feilbieten können (sie vollständig zu einem Antikflohmarkt zu transportieren geht natürlich auch, erfordert aber eine aufwändigere Logistik) *und* dass Sie viel mehr Platz haben, tausende von Dingen ästhetisch und viel schöner anzurichten. Die Sachen stehen schließlich dort, wo sie immer hingehört haben, was grundsätzlich viel stärker zum Kaufen animiert als das Sammelsurium auf einem Tapeziertisch. Der Nachteil des Hausbasars liegt darin, dass Sie weniger Publikum haben werden als auf dem Trödel, aber trotzdem ein solches Gewimmel fremder Menschen im Haus, dass Sie den Basar *auf gar keinen Fall* allein veranstalten sollten. Je nach Größe des Anwesens brauchen Sie eine Menge wacher Augen, sonst verschwindet die Hälfte des Bestandes wie von Geisterhand und ohne Bezahlung aus den vier Wänden. Der Vorteil wiederum liegt darin, dass die Menschen, die sich zu Ihnen auf den Weg gemacht haben, in höherer Frequenz tatsächlich etwas kaufen. Ein Hausbasar muss mit Anzeigen in der Zeitung und im Netz sowie Plakaten und vor allem vielen, vielen, vielen Handzetteln für mindestens fünfhundert, besser tausend bis zweitausend, Briefkästen beworben werden. Die Kosten hierfür und die Kosten für eine Standmiete auf dem Flohmarkt halten sich ungefähr die Waage. Die beste Kombination besteht darin, erst einen Hausbasar zu veranstalten und dann die Reste, die sich über andere Vertriebswege auch nicht mehr rechnen, zum Trödel zu fahren. Der Hausbasar muss natürlich an einem Sonntag durchgeführt werden und lohnt sich dabei nur ein bis zwei Mal. Sie können sicher sein: Jeder, den so etwas interessiert und dessen Fühler ohnehin darauf ausgerichtet sind, kommt beim ersten Mal, es sei denn, er ist in Urlaub. Fand bei Ihrem ersten Termin nicht zufällig ein Länderspiel statt, ohne dass Sie es bemerkt haben, kommen beim zweiten nur noch die Hälfte der Leute. Trödelmärkte indes sind im Prinzip immer gut besucht. Lösen Sie den Haushalt im Herbst oder Winter auf, weichen Sie auf einen Hallenflohmarkt aus.

Mit einer riesigen Tasche voller Angebote oder gar einem eigens angemieteten Stand auf einer Spezialbörse für Sammler aufzutauchen, lohnt sich nur, falls der Verstorbene selbst eine ganz bestimmte Sammelleidenschaft hatte *und* Sie sich die Mühe machen wollen, sich in das jeweilige Metier hineinzuarbeiten. Egal, ob man dabei über Schallplatten, Videospiele, Militaria oder Briefmarken redet (es gibt Spezialbörsen für alle möglichen Bereiche) – die schiere *Menge* der vererbten Artikel macht noch nicht automatisch eine für Spezialisten interessante Sammlung aus. Sie können 2500 Volksmusikplatten und Kompilationen wie *Die große Schlager-Parade* finden und haben keine Sammlung für eine Plattenbörse. Sie können »bloß« 250 gut erhaltene Kleinode aus dem Jazz der Fünfziger oder dem Psychedelic Rock der Siebziger finden und die Standmiete auf der Plattenmesse könnte sich schon lohnen. Alternativ gehen Sie ohne Tapeziertisch oder Tasche auf solche Messen, um sich entweder »nur« bei echten Menschen statt auf Internetseiten über Sammlerwerte zu informieren oder um die Händler dort einzuladen, sich die Sachen bei Ihnen einmal genauer anzuschauen, weil Sie die Zeit für den einzelnen Verkauf über Monate bis Jahre nicht haben.

AUSHÄNGE

In modernen Zeiten vergisst man ihn gerne, aber der klassische Aushang mit Kontaktdaten auf kleinen Abreißzettelchen am unteren Rand des DIN-A4-Blattes wird weiterhin viel beachtet. Stellt man Artikel online bei der Kleinanzeigenseite von eBay ein, bietet das Programm die Möglichkeit, aus der Anzeige automatisch einen Aushang mit Abreißzetteln zum Ausdruck zu produzieren. Das ist komfortabel, hat aber den Nachteil, dass der Text Ihrer Anzeige bloß stumpf übernommen und somit mitten im Wort abgeschnitten wird, wenn der Platz endet. Im Zweifel empfiehlt es sich, Aushänge selber zu gestalten. Hängen Sie Angebote für eine große Zielgruppe (Möbel, Autos, Fahrräder, Spielzeug) an die Schwarzen Bretter in den Foyers von Supermärkten oder Baumärkten. Manche erlauben an ihren Wänden nur handschriftliche Angebote auf vom Markt selbst herausgegeben Karten (zum Beispiel die Kette *real,-*). Haben Sie ganz spezifische Angebote zu machen, suchen Sie sich Schwarze Bretter an Orten, wo die enge Zielgruppe sich aufhält. Einen großen Stapel Fachbücher fürs Studium der Biochemie hängen Sie natürlich nicht bei EDEKA ins Foyer, sondern an die Schwarzen Bretter der Universität. Falls Sie in einer Metropole leben, können Sie auch einfach die ganze Stadt vollkleben. Es kommt auf die Metropole an. Während man Sie in Düsseldorf an den Ohren wegzerrt, sobald der Schutzmann auch nur das Geräusch einer Tesafilmrolle hört, sind in Berlin Ampelmasten, an denen *kein* Zettel hängt, so verdächtig, dass die Straße mit Verdacht auf einen Anschlag gesperrt wird.

RUNDMAILS UND FACEBOOK

Sie bieten die Artikel aus der Haushaltsauflösung per Rundmail an alle Ihre Freunde, Bekannte und nette Geschäftspartner an oder machen einen Anschlag am virtuellen Schwarzen Brett von Facebook. Das hat den Vorteil, dass sich in der Folge nur Menschen bei Ihnen melden, die Sie bereits kennen, und den Nachteil, dass sich in der Folge nur Menschen bei Ihnen melden, die Sie bereits kennen. Denn im Gegensatz zu fremden Kunden eröffnen Bekannte, Freunde und Netzkontakte selbst dann, wenn sie nur »eben« mitteilen wollen, dass sie nichts kaufen, erst mal eine Runde zeitraubender Kommunikation, da Sie sich »endlich mal wieder gemeldet« haben. Und für Kommunikation ohne Handelsabschluss haben Sie gerade jetzt in Ihrer intensiven Phase als Kaufmann mit Kontor eigentlich überhaupt keine Zeit.

SPENDEN UND DIE GUTE TAT

Sie kennen sicher das narrensichere Ordnungsprinzip für das Aufräumen und Ausmisten des eigenen Haushalts – die vier Stapel. Dabei bildet man vier Kategorien und entscheidet sich bei *jedem* Gegenstand, der einem in die Hände fällt, *sofort* für eine Kategorie, damit eben nicht wieder das passiert, was die Unordnung verursacht hat: Das irgendwo Hinlegen, das unentschlossene Zwischenlagern, das Aufschieben von Entscheidungen. Die vier Kategorien beim Ausmisten daheim lauten: Behalten. Verkaufen. Spenden. Wegwerfen. Wenn Sie nun den Haushalt des Verstorbenen auflösen und versuchen, alles so gut wie möglich zu verkaufen, fallen Ihnen trotzdem ständig Sachen in die Hände, bei denen Sie entweder auf der Stelle wissen, dass sie unverkäuflich sind, oder es spätestens bemerken, wenn das Zeug selbst auf dem Hausbasar in der »jedes Teil 10-Cent«-Kiste liegenbleibt. Auch mit viel Hoffnung angetretene Großgegenstände wie Möbel, Elektrogeräte, Teppiche oder Spiegel können nach einer Weile erfolglosen Anbietens in diese Kategorie rutschen oder von vorneherein in ihr beheimatet sein. Zögern Sie in diesem Fall nicht, die Sachen zu spenden. Sozialkaufhäuser bieten Einrichtungsgegenstände und Artikel jeder Art aus Spenden an und ermöglichen so weniger solventen Menschen, vom Restpostenlebensmittel über die Jeans bis zur Schrankwand nahezu alles für den täglichen Bedarf zu minimalen Preise zu erwerben. Der Sozialgeograf Hans-Joachim Wenzel bezeichnet sie sogar als »sozio-ökonomische Bewegung«.[4] Alle Arten von Medien wie Bücher, CDs, Musikkassetten oder Gesellschaftsspiele können Sie auch den örtlichen Stadtbibliotheken anbieten. Weitere Alternativen für die ganzen unverkäuflichen Romane sind die Leihbüchereien von Krankenhäusern oder auch Deutschlands Gefängnisbibliotheken. Eine Kleinanzeige in der Rubrik »Spende« lockt Abholer größerer Gegenstände an. Die originellste und am seltensten ausgeübte Methode, die allerdings wirklich Spaß macht, besteht darin, in dicht besiedelten Gebieten oder auf dem Vorplatz von Hochhäusern vorzufahren, einen Karton mit der Aufschrift »zu verschenken!« einfach offen auszuladen und auf den Boden zu stellen und am nächsten Tag (oder kurz darauf live hinterm Gebüsch) mal nachzuschauen, wie viel davon noch übrig geblieben ist. Sie werden sehen: Außer dem Karton selbst, einem Fetzen Paketband, einer einzelnen Gewindeschraube und einem kaputten Knopf wird nichts mehr auf dem Bürgersteig liegen. Den kaputten Knopf hätten sie allerdings auch in die allerletzte Kategorie *Wegwerfen* packen können. Für Dinge, die wirklich unbrauchbar und Müll sind, gilt das alte Sprichwort des Volksmunds, die Grundlage einer guten Ordnung sei die »Ablage P« (der Papierkorb). Alles, was allerdings noch brauchbar ist, sollte jedoch als Spende angeboten werden.

WERT-SCHÄTZUNG IST WERTSCHÄTZUNG

Sie haben nun drei Faustregeln. Sie haben eine Übersicht über die Vertriebswege. Beides haben Sie womöglich sogar als Kurzfassung in Ihrem »Kontor« an die Wand geklebt, um es sich bei allen Entscheidungen zu vergegenwärtigen. Sie haben die Kaffeemaschine angeworfen und sich innerlich vielleicht schon gefragt: Was mag ich für die noch bekommen? Sie sind bereit, nun die Inventur zu machen und die Dinge aus den einzelnen Kategorien konkret einschätzen zu lernen. Und steckt in Ihnen auch nur eine kleine Krämerseele, spüren Sie womöglich bereits Ehrgeiz und Motivation.

Und spätestens da sind sie wieder: die Skrupel.

»Ich kann doch nicht …«, schreit es schon wieder in Ihnen und »wie sieht das denn aus?«

Ihre Finger haben gerade schon den Modellnamen der Kaffeemaschine im Internet eingegeben, weil Sie Ihre Neugier, was das Ding noch einbringen könnte, nicht zügeln wollen, doch die Skrupel schreien: »Ich kann doch nicht fortan versuchen, zu jedem Teil in dieser Wohnung den maximal herausholbaren Marktpreis zu recherchieren und einige Wochen einen auf Kaufmann machen. Ich habe schon Geld geerbt und Versicherungen und alles, da kann ich doch nicht hingehen und das Beste aus alten Möbeln, Büchern, Geräten und den Gläsern in der Vitrine holen!«

Doch!

Sie können!

Sie sollen sogar!

Denn:

Merke!
Wert-Schätzung ist Wertschätzung.

Meinen Sie, dem Verstorbenen wäre es recht, wenn Sie die ganzen Dinge, für die er einst sein sauer verdientes Geld hingelegt hat, blindwütig an fremde Menschen verschenken? Wie würde der Verstorbene selbst vorgehen, wenn er noch lebte und die Sachen aus anderen Gründen anböte? Würde er etwa wollen, dass Sie nicht das Beste herausholen? Würde er wollen, dass Sie seine Dinge nicht wertschätzen, indem Sie ihren Wert schätzen?

Sollten Sie zu den Menschen gehören, die bereit sind, sich in präziser Langsamkeit darauf einzulassen, diese Wertschätzung vorzunehmen, haben wir für Sie im Anhang des Buches ein ausführliches Glossar verfasst, das sich mit den typischen Kategorien von Dingen beschäftigt, die man besonders häufig in einem Nachlass findet oder in denen wir uns besonders gut auskennen. Mag dieser Anhang Ihnen bei der Verwertung der Dinge zwischen Hausbasar, eBay-Auktion und Kleinanzeigenhandel ein zuverlässiger Begleiter sein.

DREIERSTECKER UND ESSIGRESTE

Sie haben geräumt, sortiert, recherchiert und bewertet. Sie haben Auktionen laufen und verschiedene Marktplätze im Internet und der Zeitung bestückt. Sie hatten die freundliche Händlerin für gebrauchte Damenmode da. Für das morgige Wochenende planen Sie den großen Hausbasar. Alles im Griff. Alles sortiert. Und trotzdem stehen Sie nun immer noch zwischen hunderten von Dingen, die sich keiner ordentlichen Kategorie zuordnen lassen. Dinge, die eigentlich sofort in die Spendenkiste gehören oder womöglich gar in den Müll – zwei Handgriffe, die Ihnen immer noch nicht ohne Zögern von der Hand gehen. Dabei fragen Sie sich gerade selber –

wer soll das bitteschön noch kaufen? Die alten, zerkratzten Salat-schüsseln aus Plastik, den hinten aufgesägten Unterschrank vom Waschbecken und die ganzen vermaledeiten Verlängerungskabel und Dreierstecker? Wer zahlt noch Geld für einen zehn Jahre alten PC, der so langsam ist, dass sich Internetseiten mit Bildern darauf minutenlang aufbauen müssen? Sie fragen sich: Warum bewahre ich einen muffig riechenden Kasten mit unsortiertem alten Nähgarn und Stofffetzen auf? Oder zehn Flaschen mit Resten von Speiseöl und Essig? Olive, Raps und Sonnenblume. Apfel, Balsamico und Kirsch. Wieso mache ich das? Das fragen Sie sich, lassen alles so ste-hen und liegen, wie es ist, und schließen hinter sich die Türe, um für den großen Basar morgen fit zu sein.

KASSE VOLL, AKKU LEER

»Hey, Kollega!«
Der marokkanische Mann heißt Dhakwan. Er hockt vor dem Kü-chenschrank und winkt. Er meint mich. Ich bin »Kollega«, das habe ich mittlerweile gelernt bei unseren Verhandlungen, die wir führen, seit er als allererster um 7:30 Uhr den Hausbasar betrat, der laut meiner Flugblätter und Plakate erst um 9 Uhr beginnt. Dass er Ma-rokkaner ist, hat er mir erzählt, als er sämtliche Dreierstecker des Haushalts in seinen großen Seesack packte. Danach malte er mir das Dorf aus, in dem seine Großeltern immer noch leben, während er den alten Computer meiner Mutter zu seinem betagten VW Passat nach draußen trug. Das Dorf liegt in der Region Agadir-Ida ou Ta-nane. Ich habe mir den Namen drei Mal sagen lassen und versucht, ihn korrekt nachzusprechen, da mich Details interessieren. Das freute ihn. Ich bin »ein korrekte Kollega!«, wie er meint. Dass er jetzt überhaupt nach mir rufen muss, hat den Grund, dass bereits weitere Frühtrödler eingetroffen sind, obwohl wir immer noch nicht 9 Uhr haben. Eine leicht zerzauste Dame im Filzpulli räumt gerade die alten Salatschüsseln aus Plastik in eine Kiste. Im Badezimmer

erkundigt sich ein lang gewachsener Mann mit Holzschnittwangen nach dem Preis für den Waschbeckenunterschrank.

»Hey, Kollega!«

»Ja, ich komm' ja!«

Ich lasse Holzschnittwange einen Moment allein und stecke den Kopf in die Küchentür. Dhakwan zeigt auf die zehn Flaschen mit altem Speiseöl und Essig. In manchen ist nur noch 20 Prozent Füllung. Die Etiketten sind verklebt.

»Machst du noch zwei Euro für die Flaschen!«, sagt Dhakwan. Es klingt wie ein Befehl, aber das täuscht. Es ist eine Fortführung der Verhandlungen. Im Flur steht der Seesack mit den Dreiersteckern. Ich sage »fünf« und kann es selbst nicht glauben. Da feilsche ich um alte Essigpullen. Dhakwan lacht und winkt ab, als hätte ich einen Vogel. Er nimmt eine der Flaschen in die Hand.

»Drei!«

»Gut«, sage ich.

Die Holzschnittwange trägt in einer Hand den rückseitig zersägten Waschbeckenuntertisch aus dem Badezimmer und wedelt in der anderen mit einem Duschschlauch herum, den er abgeschraubt haben muss. Es sieht aus, als hätte er einem Cyborg ein dickes Leitungskabel aus dem Brustkorb gerissen.

»Fünf!«, ruft er.

»Zehn!«, entgegne ich.

»Fünfzehn«, sagt er und nickt Richtung Badezimmertür zurück.

»Dann nehme ich den Hängeschrank auch noch mit!«

Merke!

Bei Hausbasaren und auf Trödelmärkten wird meistens genau das als Erstes verkauft, von dem Sie am ehesten geglaubt hätten, dass es eigentlich Müll ist. Oder das, was Sie eigentlich gar nicht verkaufen sollten … wie etwa Duschschläuche, die zum festen Inventar der Mietwohnung gehören.

»Was ist hier mit den Büchern?!«

»Die Gartenmöbel die da draußen stehen – sind die schon weg??!!«

»Spielt die kleine Anlage auch USB-Sticks ab???!!!«

»Verzeihung? Ich interessiere mich brennend für die antike Nähmaschine!«

Um 9:15 Uhr ist die Hölle los.

Wie ein Biber bei Dammbruch eile ich durch die Zimmer und rufe Antworten in alle Richtungen. Hebe meine Hand und brülle Preise wie die Aktienhändler damals auf dem Parkett in *Wall Street*, als es noch ein Parkett gab und nicht Algorithmen in Computern eigenständig die Papiere verkauften.

»Das Bild hier, mit dem Rahmen!!!???«

»Fünfzehn!«

»Fünf!«

»Der Rahmen allein ist zehn!«

»Sechs!«

»Zwölf!«

»Acht!«

Menschen, die auf Knien vor der Bücherwand hocken und in alten Ausgaben der *Hörzu* blättern.

Menschen, die in der Küche auf einen Hocker steigen, um sich mit dem halben Oberkörper in den Hängeschrank beugen zu können.

Menschen, die im Garten unter der Terrasse herumwühlen, wo im Grunde nur zerbrochene Tontöpfe stehen und ein großer, noch halbvoller Sack Mulch.

»Sind die alten Fernsehzeitschriften auch zu verkaufen?«

»Was war jetzt mit den Büchern?!«

»Ist die antike Nähmaschine schon vergeben?«

»Ach nee, Entschuldigung, Kommando zurück, die Kreuzworträtsel sind ja alle schon gemacht ...«

»Hömma, Hausherr da oben, watt' is' hier mit datt Mulch!!!???«

Die kleine rote Kasse steht in einer Küchenschublade und füllt sich beständig, aber oft habe ich nicht mal die Zeit, sie überhaupt zu verwenden. Eigentlich liegt sogar ein kleines Notizbuch daneben, in dem ich sämtliche Verkäufe schriftlich nachhalten wollte mit der

Summe des zu Beginn vorhandenen Wechselgelds als erstem Eintrag. Jetzt aber stecke ich das Bargeld zwischen Terrasse und Schlafzimmer rennend in die Hosentasche, während ich antworte und rufe und winke. Ein Kind steigt in die Badewanne und fächert mit seinen kleinen Fingern die Flaschen mit halbvollem Duschgel durch, während seine Mutter sämtliche alte Parfümflakons zusammensammelt, die ich eigentlich zum Einzelverkauf drapiert hatte. Ein Mann steht in weißen Socken auf dem Bett und schraubt die Deckenlampe im Schlafzimmer ab. Ein anderer trägt die kleine blaue Tischlampe aus dem Gästezimmer. Ich kann mich nicht erinnern, mit ihm über einen Preis gesprochen zu haben.

So geht es nicht weiter.

Es hilft mir, für alles im Vorhinein klare Preisvorstellungen entwickelt zu haben. Das erleichtert das Rufen und Winken auf dem Parkett, vor allem dann, wenn die zuvor entwickelte Preisvorstellung € 0,- beträgt, weil man an den alten Sack Mulch unter der Terrasse oder die Reste von Öl und Essig im Küchenschrank überhaupt nicht gedacht hat. So wird jeder Euro ein Gewinn. Das nutzt nur leider wenig, wenn auf der anderen Seite ohne Bezahlung die Wohnung entlampt wird.

Ich denke an Menschen, die einen offenen Basar nicht bloß in einer Dreieinhalbzimmerwohnung, sondern in einem großen Haus ausrichten. Vor meinem inneren Auge entspinnen sich Fernsehbilder des *Trödel-Trupp*. Sind diese Menschen bei ihren Basaren allein? Nein.

Sie haben Hilfe von der halben Nachbarschaft. Mein Onkel von nebenan sagte, er käme so gegen halb elf. Bis dahin haben die mir hier noch die Stromkabel aus den Wänden gepult! Ich brauche sofort Unterstützung. Das Telefon liegt in der Küche. Während ich ein paar Nummern wähle, zieht eine Frau mit Steckdosenfrisur die alte Kiste mit Nähgarn und Stofffetzen aus dem Haushaltschrank und sagt: »Drei Euro?«

Merke!

Falls Sie durch eine seltene Mutation vier Köpfe, acht Arme und die Fähigkeit zur Teleportation besitzen, können Sie einen offenen Basar alleine ausrichten. Falls nicht, holen Sie sich Hilfe.

Der Mann mit der randlosen Brille und dem krausen Brusthaar über dem offenen Hemdknopf steht meinem Onkel gegenüber und wedelt mit Sektflöten aus der Vitrine.

»Die Gläser kriege ich in der Trödelhalle gegenüber vom Poco für fünfzig Cent das Stück!«

Mein Onkel legt den Kopf schief. Es ist nicht Onkel Michael von nebenan, sondern Onkel Martin, der erst seit kurzem wieder in meinem Leben ist, weil ich ihn ja fünfzehn Jahre lang gemäß Mutters Leitpolitik für den Bösen hielt. Als ich anrief, kam er sofort rüber, ebenso wie seine Tochter Steffi, meine Cousine, und ihr Lebensgefährte Oliver, mein Namensvetter. Alle drei besitzen sie ein Talent, das ich trotz klarer Preisvorstellungen nicht habe: Killerargumente abschmettern. Solche wie: »Die Gläser kriege ich in der Trödelhalle gegenüber vom Poco für fünfzig Cent das Stück!«

»Ja gut, dann gehen Sie doch zur Trödelhalle!«, erwidert Martin, völlig ohne Furcht, den Kunden zu vergrätzen. Er weiß, dass der Mann mehr für die Gläser bezahlen wird. Dass es sie in der Trödelhalle nicht billiger gibt. Ich weiß das auch, kann aber trotzdem nicht so gut kontern.

Steffi preist derweil an der Bücherwand Dekorationsgegenstände an. »Wo kriegen Sie sonst so ein schönes, rotes Miniaturfahrrad?«, fragt sie eine Dame, die vergeblich nach einer Antwort sucht. Kurz zuvor hat sie der zehnten Kundin des Tages erklärt, dass die Nähmaschine bedauerlicherweise bereits vergeben ist, worauf auch der dezente Zettel in DIN A4 hindeuten würde, der darauf klebt. Nähmaschine, Wohnzimmertisch und Teppiche gehen ja an meine Tante väterlicherseits. Sie hatte nur noch keine Zeit, sie abzuholen. Das Klappbett aus dem Gästezimmer habe ich Onkel und Tante von nebenan reserviert, im Tausch gegen ihr altes Super Nintendo mit Spielen. Ich mochte es nicht mehr verschenken. Auf der Terrasse verkauft Oliver gerade altes Gartenwerkzeug zu Höchstpreisen. Mein vierter Helfer, Simon, bietet Getränke an und passt auf, dass niemand unbezahlte Ware durch die Haustür trägt. Simon ist gleichaltrig und veranstaltet beruflich Konzerte. Er kann mit Musikern über Gagen verhandeln, tut sich beim Trödeln aber trotzdem ähnlich schwer wie ich, sobald Leute vor ihm stehen und versichern, sie seien bettelarm. Ich kenne seinen Lebenslauf nicht gut genug, um gesicherte Aussagen zu treffen, doch ich vermute, dass er ähnlich aufgewachsen ist wie ich. Durch Kindergarten, Schule und Abitur getragen, ohne je einen Dübel in die Wand bringen oder Buchführung lernen zu müssen. Im Zivildienst Fachspezialist für medizinische Nischen und Umgang mit Patienten geworden und dann, nach zwölf Monaten Wirklichkeitsschock im Hospital, kopfüber in ein Studium der Geisteswissenschaften gestürzt, bei dem man sich nach Tagesende im »alternativen« Campuscafé noch freiwillig spätmarxistische Vorträge anhört, bei denen einem der Dozent erklärt, wieso die Bäcker und Installateure, die einem mit ihren Steuern das gebührenfreie Studium bezahlen, als Sklaven des Kapitalismus allesamt immer noch ein »falsches Bewusstsein« haben.

Mein Onkel Martin war sein Leben lang Installateur. Stefanie arbeitet im Textilhandel und während ich in Gesprächen auf der Buchmesse damit angebe, bereits um sechs Uhr morgens im Hotel ein paar Seiten verfasst zu haben, wirft mein Schwippschwager Oliver als Bäcker jeden Morgen um zwei Uhr die Beine aus dem Bett, damit Hotelbüffets vier Stunden später überhaupt ihre frischen Brötchen haben. Menschen, die sich ihr Leben lang jeden Cent sauer verdient haben, kann man auf dem Trödel nicht mit Killerargumenten aus dem Konzept bringen. Auch nicht mit der Mitleidsschiene.

Ich hingegen stehe gerade im Gästezimmer mit einer Frau, die mir die Birne schwindelig quatscht. Sie ist seltsam asymmetrisch gewachsen, und ihr rechtes Brillenglas muss viele Dioptrien stärker sein als das linke, was ihre Augen ungleich groß erscheinen lässt. Sie hat einen kompletten Bollerwagen in die Wohnung gewuchtet und füllt ihn nun pausenlos mit Waren, während sie selbständig die Summe aufaddiert. Je mehr Waren sie in den Wagen packt, desto geringer steigt die Gesamtsumme. Die Anja, wie sie sich vorgestellt hat, gönnt sich selbst einen Staffelrabatt. Geht das so weiter, liegt der bald bei hundert Prozent. Für die antike Nähmaschine hat sie mir vorhin ohne rot zu werden zwanzig Euro geboten.

»Pass auf, dann nehme ich noch die ganzen CDs hier«, sagt sie und sortiert aus, denn mit »die ganzen« meint sie gar nicht alle. Sie wählt ausschließlich die Titel, die sich auf Amazon gewinnbringend verkaufen lassen. Die alten Ausgaben von *Klassik zur Meditation* oder Werbe-Sampler wie *Tuborg Hits* legt sie beiläufig zur Seite. Ich erkenne das und denke mir trotzdem, ich dürfe ihr keine Lüge unterstellen. Offiziell kauft sie all die Sachen nämlich selber »für einen Basar«, einen »Wohltätigkeitsbasar« um genau zu sein, und zwar an der Schule ihrer Kinder. Der Händler in mir sagt: »Glaub das nicht!« Der lebensferne Akademiker, der grundsätzlich auf die moralische Richtigkeit beweisfreier Umverteilung getrimmt wurde, sagt: »Wieso sollte sie lügen?« und: »Du bist wohlhabend, Anja nicht. Also sei jetzt nicht raffgierig!« Dabei weiß ich nichts über die Frau. Sie allerdings weiß, was sie tut und sagen muss. Zum Beispiel: Den Wohlstand des Verkäufers loben, damit der sich noch weniger traut, hohe Preise zu nennen. Und: Den Verkäufer duzen, als kenne man sich schon ewig und sei im Grunde befreundet.

»Deine Mutter hat aber wirklich eine tolle Wohnung gehabt«, schwärmt sie, »davon würde ich träumen.« Anja seufzt, öffnet den Schuhschrank, sucht die zwei besten Paare heraus, packt sie neben die CDs in den Bollerwagen und sagt: »Die tue ich dann einfach noch so dabei, ja?«

Merke!

Imprägnieren Sie beim Handeln Ihren Geist und Ihre Seele gegen Killerargumente. Machen Sie sich klar, dass

Sie über die Kunden nichts wissen und diese im Zweifel nur geschickter im Sport des Feilschens sind. Halten Sie für jedes Killerargument eine feste Entgegnung bereit.

Ein paar häufige Killerargumente und mögliche Entgegnungen:

»Die Gläser kriege ich in der Trödelhalle für fünfzig Cent!«
↪ »Gut, dann fahren Sie doch einfach dorthin.«

»Das ist nicht selten, das kriege ich überall.«
↪ »Das ist ja spannend. Wer verkauft das denn noch?«

»Ich kaufe die Sachen für einen Wohltätigkeitsbasar.«
↪ »Das ist aber interessant. Wo genau findet der denn statt? Und wann? Und wer organisiert das? Haben Sie ein Flugblatt zur Hand?«

(Bei Händlern): »Dafür kriege ich nichts mehr, wenn ich das in meinem Laden anbiete.«
↪ »Warum interessieren Sie sich dann überhaupt dafür?«

(Bei Händlern und Privatkunden): »Aber gucken Sie mal, der Zustand ist miserabel.«
↪ (Wenn die Kritik zutrifft): »Man muss daran was tun, das ist richtig. Aber ein Mann wie *Sie* kriegt das doch sicher hin!« / (Wenn die Kritik nicht zutrifft): »Das sind ganz normale Gebrauchsspuren. Ihnen ist schon klar, dass ich hier keine Neuware verkaufe?«

Anja packt und packt.
Der Bollerwagen platzt aus allen Nähten.
Der Händler in mir schreit, ich sei wahnsinnig, aber die Skrupel führen ebenfalls ihren Tanz auf. »Ich kann doch nicht«, sagen sie schon wieder, obwohl es dieses Mal weder ums Fernsehgucken im Hospiz noch um einen Trauerkaffee geht, »ich kann doch nicht der Anja viel Geld aus der Tasche ziehen, wo sie rechts einen Riesenglasbaustein

in der Brille kleben hat und mit jedem Satz betont, wie arm sie ist und wie reich ich bin«.

Martin kommt hinzu.

Fast schon amüsiert schaut er auf den vollgepackten Bollerwagen. Skeptisch und wissend zugleich. In Momenten wie diesen erinnert er mich wahnsinnig an Dean Norris als Drogenfahnder Hank Schrader in *Breaking Bad*.

»Was ist das denn?«, fragt er.

Anja blickt misstrauisch zu ihm auf.

Ich sage: »Das ist für einen Wohltätigkeitsbasar an der Schule.«

»Tatsächlich?«, sagt Martin.

Anja nimmt einen Plüschhasen aus dem Regal und setzt ihn auf die Schuhe.

Martin zeigt auf den Wagen und fragt: »Und? Wieviel für alles?«

Ich sage »vierzig Euro« und werde rot.

Martin lacht.

Kehlig, kantig, kernig. Wie Hank Schrader.

Anja runzelt die Stirn und presst verärgert die Lippen zusammen.

»Das ist ein Scherz, oder? Du meinst: Vierzig Euro für die CDs, die Schuhe und den Hasen.«

»Öhm, nein, für alles …«

Anja sagt: »Manche Leute haben's nicht so dicke.«

Martin verschränkt die Arme und legt den Kopf zur Seite: »Okay. Basar an der Schule, ja?«

Anja nickt.

Martin öffnet den Schuhschrank. »Gucken Sie mal, die sind alle noch gut. Die, die nicht gut waren, haben wir schon aussortiert. Meine Schwester hatte kleine Füße. Untergrößen gehen immer. Wenn Sie für einen Basar einkaufen, machen wir Ihnen einen guten Preis für alle.«

»Nein, das … ich brauche nur die Pumps.«

»Aha«, sagt Martin. »Und hier, die ganzen CDs, die da noch liegen? Was ist das? *Klassik zur Meditation*. Hey, das verkauft man auf einem Schulbasar doch immer! Da kommen die ganzen Mütter hin, die so Entspannungsgedöns hören. Ist Ihnen das nicht klar?«

»Nein, hier, Grönemeyer und die Jazzsachen reichen.«

»Aha«, sagt Martin.

Ich bewundere ihn. Er sagt, was ich nur denke. Als ich ein Kind war und meine Mutter mit ihm noch nicht zerstritten, holte sie ihn ständig ins Haus, wenn etwas Handwerkliches zu tun war. In einem Alter, in dem ich das erste Mal selbsttätig ein Spiegelei briet, hatte er schon tausend Kupferrohre zersägt und in seiner Freizeit ein paar Dutzend Motorräder repariert. Männer wie ich glauben immer noch, Frauen wie Anja seien bedürftig, bloß weil sie es sagen. Männer wie Martin wissen, dass Frauen wie Anja nur geschickt feilschen.

»Oliver?«, ruft Steffi aus der Küche, »du wirst mal eben gebraucht!«

Martin sagt: »Ich mach' das hier schon.«

Anja sieht mich hilfesuchend an wie eine Ertrinkende. »Aber wir waren uns doch einig!«

»Die Verhandlung führt jetzt mein Onkel zu Ende.«

»Aber … wie … ich …«

Ich drehe mich um und gehe Richtung Küche, in der sich jemand für 120 Teile englisches Steingut interessiert. Von links ruft mir eine Frau die Frage zu, ob die antike Nähmaschine wohl noch zu verkaufen sei.

Merke!

Die meistgefragte Ware, um die sich die Kundschaft sogar in einer Auktion prügeln würde, ist ganz leicht zu erkennen – es sind die Stücke, die Sie bereits am ersten Tag der Verwandtschaft versprochen haben.

Am Abend sind alle verschwunden.

Kunden, Onkels, Cousinen, Schwippschwäger.

Die Wohnungstür ist geschlossen, doch die Terrassentür steht offen, damit die laue Luft des Sommerabends eindringen kann. Im Garten sieht es aus wie nach einer Schlacht oder dem Besuch minderjähriger Verwandter. Unverkauftes Werkzeug liegt auf dem Rasen herum, ein großer Pflanztopf mit Erde steht verwirrt in der Mitte des Geländes, weil nur seine drei kleineren Brüder mitgenommen wurden. Im Boden neben der Hecke prangt ein riesiges Loch. Ein braungebrannter Mann hat dort für zwanzig Euro die kleine Weide ausgegraben und mitgenommen. So ist das bei einem Basar. Kein Mensch will die Einbauküche haben, aber Weiden reißen sie einem aus der Gartenkrume.

Ich schaue zu den erleuchteten Fenstern der Nachbarn hinüber und nippe an einer Tasse Tee. Vanilleapfel von Messmer. Acht Beutel sind noch drin. Insgesamt habe ich noch 57 Beutel zu trinken; die Teeüberbleibsel hat Dhakbar erstaunlicherweise nicht mitgenommen. Auf dem langen Tapeziertisch an der Wohnzimmerwand liegen zahlreiche Reste unverkaufter Waren. Die meisten Möbel stehen ebenfalls noch herum. Die Preise für sie sanken im Laufe des Tages um bis zu 750 Prozent. Die Vitrine will trotzdem niemand haben. Immerhin sind alle Gläser raus. Der Mann mit dem aus seinem Hemd quellenden Brusthaar hat sie schließlich für einen Euro das Stück statt für fünfzig Cent gekauft, Martin sei Dank. Anja hat er am Ende fünfzig Euro auf den Tisch legen lassen. Nicht »für alles«, sondern nur für die CDs, die Schuhe und den Hasen. Den Rest des Bollerwagens musste sie wieder auspacken. Ein Antiquitätenhändler wird in einigen Tagen die Stühle des Esstisches abholen. Hier schien mein Angebot von € 25,– pro Exemplar zu niedrig angesetzt gewesen zu sein, was sich leicht daran erkennen ließ, dass er nicht eine Sekunde handelte, sondern nur erstaunt »oh« und dann ganz schnell »okay!« sagte. Dafür habe ich alten Mulch verkauft. Und Essigreste.

Aus einem Fenster ertönt ein Fernseher. Das Jingle des Tatorts. »Tüdüüüh, tüdüüh, tüh, tüh, tütüüüüüühh, TSCHACK!«

Ich stelle die Tasse in der Küche ab und lege das letzte Geld aus meinen Hosentaschen in die rote Kasse. Neben dem Notizbuch für Einnahmen liegt eine weitere Kladde. Das »Tagebuch« meiner Mutter, in das ich immer noch nicht reingeschaut habe. So wie manche wochenlang den Anrufbeantworter nicht abhören aus Angst vor der Nachricht. Aus dem Karton mit privaten Artefakten, den ich schon vor längerem gepackt hatte, zog ich es wieder heraus und schleppe es seither mit mir herum. Ich überlege, ob ich es aufblättern soll. Noch eine Tasse Tee aufbrühen, damit es nur noch 56 Beutel sind. Aber ich kann nicht mehr. Ich kann heute gar nichts mehr machen. Es beruhigt mich zu wissen, dass Sylvia daheim unseren Laden in Gang hält, während ich hier den Kaufmann im niederrheinischen Kontor mime. Ich sollte mich freuen über die Einnahmen dieses Tages, die fast am Vierstelligen kratzen, obwohl keine einzige Einzelsumme hoch gewesen ist, so dass das alte Motto *Es läppert sich* erneut bewiesen wurde. Doch so, wie das Geld sich läppert, läppert sich auch die Erschöpfung. Körperlich. Seelisch. Ich bin ein Krämer, ein Trödler. Ich war es immer. Ich habe ein gutes Gewissen dabei, Freude zu empfinden, wenn ich den Nachlass auflöse, auch wenn sich »die Frauen das Maul darüber zerreißen, dass der Sohn schon jetzt einen Basar veranstaltet«, wie ich gehört habe. »Die Frauen, die Mutter kannten«, also auch die Nachbarinnen, die ab halb zehn vor der Tür standen, um sich noch schnell die Liegestühle, den Terrassentisch und die Vorhänge zu sichern, die sie »schon immer von außen bewundert hatten«.

Mutter selbst hätte es nicht anders gemacht mit dem Basar, außer, dass sie Martin nicht zur Hilfe geholt hätte. Ich habe ein gutes Gewissen, aber die Freude über den Gewinn des Tages ist trotzdem wie betäubt. »Fleisch!«, denkt mein Bauchgehirn schon wieder und will, dass ich packe, das Licht ausknipse und auf der Heimfahrt wieder bei McDonald's anhalte. »McRib mit saurer Gurke!«, befiehlt mir mein Inneres, und das, obwohl ich längst nicht mehr den Stress und die beschränkte Küche des Hospizes zur Ausrede habe.

Ich nehme das Geld aus der Kasse, schließe die Schublade und stelle die Tasse in die Spüle. Für die Einbauküche hat man mir im Laufe des Basars maximal dreihundert Euro geboten … bis die höfliche alte Dame mit ihrem Sohn kam und Interesse an der ganzen Wohnung bekundete. Als Nachmieterin. Die alte Dame heißt Frau Ölschläger und ihre 88-jährigen Augen strahlten wie die einer Dreißigjährigen, die sich darauf freut, ihr erstes eigenes Loft in Paris zu beziehen. Für den Fall, »dass wir uns einig würden«, versprach sie mir, die Küche auf jeden Fall garantiert und den riesigen, über Eck gebauten Kleiderschrank von Hülsta im Schlafzimmer vielleicht zu übernehmen. Ich sagte, dass ich noch nicht wüsste, ob ich die Wohnung behalte, notierte mir aber sämtliche Telefonnummern und Kontaktdaten des Sohnes, der alles organisieren würde, inklusive seiner Profilnamen bei Facebook, XING, Google Plus und LinkedIn.

Ich könnte erleichtert sein, aber ich fühle mich leer.

Im Hausflur liegen alte Gratiszeitungen in einer roten Klappkiste, die meine Mutter früher unter die Briefkästen gestellt hat, damit die Bewohner die Prospekte und Zeitungen nicht einfach auf den Boden werfen. Ich nehme ein Lokalblatt heraus und reiße die Seite mit den Kleinanzeigen heraus. Bei den Gesuchen steht: »Achtung! Kaufe Sachen aus Nachlass. Pelze, Broschen, Münzen, Kristall, Antikes, Nähmaschinen.« Ich stecke die Seite ein.

Auf dem Weg zum Wagen denke ich an einen Song meines Freundes und Kollegen Hendrik, der unter dem Namen Paranoid Hendroid kabarettistische Musik macht. Das Lied handelt vom modernen, überarbeiteten Medienmenschen und heißt »Speicher voll – Akku leer!« Er singt es wie Herbert Grönemeyer, so dass die Worte sich wie ein Semmelknödel zu einem Laut vermengen: »Speichevollakkulä!«

Ich dichte es im Kopf um und summe vor mich hin: »Kasse voll, Akku leer.«

In meinem Bauch brüllt es: »Fleisch!«

Der zweite Hausbasar ist für nächsten Sonntag angesetzt.

DIE ÜBERGABE
DES WOHNRAUMS

Was Sie tun müssen und was Sie lassen dürfen,
wenn Sie Mietraum wieder übergeben, warum im
Umgang mit Vermietern und Verwaltern jedes ein-
zelne Wort wichtig ist und wieso man auch im
Hochsommer nicht barfuß renovieren sollte.

DIE ZUKUNFT UNSERES LANDES

»Jungs, ehrlich, das müsst ihr jetzt selber hinkriegen.«
Onkel Martin steht auf dem Laminat des nahezu leer geräumten
Wohnzimmers und amüsiert sich. Auf der Leiter vor ihm steht ein
Jurastudent und hämmert so vorsichtig von innen gegen das Bauteil,
als sei die Bücherwand aus Porzellan. Sein Kommilitone hält derweil
die Leiter, als ob das nötig wäre, und schmiegt dabei unfreiwillig
seine Wange an den Po des Klopfers. Die angehenden Anwälte und
Richter, Zukunft unseres Rechtsstaats, haben für € 800,– die Bibliothek von Paschen gekauft, aber nicht bedacht, was der Passus »Abholung und Abbau durch den Kunden« in meiner Auktion bei eBay
wirklich zu bedeuten hat. Ein edles Möbelstück kann man nicht einfach so abbauen wie ein IKEA-Regal. Ein edles Möbelstück verhält
sich genauso wie später erfolgreiche Anwälte und Richter – es versteckt seine Verbindungen.
»Du musst hämmern!«, sagt Onkel Martin und lacht wieder wie
Agent Schrader, wenn das erste Mal ein Neuling bei der Razzia zum
Einsatz kommt und es nicht hinbekommt, dem zappelnden Täter
die Kabelbinderhandschellen anzulegen.
Der zukünftige Richter jammert: »Ich hab' Angst, dass ich was
kaputtmache.«

Onkel Martin sagt: »Junge, ich hab auch nicht den ganzen Tag Zeit!«

Stundenlang haben wir im alten Prospekt des Regals recherchiert und erst über den Hersteller, dann über das Möbelhaus versucht, Baupläne einzuholen. Allein, es ist Samstag und bereits Nachmittag. In vier Stunden kommt die Vermieterin mit der Maklerin und schaut sich die Wohnung an, die sie selbst noch nie betreten hat. Über Jahre kümmerte sich der Bruder um das Eigentum der Mutter oder besser gesagt die Hausverwaltung, mit der meine Mutter einen kriegerischen Schriftverkehr angehäuft hatte, der die Briefwechsel von Goethe und Schiller bei weitem übertrifft.

KROCK!

»Oh, Gott!« Der Student zieht den Arm mit dem Gummihammer zurück, als wolle er sagen: Ich war's nicht. Das Bauteil hat sich gelöst, ein Stückchen. Die obere rechte Ecke der Bücherwand sieht nun schief aus.

»Oh, Gott, oh, Gott, oh, Gott!«

»Das ist richtig so«, sagt Onkel Martin, »jetzt einfach so weiter entlang der ganzen Höhe klopfen.«

Die Zukunft unseres Landes versteht nicht, wie Regalteile zusammengesteckt sind oder was die Spannung im stets arbeitenden Holz ausmacht. Die Zukunft unseres Landes zittert. Die Zukunft unseres Landes trägt schmale Stoffturnschuhe. In Größe 39. Ich beschließe, den gedemütigten Juristen etwas Beruhigung des Egos zu gönnen und sie noch ein letztes Mal zu meinen Rechten und Pflichten als Mieter zu fragen. Menschen lieben es, wenn sie in dem Gebiet agieren dürfen, das sie wirklich beherrschen, da es der einzige Moment ist, in dem sie sich wirklich als respektierte Erwachsene fühlen. Worin auch der Grund liegt, dass jene, die gar nichts wirklich beherrschen, so gerne am Wochenende um sich schlagen.

»Also«, sage ich und wedele mit dem Mietvertrag, einem dünnen DIN-A5-Heftchen, das ich schließlich doch noch gefunden habe. Es steckte in einer Hülle mit den Anleitungen für die Küchengeräte. »Wie war das jetzt noch mal, wenn nachher die Vermieterin kommt?«

Martin zeigt aufs Regal und dann auf seine Uhr. »Ich muss jetzt wirklich los.«

»Okay«, sage ich.

»Du kommst klar?«, fragt er.

Ich nicke.

Die Vermieterin will ich aus Prinzip alleine empfangen, ohne Schützenhilfe. Mein Onkel und meine Tante von nebenan wissen gar nicht erst, dass die Frau heute kommt.

Martin nickt.

Für ihn ist Selbständigkeit niemals Verrat an der Sippe. Er ist ein ehrlicher Berater und Freund, lässt die Menschen aber auch ihre eigenen Fehler machen, falls sie seinem Rat nicht folgen.

Ich umarme ihn. Der Student steigt von der Leiter und nimmt mir den Mietvertrag aus der Hand, dankbar für diese Pause. Martin hat uns erklärt, wie die Bücherwand zu demontieren ist. Hat sich hineingebeugt, geklopft und nachgedacht. Sie hat einen absonderlich hohen Schwierigkeitsgrad, selbst für ihn. Ich habe Angst, er könne denken, ich nutze sein Geschick nur aus. Dabei bewundere ich es gnadenlos. Bricht eines Tages das Geldsystem der Welt zusammen und wirft uns alle auf den Tauschhandel zurück, werden Menschen wie er überleben, weil sie anderen für Brot, Kartoffeln und Bier problemlos eine ganze Reihe von Dienstleistungen anbieten können. Klempnern, Schreinern, alles Reparieren. Menschen wie ich stehen dann hungernd in der verödeten Apokalypse und rufen: »Hallo? Will denn keiner hier ein Manuskript im Tausch gegen ein paar Äpfel?«

Martin macht sich auf den Weg und ich setze heißes Wasser für Tee an. 42 Beutel sind noch zu schaffen. Die Kaffeemaschine ist längst verkauft, Dhakbar hat sie mitgenommen, er kam am Ende des zweiten Hausbasars noch mal vorbei und kaufte fast alles, was übrig geblieben war. Ich nehme Earl Grey, die angehenden Anwälte wählen Vanille, setzen sich auf die Klappstühle und blättern den Mietvertrag durch.

»Gut«, sagt Ole, der bis eben noch auf der Leiter stand. »Prinzipiell muss heute niemand mehr grundsätzlich beim Auszug renovieren. Nur wenn eine entsprechende Klausel im Mietvertrag vereinbart worden ist, darf der Vermieter Reparaturmaßnahmen fordern und die Kaution einbehalten, bis alles erledigt ist. Ole tippt auf eine Seite. »Und da ist sie auch schon, die Klausel. § 11, Schönheitsreparaturen. ›Der Mieter ist auch bei Beendigung des Mietverhältnisses verpflichtet, Schönheitsreparaturen durchzuführen, wenn die Fristen nach Ziffer 1 seit der Übergabe der Mietsache bzw. seit den letzten durchgeführten Schönheitsreparaturen verstrichen sind.« Ole blickt auf und lässt den Blick durch die Wohnung streifen. Ich senke den Kopf. Als noch alle Möbel standen und ich das mütterliche Zauberland nach 18 Monaten das erste Mal wieder betrat, wirkte es so, wie das Image meiner Mutter bei den Menschen ihr Leben lang war. Elegant, stimmig, gepflegt. Mit jedem Schrank, den ich von der Wand rückte, jeder abmontierten Fußleiste und jeder geöffneten Vorratsschublade offenbarte sich allerdings die Wahrheit und es war, als würde man im Disneyland die Kulisse des Märchenschlosses einreißen und den Kindern zeigen, wie sich dahinter die offenen Kabel an der verdreckten Wand entlangziehen. Das letzte Mal wurde hier nach dem Wasserschaden und somit vor Ablauf der gesetzlichen Frist von fünf Jahren für Wohnräume tapeziert, aber das hilft alles nichts. Dort, wo Bilder hingen und Schränke standen zeichnen sich halbwegs weiße Flächen von der ansonsten quittegelben Tapete ab. Von Vitrinen verdeckte Steckdosen hatten keine Rahmen. Die tiefen Kratzer im Laminat der vorderen Diele sind mir entweder nie aufgefallen oder beim Basar entstanden, als Leute mit den Kanten des schlichten, furnierten Computerschrankes, für den sie zehn Euro bezahlt haben, beim Raustragen Schäden für zwanzig Euro angerichtet haben.

»Das heißt also, ich muss renovieren?«, frage ich.

Der hagere Jurist wedelt mit der Hand.

»Moment, guck, hier steht handschriftlich nachgetragen direkt neben dem Passus: Siehe § 28. Dann schauen wir doch mal, was der sagt.« Ole blättert, kein hilfloser Hämmernder mehr, voll in seinem Element. Sein Kommilitone, der auf den Namen Florian hört, geht ins Badezimmer. § 28 ist eine leere Seite für »Sonstige Vereinbarungen«. Ein handschriftlicher Eintrag darauf verweist darauf, bitte die Hausordnung zu beachten sowie auf eine ominöse »Anlage 1«.

»Es gilt die Hausordnung in der jeweils gültigen Fassung«, murmelt Ole, »das ist doppelt gemoppelt, mhm, mhm, aber hier, diese Anlage 1, das scheint mir der Dreh an der Sache zu sein. Wo finde ich die?«

Ich drehe meine Handflächen nach vorne: »Ich habe keine Ahnung.«

»Das ist schlecht. Wie sah die Wohnung denn aus, als deine Eltern damals eingezogen sind?«

Ich grummele. Ich erinnere mich daran, wie meine Mutter sich damals am Telefon ausgekotzt hat. Über die Zustände beim Einzug. Die Eigentümerin. Die Verwaltung. Es fielen ständig verschiedene Namen. Das Geflecht aus Eigentümerfamilie und Verwaltungsangestellten, das sich um dieses Haus kümmert, hätte Franz Kafka nicht unübersichtlicher erfinden können. Die Vormieter müssen Vandalen gewesen sein oder Zeitreisende aus der Epoche der Mammuts, die glaubten, sie hätten eine Höhle erobert. Leider gibt es keinen Beweis mehr für diesen Zustand. Es war schon schwer, den Mietvertrag zu finden, aber die Anlage 1 oder gar ein Übergabeprotokoll von 2004, das irgendwie belegen könnte, dass meine Eltern hier hunderte von Stunden Zeit und tausende von Euro Geld reingesteckt haben, um die Bude wieder bewohnbar zu machen, haben weder ich noch Sylvia beim Durchsehen der Ordner und Akten gefunden. Dabei haben wir den Schritt *Bürosichtung* so sorgsam ausgeführt, als wäre das Betrachten von Papieren eine bewusst entschleunigte Maßnahme der Zen-Meditation. Der Eigentümerfamilie oder der Hausverwaltung liegt auch nichts vor, angeblich. Behaupten können sie alles. Es mag sein, dass die berühmte Anlage 1 der Frau Uschmann bei ihnen gerahmt im Büro des Chefs hängt. Warum sollten sie zugeben, den Beleg zu besitzen?

»Ohne Anlage 1 oder weitere Papiere musst du renovieren«, sagt Ole und nippt an seinem Vanilletee. »Aber das Wort ›Schönheitsreparaturen‹ lässt viel Deutungsspielraum. Was heißt das? Alles streichen? Alles runterreißen? Das Laminat rausfetzen? Die Kerben flicken? Da solltest du dich nicht gerade auf das Maximum einlassen.«

Ich seufze erneut. Denke an Fleisch und Fritten. Bin müde. Würde ich die Wohnung einfach behalten, könnte ich mir mit dem Renovieren Zeit lassen. In den Tagen und Wochen, in denen diese vier Wände mein Kontor waren, habe ich wirklich versucht, hier zu leben. Es mir vorzustellen, diesen Luxus: Ein Außenposten in meiner Geburtsstadt. Eine Zweitwohnung, um alte Freunde zu treffen, Familienkontakte zu pflegen oder Journalisten einzuladen, die ich nicht unbedingt im heimischen Haus zu Herbern haben will. Viele Schriftsteller schreiben es in ihre Vita und es hört sich jedes Mal reich und weltgewandt an. *Der Autor lebt in München* und *Brüssel*. Zugegeben, ein Passus wie *der Autor lebt in Ascheberg-Herbern* und *Wesel* hört sich nicht so kosmopolitisch an. Dafür bodenständig. Spleenig. Nimmt man noch Bochum dazu, wo ich meinen Astralkörper wie einen Geist gefühlt rund um die Uhr durch die endlosen Korridore der Ruhr-Universität lenke, wäre ich gleichzeitig Experte für die Mentalität des Ruhrpotts, des Niederrheins und des Münsterlandes.

So dachte ich mir das. Und dann? Stand ich eines Abends, nach dem ich endlich mal die Dusche benutzt hatte, splitternackt im Wohnzimmer, schaltete den noch nicht verkauften Fernseher ein und zuckte zusammen, als ich bemerkte, dass gleich zwei Nachbarinnen von gegenüber in ihren Terrassentüren standen. Schlimmer noch als die ständige Beobachtung durch mehrere Dutzend Augen im Innenhof ist aber der Geruch nach süßlich beißendem, alten Zigarettenqualm, den man in seiner ganzen Kraft erst bemerkt, wenn man die Wohnung wieder verlässt. Wenn man beim ADAC hockt, um Mutters Mitgliedschaft zu kündigen, und der Ordner, den man aufschlägt, eine fast sichtbare Wolke von »Lucky Strike trifft Miro-Parfüm« in den wohlklimatisierten Raum entlässt. Wenn man im heimischen Haus, neunzig Kilometer weiter östlich, über Amazon verkaufte Bücher in Versandtaschen eintütet und nach zehn Minuten Kopfschmerzen bekommt, weil das Papier die Milliarden von Geruchspartikeln nie mehr entlässt, genauso wenig wie hier vor Ort die Wände, die Decken oder die Holzrahmen von Terrassenfenstern und Zimmertüren. Geruch ist schließlich keine Welle oder Schwingung wie Licht oder Klang. Geruch ist materiell. Nicht umsonst spricht man von Duftstoffen und Molekülen, die sich in der Riechschleimhaut der Nase lösen. Fährt man an einem frisch gedüngten Feld vorbei, bedeutet »riechen«, dass wir winzig kleine Anteile der Kuhscheiße tatsächlich in uns aufnehmen. Verließ ich die Wohnung nach einem Basar, selbst und gerade dann, wenn ich in ihr geduscht hatte, merkte ich spätestens am Ortsausgang auf dem Parkplatz des Imbissamerikaners, das ich selbst wie eine Tabakplantage stank. Eine Tabakplantage, auf der man statt Pestiziden Eau de Cologne versprüht hatte.

»Na ja«, sage ich, »wenigstens muss ich die Kündigungsfrist von drei Monaten nicht einhalten. Ich habe schon eine Nachmieterin.«

»Das ändert nichts an der Frist«, schaltet sich Florian ein, der aus dem Badezimmer kommt, wo der Spülkasten in der Wand sich langsam wieder füllt. »Also, gesetzlich gesehen. Es ist eine Frage der Kulanz, ob der Vermieter dich eher aus dem Vertrag lässt, wenn du einen Nachmieter hast. Bei Todesfällen dürfte das aber so sein. Bei unerwarteten Schicksalsschlägen sind Vermieter meistens in allen Punkten kulant.«

»Gut«, nicke ich.

Florian zeigt mit dem Daumen hinter sich auf die Bibliothek, hinter der das große Bad sich verbirgt: »Was ist das für ein Rohr da in der Badezimmerwand?«

»Da steckte mal ein Bidet«, sage ich. »Gehört zum Inventar. Meine Mutter hat's abmontieren lassen, um mehr Platz für Schränke zu haben. Liegt im Keller.«

»Mhm.«

Ich denke daran, wie ich den Keller ausgeräumt habe, direkt durch das Fenster, das auf Knöchelhöhe zur Straße führt. Alte Besen, Geschenkpapierrollen, Weichspüler. Jedes Teil hält einen auf, weil man trotz aller Übung *doch* darüber nachdenkt, es nicht sofort auf den Müllhaufen zu schmeißen. All die Dinge, mit denen wir uns umgeben, sind Miniaturvampire, die ihre winzigen Zähne ansetzen und darum bitten, nur ein kleines bisschen saugen zu dürfen. Dämonen, die sich von Aufmerksamkeit ernähren und unsere Energie abfließen lassen wie unbeantwortete Mails im Postfach, von denen wir wissen und die uns müde machen, so müde. Mutter hatte noch mehr rote Grablichter eingelagert, einen ganzen alten Waschmittel-karton voll. Daneben lugte die Keramik des Bidets unter einer schwarzen Plane hervor.

»Gut!«, sagt Ole, springt auf, gibt mir den Mietvertrag zurück und klatscht in die Hände, frisch motiviert durch den Kurzeinsatz in seinem Fachgebiet. »Flo, wir kloppen jetzt dieses Regal auseinan-der!«

Florian nickt, nachdenklich und entschlossen. Er trägt Turnschuhe der Größe 40, hat aber auch nichts auf den Rippen.

In drei Stunden kommt die Vermieterin.

Ich setze neuen Tee an.

Noch 39 Beutel.

WÜRDELOSES TIGERN

Da ist er wieder. Der Hypnose-Effekt, der eintritt, sobald ich mit erwachsenen Instanzen, von denen ich etwas möchte, durch Räume wandle. Ich habe alle Maßnahmen getroffen, die ich auch im Hospi-tal anwendete, damit Ärzte und Pflegedienstleiterinnen mich für voll nehmen. Kaum hatten die angehenden Anwälte die Bücher-wand in ihren Kleinlaster verladen und das Dieselungetüm aus der Straße gelenkt, habe ich die feinen Schuhe, die gute Uhr sowie Hemd und Jackett angezogen, die faltenfrei im Auto bereithingen. Körper-haltung korrigiert, durchgeatmet. Ein paar Minuten, bevor es klin-gelte, habe ich sogar Power-Posing gemacht und mir währenddessen noch mal meine Argumente geistig zurechtgelegt. Wie verwüstet die Wohnung beim Einzug war und dass es Zeugen dafür gibt. Wie meine Mutter starb. Zur Not würde ich sogar meine Zeit im Hospiz erwähnen. Wie sagte Jurastudent Ole vorhin? »Bei unerwarteten Schicksalsschlägen sind Vermieter meistens in allen Punkten kulant.« Und jetzt?

Jetzt stakse ich Frau Ehlert wie ein Betäubter durch die Räume hinterher und nicke zu allen Befehlen, welche sie die schmale, blonde Maklerin auf einen Block notieren lässt. Mir fehlt sogar der Mut, Frau Ehlert zu fragen, was die Maklerin überhaupt soll, wo ich doch selbständig eine Nachmieterin für die Wohnung gefunden habe. Vor der Maklerin selbst hätte ich keine Angst. Sie ist jünger als ich und gehört zu den Frauen, die sich bei geschäftlichen Telefonaten mit dem gepiepsten »Tschüssi!« verabschieden. Aber Frau Ehlert ist anders. Ihre Wirkung auf mich gleicht der eines groß gewachsenen Arztes. Die Stimme tönt tief und der Ärger des Daseins hat Falten an genau die Stellen ihres gebräunten Gesichtes gegraben, wo sie Zorn, Enttäuschung und generelle Skepsis besonders effizient betonen. Begegne ich einem solchen Gesicht, fühle ich mich grundsätzlich schuldig und in der Defensive. Dabei müsste ich angreifen. Jetzt.

»Was ist mit dem Teil?«, fragt Frau Ehlert und zeigt im Schlafzimmer auf ein langes, weißes Backboard, das früher hinter den Kopfenden der Betten stand. Niemand wollte es kaufen.

»Reißen wir noch raus«, sage ich.

»Hm«, sagt Frau Ehlert und zeigt auf den Boden: »Und die Teppiche entfernen Sie ebenfalls. Hier und im Gästezimmer.«

»Klar«, sage ich.

Frau Ehlert seufzt und lässt die schmale Maklerin die bisherigen Punkte noch einmal durchgehen: »Im Schlafzimmer und Gästezimmer kommen die Tapeten ab. Die Terrasse wird geschrubbt, nicht gekärchert. Die Schrammen im Laminat der Diele werden korrigiert, die Wohnungstür gesäubert, die Steckdosenrahmen ersetzt. Alle Dübel entfernt in den Bädern und die Kacheln mit den Schrammen ausgebessert.«

Ich senke den Kopf. Meine innere Stimme schreit: »Wehr dich! Diese Wohnung war eine wilde Höhle beim Einzug! Und dann sogar Kacheln ausbessern??? Das bedeutet in der Praxis, sie komplett zu ersetzen. Und du weißt, was das bedeutet!«

Ja, das weiß ich.

Zu dem Zeitpunkt, zu dem ich hier die Wohnung übergebe, konzipieren wir daheim gerade ein Buch über die skurrilen Alltagserlebnisse eines Fliesenlegers. Ich habe ihn bei der Arbeit begleitet und einiges gelernt. Zum Beispiel, was passiert, wenn Mütter keine Fliesen des im Badezimmer verklebten Typs mehr im Keller eingelagert haben. Dann müssen die alten Modelle aufwändig bei historischen Händlern gesucht werden, die Fliesen aufbewahren wie Vinylexperten alte Schallplatten. Im Zweifel wird die Fliese nachgestellt und noch mal neu gebrannt. Das geht ins Geld.

Frau Ehlert sagt: »Sie sagten, das Bidet liegt im Keller?«

Ich nicke.

»Das muss wieder dranmontiert werden, falls der Nachmieter das so möchte.«

Ich nicke.

Die schmale Maklerin notiert auf den Block: »Bidet steht im Keller. Wird bei Bedarf montiert bzw. ersetzt.«

Frau Ehlert schreitet in die Küche, wo die Maklerin in einer flüssigen Bewegung ein vorläufiges Übergabeprotokoll aus einer Mappe zaubert, auf die Arbeitsplatte neben der Spüle legt und beginnt, die Notizen des Blocks Wort für Wort mit schwarzer Tinte in die grauen Spalten des Formulars zu übertragen. Ihre Schrift erinnert mich an die Mädchen aus der 6. Klasse, die damals in mein Poesiealbum geschrieben haben.

Frau Ehlert öffnet ein paar Türen des Küchenschrankes, schließt sie wieder und runzelt die Stirn. Sie wirkt, als wolle sie jetzt sehr gerne rauchen. Eigentlich ist ihr Bruder der Eigentumsverwalter für die alte Mutter der Familie, deren Name wiederum im Mietvertrag steht. Die Hausverwaltung selbst, mit der meine Mutter ihre Beschwerdebriefwechsel führte, ist eine Firma Gottsched. Das Maklerbüro, das beim Einzug die wilde Höhle vermittelte, hörte auf den Namen Carla Cesnak. Auf der Suche nach Anlage 1 habe ich bei all diesen Stellen angerufen und manche sogar besucht. Die Menschen dort wirkten unberührbar freundlich und rätselhaft, wie Judokämpfer, die die Kraft des Gegners gegen ihn verwenden, oder wie blasse Berater, die auf jede Frage mit »ist das so?« antworten, bis man nicht mehr weiß, was man wollte oder ob man überhaupt selbst existiert.

Frau Ehlert schwingt flüchtig ihre Fingerspitze zwischen den Küchenschränken umher und sagt: »Die Küche muss natürlich auch raus, falls die Nachmieter sie nicht wollen.«

Meine innere Stimme weiß gar nicht mehr, wo sie noch anfangen soll. »Welcher Nachmieter mit Verstand sollte dieses perfekt eingepasste Wunderwerk der Raumausnutzung nicht übernehmen wollen?«, schreit sie und vor allem: »Wieso redet diese Frau ständig von irgendwelchen potentiellen Nachmietern und hat als Schriftführerin eine Maklerin mitgebracht???«

Ich kratze mir verlegen im Nacken, schiebe meine Hüfte nach vorne, richte die krummen Schultern ein wenig und sage: »Öhm. Ich habe die klare Zusage von Frau Ölschläger bzw. von ihrem Sohn, dass sie beim Einzug die Küche in jedem Fall übernimmt. Sie wollte ursprünglich sogar den Riesenkleiderschrank übernehmen, der im Schlafzimmer stand. Und ob sie das Bidet haben möchte, das kläre ich dann noch.«

Frau Ehlert schaut zur schmalen Maklerin, die ihre Schönschreibbuchstaben ins Formular malt.

»Wer ist Frau Ölschläger?«

Die Maklerin sieht auf: »Ach, das war die alte Dame.«

»Hm.«

Ich sage: »Wie, das *war* …?«

Frau Ehlert wischt vor meiner Nase die Luft aus dem Weg, als sei sie voll von all dem ärgerlichen Unsinn, den ich hier verbreite.

»Ja, die kam nicht als Nachmieterin in Frage. Habe ich dem Sohn auch erklärt. Deswegen übernimmt Frau Reithoff ja jetzt die Sache mit dem Maklern.«

Die schmale Frau lächelt mit ihrem verfluchten Füller in der Hand, als sei sie froh, dass ich es endlich kapiere.

»Was? Wieso denn das?«

»Ja, Herr Uschmann, die alte Dame, die Sie da als Nachmieterin aufgetan haben, war 88 Jahre alt. Da müssen Sie mich auch verstehen. Ich kann doch nicht wissen, wie lange ich sie als Mieterin habe.«

Meine innere Stimme schlägt beide Hände vor die Stirn. Am liebsten würde ich mich vor dieser Frau aufbauen und lauter werden als mein Grundschullehrer Herr Müller im Dezember 1984, der nach Wochen fruchtloser Diskussionen den Klassenrowdy Ben vor das Pult zitierte und ihm über dem dort stehenden Adventskranz eine derart schallende Ohrfeige verpasste, dass der Luftzug die Kerzen der Liebe auslöschte. So falsch und archaisch das auch gewesen sein mag – Herrn Müllers Ohrfeige speiste sich als Ende und Höhepunkt einer wochenlangen Reihe verbaler Zähmungsmaßnahmen aus der tiefen, inneren Überzeugung, im Recht zu sein. Ich bin gerade auch im Recht, doch die Wut, die sich jetzt aus mir heraus Bahn bricht, hört sich nicht an wie die Überlegenheit eines alten Lehrers, sondern wie das zornige Stampfen eines kleinen Rumpelstilzchens. Es ist im Grunde wie im Krankenhaus, als ich dem arroganten Lungenarzt meiner Schwiegermutter hinterherbrüllte und Stunden brauchte, um sinnvolle Gegenmaßnahmen zu treffen. Es ist so wie immer, wenn ich etwas außerhalb meines Berufs zu regeln habe: Entweder sage ich nichts oder ich werde frotzelig wie ein arbeitsloser Zwanzigjähriger, der am Autoscooter auf der Kirmes auf Ärger wartet.

»Meine Güte!«, schimpfe ich, »meine Mutter war erst 66 und ist auch gestorben!«

Frau Ehlert sieht mich ungerührt an. Der Schicksalsbonus zieht bei ihr nicht. Mir fällt ein, wie sie in einem Telefonat kürzlich ganz nebenbei erwähnte, dass ein Todesfall in ihrer Familie ihr gerade »eigentlich« die Zeit raube, sich auch noch um die Mietsache zu kümmern. Sie hat also meinen Todesfall schon präventiv gekontert, ihm die Luft rausgenommen. Im Schicksalspoker steht es Unentschieden. Und so, wie sie guckt, würde es wahrscheinlich nicht mal helfen, wenn ich Röntgenbilder eines eigenen, kürzlich entdeckten Tumors in meinem Schädel dabei hätte. Sie würde sich das Miststück in meinem Hirn ansehen, die Stirn runzeln und sagen: »Ja, gut, dann nehmen wir die Fliesen raus, aber die Tapeten kommen trotzdem ab.«

Ich kann das alles nicht fassen und beginne, wie ein Tiger in der kleinen Küche auf- und abzulaufen. Das habe ich früher auch bei Diskussionen mit meiner Mutter getan, eine Wand weiter, im Wohnzimmer. Sie saß ruhig auf dem antiken Stuhl neben dem Esstisch Napoli, verfolgte mein »Tigern« mit dem Kopf wie das Tennispublikum den Ball, nahm kleine Schlucke von ihrem Rotwein und sagte nach zehn Minuten meiner Ausführungen: »Guck, wie du hier herumtigerst. Daran kann man doch schon fühlen, was für ein schlechtes Gewissen du hast.«

Merke!

Egal, wie aufgebracht und empört
Sie sind – Sie dürfen niemals tigern.
Das nervöse Herumtigern ist der Gipfel
aller Low-Power-Posen. Sich gekrümmt
und verzweifelt, den Kopf zwischen den
Armen, auf den Boden sinken zu lassen
ist noch souveräner als das Herumtigern.

Ich tigere.
Auf und ab.
Auf und ab.
Frau Ehlert und die schmale Maklerin beobachten es und warten, bis es vorbei geht. Meine Argumente sind zugkräftig, aber die Art und Weise, wie ich sie vorbringe, lassen sie verpuffen. Das Gleiche, vorgetragen von einem Managertyp im Anzug, locker am Kopfende des Esstischs Napoli sitzend, und die beiden Damen würden sich auf alles einlassen.

»Sie können doch nie wissen, wie lange Ihnen ein Mieter erhalten bleibt«, tigere ich. Dabei werfe ich die Hände nach vorne und starre auf meine eigenen Pfoten, als spräche ich die Argumente für mich selber in einer Gummizelle vor mich hin.

»Ein junger Mensch wechselt heutzutage alle zwei, drei Jahre seinen Job. Projektstelle hier, Projektstelle da. Überhaupt, was heißt hier *ein* junger Mensch? Sie brauchen mindestens schon mal ein Paar als Mieter, da Singles auch sofort ausziehen, wenn sie sich woanders verlieben. Sie brauchen ein, warten Sie, ja, ein Paar Mitte fünfzig, das garantiert zusammenbleibt. Aber nein, warten Sie, wir haben zwar die Rente mit 67, aber in der Wirklichkeit entlässt die freie Wirtschaft heute jeden schon mit 57 sanft in den Altersruhestand. Ist die Abfindung zu klein, ziehen die Leute schnell wieder aus, weil die Miete zu hoch ist. Ist die Abfindung fett, ziehen die Leute schnell wieder aus, um sich eine Finca auf Fuerteventura zu leisten. Hm, tja, da stellt sich die Frage: Was für Menschen müssen Sie finden, um die Garantie zu haben, dass sie zwanzig, dreißig Jahre lang nicht ausziehen? Hm. Sie brauchen Beamte. Aber keine alten. Sie brauchen die letzte Generation verheirateter, verbeamteter, unbefristet angestellter Lehrer Anfang vierzig. Als Ehepaar. Bio und Erdkunde. Und Physik. Viel Spaß bei der Suche!«

Frau Ehlert guckt mich an und schweigt einfach. Die Maklerin wartet pietätvoll zwei Sekunden ab, bevor sie das vorläufige Übergabeprotokoll zu Ende schreibt, das in Wahrheit ein Forderungsprotokoll ist. Eine Liste aufwändiger Aufgaben, die dazu führt, dass die Eigentümer eine Wohnung, die sie vor knapp zehn Jahren als verwilderte Höhle vermieteten, nun in bezugsfertigem Zustand zurückbekommen. »Die Aufgaben werden bis spätestens 11.08. erledigt«, fließt es in Kinderschrift ins graue Freifeld für Anmerkungen. Über den Satz »Der Vermieter zahlt die vom Mieter gezahlte Kaution nach Durchführung der oben genannten Arbeiten und Reparaturen innerhalb von [Freifeld] zurück« kritzelt die Maklerin eine Notiz, dass in diesem Fall statt einer Rückzahlung die Freigabe des Sparbuchs bei der Sparkasse ansteht, auf dem meine Mutter das Geld damals hinterlegt hat. Auf ihren Namen zwar, aber mit einer Freigabeklausel durch den Eigentümer. Die mausgleiche Frau hält mir den Füller hin. Frau Ehlert wartet einfach ab, dass ich unterzeichne. Jetzt wirkt sie nicht mehr wie eine Frau, die eigentlich gerade gerne rauchen würde, sondern so, als wäre sie damit schon längst zugange. Eigentlich würde ich jetzt gerne sagen: »Wissen Sie was? Behalten Sie Ihre Scheißkaution!« Mache ich aber nicht. Stattdessen denke ich: »Das Formblatt ist beschissen formuliert. »Der Vermieter *zahlt* die vom Mieter *gezahlte* Kaution ...« – so einen Satz würde ich jedem Studenten aus meinen Kursen anstreichen. Keine Doppelungen, Leute! Mein Vorschlag wäre: »Der Vermieter *zahlt* die vom Mieter *hinterlegte* Kaution zurück.

Eigentlich würde ich jetzt gerne sagen: »Wissen Sie was? Ich würde gerne mal sehen, wie Sie die Bude renovieren lassen würden, wenn Ihnen das Budget der Kaution dafür zur Verfügung steht. Ich vermute stark, dass Sie sich dann drei Mal überlegen, beim Fliesenarchiv anzurufen und für fünfzig Euro das Stück den Keramikbrenner anwerfen zu lassen!« Mache ich aber nicht. Stattdessen denke ich: Gut, dass Frau Ehlert nur die Schranktüren in der Küche aufgemacht hat und nicht die Vorratsschublade, vor der sie gerade steht. Ich habe gerade erst damit angefangen, die klebrige Schicht aus Knies und Spack zu entfernen, die sich darin gebildet hat.

Als ich der Mausmaklerin den Füller abnehme, schüttele ich den Kopf, während ich unterschreibe, und werfe den beiden Damen links und rechts bittere Blicke zu. Menschlich bin ich von ihnen zutiefst enttäuscht, denke ich. Eigentlich wäre es mir gerade ein Bedürfnis, es ihnen mitzuteilen. Stattdessen zeige ich nach erfolgter Unterzeichnung aus dem Fenster hinaus in den Garten und sage: »Die alten Töpfe mit Erde nehme ich noch raus. Und das Loch da an der Hecke schaufle ich zu.«

DIE WAFFE DER GENAUIGKEIT

Grundsätzlich hat der angehende Jurist Ole natürlich Recht: *Prinzipiell* muss heute niemand mehr beim Auszug renovieren. Soweit die Theorie.

In der Praxis schließt nahezu jeder Vermieter einen Vertrag ab, in dem eine handschriftliche Zusatzbemerkung oder eine separat hergestellte »Anlage« ganz genau festlegt, was die Mieter beim Einzug zu tun und zu lassen haben. Aus diesem Grunde ist es ganz besonders wichtig, in der *Bürokratiesichtung* wirklich jeden Ordner, jedes Blatt und jede Klarsichthülle (in denen befinden sich manchmal mehrere, thematisch völlig verschiedene Papiere!) so genau wie möglich in Augenschein genommen zu haben.

Sie brauchen den alten Mietvertrag samt möglicher Anlagen, um einen Beleg darüber zu haben, welche Pflichten Sie als Erbe tatsächlich übernommen haben.

Sie brauchen das alte Übergabeprotokoll, um einen Beleg darüber zu haben, in welchem Zustand die Wohnung beim Einzug gewesen ist. Verlassen Sie sich niemals auf ...

a) Die Kulanz, die Freundlichkeit oder gar die sensible Zurückhaltung eines Vermieters.

Wer sich entscheidet, Vermieter zu werden, ändert sein Wesen mit den Jahren so zwingend und folgerichtig wie jemand, der Polizist, Berufssoldat, Anwalt, Hausmeister oder Lehrer wird. Genau wie diese mag sogar der Vermieter mit großen Idealen in seine Rolle gestartet sein, mit besten Absichten, es anders zu machen und eben nicht zur misstrauischen, menschenfeindlichen Miesmuschel zu werden. Aber: Es bleibt einfach nicht aus. Erfahrung tötet die Unschuld und Zyniker sind stets ehemalige Idealisten, die lang genug mit der Wirklichkeit konfrontiert wurden. Da mögen Sie als gutmütiger, fairer und freundlicher Nachlassverwalter ja tatsächlich ganz anders sein als die Kunden, die der Vermieter sonst so kannte. Was soll es ihn interessieren? Er schützt sich selbst, indem er längst entschieden hat: Im Zweifel gegen den Angeklagten. Im Zweifel harte Bandagen. Im Zweifel so viel rausholen wie möglich. Fragen Sie sich selbst: Würden Sie es anders machen?

b) Die mündlichen Aussagen von »Zeugen«, die damals beim Einzug dabei waren.

Was sind das für Zeugen? Neutrale Notare, die vor zehn Jahren zufälligerweise bei den Nachbarn im Garten standen und die Wohnungsübergabe eine Hecke weiter nicht nur samt aller Diskussionen aufmerksam beobachteten, sondern auch noch sorgsam aus Spaß in ihr Tagebuch schrieben, wie Notare in Gärten das eben üblicherweise so tun? Nein. Die Zeugen, die Ihnen in Ermangelung auffindbarer Übergabeprotokolle oder Anlagen zur Seite stehen können, sind grundsätzlich Blutsverwandte oder enge Freunde der ehemaligen Mieter und somit für den Vermieter als »befangen« zu bewerten und juristisch nicht von Belang. Wieso sollte er sich auf irgendetwas zu seinem Nachteil einlassen, bloß weil der Onkel von nebenan »bestätigen kann«, dass die Bude bei der Übernahme eine Räuberhöhle und der Garten eine einzige Wildnis war?

Ebenso streng, missmutig und unnachgiebig wie in Sachen Renovierung wird Ihnen der Vermieter in Bezug auf die Verkürzung der Kündigungsfrist begegnen. Die alte Regel, dass Sie die drei Monate verkürzen können, wenn Sie einen geeigneten Nachmieter finden, gilt nicht mehr. Lässt sich der Vermieter dennoch darauf ein, müssen Sie in der Theorie einen Nachmieter finden, der dem Profil des Vormieters ähnelt und in den Kontext der jeweiligen Hausgemeinschaft passt. Suchen Sie also einen Nachmieter für die Wohnung Ihrer Großmutter in einem Haus voller Rentner, darf der Vermieter eine Familie mit vier Kindern und Hund genauso selbstverständlich ablehnen wie umgekehrt ein ruhebedürftiges Rentnerpaar in einem Wohnkomplex mit zwei Spielplätzen. Hat der Vormieter keine Haustiere gehalten, darf der Vermieter dies auch weiterhin zur Bedingung machen, auch wenn es kein (!) gesetzlich verbrieftes Recht mehr gibt, beispielsweise die Haltung von Katzen pauschal abzulehnen. Finden Sie also einen Nachmieter mit nahezu perfektem Profil in Bezug auf den Vormieter und die generelle Ausrichtung der Wohnanlage, ist das in der Theorie gut. In der Praxis lässt sich der Vermieter dennoch die vollen drei Monate[1] Zeit, um »nachzudenken« (das darf er), oder findet immer Gründe, wenn ihm Ihre Nase nicht passt.

Stellen Sie sich also darauf ein, die Wohnung oder das Haus so oder so die vollen drei Monate zu mieten, nutzen Sie es als Basar, Kontor und Außenposten und nehmen Sie sich die Zeit, die Sie haben, um ihr naives inneres Kind zum Schweigen zu bringen und die folgenden drei Schritte im Ringen mit dem Vermieter zu beachten:

VOLLSTÄNDIGKEIT DER PAPIERE

Mietvertrag. Anlagen. Protokolle.

Briefe, ausgedruckte Mails, Korrespondenzen jeder Art.

Suchen Sie.

Nochmal.

Und nochmal.

Und nochmal.

In Deutschland zählt *nur* das gedruckte Wort, nur die Unterschrift auf dem alten Blatt Papier, nur die Fakten, die Buchstaben und Zahlen hervorbringen.

Sagen Sie nichts zu oder ab und vermeiden Sie überhaupt jeden Kommentar gegenüber dem Vermieter, solange Sie nicht sämtliche Papiere gefunden haben. Telefonieren Sie herum.

Fragen Sie Verwandte nach Kopien.

Durchsuchen Sie noch mal die Kisten und Konvolute mit Artefakten und Andenken, die Sie für komplett privat gehalten haben und von denen Sie vermuten, dass sich dort nur alte Briefe, Urlaubsprospekte oder Poesiealben verbergen.

Denken Sie immer dran: Ein echter Haushalt lebt und atmet. Da wandern Dinge, Schritt für Schritt. Da kommen Papiere durcheinander, ohne dass jemals ein Mensch begreifen wird, was das Übergabeprotokoll der Wohnung zwischen den Rechnungen für das Auto zu suchen hat. Oder in der Hülle mit den Zeugnissen des sechsten und siebten Schuljahrs.

Wann immer Sie kurz davor sind, mit dem Suchen aufzugeben, achten Sie auf einen Satz, den Sie innerlich sprechen, wenn Sie einen Ordner, eine Kiste oder einen Karton wieder beiseite stellen: »*Da kann es nicht sein.*«

Sobald Sie diesen Satz denken, kommen Sie dem wichtigen Aktenfund näher, als Sie geahnt haben!

EHRLICHE ANALYSE DES WOHNUNGSZUSTANDES

Völlig egal, ob und in welchem Ausmaß Sie zum Renovieren der Wohnung verpflichtet sind – nehmen Sie sich die Zeit, sich den Zustand der Räume mit den kritischen Augen eines Fremden anzusehen und ihn *ehrlich* zu analysieren. Das ist wichtig, um für sich selbst das Gefühl zu bekommen, Kontrolle über die Dinge zu haben. Nichts ist peinlicher und weniger souverän, als wenn erst dem Vermieter beim Rundgang durch die Bude auffällt, dass Türrahmen zerkratzt, Steckdosen tot oder Fenster kaum noch zu öffnen sind. Jedes Fenster beispielsweise vor der Übergabe zu putzen und seine Innereien großzügig mit einer Flasche WD-40-Schmieröl auszuspritzen, so dass es sich leicht wie Butter öffnet, kann bereits den Unterschied machen, ob der Vermieter Sie als »einen typischen Fall« betrachtet oder ob Sie in ihm doch den alten Idealisten wecken können, der an die seltene Spezies des guten und gewissenhaften Mieters glauben will. Maßnahmen wie das Öl für die Fenster oder das ordentliche Abstauben aller Türrahmen kosten wenig Zeit und erzeugen große Effekte. Manch groß gewachsener Vermieter zieht gerne wie ein Hausmeister den Zeigefinger über einen Rahmen in der Erwartung, einen halben Zentner Staub herunterzuholen und Sie damit so zu beschämen und in die Defensive zu drängen, dass er im Folgenden alles fordern kann. Stellen Sie sich sein Gesicht vor, wenn vom Türrahmen keinerlei Staub kommt!

Schreiten Sie durch die Räume und machen Sie die Übergabe als Generalprobe mit sich selbst. Notieren Sie offensichtliche Schäden, die sich nicht so einfach beheben lassen, und beheben Sie alle kleineren Macken auf der Stelle. Was sich ohnehin kaum beheben lässt, kommentieren Sie selbstbewusst, anstatt ins Ausweichen abzudriften. Angesichts defekter Fliesen sagen Sie zum Beispiel nicht: »Öhm, äh, ja, das stimmt wohl, aber ist das denn so schlimm?«, sondern stattdessen: »Ich habe das recherchiert. Das Modell gibt es nicht mehr. Bei Schittek in Hamburg können Sie das neu brennen, aber das kostet fast mehr, als das ganze Bad neu zu fliesen.« In diesem Fall muss der Vermieter zum Beispiel so tun, als wüsste er, wovon Sie reden, wenn Sie beiläufig »Schittek in Hamburg« erwähnen, und ist dadurch bereits automatisch in einer schwächeren Position, als wenn Sie Ihre Ahnungslosigkeit bezüglich Badkeramik zugeben. Recherchieren Sie, ob und in welcher Weise Böden, Rahmen, Fenster,

Fliesen usw ... restauriert werden können und was so etwas tatsächlich kostet. Bereiten Sie sich vor! Oder, um mit den Worten aus Kapitel 2 zu sprechen: Geben Sie dem Vermieter so wenig Chancen wie möglich, als Eltern-Ich zu Ihnen zu sprechen, das ein verschüchtertes Kind beim Verschludern der Hausaufgaben erwischt hat.

DAS PROTOKOLL VERHANDELN

Wenn es soweit ist, dass Sie mit dem Vermieter am Tisch sitzen und das Übergabeprotokoll unterzeichnen sollen, setzen Sie sich selber als Faustregel: Niemals die erste Fassung unterzeichnen!

Egal, wie gut Sie vorbereitet sind.

Egal, wie gut die Schritte zuvor liefen.

Gehen Sie einfach davon aus, dass der Vermieter naturgemäß versuchen wird, Ihnen das Maximum an Aufgaben und Verpflichtungen unterzujubeln, und die erste Fassung daher niemals das sein kann, was Sie unterschreiben wollen. Sie ist vielmehr der Einstieg in Verhandlungen, die Sie seit dem Hausbasar langsam beherrschen sollten.

Setzen Sie sich hin, stellen Sie Ihre Tasse daneben und lesen Sie sich Position für Position durch. Runzeln Sie die Stirn beim Lesen. Schauen Sie hin und wieder skeptisch vom Blatt auf. Geben Sie dem Vermieter das Gefühl großen Unbehagens Ihrerseits. Während Sie das nach außen hin vermitteln, führen Sie sich nach innen genau vor Augen, was da steht, und fragen Sie sich bei jeder Position: Ist das wirklich nötig? Und falls ja – geht das nicht auch genauer? Zum Beispiel der Passus: »Schramme im Boden wird ausgebessert.« Was soll das heißen? Ab wann wird »ausgebessert« tatsächlich akzeptiert? Sie denken, es wäre pedantisch hier genauer zu werden? Werden Sie pedantisch! Sagen Sie: »Verzeihung, das *Ausbessern* müssen wir definieren. Nicht, dass es hinterher heißt, ich hätte die ganze Diele auswechseln müssen. Schreiben wir *wird angeschliffen und mit Korrekturwachs verfüllt*, in Ordnung?«

Bringen Sie das Protokoll in dieser Weise auf so wenige Aufgaben Ihrerseits wie möglich und bestehen Sie darauf, diese so eindeutig und detailliert wie möglich zu definieren. Im zweitbesten Fall haben Sie auf diese Weise präzise definierte Aufgaben und keinen Schritt mehr. Im besten Fall reibt der Vermieter sich nach zehn Minuten die Stirn und sagt: »Komm, ist gut, den Rest mache ich selbst.«

DAS POCHEN IM FUSS

Drei Wochen sind vergangen, und ich reiße mit Michael die letzten Leisten von den Wänden und das fest verschraubte weiße Back-board von der Schlafzimmerwand. Im Badezimmer liegen Gummi-schienen vor der Dusche, die mein Onkel besorgt hat und die wir noch an den Duschtüren anbringen müssen, bevor in wenigen Minuten die Maklerin kommt. Frau Ehlert selbst will als Vermie-terin mit der endgültigen Abnahme der Wohnung gar nichts mehr zu tun haben. Die schmale Frau Reithoff vom Maklerbüro soll es richten, deren Namen ich mir bis heute kaum merken kann und die es nicht einmal für nötig hielt, Zettel mit der Aufschrift *Zu vermie-ten* hier in die Fenster zu hängen. Lediglich eine Anzeige der Woh-nung hat sie ins Internet gestellt. Ich habe mir die Präsentation angeschaut. »Hochwertige Terrasse mit Bangkirai« hat sie dort ge-dichtet, dabei bestehen die alten Planken draußen aus ganz norma-lem Holz.
Ich gehe in den Flur, wo der Wachsstift für Korrekturen bei Krat-zern im Laminat auf dem Boden liegt, und ziehe mir meine Schuhe wieder an. Eine gnadenlose Sonne brät uns Mitte August in der lee-ren Wohnung und ich mag gar nicht daran denken, wie sie meine Cousine Stefanie und meinen Schwippschwager Oliver gebraten ha-ben muss, die den Großteil der Renovierungsarbeiten übernahmen, welche ich mir von Frau Ehlert habe aufschwatzen lassen, weil kein Übergabeprotokoll existiert und die »Anlage 1 zum Mietvertrag« unauffindbar blieb. So sind sie eben, die Menschen, die meine Mutter über Jahre zu Personae *non* gratae erklärte: Zuverlässig und gnadenlos hilfsbereit.

»Und denk dran«, erinnert mich Michael, der ebenfalls hier Tapeten abkratzte, was er angesichts der knüppelfest klebenden und verqualmten Raufaser übereinstimmend mit meiner Cousine und meinem Schwippschwager als die verfluchteste Schweinearbeit bezeichnete, die man sich vorstellen könne, »zu dem Bidet sagen wir gleich einfach gar nichts mehr.«

Ich nicke, die Hand am Schuh und den Schweiß im Rücken.

Zum Bidet sagen wir gar nichts mehr.

Was sich nämlich im Keller unter der schwarzen Folie verbarg, vor der ich mehrere Dutzend Mal stand, ohne sie tatsächlich zu lüften, war gar kein Bidet. Es war ein Einschub aus Keramik, den man unter das hängend in der Wand montierte Klo schieben kann, wenn man verrückt geworden ist oder an akuter Geschmacksverirrung leidet. Warum so ein Teil existiert, wieso jemand so etwas erfindet und aus welchem Grund dieses Mistding statt des Bidets im Keller lagert, ist absolut nicht zu erklären. Es zeigt wieder mal nur – niemals von irgendetwas ausgehen! Wenn etwas unter der schwarzen Folie liegt, das aussieht wie ein Bidet, die Farbe hat wie ein Bidet und sich beim Berühren anfühlt wie ein Bidet, muss es deswegen noch lange kein Bidet sein!

Mein Onkel, der ehemalige Zeuge des Einzugs, ist sich dementsprechend nun auch nicht mehr sicher, ob meine Eltern das Ding von der Wand gerissen haben oder nicht doch eher die Messie-Vormieter. Letzteres erscheint immer wahrscheinlicher, denn eine Frau wie meine Mutter, die jede Gurke in ihrem Buch für Ausgaben notierte, hätte ein zur Wohnung gehörendes Sanitärutensil wohl kaum einfach so auf den Schrott geworfen.

»Wir müssen die Gummidichtung noch an die Duschtür friemeln«, sage ich.

Michael sagt: »Ja, ja. Das geht ruckzuck.«

Als die Maklerin kommt, robben wir immer noch auf dem Boden vor der Duschtür herum und drehen Gummiteile in den Händen, als gäbe es dafür eine Million Kombinationsmöglichkeiten. Die Dichtung besteht aus drei Stücken, einem langen und zwei dreieckigen Enden, die wir als logisch denkende Männer mit räumlichem Vorstellungsvermögen korrekt zu montieren nicht imstande sind. Jedenfalls nicht in unter 38 Minuten.

Die Maklerin hat sich ins Zeug gelegt und das Abnahmeprotokoll heute sogar in Druckschrift zum Ankreuzen mit Kästchen mitgebracht. Ja und nein. Ich schaue mir die Liste an, als wir durch die Räume wandern.

- Entfernen der Tapeten – ja
- Steckdosenabdeckungen ersetzt – ja
- Macke im Laminatboden ausgebessert – ja
- Säuberung der Wohnungstür – ja
- Loggia geschrubbt – ja
- Keller geräumt – ja

Beim Punkt »Ausgleich der kaputten Fliesenkanten im Bad« schreibt die Frau in ihrer Kinderschrift daneben: »Nicht so einfach möglich.« Der Punkt »Entrümpelung des Gartens« erhält die Randnotiz: »Wird am 13.08. erledigt.«

Das Bidet steht in diesem Protokoll nicht einmal mehr in der Liste! *Und denk dran – zu dem Bidet sagen wir nichts mehr!*

Mein Onkel zwinkert, als ich das Protokoll unterschreibe und die schmale Maklerin es in ihre Aktentasche steckt. Kein Bidet erwähnt. Bude abgenommen.

»Und den Rest von dem Teil da im Schlafzimmer?«, piepst sie.

»Brechen wir gerade ab, wie Sie sehen«, sagt mein Onkel.

»Gut, okay«, sagt die Maklerin. »Dann sehen wir uns übermorgen zur endgültigen Schlüsselübergabe.«

»Ja«, bestätige ich, »bei leerem Garten.«

Sie nickt.

Kaum, dass sie weg ist, ziehe ich meine Schuhe wieder aus, da die Hitze kaum zu ertragen ist. Mein Onkel schaut auf die Gummidreiecke im Bad und sagt: »Ich glaube, jetzt weiß ich es!«

Zwei Stunden später schreie ich.

Obwohl, es ist eher ein Zischen.

Im Schlafzimmer liegt ein Berg aus Trümmern, die morgen vom Hausmeister abtransportiert werden, zu dem mein Onkel ein gutes Verhältnis hat und der freundlicherweise auch die Steckdosenrahmen erneuert hat. Wir sind im Prinzip fertig, doch ich kann den Arbeitstag nicht beenden, ohne mit meinem blanken Fuß in den keck nach oben gerichteten Nagel einer abgerissenen Fußleiste zu treten.

»Was ist?«, fragt Michael.

»Nagel!«, sage ich.

»Was arbeitest du auch barfuß?«, sagt er und hat natürlich Recht.

»Komm, mach dich auf nach Hause. Ich feg das hier zusammen!«

Egal, welche Konflikte ich auch mit diesem Teil meiner Familie habe – Krankheit und Verletzungen jeder Art führen kurzfristig immer zu Fürsorge und Nachsicht.

»Danke«, sage ich, packe mein Zeug, humpele zum Auto und fahre zu meinem eigenen Erstaunen sogar unverrichteter Speise an der Filiale des Amerikaners vorbei.

Man kann auf zwei Wegen von meiner Geburtsstadt in unsere heutige Heimat fahren. Über die Autobahn, wo alles hektisch ist und so grell wie neutral, oder über die Landstraße entlang der Wälder, Dörfer und brüchigen Bahnübergänge, wo sich der Weg noch wie eine Reise anfühlt. Die neunzig Minuten, die das dauert, öffnen mir seit Wochen einen Kokon der einsamen Ruhe. Obschon ich mich dabei stetig bewege, wirken die rund achtzig Kilometer wie ein Rückzugsraum, in den ich mich setze und in aller Ruhe die Kulisse betrachte. Die Landgaststätten mit den Schildern *Frühstück ab 5 Uhr*. Die einsamen Häuser mit den verlassenen Schuppen. Die Maisfelder. Das Blockhüttenlokal mit dem Kletterwald dahinter, Seile und Brücken in Baumkronen.

Mehr als fünfzig, sechzig Mal bin ich diesen Weg in den letzten Monaten gefahren. Ich glaube, ich werde ihn vermissen.

Kurz hinter Wulfen beginnt das Pochen im Fuß.

Die ganze Strecke bis hierher meldete sich gar nichts und jetzt fühlt es sich an, als stecke der rostige Nagel aus der abgerissenen Fußleiste in Mutters Wohnung noch darin. Es hat nicht geblutet vorhin, denn meine Füße sind stabiler als die anderer Leute. Seit ich 2007 eine Lesereise zum Roman *Wandelgermanen* knapp dreihundert Kilometer quer durch Nordrhein-Westfalen vollständig barfuß absolviert habe – halb als Werbung, halb als Selbstexperiment –, besitze ich eine Lederhaut, mit der ich schmerzfrei über spitzen, frischen Rollsplit gehen kann.

Aber jetzt pocht es.

Aber wie.

Ich rufe Sylvia an und sage, dass es pocht und wie es dazu kam.

Sie sagt, ich solle ein Krankenhaus aufsuchen, sicher sei sicher.

Ich frage sie, wie schnell Rost einen Menschen durch Blutvergiftung töten kann, und werde dabei geblitzt, da ich während Telefongesprächen im Auto grundsätzlich auf siebzig beschleunige.

Sie sagt, der Tod träte bei solchen Unfällen nur ein, wenn man als uneinsichtiger Mann aus falscher Scham das Krankenhaus meide, dann gäbe es die berühmte anämische Rostverschleppung, an der schon viele störrische Schlosser und Stahlbauer gestorben seien.

Ich bekomme einen Schreck und beschleunige kurzfristig auf achtzig, bis ich begreife, dass es ein Scherz war. Ich glaube meiner Frau grundsätzlich erst mal alles. Es würde ein nettes Buch ergeben: *Hundert unfassbare Thesen, die Oliver Uschmann seiner Frau glaubte.* An der Kreuzung, der ich mich nähere, ist das Hospital ausgeschildert. Ich zitiere am Telefon den Text des Wegweisers und verspreche, abzubiegen.

Im St. Sixtus-Hospital zu Haltern am See ist nichts los. Gar nichts. Die Gänge sind dermaßen verwaist und ruhig, dass es mich kaum wundern würde, öffnete sich in die Stille hinein die Flügeltür der Notaufnahme und heraus käme mit wehendem Ledermantel der Vampir, der schon vor Stunden alle hier erledigt hat und sich nun über einen rostig-pikanten Nachtisch freut. Stattdessen tut sich gar nichts. Ich sitze in einer braungrauen Hartschale und muss warten. Ich stelle mir vor, wie der Arzt hinter der Flügeltür ebenfalls wartet, weil es sich so gehört und selbst Notfallärzte nur dann mit dieser autoritätsbildenden Sitte aufhören, wenn der Notfall wirklich einer ist. Ich hingegen habe am Empfang zwar angemessen die Augen zusammengepresst und gezischt, als ich von meinem Loch im Fuß berichtete, bin aber offensichtlich hinten doch nicht als akuter Kandidat für übermäßige Eile gemeldet worden.

Meine Mutter ist tot. Asche in einer Stele.

An der Wand gegenüber hängen Fotos von Landschaftsaufnahmen. Kein besonderer Künstler. Instinktiv bewerte ich den Wert der Rahmen und bemerke: Es sind Thripse hinter dem Glas.

»So, Herr Uschmann?«

Die Flügeltür ist offen. Eine kleine Schwester führt mich in einen dämmerigen Untersuchungsraum zu einem noch kleineren Arzt koreanischer Herkunft. Vermute ich mal. Der Mann hört sich an, was mir widerfahren ist, setzt sich ans Ende der Liege und betrachtet meinen Fuß. Er findet nicht einmal das Loch.

»Da«, sage ich, »da ist es doch!« und führe seinen Finger an die Stelle, die bei Druck schmerzt und mittlerweile ehrlich gesagt nicht mehr pocht. Der Vorführeffekt. Der koreanische Doktor schaut mich an, als wolle er sagen: »Kollege, muss das sein? Wirklich? Hast du nichts zu tun?«

Er wirkt so genervt und vorwurfsvoll und nur mühsam beherrscht wie Ken Jeon in seinen überdrehten Filmrollen als Sinnbild des cholerischen Koreaners. Nur mühsam kann er seine Augen davon abhalten, sich vollständig zu verdrehen, während er sich auf seinem Stuhl von der Liege abstößt, zur medizinischen Anrichte rollt und sich ein Desinfektionsspray schnappt. Zurück zu meinen Füßen, sprüht er lustlos die gesamte optisch unversehrte Lederhaut ein und schaut mich dabei erneut an. Eine Sekunde nur. Eine Sekunde, die Bände spricht. Eine Sekunde, in welcher mir Ken Jeon wortlos von seinem Großvater erzählt, der im Koreakrieg gekämpft hat und sich noch mit einem Durchschuss der Schulter über die von Trümmern übersäte Straße schleppte, um einen verletzten Kameraden aus dem

Schussfeld zu holen. Eine Sekunde, in welcher mir der Notfallmediziner aus Haltern am See wortlos von seinem Schwager in den USA erzählt, der in Koreatown / Los Angeles einen Lebensmittelladen betreibt und sich einmal im Monat gegen Einbrecher und Vermummte verteidigen muss, weil es nach unten in den Süden, wo die Gangs regieren, nicht weiter ist als nach oben an den Hollywood Boulevard. Bilder über Bilder entstehen im Sprühdunst des Desinfektionsmittels zwischen meinen Füßen, das der Mann nur verwendet, damit ich würdeloses Weichei Ruhe gebe und aus seiner Notaufnahme verschwinde, um Platz für echte Notfälle zu machen, Bilder von Männern, die im Bombenhagel kämpfen und in Afrika mit offenem Hemd Brunnen ausheben, von Ärzten in Flüchtlingslagern und zehnjährigen, glatzköpfigen Shaolin-Mönchen, die von ihren Eltern in der Hoffnung auf eine bessere Zukunft in ein Kloster geschickt wurden, wo sie jeden Tag um zwei Uhr morgens aufstehen und noch vor Morgengrauen Trainingseinheiten vollführen, für die eine Körperspannung nötig ist, die ich mir nicht einmal vorstellen kann, da ich nur Trödelpreise von Videospielen und Fast Food im Kopf habe, ich nichtsnutziger, unmännlicher Wurm. All das sagt mir das schweigende Gesicht hinter der Sprühflasche, dessen zugehörige Hände nun ein Pflaster aufkleben, wahrscheinlich neben das unsichtbare Loch.

Der Sprühnebel verzieht sich.

Der Doktor schreibt den »Fall« in eine Akte und kann sich nun doch nicht länger beherrschen, dabei nicht nur innerlich, sondern auch äußerlich den Kopf zu schütteln.

Auf dem Weg raus aus dem Hospital humpele ich nicht mehr. Stattdessen schnaufe ich. Das Gebäude ist am Hang errichtet worden. Die Autos stehen eine Etage tiefer und ich sehe auf sie hinab wie auf Schiffe in einem Yachthafen in der Bucht. Ein Mann mit Gips sitzt auf einer Bank vor dem Eingang und raucht. Ich weiß, dass auch er seine Probleme hat. Weiß, dass auch er manchmal vor Menschen steht und ihm die Worte fehlen; dass er zischt vor Schmerz und vielleicht sogar schon mal hilflos herumtigerte. Ich *weiß* das. Aber ich *fühle* es nicht. Ich fühle, dass dieser blasse Mann dort in der Jogginghose einen Heimwerkerkeller hat, in dem jedes Werkzeug an seinem Platz hängt und dass er Schiffe von innen auskleiden kann und Schreibtische bauen. Ich fühle, dass dieser rauchende Westfale im Angesicht einer Vermieterin niemals starr wie das Kaninchen vor der Schlange irgendwelche Protokolle unterschreiben würde, die ihn übervorteilen. Ich fühle, dass kein Mann auf diesem Erdenrund, weder ein krankgeschriebener Westfale in Ballonseide noch ein koreanischer Doktor im Notdienst, wochenlang das Tagebuch seiner verstorbenen Mutter auf dem Pendelweg zwischen alter und neuer Heimat im Handschuhfach des Autos mit sich führen würde, ohne endlich hineinzusehen und sich dem Text zu stellen.

Da unten liegt es.

Im Wagen.

Am Hang.

Ich bleibe stehen. Der Raucher schaut mich an, halb gelangweilt, halb interessiert. Ich mache auf dem Absatz kehrt, betrete erneut das Foyer, werfe eine Münze in den alten Automaten für schlechten Kaffee, lasse die Maschine arbeiten, nehme den geriffelten Becher mit der heißen Brühe aus dem Schacht, stapfe zum Wagen, schließe ihn auf, setze mich auf den Fahrersitz, öffne das Handschuhfach, schiebe mein kariertes Heft zur Seite, in dem ich immer noch verschenkte Bücher und verkaufte Buttons für die Steuerprüfer protokolliere, ziehe die 200-seitige Tagebuch-Kladde heraus und schlage sie auf.

»Es ist der 10.12.2012 und ich will versuchen, meine Gedanken aufzuschreiben, weil ich sie nicht alle aussprechen kann. Ich habe die Hoffnung, dass mir durch das Aufschreiben vielleicht eine kleine Besserung gelingen kann, da es mir physisch und psychisch so schlecht geht, worüber ich auch nicht reden möchte. Mein Sohn sitzt jetzt ca. eine halbe Autostunde von mir entfernt in einer Veranstaltung und hat auch heute nicht den Wunsch gehabt, mit mir Kontakt aufzunehmen. Unser letztes Gespräch hat am 23.11.2011 stattgefunden, seitdem habe ich nichts mehr gehört. Dieses Gespräch musste ich führen, um ihm die lange aufgestauten Gefühle zu vermitteln. Nachdem mein Mann nach zwei Jahren langer Krankheit am 02.01.2011 verstarb, habe ich bis November gewartet, um ein Gespräch zu führen. Ich wollte ihm erklären, wie alleine ich mich gefühlt habe in dieser schweren Zeit und auf seine Unterstützung gehofft und gewartet habe. Auch war ich das meinem Mann schuldig, der sehr unter den seltenen Besuchen seines Sohnes gelitten hat. Das hat er natürlich nur mir und meinem Bruder und dessen Frau erzählt. Ich habe mir Sachen sagen lassen müssen, z.B. als ich ihm mitteilte, dass ich als Informationsminister der Familie fungiere, d. h. im Klartext, ich schreibe meiner Familie vor, was sie zu sagen haben.

[...]

Alle diese aufgestauten Erlebnisse wollte ich eben in jenem Gespräch am 23.11.2011 versuchen, zu übermitteln. Niemals hätte ich mit dieser Eskalation gerechnet, die ich erleben musste. Ich musste mir noch anhören, er hätte sich mit seinem Vater ausgesprochen. Das ist eine Unverschämtheit, er wusste genau, dass von seinem Vater kein Widerspruch kam. Das hat er schließlich all die Jahre erlebt, bis er aus dem Haus ging. Ich konnte mir diese aggressive Eskalation nur so erklären, dass ich die wunden Punkte getroffen hatte, was ihm bewusst war, er aber nicht die Größe hatte, es zuzugeben.

[...]

Ich weiß heute, dass mein größter Fehler war, dass ich mich 2001 nicht anders verhalten habe. Als Oliver aus dem Haus ging, bestanden einige Probleme in seiner Persönlichkeit, wo ich auch nicht weiter wusste. Dann traf er auf seine jetzige Frau, die seine »Seelenberaterin« wurde.

[...]

Ich habe weiter versucht, mein Kind zu verstehen. In den Jahren 2001 bis 2005 hat Oliver uns ja auch noch öfter besucht, was wir und die Familie immer genossen haben. Auch den Heiligen Abend gemeinsam zu verbringen war noch selbstverständlich, bis er 2005 erklärte, dass er nun mit seiner Partnerin diesen Abend verbringen wolle. Das war für uns ein heftiger Einschnitt, vor allem für meine Mutter, für die Oliver alles war.

[...]

Oliver ist mit 20 Jahren zum Studium aus dem Haus gegangen. Bis dahin hat er in unserer Familie gelebt und das Familienleben mit allem, was dazugehört, mitgelebt. So ist er sozialisiert worden. Es war ein fester Verbund, ganz selbstverständlich.

[...]

Das schlimmste Ereignis für uns alle war, völlig unvorbereitet eine Karte zu bekommen, in der uns mitgeteilt wurde, dass in Australien geheiratet wird, währenddessen sie bereits im Flugzeug saßen. Ich werde diesen Tag nie vergessen, ich habe es nur überlebt, in dem ich irrwitziger Weise noch versucht habe, für meinen Mann und auch für die anderen Erklärungen zu finden. Bis heute verstehen wir es nicht. So ist Oliver auch nicht geprägt worden, in unserer Familie wurden Feste immer gemeinsam gefeiert. Noch schlimmer war es, meiner Mutter beizubringen, dass Oliver verheiratet ist. Wir haben einige Wochen gewartet und es dann ganz beiläufig (»die jungen Leute machen heute ja alles anders«) erzählt. Sie hat zugehört, kein Wort gesagt und wir haben dann weiter über anderes gesprochen. Das Schlimme war, dass sie seit diesem Tag nie wieder nach Oliver gefragt hat.

[...]

Ich habe für dieses Kind mein Leben gegeben, habe nach meiner Meinung alles getan, um ihn gut ins Leben zu führen. Sein Erfolg bestätigt es ja. Ich war unglaublich stolz auf dieses Kind. Nun stehe ich vor den Scherben meines Lebens, ich habe nicht nur meinen Mann verloren, ich habe mein Kind verloren. Und das ist viel schlimmer, als einen Partner zu verlieren. Es ist mein Fleisch und Blut, das ich geboren habe. Mein Sohn wird dies niemals nachvollziehen können, weil er nicht selbst Vater ist. Ich merke auch langsam, dass sich eine gesunde Wut bei mir einstellt, an der ich weiter arbeiten werde.

[...]

Ich hatte mich mühselig auf den Heiligen Abend eingestellt, damit meine ich, mit dem kleinen Rest unserer Familie, zusammen zu sein und abgelenkt zu sein. Da erfahre ich heute Abend, dass Oliver bei seiner Oma war. Ich finde es einfach niederträchtig und feige, er ist ein paar hundert Meter von mir entfernt und kommt nicht. Gleichzeitig bin ich unendlich traurig, weil ich natürlich immer hoffe. Ich weiß nicht, wie lange ich diesen Zustand noch aushalte. Die Erklärungen von Oliver helfen mir nicht weiter. Auf der einen Seite versicherte er mir immer seine Liebe zu mir. Andererseits zog er sich schon vor Jahren emotional zurück, was sich darin äußerte, Umarmungen und Küsse sparsam zu verteilen. So ist er nicht geprägt worden, herzlicher Kontakt war in unserer Familie üblich. Ich finde einfach keine andere Erklärung, dass seine Partnerschaft eine große Rolle spielt. Er behauptet zwar das Gegenteil, es läge nur an ihm, aber das kann ich nicht glauben. Das erklärt ja auch die Tatsache, dass er uns bis heute seine Partnerin vorenthält. Wir, unsere Familie und Freunde, sind allesamt so geprägt worden, dass Freunde bzw. Freundinnen den Eltern vorgestellt wurden, egal, welche Meinung da kam. Es war einfach selbstverständlich.

[...]

Ich muss also weiter versuchen, mein Leben zu meistern. Wie es mir gelingt, weiß ich nicht. Ich fühle, dass meine Kraft nachlässt und meine Lust auf Leben ebenfalls.

Merke!

Es ist möglich, dass der Sterbende und Sie am Ende eines Lebens Frieden finden. Dass er gehen kann, ohne Zorn und Verbitterung zu hinterlassen. Dass er sich mit Ihnen versöhnt, egal was gewesen ist, und sogar Dankbarkeit empfindet, da Sie als Einziger bis zum Schluss bei ihm waren. Es ist möglich. Machen Sie sich aber auch darauf

gefasst, dass dieser Frieden ausbleiben
kann. Und dass Sie ein Vermächtnis
bekommen wie ich: Statt eines tatsächlichen, Tag um Tag geführten, voll-
geschriebenen Tagebuchs eine einzige
Anklageschrift über 30 Seiten. Hier
abgedruckt nur die freundlichsten
Stellen, die doch sichtbar machen,
dass es so geschrieben wurde, als
sollte ein übergeordneter Richter das
letzte vernichtende Urteil fällen.

Sollte Ihnen so etwas passieren – lassen Sie es hinter sich. Spiegeln
Sie nicht die Verbitterung, indem Sie fortan selbst verbittert werden.
Tragen Sie dieses Erbe nicht weiter. Beherzigen Sie die Worte des
Heilpraktikers Andreas Krüger, der schreibt: »Frieden heißt: Es darf
gewesen sein.«

DIE TRAUER

Wie man sich auf notwendige Phasen der Verarbeitung einstellt, warum Trauerarbeit die schwerste Arbeit von allen ist, die jeder auf seine eigene Weise bewältigen muss, und wieso es in Ordnung ist, sich bei Bedarf ein Jahr Zeit zu nehmen und dabei unvernünftig zu sein.

BRIEF AN DIE MUTTER

Ich habe das Haus erleuchtet. Den ganzen Vormittag kletterte ich entlang der Dachrinne und des Giebels herum, die Füße der Leiter tief in den Mulch unserer vorderen Rabatte gegraben. Zwischen dem Haselnussstrauch und dem Rhododendronbusch habe ich das leuchtende Rentier und die kleinen Fliegenpilze platziert. Einer steht ganz besonders versteckt, so, als sei er tatsächlich zu Weihnachten aus dem Unterholz gewachsen. Sylvia wird es lieben, wenn sie vom Besuch bei ihrer Freundin nach Hause kommt. Sie wird vorfahren und sich über den leuchtenden Märchenwald freuen wie ein kleines Mädchen.

Ihre Abwesenheit nutze ich, um in aller Ruhe die Geschenke vorzubereiten, die ich selbst gestalte. Geschichten, Jahresrückblicke, Collagen. In der Anlage lasse ich dazu alte Alben von Genesis laufen, doch in meinem Kopf rotieren immer noch die Ohrwürmer der Platte, die das Wohnzimmer beschallte, als ich noch sechs, sieben Jahre jung war. *Advent mit Peter Alexander.* Die samtwarme Stimme des Entertainers begleitete in meinem Kopf die gesamte Lichtbestückung von Giebel und Rabatten. Jedes Jahr springen diese Lieder ganz von selber in mir an, sobald ich mit weihnachtlichen Aktivitäten beginne. Ich genieße das sogar eine Zeit lang, es ist ein Erbe, das ich gerne annehme. Summend vertreiben die Verse mir die Kälte aus den Knochen. »Schnee und Eis auf den Bäumen / sie verführen dich zum träumen / so ist es, wenn die Welt ein Märchen erzählt / weißes Wunder, Winterwunderwelt.«

Doch jetzt, hier drinnen, jetzt reicht es.

Auf meinem Bildschirm ist eine Datei mit Text geöffnet. Vor Jahren hat Sylvia einmal gesagt, sie wünsche sich von mir »eine Gruselgeschichte«, und da ich nichts vergesse, versuche ich mich an einer. Allein, die Konzentration fällt mir schwer. Statt Peter Alexander singt Peter Gabriel und auch das ruft Erinnerungen hervor, an meine verlängerte Kindheit, die ich fälschlicherweise Jugend nannte, und an mich, wie ich mit neunzehn Jahren in meinem »Kinderzimmer« sitze, das immer noch so heißt und weiterhin keinen Schlüssel hat, und stolz bin, beim Verpacken der Geschenke für meine Mutter eine Platte von 1974 zu hören, über deren lyrische wie musikalische Komplexität der Professor für Musiktheorie Kevin Holm-Hudson ein ganzes Buch geschrieben hat.[1] Auf meinem Schreibtisch des Winters 2013 liegt neben dem Laptop und dem Berg aus To-Do-Zetteln, unsortierten Quittungen, Magazinen mit Lesezeichen und gebrauchten Kaffeetassen das Tagebuch meiner Mutter.

Acht Monate ist ihr Tod nun her.

Sechs Monate, dass ich ihre Worte gelesen habe.

Das Buch liegt hier oben auf dem Berg unerledigter Aufgaben, weil es nicht erledigt ist. 180 Seiten hat die Kladde und nur dreißig sind mit ihrer Anklageschrift gefüllt. 150 Seiten hätte ich also noch Raum, um mit dem Füller, per Hand, eine Replik in das Buch zu schreiben. Einen allerletzten *Brief an die Mutter*, so, wie mein Lieblingsautor Franz Kafka seinen berühmten *Brief an den Vater* geschrieben und niemals abgegeben hat, der heute Weltliteratur darstellt und eine Mischung aus Trost, Identifikationsangebot und Angeber-Lektüre für Menschen wie mich, die »schwere Bücher« lesen und Progressive Rock mit Schlagzeugtakten wie 9/8 hören, während sie bei Vollendung der Volljährigkeit immer noch keinen eigenen Zimmerschlüssel hatten.

»Liebster Vater«, beginnt der Brief von Kafka, »Du hast mich letzthin einmal gefragt, warum ich behaupte, ich hätte Furcht vor Dir. Ich wußte Dir, wie gewöhnlich, nichts zu antworten, zum Teil eben aus der Furcht, die ich vor Dir habe, zum Teil deshalb, weil zur Begründung dieser Furcht zu viele Einzelheiten gehören, als daß ich sie im Reden halbwegs zusammenhalten könnte. Und wenn ich hier versuche, Dir schriftlich zu antworten, so wird es doch nur sehr unvollständig sein, weil auch im Schreiben die Furcht und ihre Folgen mich Dir gegenüber behindern und weil die Größe des Stoffs über mein Gedächtnis und meinen Verstand weit hinausgeht.«
Besser kann man es nicht ausdrücken.
Würde ich jemals einen solchen ersten Satz aufs Papier bringen? In die Kladde, direkt anschließend an Mutters Anklageschrift? Und wie sinnvoll wäre das, sich beim scheinbar »therapeutischen« Schreiben schon wieder Druck zu machen, indem man Franz Kafka als literarisches Über-Ich im Nacken sitzen hat, mit seinen stechenden Augen in den Gassen des verregneten Prags, den Mantelkragen hochgeschlagen und auf dem Weg zu seiner privaten Schreibstube in der Zlatá ulička, der Alchimistengasse.

Mein heißer Gewürztee ist kalt. Es ist ein Schuss drin. Angostura Dark Rum, zehn Jahre gelagert in Bourbon-Fässern, mit warmwürzigen Noten von Ahornsirup und Schokolade. Ein guter Schuss. Ich schieße selten, das darf ich sagen. Ohne Sylvia hätte ich seit der Lektüre des Tagebuchs durchgetrunken, dabei aber freilich darauf geachtet, immer nur auf vollen Magen zu kippen, prall gefüllt mit Fleisch vom Amerikaner. So aber begleiten nur meine üblichen Süchte die letzten Monate – Kaffee, Kuchen, Killerspiele – und die großen Tröster Alkohol und antibiotikaverseuchtes Rindfleisch bleiben selten.

Loslassen aber, das kann ich nicht.
Noch nicht.

DIE ARBEIT MIT DER TRAUER

Jeder muss den Tod lieber Menschen in seinem Leben mehrfach bewältigen. Immer und immer wieder. Würden wir als Spezies daran kaputt gehen, wäre keiner auf diesem Planeten mehr lebensfähig. Daher haben wir im Laufe der psychischen Evolution einen Mechanismus entwickelt, der »in der Regel« greift und dazu führt, dass wir den Verlust »verarbeiten« und nach gewisser Zeit unser Leben weiterführen können. Diesen Mechanismus nennt man bekanntermaßen die »Trauerphasen« oder auch »Stadien der Trauer«. Die heute gültigen Modelle des Trauerns unterscheiden meistens vier Phasen, basieren aber auf den Untersuchungen der weltberühmten Psychiaterin Elisabeth Kübler-Ross, die auf Basis von Gesprächen mit zweihundert Patienten[2] fünf Phasen des Sterbens herausarbeitete:

1. Denial (Nichtwahrhabenwollen und Isolierung)
Der Betroffene leugnet die tödliche Diagnose und seine Angehörigen vermeiden die Auseinandersetzung damit, so gut sie können.

2. Anger (Zorn)
Der Betroffene wird wütend und/oder neidisch auf alle, die weiterleben dürfen, hadert mit dem Schicksal und reagiert aggressiv auf sämtliche Bezugspersonen.

3. Bargaining (Verhandeln)
Der Betroffene versucht, einen Aufschub zu bewirken, seine Zeit zu verlängern und sich an jede noch so kleine Hoffnung zu klammern.

4. Depression
Der Betroffene nimmt keinerlei Hilfsangebote mehr an, fällt in ein tiefes Loch und trauert nicht verwirklichten Lebensmöglichkeiten nach.

5. Acceptance (Akzeptanz)
Der Betroffene akzeptiert sein Schicksal, koppelt sich weitgehend von der Umwelt ab und bereitet sich ernsthaft auf den Tod vor.

Kübler-Ross erklärte, dass diese fünf Phasen des Sterbens im Prinzip auch auf jede Art von endgültigem Abschied oder persönlichem Verlust angewendet werden können. Sie würden also auch von den Angehörigen durchlaufen, die vom Sterbenden Abschied nehmen müssen oder in variierter Form sogar von Menschen, die das Ende einer Beziehung, eine Scheidung oder den Verlust ihres Arbeitsplatzes verarbeiten müssten.

Denker wie die Schweizer Psychologieprofessorin Verena Kast oder der Theologe Yorick Spiegel entwickelten aus diesem 5-Phasen-Modell des Sterbens schließlich das heute am meisten angewendete 4-Phasen-Modell der Trauer.[3] Hier wie dort lautet der entscheidende Gedanke, dass am besten alle Phasen einmal durchlaufen werden müssen, um bei der jeweils letzten ankommen zu können, die im Falle des Sterbens die Akzeptanz und im Falle der Trauer das Weiterleben ermöglichen.

PHASE 1:
LEUGNEN, NICHT-WAHRHABEN-WOLLEN

In dieser Phase ist und bleibt der Tod des nahestehenden Menschen vollkommen unwirklich. Man bewegt sich wie in Trance durch die Welt, die zu einer surrealen Kulisse geworden ist, eine Welt wie in einem Film von David Lynch: Schmerzhaft klar in den Konturen und doch gleichzeitig wie ein einziger, böser Traum, aus dem es doch möglich sein muss, endlich wieder aufzuwachen.

PHASE 2:
INTENSIV AUFBRECHENDE EMOTIONEN

Nun ist es wirklich. Real. Der Mensch ist tot. Verschwunden. Gegangen. Für immer. Die Unwiderruflichkeit dieser Tatsache lässt intensive Gefühle der Verzweiflung und des unendlichen Schmerzes hochkommen, die man so zuvor noch nie erlebt hat. Man macht sich oder anderen, Gott oder dem Schicksal Vorwürfe. Die Sehnsucht nach der gemeinsamen Zeit, die nicht mehr ist, zerreißt einen. Wie beim Film oder beim Videospiel will man die Szenen zurückspulen, den alten Spielstand neu laden. Drückt den Knopf. Wieder und wieder. Doch der Monitor bleibt schwarz. Jemals wieder glücklich zu sein, scheint unmöglich und auch nicht gerechtfertigt. Am Leben teilzunehmen scheint sinnlos geworden.

Bis in die letzte Zelle frustriert, möchte man das Leben selber drangeben, vernachlässigt sich selber, gibt sich Süchten hin, legt ein hochriskantes, selbstgefährdendes Verhalten an den Tag, bricht Kontakte ab oder steht nicht mehr aus dem Bett auf. Phase 2 ähnelt in sämtlichen Elementen einer Depression und kann sich schnell zu einer solchen auswachsen.

PHASE 3:
SUCHEN, FINDEN, LOSLASSEN

Man beginnt schrittweise wieder zu funktionieren. Fährt hoch wie ein lange stillgelegter Rechner. In Bezug auf den Verstorbenen beschäftigt man sich mit dessen Nachlass oder Erinnerungsstücken, sitzt stundenlang vor aufgeklappten Fotoalben oder besucht Orte, die eine gemeinsame Bedeutung hatten. Man führt innere Zwiegespräche mit ihm oder schreibt Briefe, hadert und streitet auf der Suche nach Frieden, sollte es ihn nicht zu Lebzeiten gegeben haben. In Bezug auf sein eigenes Dasein ertappt man sich dabei, während einer Sitcom im Fernsehen herzhaft lachen zu müssen oder sich bei der Arbeit das erste Mal wieder den ganzen Tag lang wirklich auf die Sache konzentriert haben zu können. Man wundert sich: War ich wirklich gerade im Flow? Kann das sein? Darf ich das? Das Bedürfnis nach Sozialleben springt wieder an. Einladungen werden zumindest nicht mehr pauschal abgewiesen. Rhythmen und Rituale kehren ins Leben zurück. Das Bett wird gemacht. Die Wäsche gewaschen. Das hätte der Verstorbene gewollt, sagt man sich, was beim Wäschewachsen besser klappt als beim Zusagen von Einladungen zu Feierlichkeiten. Die Stabilität der Zustände schwankt allerdings. Nach drei, vier soliden Tagen können wieder Phasen des Rückzugs oder des Exzesses folgen. Argumenten für das echte Weiterleben stehen schon im nächsten Moment wieder unendliche Traurigkeit oder bitterer Zynismus entgegen.

PHASE 4:
AKZEPTANZ UND NEUANFANG

Was man niemals zu glauben vermochte, tritt ein. Das seelische und körperliche Gleichgewicht kehrt wieder. Die Vergangenheit darf tatsächlich »gewesen sein«, und die Erinnerungen sind zwar noch mit Melancholie verbunden, aber zugleich ein guter Teil unserer Identität und charakterlichen Basis. Die Zukunft ist wieder leb- und gestaltbar, hoffnungsvoll und mit gutem Gewissen. Der Blick ist ins Jetzt und ins Morgen gerichtet. Das Leben wird nach der gewaltigen Erschütterung womöglich komplett neu aufgebaut.

Yorick Spiegel unterteilt diese vier Phasen etwas anders. Er nennt die erste Phase des Leugnens die »Schockphase« und betont, dass sich dieser Schock ganz verschieden ausprägen kann. Bei manchen in Rückzug oder Zusammenbruch, bei anderen wiederum im nahezu manischen Durchführen von Routinetätigkeiten. Die zweite Phase heißt bei ihm die »kontrollierte Phase«, da zwar einerseits all die intensiven Emotionen nach oben drängen, man aber gleichzeitig sich selbst und der Umwelt gegenüber diese aufwallenden Emotionen zu unterdrücken versucht und kurz nach dem Tode auch unterdrücken *muss*, da das Regeln der Dinge einen zum Funktionieren zwingt und die emotionalen Abgründe aufschiebt und abfedert. Ist alles Praktische getan, kann diese Kontrolle allerdings unter der Wucht der Emotionen wie ein Staudamm brechen. Was Verena Kast noch der zweiten Phase zuordnet – den Rückzug, die extremen Stimmungsschwankungen oder auch die Gefahr von Depression und Drogenmissbrauch – sieht Spiegel eher in der dritten Phasen, bei ihm »Regression« genannt, gegeben. Die vierte und letzte hat schließlich als »Adaptionsphase« bei ihm die gleiche Funktion wie bei Kast – man nimmt es endlich hin und kann sein Leben neu angehen.

Hat man alle diese vier Phasen – wie immer sie sich nun ausprägen oder von Analytikern definiert werden – durchlaufen, gilt die »Trauerarbeit« als beendet und man ist wieder ein funktionsfähiges und aufgeräumtes Mitglied der Gesellschaft.

Theoretisch.

Praktisch ist die Gefahr riesengroß, in einer der ersten drei Phasen für lange Zeit hängenzubleiben.

Merke!

Für ein gutes Leben müssen die vier Phasen der Trauer durchlaufen werden. Daran führt kein Weg vorbei. Das Tempo und die Methoden dazu aber bestimmen Sie ganz allein.

Im Herbst 2003 brachte der SPIEGEL unter dem Titel *Die Entschlüsselung des Gehirns* das wohl wertvollste Sonderheft seiner Verlagsgeschichte heraus. Besonders lesenswert ist darin bis heute der Artikel über die unmögliche Methode der Psychiatrie, immer neue Krankheiten zu erfinden, die, so Autor Jörg Blech mit Recht, »in Wahrheit nichts anderes als Wechselfälle des normalen Lebens«[4] sind. Wer sich heute ein wenig eigenbrötlerisch oder eigensinnig verhält, gelte schnell als »antisoziale Persönlichkeit«. Wer zu lang, zu tief oder überhaupt noch trauert, leidet plötzlich unter einer »Anpassungsstörung«, die wie alle psychischen Störungen nicht nur mit langwieriger Therapie, sondern – zur Freude der Pharmaindustrie – mit Antidepressiva behandelt werden kann. Vor allem die sogenannten selektiven Serotonin-Wiederaufnahme-Hemmer (SSRI) sind zu Pillen mit Suchtpotenzial geworden. Denn nicht nur der Onkel Doktor, sondern auch der Arbeitgeber, die liebe Verwandtschaft und, wenn sie ehrlich sind, auch die »Freunde« sind irgendwann mit ihrer Geduld am Ende und erwarten von einem, sie nicht mehr mit unerträglicher Unausgeglichenheit mit in den Abgrund zu ziehen.

An dieser Stelle gilt das Gleiche, was bereits galt, als Sie damit begannen, den Sterbenden zu begleiten: Ignorieren Sie die Ansprüche und Urteile Ihrer Mitmenschen! Sie trauern und Sie müssen damit »fertig werden«, wie man so unschön sagt, während sich alles danach anfühlt, als könne diese Geschichte niemals »fertig« gestellt werden.

Die vier Phasen der Trauer fühlen sich für Sie bereits wie eine unmögliche Vorgabe an. Sie in einem offen oder subtil als »angemessen« vermittelten Zeitrahmen absolvieren zu müssen, ist eine unerträgliche Forderung. »Auf traurige Lebensereignisse mit Traurigkeit zu reagieren, ist nicht krank, sondern normal«, kommentiert Manfred Lütz die Unsitte der ständig neu erfundenen seelischen Krankheiten in seinem populären Gegenentwurf *Irre. Wir behandeln die Falschen.*

> »Und wenn Normale, angeregt durch geschäftstüchtige Psychoexperten, diese Befindlichkeitsstörungen zu Krankheiten aufblähen, wenn sie sich durch übertriebene Selbstbeobachtung in eine psychische Störung hineingrübeln, dann schaden sie sich selbst.«[5]

Die Verantwortung liegt also nicht nur bei den Psychologen und der Gesellschaft, die Sie unter Druck setzt, bitte flott und zügig mit dem Trauern fertig zu werden, sondern auch bei Ihnen selbst. Der Mittelweg aus »einfach weitermachen und die Trauerphasen ignorieren« und dem von Lütz zu Recht kritisierten »sich in eine psychische Störung hineingrübeln« kann daraus bestehen, dass Sie sich selber ehrlich und ohne Druck von außen beobachten und sich fragen:

Hänge ich?

Wie die Platte mit Sprung?

Höre ich tatsächlich gar nicht mehr auf zu weinen?

Schlafe ich nur noch?

Oder gar nicht mehr?

Esse ich wie ein Wilder?

Oder gar nicht mehr?

Und wieso sind die ganzen alten Spirituosenflaschen, die jahrelang im Regal Staub ansetzten, plötzlich alle?

Die zweite Frage, die Sie sich stellen sollten, wenn Sie derlei beängstigend oft mit »ja« beantworten können, lautet: Leide ich darunter? Will ich mit diesem Verhalten aufhören? Diese Frage überhaupt zu stellen, löst bei den meisten sicher schon beim Lesen Empörung aus. Wie könnte es überhaupt gerechtfertigt sein, mit ständigem Schlafen, Essen, Saufen oder anderweitig dysfunktionalem Verhalten *nicht* aufhören zu wollen?

Nun, ganz einfach.

Weil der Tod schrecklich ist.

Und weil in vielleicht *einem von zehn Fällen* »ganz normal« eine alte Großmutter stirbt, die friedlich einschläft und deren Verscheiden zu erwarten und natürlich war oder ein Elternteil in akzeptablem Alter gehen muss, während das berühmte letzte Gespräch geführt und beiderseitig in Liebe Abschied genommen wurde.

In den anderen neun von zehn Fällen werden Menschen aus dem Leben gerissen, ohne dass man dazu bereit war und ohne dass die Geschichte »angemessen« zu Ende gebracht werden konnte. Nach derlei Toden zügig und reibungslos die vier Phasen der Trauer zu durchlaufen, *ohne* für längere Zeit heillos aus der Bahn geworfen zu werden, gäbe eher Grund zur Sorge, womöglich ernsthaft psychisch krank zu sein. Es wäre sogar verständlich und legitim, die schiefe Bahn der Seele nach solchen Einschnitten *überhaupt nicht mehr* zu verlassen. Verständlich und legitim. Nur – da dürfte jeder zustimmen – nicht erstrebenswert.

Sollten Sie also in einer schwierigen Phase hängenbleiben, unter Aufwartung aller Mittel dort alleine nicht mehr herauskommen und langsam, aber wirklich dort herauskommen *wollen*, schrecken Sie nicht davor zurück, sich professionelle Hilfe zu holen. Dieser Ratschlag mag nun erstaunen, nachdem eben noch beschrieben wurde, wie einige Psychologen die gesunde Trauer seit einiger Zeit als echte Störung behandeln, doch erstens sind nicht alle Therapeuten gleich und zweitens befinden Sie sich dann, wenn Sie tatsächlich hoffnungslos unter der scheinbar endlosen Unverarbeitbarkeit des Todes leiden und gar nicht mehr lebensfähig sind, ja tatsächlich jenseits des Bereichs »gesunder Trauer«. Allerdings würden wir den Zeitrahmen jener »gesunder Trauer« bedeutend weitläufiger ansetzen als manch hektischer Kassenheiler oder ungeduldiger Verwandter, der schon nach zwei bis sechs Monaten den Durchlauf durch alle Trauerphasen erwartet. Unser Vorschlag einer Mindestlaufzeit, die man sich erlauben darf, sollte die Trauerarbeit nicht von selbst schneller erledigt sein, lautet: *Ein ganzes Jahr.*

Frühling.
Sommer.
Herbst.
Winter.

Neujahr.
Ostern.
Tanz in den Mai.
Sommerferienzeit.
Halloween.
Adventszeit.
Weihnachten.
Silvester.

Denn: In irgendeinem bedeutenden Abschnitt Ihres Lebens haben Sie mit dem Verstorbenen alle diese Jahresabschnitte erlebt und die oben genannten (oder andere) Rituale gefeiert. Das bedeutet, dass es nur natürlich wäre, wenn Sie mindestens einmal alle diese Jahreszeiten und Ereignisse *ohne* den Verstorbenen durchleben müssten, bevor Sie mit irgendetwas abschließen können. Da Weihnachten für die meisten das schwerste Fest in dieser Richtung ist, kann ein Tod, der auf Anfang Januar fällt, diesen Jahresdurchlauf bereits ganz von allein auslösen.

Ein besserer Begriff als die anmaßende Diagnose einer »Anpassungsstörung« bei längerem Leiden (an wen überhaupt ist sich hier anzupassen oder an welche Norm?) ist jener der »komplizierten Trauer«. Das trifft es. Rund »zehn Prozent der Hinterbliebenen« fällt es langfristig schwer, »mit dem Tod eines engen Angehörigen fertig zu werden«, wie der Psychologe und Traumaforscher George A. Bonanno von der Columbia University in New York herausfand.[6] Sie quälen sich und verlieren massiv an eigener Lebenskraft. Weitere zwanzig Prozent »funktionieren« schnell wieder, erledigen ihre beruflichen wie sozialen Pflichten und lassen sich äußerlich nichts anmerken, während sie innerlich gären. Beide Varianten zeugen von der Unfähigkeit, die notwendigen Trauerphasen zu durchlaufen. Dieser Knoten muss, in aller Ruhe und individuell angemessener Zeit, zum Platzen gebracht werden, damit der Mensch nicht eines Tages selber implodiert.

POSTTRAUMATISCHE VERBITTERUNGSSTÖRUNG

Sylvia hat angerufen, dass es etwas später wird. Ihre Freundin und sie haben sich viel zu erzählen und ist sie einmal bei ihr, fühlt sie sich dermaßen wohl auf dem Hof der herzensguten Pferdetherapeutin wie ich, wenn ich im Keller meines Kumpels Simon sitze, der die größte Sammlung alter Videospiele besitzt, die man sich als groß gewordener Junge erträumen kann. Eines der Pferde, das bei Sylvias

Freundin auf der Ranch lebt, ist bereits über dreißig, ein Methusalem in Menschenjahren. Vor über zwanzig Jahren halfen Sylvia und ihre Freundin der Stute bei der Geburt ihres Fohlens, was sie – zur Geburt eines Zickleins umgedichtet – als seelisch bedeutsames Ereignis der Figur Caterina in unserem Roman *Erdenrund* auf den Leib schrieb.

Ich sitze immer noch vor der Gruselgeschichte als Geschenk zu Weihnachten, den Kater neben der Tastatur, und kriege es nicht zusammen. Meine Kindheit mit Peter Alexander und einer vor Liebe und Wärme überschäumenden Mutter, die mir eine weiße Winterwunderwelt bot, in der ich lebte, als sei ich in einem Märchenland gestrandet, in dem man im Sommer mit Pippi Langstrumpf ins Hafenbecken hüpft und sich selbst bei nasskaltem Wetter von Peter Lustig in der Latzhose zum Rausgehen motivieren lässt, und meine ersten Schritte als eigenständiger Mensch, die von Beginn an auf die eine oder andere Art sanktioniert wurden; häufig sogar so, dass es nach außen hin nach dem Gegenteil klang. »Ich gebe das ehrlich zu«, sagte meine Mutter schamlos vor Verwandten und Freunden, als ich ab dem fünfzehnten Lebensjahr aufgrund meines breiten intellektuellen Interesses für sie zu einem »besseren Gesprächspartner« geworden war als ihr Mann, der sich scheinbar ausschließlich für Fußball interessierte, »ich gebe das ehrlich zu: Mein Sohn ist für mich im Grunde ein Partnerersatz.«

Franz Kafka schreibt in seinem *Brief an den Vater*:

>»Diese Deine übliche Darstellung halte ich nur so weit für richtig, daß auch ich glaube, Du seist gänzlich schuldlos an unserer Entfremdung. Aber ebenso gänzlich schuldlos bin auch ich. Könnte ich Dich dazu bringen, daß Du das anerkennst, dann wäre – nicht etwa ein neues Leben möglich, dazu sind wir beide viel zu alt, aber doch eine Art Friede ...«

Ich schrieb meiner Mutter 2001 in einem langen Brief, in welchem ich ihr die Theorie der Skripte und Lebenspläne nach Eric Berne erklärte, dass sie für ihre Trips im Kopf genau so wenig könne wie ich für meine und dass es daher für uns beide eine Befreiung sein könnte, auf Basis ehrlicher Erkenntnis unser beider Leben auf neue Füße zu stellen, als eigenständige Personen.

Nun liegt da ihr Tagebuch, die kafkaeske Anklageschrift.

Und neben ihr ein Stift, der flüstert: »Schreib endlich die Antwort ...«

Ich gehe in die Küche, schiebe eine Pizza in den Ofen und mache mir einen neuen Tee mit Schuss. »Gänzlich schuldlos« war Franz Kafkas Vater an der schwierigen Beziehung zu seinem Sohn, »schuldlos« wie der Sohn selbst. Meine Mutter ist mit drei Jahren auf den Schultern ihres Vaters durch einen Fluss aus der damals noch nicht ummauerten, aber schwer bewachten DDR geflüchtet, drei Jahre vor den blutig niedergeschlagenen Volksaufstand vom Juli 1953. Keinen Mucks durfte sie von sich geben, sonst würde ihre ganze Familie getötet, wurde ihr gesagt, in einem Alter, in dem man alles nicht nur wörtlich, sondern auch »magisch« wahrnimmt und Dinge so fest abspeichert wie die Systemdateien bei Windows, die »nicht löschbar« sind, jedenfalls nicht vom Nutzer selbst, sondern nur von dafür ausgebildeten Administratoren. Nur »ein Mucks« gegen die Maßnahmen der Familie und alles endet, so stand es in meine Mutter eingeschrieben, vom Anbeginn ihrer Zeit. Und ich bin ihr Alleinerbe.

Der oben zitierte Kollege und SPIEGEL-Redakteur Jörg Blech hat, um die Halbwertszeit seiner Thesen zu verlängern, über die von der Psychologie neu erfundenen Krankheiten ein ganzes Buch geschrieben.[7] Darin stellt er den Psychiater und Psychologen Michael Linden vor, der für all die ehemaligen Bürgerinnen und Bürger der DDR, die nicht wie meine Vorfahren früh geflüchtet, sondern geblieben sind, eine neue Krankheit erfunden hat. Linden stellte fest, dass »mit einer Verzögerung von etwa zehn Jahren nach der Wiedervereinigung« zahllose Menschen den Übergang in das westliche Leben nicht gut hinbekommen hätten. Ursprünglich erfreut über die gewonnene Freiheit, verloren sie ihren Arbeitsplatz und ihre Reputation, mussten erleben, dass ihre Kenntnisse und Abschlüsse wenig wert seien, oder erfuhren, »dass der eigene Partner sie bespitzelt hatte.« Bei manchen drückten sich diese Erfahrungen als Rückzug ins Haus und Vermeidung öffentlicher Plätze aus. Bei anderen als Schlaflosigkeit, Depression oder Streitsucht. »Ich entwickelte Instrumente, um das Nichtpassende zu erfassen«, zitiert Jörg Blech den Psychiater Linden, »und dann merkte ich: Aha, da gibt es eine Untergruppe von Patienten, die ich auf diese Art einheitlich beschreiben kann.« Mit *dieser Art* meint Linden die Diagnose, die er stellte und selbst benannte und somit als Erster der Fachgemeinde vorstellen konnte, da es, so Blech, »das höchste Ziel eines jeden Psychiaters« sei, »eine Störung zu entdecken, die an seinen Namen gekoppelt ist.« Der Zustand, in dem sich eine Menge ehemaliger DDR-Bewohner befänden, nannte Linden die *posttraumatische Verbitterungsstörung*, kurz *PTED*. Diese Menschen verbinden das eigentlich positive Ereignis der Wiedervereinigung mit lauter negativen Erfahrungen. Sie »kriegen es nicht zusammen«, so wie ich die weiße Wunderwelt meiner Kindheit nicht mit dieser Zeit des Erwachsenseins zusammenkriege, die von dem »Tagebuch« meiner Mutter gekrönt wurde, das oben auf meinem Schreibtisch liegt, während die *Pizza Traditionale Speciale* im Ofen aufgeht und ich mich darauf freue, gleich noch ein wenig Angostura Dark Rum in den Tee zu kippen, zehn Jahre gelagert in Bourbon-Fässern, mit warmwürzigen Noten von Ahornsirup und Schokolade.

Wie lange wird meine »posttraumatische Verbitterungsstörung« anhalten?
Linden behauptet, nach einem negativen Lebensereignis reagierten manche Menschen mit einem »ausgeprägten und langanhaltenden Verbitterungsaffekt«. Wie drückt der sich aus?
Durch anhaltenden Appetit auf tierische Leichen, obwohl man eigentlich seit zwanzig Jahren Vegetarier ist?
Oder eher dadurch, dass ich, wenn ich ehrlich bin, auf absehbare Zeit gar kein Interesse habe, mein »PTED« abzulegen, das ich trotz meiner Polemik gegen die von Jörg Blech zu Recht attackierten

»Krankheitserfinder« als Etikett doch ganz gerne an meiner Seele haften habe, um nicht wieder (oder erstmals) rund um die Uhr wie ein »gesunder« und »vernünftiger« Mensch funktionieren zu müssen und mich dem Schrecken absoluter Freiheit auszusetzen, die zugleich den Druck aufbaut, dass ich keine Rechtfertigung mehr für Schwäche, Inkonsequenz, Süchte oder unangepasstes Verhalten habe? Denn die brauche ich, noch immer, obschon neunzig Prozent meiner alten inneren Prozesse schon längst verstummt sind, seit ich Sylvia kenne und liebe, die mir den Weg aus dem Gerichtssaal heraus gezeigt hat.

Die restlichen zehn Prozent allerdings, aufgefrischt und angestachelt durch Mutters finale Anklageschrift, ziehen mich wieder in die Stuben der Richter hinein wie Josef K. in Kafkas Roman, der vor Gericht geht, obwohl er gar keinen Termin hat. Und während sich auf der *Pizza Traditionale Speciale* glitzernde Blasen aus Käse und Salamifett bilden und die Katzen nun beide ihrerseits um Frischfleisch bitten, fühle ich mich »meinem Franz« aus Prag wieder so nah wie nie und denke an eine andere Stelle aus seinem *Brief an den Vater*, die ich selber ebenfalls wörtlich übernehmen müsste, würde ich meinen *Brief an die Mutter* jemals mit dem Stift in die restlichen 150 Seiten der Tagebuchkladde kratzen:

> »Dem entsprach weiter Deine geistige Oberherrschaft. Du hattest Dich allein durch eigene Kraft so hoch hinaufgearbeitet, infolgedessen hattest Du unbeschränktes Vertrauen zu Deiner Meinung. Das war für mich als Kind nicht einmal so blendend wie später für den heranwachsenden jungen Menschen. In Deinem Lehnstuhl regiertest Du die Welt. Deine Meinung war richtig, jede andere war verrückt, überspannt, meschugge, nicht normal. Dabei war Dein Selbstvertrauen so groß, daß Du gar nicht konsequent sein mußtest und doch nicht aufhörtest recht zu haben. Es konnte auch vorkommen, daß Du in einer Sache gar keine Meinung hattest und infolgedessen alle Meinungen, die hinsichtlich der Sache überhaupt möglich waren, ohne Ausnahme falsch sein mußten.«

Rechtfertigungen.

Freisprüche.

Wenn Sie ebenfalls zu den Menschen gehören, die »kompliziert« trauern, weil sie mit dem Menschen, der ging, im wahrsten Sinne des Wortes »nicht fertig« waren und weil Sie nicht von selber vollkommen frei leben können, werden auch Sie danach suchen. Nach Legitimationen, spätestens jetzt den eigenen Weg zu gehen. Eine weniger komplexe Art als posttraumatische Verbitterungssyndrome und noch von keinem Psychologen »wissenschaftlich« benannt, bilden die »Karten«, von denen das kommende und abschließende Kapitel handeln soll. Es kann passieren, dass Sie sie sehr lange verwenden. Womöglich Ihr ganzes Leben. Der erste Schritt, eines Tages ohne sie klarzukommen und nicht mehr länger um das Grundrecht auf seelische Freiheit pokern zu müssen, besteht darin, sich offen einzugestehen, dass man sie überhaupt ständig ausspielt.

Mögen Sie diese Trümpfe nicht brauchen.

DIE TOTE-MUTTER-KARTE

Wie man die Trauerzeit als Rechtfertigung nutzt, um Grenzen zu setzen, die man sich sonst nicht erlaubt, warum Erinnerungen das höchste Gut sind und wie es gelingen kann, auch ohne Legitimationskarten sein eigenes Leben zu führen.

SAATGUT

Ich sitze bei offener Wagentür vor dem Gartencenter und esse Dominosteine aus einer Packung auf dem Beifahrersitz. Bald werden Sylvia und ich dort drinnen einen Tannenbaum kaufen und uns dabei so viel Zeit wie möglich lassen. Mit dem Verkäufer plaudern. Was trinken. Sie Glühwein, ich Kaffee, oder umgekehrt, je nachdem, wer fährt. Heute bin ich alleine unterwegs, um heimlich Geschenkeinkäufe zu tätigen. Die Gruselgeschichte ist geschrieben und alle Nachbarn haben bereits Rentier und Fliegenpilze bewundert. Nun wird eingekauft. Für Sylvia, für Schwiegermutter, für alle. Aus dem Gartencenter, dem Kaufhaus des Lebens, bekommt jeder an den Feiertagen etwas von mir. Terrakottafiguren für den Garten. Pflanzen für die Fensterbank. Manch alten Freunden sende ich im Briefumschlag Saatgut.
Alles lebt.

Als ich das Gebäude betrete, erinnere ich mich daran, wie wir hier im Frühjahr neue Übertöpfe kauften. Ich denke an die Anrufe. Den ersten, vom Steuerberater, wie er mir zwischen den Anthurien auftrug, auf Jahre zurück nachträglich jedes verschenkte Buch und jeden verkauften Anstecker zu protokollieren. Den zweiten, von der

Tante, wie sie mir auf die Mailbox sprach, dass meine Mutter sterben wird und das wahrscheinlich noch, bevor ich das Protokoll mit den Ansteckern fertig habe.

Die Fische drehen ihre Runden in den Aquarien, als wäre in der Zwischenzeit nichts gewesen. Nahe den Kassen stehen große Flaschen mit Henkelverschluss und Etiketten in kindlicher Schreibschrift. Traubensaft aus der Bio-Rebe, süß und alkoholfrei. Dazu weitere Sorten: Holunder, Birne, Apfel naturtrüb. Die Flaschen kosten € 4,99 das Stück. Meiner Mutter hätte ich früher wahrscheinlich eine von jeder Sorte mitgebracht.

Das Handy klingelt.

Onkel Michael.

Einen Augenblick zucke ich zusammen, dann wird die antrainierte Angst durch das schlechte Gewissen ersetzt, bereits seit Wochen nicht mehr angerufen zu haben Ich biege in den Gang mit dem Saatgut ab, lege mir innerlich meine Karten zurecht und gehe ran.

»Hallo?«

»Oliver. Man hört ja gar nichts mehr von dir!«

»Viel um die Ohren«, antworte ich und betrachte dabei die kleinen Tüten, die zu hunderten an der Saatgutwand hängen und bei ordnungsgemäßem Gebrauch Leben aus der Erde sprießen lassen.

Ein paar Wochen lang hat der Tod meiner Mutter ausgereicht, damit keiner sich mit vorwurfsvollen Worten meldet, sobald er meine Nummer wählt. Ein paar Wochen lang ließ mich jeder Verwandte, jeder Freund und jeder Bekannte in Ruhe. Sogar beruflich takteten sämtliche Partner die Frequenz und das Tempo ihrer Anfragen pietätvoll herunter. Klienten, die unseren Betreuungsservice für talentierte Nachwuchsautoren in Anspruch nahmen, wollten nicht bereits nach zwei Tagen Antwort, sondern »dann, wenn Sie so weit sind«. PR-Agenten, die mich als Rockjournalisten immerfort bitten, die neuesten Meldungen ihrer Musiker »nach meinen Möglichkeiten zu verbreiten«, setzten ihren Dauerbeschuss mit elektronischer Post vorübergehend aus. Sobald all diese Menschen vom Tod meiner Mutter und meiner harten Zeit im Hospiz gehört hatten, erlaubten sie mir das, was ohnehin das Grundrecht eines jeden Menschen sein sollte: Mir die Zeit zu nehmen, die ich brauche.

Gerne spielte ich die Tote-Mutter-Karte daher aus, musste aber lernen, dass selbst der Tod ein Verfallsdatum hat. Kaum ein halbes Jahr später ist die Karte verbraucht und ich glaube, neue Rechtfertigungen zu benötigen.

»Ich streite mich immer noch mit der Vermieterin«, sage ich, das Telefon am Ohr und die Tütchen mit Saatgut im Blick.

Grüne Gartenmelde. Guter Heinrich. Gemüseampfer.

»Echt?«, fragt mein Onkel, »wegen dem Bidet?«

»Ja«, antworte ich.

»Unglaublich, die Frau«, sagt mein Onkel und meint damit die Vermieterin, die seit Monaten von mir fordert, ein fabrikneues Bidet in der ehemaligen Wohnung meiner Mutter zu bezahlen, obwohl mir ihre Maklerin bei der endgültigen Abnahme ein Protokoll vorlegte, auf dem der Programmpunkt »Bidet ersetzen« gar nicht mehr aufgeführt war. Was die Maklerin vergessen hatte, war im Gehirn der Vermieterin allerdings eingraviert und das handschriftliche Protokoll der ersten Wohnungsabnahme für sie bindend: »*Bidet steht im Keller. Wird bei Bedarf montiert bzw. ersetzt.*«

»Und die will immer noch fünfhundert Euro von dir?«, fragt mein Onkel.

Als wir vor Wochen das letzte Mal telefonierten, habe ich ihm davon erzählt. Und nur davon. Von der Diskussion um die Frage, ob ich tatsächlich ein brandneues Bidet samt Montage bezahlen muss oder ob das Wort »ersetzen« im Protokoll nicht doch eher heißt, genau das zu liefern, was eigentlich im Keller hätte liegen müssen: Ein zehn Jahre altes Modell, bei eBay jederzeit für einen Euro erhältlich. »Anteiliger Zeitwert« nennt sich das juristisch, wie ich von meinem Anwalt weiß, mit dem ich der Vermieterin seit geraumer Zeit drohe, die sicher auch von mir fordern würde, ihr einen fabrikneuen Mercedes zu bezahlen, wenn ich auf der Straße aus Versehen ihren zehn Jahre alten Golf gerammt hätte.

Genfer Krautstiel. Grüner Schnittmangold. Großfruchtige Kornelkirsche.

»Das nimmt einfach kein Ende«, seufze ich, und mein Onkel fabuliert eine Weile darüber, wie nett die Frau beim ersten Treffen gewirkt habe und wie sehr man sich in den Menschen täuschen könne, wenn es ums liebe Geld geht. So ärgerlich der Streit um das Bidet auch ist, ohne dessen Beilegung ich die Kaution für die Wohnung nicht bekomme, so gelegen kommt er mir. Er schenkt mir eine neue, wirksame Karte. Rechtsstreit. Stress. Ärger. Die böse Eigentümerin, die den armen Oliver auf Trab hält. Eine neue Legitimation, selten anzurufen. Nicht Gewehr bei Fuß stehen zu müssen, als sei ich gesund, fit und sorgenfrei. Eine Rechtfertigung, mir auch ohne taufrischen Trauerfall »die Zeit zu nehmen, die ich brauche.«

BEGRENZTES GUTHABEN

Vor einigen Jahren lud man mich ein, als Experte für Jugendkultur auf einer Veranstaltung zum Thema »Zeit« zwischen lauter renommierten Forschern und Philosophen einen Vortrag darüber zu halten, wie sich die Popkultur über die Jahrzehnte entwickelt. Das Symposium fand an einer Schule statt, einem Gymnasium mit Theatersaal samt gepolsterter Klappsitze und einer dreistelligen Zahl misstrauischer Schüler, die fürchteten, den halben Tag von alten Männern langweilig belehrt zu werden. Meine Präsentation handelte eigentlich von der exponentiell beschleunigten Entwicklung der Unterhaltungselektronik, begann aber mit reinen Zahlen. Zahlen, die Eindruck machten.

»Nehmen wir an, wir werden im Schnitt achtzig Jahre alt«, sagte ich und blendete eine entsprechende Folie ein. »Das ist die Zeit, die wir zur Verfügung haben. Die uns geschenkt wurde. Achtzig Jahre. Das macht ...« – nächste Folie – »29 200 Tage.« Bereits an dieser Stelle stutzten die ersten. Runzelten die Stirn. Man sah ihnen an: Diese Zahl las sich zu kurz. Bloß fünf Stellen und vorne eine zwei? Das ist ... überschaubar. »29 200 Tage«, sagte ich und schaltete nach vorn, »das sind 700 800 Stunden. Nicht einmal eine Million.« Die ersten begannen, zu tuscheln. Mein Plan ging auf. »Nehmen wir jetzt an, wir schlafen sieben Stunden am Tag. Zack, sind bei achtzig Jahren Lebenszeit schon wieder 204 400 Stunden weg, die wir hier abziehen müssen.« Und so rechnete ich weiter. Zog die Schulzeit ab, von der ich unterstellte, dass jeder im Saal sie als ärgerlichen Zwang empfände, was mir die erwarteten Sympathiebekundungen einbrachte. Zog einen Mittelwert für die Arbeitszeit ab, die in manchen Berufen als verloren empfunden wird, während andere ihren Job so lieben, dass sie ihn als ihre Berufung betrachten. Strich, mehr der Pointe wegen, zu guter Letzt noch die paar Stunden aus dem Lebenskontingent, an die man sich aufgrund eines unvernünftigen Umgangs mit Genussmitteln nicht mehr erinnern kann. Unterm Strich blieben auf diese Weise von achtzig Jahren Leben knappe 15 000 Tage freier, wacher Zeit. Rund 41 Jahre.

»Das ist es«, sagte ich. »Das ist, was wir haben. Mehr nicht.«

Meine Rechnung erzeugte Tumulte.

Aufregung.

Es musste danach viel gesprochen werden, und es wurde deutlich: Diese jungen Menschen glauben im Prinzip, sie seien unsterblich. Daran gewohnt, dass die Ressourcen niemals enden und stets Wasser aus dem Hahn, Strom aus der Steckdose und Kredite aus den Computern der Banken fließen, empfinden sie auch die Lebenszeit als nimmer versiegende Ressource … und sind schockiert, wenn sie ihre handfeste Endlichkeit erkennen. Mehr noch: Wenn ihnen klar wird, dass sich Zeit nicht wie Geld leihen, vermehren oder zurückholen lässt.

Macht man sich das begrenzte Guthaben auf unserem Zeitkonto bewusst, erscheint es absurd, wie wenig wir dafür sorgen, dieses wertvolle Eigentum zu schützen. Niemand würde erlauben, dass einfach so jemand in die eigene Wohnung marschiert und einem wie selbstverständlich die Schränke leerräumt; nicht einmal, wenn es sich um einen Verwandten handelt. Auch unseren Körper betrachten wir wie unsere Würde als im wahrsten Sinne des Wortes *un-*

antastbar. Überschreitet jemand diese Grenze, ohne von uns die Erlaubnis zu haben, werden wir fuchsteufelswild. Unsere Zeit aber dürfen uns alle stehlen.

Merke!

Das wertvollste Kapital, dass Sie besitzen, ist Ihre Zeit. Ihr Kurs steigt, wenn Sie sie auf eine Weise für sich selber nutzen, die Sie glücklich macht. Ihr Kurs sinkt, wenn Sie sie vergeuden. Verleihen Sie etwas davon an andere, muss es sich wirklich lohnen, denn diesen Betrag bekommen Sie garantiert nie mehr zurück.

»Wir haben eine Diktatur der Ökonomie, die sich in alle Lebensbereiche gefressen hat«, zitiert der SPIEGEL den Philosophen Martin Liebmann in *Der Uhr-Mensch*, der Titelgeschichte der Ausgabe 36 / 2014. Überall ginge es um optimierte Prozesse, größere Effizienz, mehr Ertrag. Die Freizeit schließlich, die doch mindestens uns selbst gehören müsste, im eigenen Rhythmus und eigenem Takt, ist ebenfalls längst verplant. »Innehalten oder Trödeln« seien mittlerweile »fast schon frivole Aktivitäten, für die es sich zu rechtfertigen gelte.« Die Frage ist nur – vor wem?

Liebmann liegt falsch, wenn er mit dem Begriff »Diktatur der Ökonomie« impliziert, wir fühlten uns einem Prinzip verpflichtet oder auf abstrakte Weise der ganzen Gesellschaft. Niemand fühlt sich, wenn er ehrlich ist, »der Gesellschaft« verpflichtet. Nein, es sind ganz konkrete Menschen, vor denen wir glauben, uns rechtfertigen zu müssen, wenn wir Grenzen setzen und den Takt unserer Lebenszeit selbst bestimmen. Die Eltern. Die Geschwister. Die Nachbarn. Der Vorgesetzte. Die Kollegen. Die Freunde. Was ermächtigt diese Personen, so eine Rolle einzunehmen? Hier wir, die wir glauben, uns erklären zu müssen, und dort sie, die dann mal schauen, ob unsere heutige »Karte« wohl ausreicht? Wer installiert diese Ungleichheit?

Die Antwort lautet natürlich: Wir selbst.
Manche von uns.

Die Gründe dafür, warum viele Menschen glauben, ihr eigenes Leben mit eigenen Grenzen und eigener Zeit nur dann leben zu dürfen, wenn irgendeine »Karte« ihnen vorübergehend das Recht dazu verleiht, sind vielfältig und füllen ganze psychologische Bibliotheken. Sollten Sie zu diesen Menschen gehören, kann eine individuelle Analyse hilfreich sein. Sie bleibt jedoch vollkommen wirkungslos, wenn Sie das Abstecken von Grenzen *ohne* Gebrauch der Tote-Mutter-Karte, der Stress-Karte oder der Krankheits-Karte nicht schlicht und einfach *trainieren*, wie einen Muskel. Stärkung durch Ausführung. Hilfreich dabei kann die kleine Rechnung vom Beginn des Kapitels sein. Die Erinnerung daran, dass wir sterblich sind und selbst dann, wenn wir Millionen von Euro scheffeln würden, die Zeit verfügbarer, wacher Stunden im Leben niemals die siebenstellige Grenze knackt.

DER EIGENE WEG

Die Kreissäge kappt die Bambusholzdiele mit einem enthusiastischen Kreischen. Ich stehe in kurzer Hose und Arbeitshemd in der offenen Garage und bearbeite Dielen. Draußen klettern Spatzen durch die dünnen Zweigen des Rotdorns und freuen sich in hohen Tönen, dass endlich Frühling ist. Neben der Werkbank stehen drei Kartons mit Dingen aus dem mütterlichen Nachlass, die eigentlich immer noch in den Verkauf auf eBay müssen oder schon dort waren, wochenlang, ohne Ergebnis. Der vierte Karton ist leer. Er beinhaltete Erinnerungsstücke aus der Kommode im Flur, die ich lange Zeit nicht weiter durchgesehen hatte, da sie erst einmal in der Garage auslüften sollten. Briefe. Notizbücher. Kladden. Aber vor allem: Alte Urlaubskataloge. Gebundene Prospekte von Borkum, Berlin oder dem Alten Land. Korrespondenzen zwischen meiner Mutter und den Vermietern der Ferienhäuser, deren Namen mich an die Ferien meiner Kindheit erinnern. Das Haus der Meywalds war finster wie ein Gruselschloss aus einem Geisterroman. In der Ferienwohnung von Frau Kneffel fing meine Mutter jedes Jahr nach der Ankunft an, erst mal die Schubladen und Schränke auszuwaschen. Das Holz gab dabei einen einzigartigen Geruch frei, der mir heute noch in der Nase liegt, eine paradoxe Mischung aus muffig und eben erst frisch lasiert.

Ein Jahr ist es her.

Ein Jahr, dass meine Mutter den letzten Atemzug tat.

Die Kaution ihrer Wohnung habe ich mittlerweile erhalten. Ich einigte mich mit der Vermieterin auf eine Zahlung von zweihundert Euro für das Bidet und erhielt etwas über tausend Euro zurück. Den Karton mit den alten Urlaubspapieren, der nur zum Lüften in der Garage stand, sah ich erst vor einer Woche noch mal durch, da ich einsah, dass der Nikotingeruch auch nach weiteren zehn Jahren der Lagerung in der Garage nicht mehr aus den Sachen verschwinden würde. Es war Zeit, nur das absolut Nötigste davon zu behalten. Beim Öffnen einer Klarsichthülle, die irgendwie zwischen die bunten Bilder Borkums gerutscht war, fielen mir schließlich zwei Papiere entgegen, die wenig nach Ferien aussahen. Die *Anlage 1 zum Mietvertrag*, die damals nirgendwo aufzufinden war und ein Schreiben meiner Eltern an die Vermieter, das die Mängel der Wohnung beim Einzug aufführt und als »Ersatz für ein Übergabeprotokoll« per Einschreiben übersendet wurde, »nachdem wir fast ein Jahr lang versucht haben, telefonisch einen Termin für ein solches zu vereinbaren«.

Minutiös führen die von meinem Vater mitunterschriebenen und sicher von meiner Mutter allein mit schmalen Lippen und spitzer Feder verfassten Schreiben auf, dass die Bohrlöcher im Bad und die Kratzer im Laminat bereits damals vorhanden waren und der Garten eine einzige Wildnis darstellte. Die *Anlage 1* des Vermieters wiederum hält schwarz auf weiß fest, »dass die Wohnung unrenoviert übergeben« wurde und »bei einem späteren Auszug auch in dem gleichen Zustand zurückzugeben« ist.

Meine Cousine, ihr Freund und mein Onkel hätten niemals die Tapeten abreißen müssen. Ich hätte mir sogar den Nagel im Fuß ersparen können. Nur darüber, wo sich das ursprüngliche Bidet befindet, geben selbst diese Dokumente keine Auskunft.

Immerhin.

Merke!

Kürzen Sie nichts ab. Sie dachten, bei der Haushaltsauflösung die privaten Andenken und bürokratischen Papiere bereits ausreichend getrennt zu haben? Falls Sie nach der Sichtung sämtliche benötigten Unterlagen für einen reibungslosen Ablauf danach vorliegen hatten – okay. Aber sollte Ihnen auf unerklärliche Weise die ganze Zeit Anlage 1 oder ein altes Übergabeprotokoll gefehlt haben – gehen Sie noch mal ran an die Kisten und Stapel mit den »privaten« Dingen und öffnen Sie jede einzelne Seite in jedem einzelnen Katalog. Und lassen Sie nichts stehen, um es »später« einzusortieren.

Ich säge weiter.

Feine Späne füllen die Luft. Heller Staub rieselt auf die Malerplane hinab, mit der die drei letzten Kartons des Nachlasses abgedeckt sind, die nicht in unseren Haushalt eingehen werden. Vorwurfsvoll liegen die Sachen zwischen den Pappwänden. Schauen mich an. Mich, den Schuldgefühlsmann. Sie fragen: Wie lange stehen wir noch hier, im haltlosen Unentschieden? Wie lang?

Gut.

Es reicht.

Ich schiebe die Säge nach hinten, knipse das Laserlicht aus, welches auf dem Holz die Schnittlinie markiert, lade die Kartons in den Wagen, öffne die Haustür und rufe: »Liebelein?«

»Ja?«

»Ich fahre jetzt zum Sozialkaufhaus. Die letzten Kartons spenden.«

Kurze Stille.

»Okay?«

»Mehr als okay. Ich wollte nur nichts sagen. Du brauchst deine Zeit.«

Ich lächle. Sylvia meint ernst, was sie sagt. Und wörtlich. Das irritiert viele Menschen. Sie lebt im eigenen Takt und lässt den anderen ihren. Das irritiert die Menschen noch mehr.

»Bis nachher!«, rufe ich.

Ich fahre zum *Kaufnett*. Ein fürchterlicher Name, aber ein gut sortiertes Haus. Es gibt Hallen in Berlin oder Bochum, da stapeln sich die Sachen wie Leichenberge. Hier, beim Sozialkaufhaus der Diakonie im Nachbarort, ist alles liebevoll sortiert und abgestaubt. Was jemand vorbeibringt, wird auf der Stelle geordnet, mit einem Preisschild ausgestattet und an die richtige Stelle geräumt. Selbst im Möbelaufbereitungsraum hinter der Theke steht kein einziger Karton unbehandelt im Unentschieden.

Ich trage den ersten Karton in die Halle und spüre selbst ohne den alten Spiegel, den ich gerade passiere, dass ich ein unsagbar mürrisches Gesicht ziehe. Auf der Fahrt hierher bin ich vom Weg abgekommen. Gedanklich. Es gibt schließlich einen Grund dafür, warum ich die Kartons monatelang nicht angerührt habe. Einen Grund, warum es mir gut tut, neue Dielen für das Archiv zu sägen wie ein erwachsener Mann. Einen Grund, warum es mir *nicht* gut tut, alte Dinge in die Hand zu nehmen, die mich dazu bringen, sämtliche Erinnerungen an meine Kindheit heute in anderem Licht zu sehen und meine posttraumatische Verbitterungsstörung wieder aufzufrischen Wenn ich gerade nicht arbeite und konzentriert etwas in Form bringe, seien es Dielen oder sei es ein Text, wenn ich nur so da sitze, hinter dem Steuer des Wagens, und die Landschaft am Fenster vorbeizieht, denke ich daran, wie ich als Zwölfjähriger die Berge und Wälder beobachtete, die sich fernab der Autobahn erhoben. Wie ich mir stets vorstellte, gerade jetzt dort oben zwischen den Kiefern zu stehen. Allein, unabhängig, herausgefordert. Ausgesetzt, aber frei. Bei einem Spaziergang im bayrischen Wald versuchte ich, diesen Drang zu befriedigen und abseits des Wanderweges meinen eigenen Weg zu gehen. Ich wanderte parallel zum Pfad meiner Eltern ins Unterholz und folgte ihnen wie ein Fuchs zwischen den Stämmen. Während der Wanderweg sich auf einer geraden Ebene durch das Gehölz schlängelte, trug es mich zwischen den Kiefern und Fichten mehr und mehr nach oben. Als die befestigte Route eine Kurve machte, stand ich schließlich auf einem Wall gut einen Meter über den Köpfen meiner Eltern. Ich hätte herunterklettern können und die aus der Erde ragenden Wurzeln als Haltegriffe nutzen. Oder zurücklaufen und den Weg erst dort wieder betreten, wo er und das Dickicht sich anglichen. Stattdessen verharrte ich am Rand meiner eben erklommenen Unabhängigkeit und hörte meiner Mutter zu, wie sie sagte: »Tja. Was machst du jetzt? Hm? Was machst du jetzt?« Sie lachte dabei und zog an ihrer Zigarette, als wäre dieser Spott nur im Scherz gemeint. Als gäbe es sie nicht, die tief empfundene Befriedigung darüber, dass ich mich im wahrsten Sinne des Wortes verrannt hatte, als ich endlich einmal einen eigenen Weg wählte. »Siehst du?«, sagte sie, »so ist das nämlich. Ohne uns kommst du da nicht mehr runter.«

Die Frau hinter dem Tresen lächelt, als ich den Karton abstelle. »So«, sagt sie, »da möchte jemand gerne etwas loswerden?«
Ein kaum verständliches Brummen bildet meine Antwort. Am liebsten würde ich sagen: Und ob ich was loswerden will. Eine Menge will ich loswerden. Tausende von Stunden, die ich damit verbracht habe, mich zu erklären und Karten auszuspielen. Hunderte von Tagen, die ich drangegeben habe, um die Erlaubnis zu erhalten, einfach nur meinen eigenen Weg zu gehen.
Eine Schachtel mit CDs zum Durchblättern liegt auf dem Tresen. Mein Blick fällt automatisch auf die Titel. Pearl Jam. Soundgarden. Nirvana. Jemand hat seine alte Grunge-Sammlung aufgelöst. Eine weitere Erinnerung kommt mir in den Sinn. Ferien mit der Großfamilie im Sauerland. Ich bin vierzehn und habe längst die Rockmusik

für mich entdeckt. Nicht wie ein Gelegenheitshörer, sondern wie ein passionierter Experte. In allen Details, allen Verästelungen, allen noch so kleinen Nischen. Seit zwei Jahren lese ich Fachmagazine und atme Plattenkritiken ein wie andere Fußballergebnisse. Mit meinem Schülerausweis leihe ich mir aus der Stadtbibliothek jeden Tonträger, den ich kriegen kann. Ich höre Folkrock von Blue Rodeo, experimentelle Gitarrenmusik von Sonic Youth und progressive Epen von King Crimson. Ich höre Lautes und Leises. Altes und Neues. Ich weiß schon jetzt, bei welchen neuen Künstlern eher die Beatles ihre Spuren hinterlassen haben und bei wem eher die Stones, die Kinks, die Byrds, die Doors oder Jimi Hendrix. Mein Taschengeld investiere ich in Platten, von denen selbst meine Mutter hin und wieder sagt, das klinge schön oder interessant, was da aus meinem Zimmer kommt. Etwa, wenn Edie Brickell mit brüchiger Stimme und behutsam gezupfter Gitarre den Geist eines Hundes besingt oder die Gebrüder Finn bei Crowded House neu definieren, wie eine zeitlos schöne Folkpop-Melodie zu klingen hat. Und dennoch: Als im Appartement der Sauerlandferien das Gespräch zwischen den Erwachsenen auf die Musik kommt, sind sich alle einig. Heute gibt's nichts Gutes mehr. Gar nichts. Nur noch Krach. Früher war alles besser. Und die Jugend wird von der Industrie nur verarscht. Ich bekomme heiße Ohren, als ich das vernehme. Nicht, weil ich tatsächlich wüsten Heavy Metal hören würde, sondern weil ich im Gegenteil weiß, wie unglaublich Vieles es gibt, das dem Verständnis dieser Erwachsenen von »guter Musik« entspräche, würden sie es nicht heillos ignorieren. Ich bin zwar erst vierzehn, habe aber schon rund tausend Platten mehr gehört, verglichen und eingeordnet als sämtliche Onkel, Tanten, Großtanten und Großonkel zusammen, die sich versammelt haben, um ohne Fachkenntnis ihr Urteil zu sprechen.
Und ich?
Widerspreche.
Wehre mich.
Breche eine Lanze für das offene Ohr. Nur hinhören müssten sie, erkläre ich, oder besser noch: Einfach mal Zeitschriften lesen. In den Plattenladen gehen. Wie früher, als sie selber noch jung waren. Wo

steht es denn geschrieben, dass man ab vierzig damit aufhören muss, selber zu suchen, und an Musik nur noch wahrnimmt, was ungefragt aus dem Radio kommt?

Aber sie?

Diskutieren nicht.

Winken ab. Ziehen an ihren Zigaretten mit diesem furchtbaren, leise schmatzenden Geräusch.

Pfapp. Pfapp.

Ich zähle Gruppen auf, die heute wieder so klingen wie die Lieblingsbands meiner Eltern früher. Dutzende. Hunderte. Ganz konkrete Namen.

Aber sie?

Lachen.

Lachen, als sei all das, was ich gelernt habe, was ich gehört habe, was mich zehn Jahre später nicht ohne Grund zum professionellen Musikjournalisten machen wird, kaum mehr als das Kieksen eines Kleinkinds mit Rassel.

Pfapp. Pfapp.

Ich rege mich auf. Gerate in Rage ob der Unmöglichkeit, diese Menschen auch nur annähernd zu erreichen, bis meine Mutter mich allen Ernstes des Raumes verweist und hoch ins Bad schickt, wo ich »in mich gehen« und »mir mal genau überlegen soll«, was ich gerade getan hätte. Ich schaue sie an, die Welt aus den Fugen. Gehe nach oben, setze mich aufs geschlossene Klo, das mit knallblauem Flauschfell bezogen ist und grabe meine Füße in den gleichfarbigen Vorleger. Jeder andere, denke ich mir, würde sie einfach abschreiben, die doofen Erwachsenen, wie es sich für einen Teenager gehört. Mehr noch: Jeder andere wäre sogar stolz darauf, dass sie nicht mögen, was er mag. Jeder andere würde sogar darauf achten, nur Musik aufzudrehen, die seine Eltern unter gar keinen Umständen respektieren können, statt verzweifelt zu versuchen, von ihnen Anerkennung dafür zu erkämpfen, dass die Traditionslinien moderner Gitarrenmusik in ihrer eigenen geliebten Vergangenheit wurzeln.

Aber ich?

Nehme mir in Ermangelung eines Notizblockes zehn Stücke Klopapier, zücke einen Stift, den ich in der Tasche habe, und schreibe eine Stunde lang einen Vortrag, in dem ich so behutsam wie bettelnd um den Segen und das Verständnis meiner Familie für die modernen Musiker buhle, als müsse ich mich nicht nur weiter erklären, sondern benötige zudem ihre Erlaubnis, um überhaupt jemals wieder guten Gewissens eine eigene Platte auflegen zu können.

Gehe wieder nach unten.

Baue mich vor der Familie auf.

Halte den Vortrag.

Und sie?

Hören es sich an.

Lassen es laufen, bis zum letzten Wort. Nicken, jovial und gütig. Als wäre es gesund, dass sie das Gericht sind und ich der Angeklagte. Als wäre es normal, sich erklären zu müssen.

Pfapp.

Pfapp.

Wie sagte meine Mutter immer?

»Wir haben ein unglaublich enges Verhältnis, mein Sohn und ich.«

Pfapp.

»Wir erzählen uns alles! Ausnahmslos alles.«

Pfapp.

»Du erzählst immer weniger von dir, Kind. Du hast dich verändert.«

Pfapp.

»So, das musst du mir jetzt mal ganz in Ruhe erklären.«

Pfapp.

»Nein, Kind. Ehrlich. Niemand aus der Familie begreift das. Das kann kein normaler Mensch begreifen.«

Pfapp.

»Wenn du meinst, du musst das so sehen, dann werde ich das wohl akzeptieren müssen.«

Pfapp.

Pfapp.

Pfapp.

Die Frau hat den Karton ausgepackt und die Sachen auf dem Tresen sowie in diverse Klappkisten verteilt. Ich nehme ein *Lustiges Taschenbuch* von Walt Disney aus einem Regal, Folge 340, *Urlaubsgrüße aus Entenhausen*. Sylvia liebt es, wenn ich ihr so was mitbringe. Und ich liebe, dass sie es liebt.

»Ich hab' noch mehr im Wagen«, sage ich.

»Wir nehmen alles!«, sagt die Frau hinter der Theke.

Auf dem Weg nach draußen bleibt mein Blick an einem Grabbeltisch mit Büchern kleben, die allesamt nur 10 Cent kosten. Ein Cover fällt mir ins Auge, das direkt obenauf liegt. Blaue Schrift und ein widerwillig dreinblickender Säugling auf schwarzem Grund. Titel: *Unter Müttern. Eine Schmähschrift.* Von Dorothea Dieckmann. Ich schlage es willkürlich auf. Auf Seite 58 steht:

>»Die Mittelstandsmutti versteht es also, in Verlängerung ihrer Körpersymbiose ein Psycho- und Gefühlspaket mit dem Kind zu schnüren. Machtpolitisch betrachtet, vollzieht sich eine einzigartige Usurpation: Im Kind *verdoppelt* sich die Mutter – nach Raum, Gewicht und Bedeutung. Die Bindung, die sie mit dem Kind (…) eingeht, bedeutet gesellschaftliche Isolation; doch wird diese kompensiert durch eine Erweiterung ihrer Ich-Grenzen um die Person des Kindes. (…) Als Putzlappen, Krankenschwester, Seelenmülleimer, als Sozial- und Intensivstation für psychische und physische Gebrechen hat sich die Mutti eine Position der Schwäche und Abhängigkeit erwählt, in der sie Tugenden wie Mitgefühl, Hilfsbereitschaft, Selbstbeschränkung, Treue und Verläßlichkeit, kurz, eine vorbehaltlose Hingabe ausspielt als einen Akt der – Vergeltung. Sie erzeugt ein Soll bei den durch ihre Opfer Beschenkten, das diese nie und nimmer abbauen, geschweige denn ihr heimzahlen können; und sie wacht darüber, dass das Defizit erhalten bleibt.«

Ich klappe das Buch zu und schäme mich, dass ich erleichtert bin. Erleichtert, dass ich spätestens seit dem Tod meiner Mutter immer wieder Menschen treffe oder Texte von Menschen lese, die mir bestätigen, dass ich mir nicht nur eingebildet habe, wie Kontrolle meiner Mutter über Liebe ging. Die Nachtschwester Renate im Hospiz. Der aus der Familie verbannte Onkel. Der Psychologe Stewart A. Halpern mit seinen »Familientänzen«. Und nun, hier, wie vom Schicksal im Sozialkaufhaus auf dem 10-Cent-Wühltisch in meine Hände gespült, die Literaturpreisträgerin Dieckmann, die – selber eine Mutter – so hart und tabulos mit ihren Geschlechtsgenossinnen ins Gericht geht.

Ich, der freie, erwachsene Mann, bin schon wieder auf der Pirsch, um mir von anderen die Erlaubnis zu holen, das, was ich längst weiß, auch tatsächlich denken zu dürfen.

ERINNERUNGEN

Oktober 2014. Der Herbst färbt die ersten Blätter rot, doch die weißen Löwen aus Stein an den Stufen des Schlosses Benrath zu Düsseldorf glänzen in der Sonne, als brate der August die Kiesel im Park. In der Kapelle des Nebengebäudes, dem Museum für europäische Gartenkunst, sitzen dreißig Kinder der siebten Klasse und schauen mich mit großen Augen an. Ich bin hier, um ihnen vorzulesen und dabei zu erklären, wie man Bücher schreibt. Nach der Mittagspause richte ich einen kleinen Workshop aus, genau wie meine Kolleginnen in den Sälen nebenan. Die »jungen Literaturtage« sind eigentlich eine Traumveranstaltung. Ein Grund dafür, warum ich diesen Beruf so liebe. Das Buch, das Sie gerade lesen, ist kurz vor der Vollendung. Die restlichen 150 Seiten in der Tagebuchkladde meiner Mutter blieben unbeschrieben. Die Dielen im Wohnzimmer liegen längst und in mein Herz ist eine akzeptable Menge Frieden eingekehrt. Doch heute Morgen ist da nur noch Angst.

»Ich weiß«, sage ich den Kindern, »wenn ihr im Unterricht ans Handy gehen würdet, reißen eure Lehrer euch wahrscheinlich den Kopf ab. Aber ich *muss* gleich da rangehen.«

Der Anruf, auf den ich warte, kommt aus der Tierklinik. Der älteste unser drei Kater liegt auf dem Operationstisch. Wobei »ältester« hier nicht »alt« bedeutet. Gerade mal achteinhalb Jahre lebt er mit uns. Das Foto von ihm als Baby, wie er winzig klein hinter einem Stofftier-Garfield hervorguckt, der ihn an Größe noch weit überragt, hing sogar jahrelang in der Küche meiner Mutter. Tenhi, wie wir ihn nach einer Band und dem finnischen Wort für »Seher« benannten, ist eine sanfte Seele. Denke ich an ihn, tritt alles Ärgerliche in den Hintergrund. Verliere ich die Fassung, muss nur er durch die Tür schleichen und alles fällt von mir ab. Es ist unmöglich, in Anwesenheit dieses Wesens zornig zu sein. Selbst gestern, als wir ihn mit Appetitlosigkeit und Kreislaufschwäche zum Doktor brachten, glaubte keiner von uns daran, dass der schwarze Knubbel, den die Ärzte beim Röntgen entdeckten, inoperabel sein könnte. Nicht bei ihm, unserem Kater. Nicht in dieser Klinik mit den besten Chirurgen. Sie werden ihn rausholen, den Tumor, da sind wir uns sicher, und er wird sich erholen. Ich gebe diesen Workshop und hole ihn in ein paar Tagen wieder ab. »Achten Sie darauf, dass er nicht an den Fäden leckt«, werden die Ärzte sagen, wie sie es schon bei so vielen Katzen gesagt haben, und wir werden Nachtschichten machen und uns abwechseln, da keine Katze dieser Welt den Halskragen oder das Schutzleibchen anlässt, wenn der Mensch schläft. So dachten wir.

Und dann klingelt das Telefon.

Ich spreche und gehe zitternd im Hof auf und ab. Nicht fünf Minuten. Nicht zehn Minuten. Die Lehrerin beobachtet es. Sie zieht die Pause vor. Ich kann nicht fassen, was ich höre. Wie es Sekunde für Sekunde real wird.

Der Tumor in der Magenwand.

Der Tumor im Magenausgang.

Der Tumor schon in der Herzschlagader.

Ich laufe immer schneller, auf und ab, auf und ab, ein Säulengang wie im Barock, Blumen in verzierten Kübeln, Kopfsteinpflaster, so ein beschissen schöner Ort, denke ich, und laufe, auf und ab, auf und ab.

Ich beobachte mich selbst, wie ich mich mit Sylvia bespreche, wie wir uns beraten, um uns klar darüber zu werden, was unabwendbar ist.

»Erlösen …«

Was für ein verfluchtes, gottverdammtes Wort.

Zwanzig Minuten später weine ich. Wir haben aufgelegt und ich bin rauf ins Dachgeschoss des Museums geflüchtet. Die Schüler stehen unten auf dem Kopfsteinpflaster, ich sehe sie aus den Fenstern, doch sie sehen mich nicht. Auf einem Podest stehen drei künstlerisch gestaltete Gartenzwerge. Einer hält einen Schlauch, der andere zeigt den Besuchern den Stinkefinger. In der Ecke unter der Schräge zwei kleine Stühle, aus Stein gehauen. Uralt womöglich, oder vor Wochen erst vom Bildhauer hergebracht. Ich hocke mich auf den Holzboden und heule, schluchze in körperdurchschüttelnden Stößen. Es ist nicht wahr, dass das Leben an einem vorbeizieht, wenn man selber stirbt. Kein Mensch mit Nahtoderfahrung berichtet davon. Nein, das Leben zieht an einem vorbei, wenn *jemand anderes* stirbt. Und das tut so unendlich weh. Ob geliebter Mensch oder geliebtes Tier – Erinnerungen schießen einem in den Kopf, all die schönen Szenen, die das Leben wirklich lebenswert machen. Tenhi, wie er im Garten auf den Apfelbaum klettert, emsig wie ein Äffchen. Wie er stolz auf uns herunterschaut, als wolle er sagen: Seht her, ich bin eine Katze, die nicht nur auf die Bäume kommt, sondern auch wieder herunter. Wie er schließlich, die Pfoten wieder im Gras, lobheischend um unsere Beine streift und wir applaudieren. »So ein feiner Kater! So ein großartiger Kletterkater!«

Tenhi konnte Fußball spielen. Hob ich einen Stoffball mit dem Fuß an und lupfte ihn in seine Richtung, sprang er in die Luft und hielt ihn wie ein Torwart. Mit beiden Pfoten! Ganz Mann und harter Kerl schnurrte er wenig, aber *wenn*, dann ließ er los und zerfloss förmlich auf der Bettdecke. Das pure Zen.

Vorgestern schnurrte er noch und nichts, gar nichts war verdächtig. Jetzt ist er tot.

Jetzt, in diesem Moment.

Neue Erinnerungen wird es nicht mehr geben. Das ist das Schlimmste am Sterben. Dass man in dem Augenblick, wo man am stärksten spürt, wie viel einem diese Erlebnisse bedeuten, zugleich die ausweglose Wahrheit in die Fresse geschlagen bekommt, dass man keine solchen mehr haben wird.

Mein Handy klingelt. Die Lehrerin ruft an.

»Herr Uschmann, wir vermissen Sie.«

»Ich komme«, sage ich, glucke es eher, und sie versteht. Auf dem Hof wollen die Kinder wissen, was geschehen ist. Eine Autorenkollegin steht vor der Tür der Teeküche, drückt mir einen Kaffee in die Hand, tätschelt meine Schulter und sagt: »Wenn die Trauer groß ist, war die Beziehung gut.«

Merke!

*Falls der Tod eines Tieres Sie
ebenso sehr berührt wie der Tod eines
Menschen, ist das okay. Es mag sein,
dass Sie mit dieser Haltung auf Unver-
ständnis stoßen und Ihr Umfeld auf
diese Trauer höchstens mit ebenso
pflichtbewusstem wie befremdetem
Beileid reagiert, während es dem Tod
eines nichtmenschlichen Wesens in
Wahrheit kaum mehr Bedeutung beimisst
als dem Totalabsturz eines Computers.
»Holt euch einfach einen neuen«,
sagt das Umfeld, als ob ein Kater zu
ersetzen wäre wie ein Rechner. Besteht
man auf seiner Trauer, macht es einem
stille Vorwürfe, dass die Gleichsetzung
von Mensch und Tier respektlos sei.
Oder laute. Sie aber wissen: Seele
ist Seele. Bleiben Sie dabei.
Es ist in Ordnung.*

Ich trinke meinen Kaffee, während die Leute mich trösten. Schriftstellerinnen, Museumsleiterinnen, kleine Schüler. Alles Menschen, die verstehen, dass ein Haustier kein Computer ist. Gerührt presse ich die Lippen zusammen und verziehe seltsam die Schläfen, um die Tränen zurückzuhalten, die schon wieder heraus in die Oktobersonne wollen.

Gleich muss ich weitermachen und noch neunzig Minuten lang meinen Workshop geben.

»Geht das?«, fragt die Lehrerin, und ich denke mir: Und wie das geht. Nichts wie rein in die Arbeit, in den Vortrag, in den Autopiloten der Profession, die jeden Schmerz betäubt und ablenkt von dem Gedanken, dass es da auch noch ein Leben gibt, das nichts zu tun hat mit Workshops und Verlagen und Lektoraten und Verkaufszahlen; ein Leben, das wunderschön ist und durchwoben von geliebten Wesen, die einem alles bedeuten … und die man dann unerwartet verliert.

Merke!

Sammeln Sie Briefmarken. Sammeln Sie
Münzen. Sammeln Sie Kronkorken, Comics,
kitschige Platten und bunte Tisch-
tennisbälle. Aber vor allem: Sammeln
Sie Erinnerungen. Es macht verwundbar,
aber es ist das einzige, was zählt.

Tenhi ist begraben. Neben dem Apfelbaum. Ich habe meine Koffer gepackt und muss schon wieder los, Schulkinder im Saarland eine Woche lang mit Vorlesungen erfreuen. Unterwegs schaue ich bei meiner Großmutter vorbei, der einzigen, die noch lebt. Meine Tante hat sie im Pflegeheim unweit ihrer Wohnung einquartiert. Sie hat selbst einen verfluchten Krebs hinter sich und muss die Versorgung ihrer Mutter aus guten Gründen an bezahlte Kräfte auslagern. Jeden Tag ist sie im Heim und spielt mit Oma *Mensch, ärgere dich nicht!* auf dem übergroßen Holzbrett mit den stabilen Figuren. Das Spiel passt zu meiner Großmutter, denn sie hat sich ihr Lebtag lang nicht geärgert. »Ich bin zufrieden, das ist die Hauptsache«, lautet einer ihrer Lieblingssprüche und stellt sicherlich den Grund dafür dar, dass sie mittlerweile 93 Jahre zählt.

Im Aufzug drücke ich die falsche Taste und steige, ohne es zu merken, im dritten Stock aus. Erfolglos suche ich ihr Zimmer und wandle durch die Gänge. Hinter einer offenen Tür liegt ein alter Mann im Bett und streckt die Hand über das Gitter, als rufe er mir zu, ihn bitte sofort von seinem treibenden Floß zu befreien. In einem zweiten Raum plappert ein Fernseher vor sich hin. Irgendjemand hat der Dame darin einen Verkaufssender eingeschaltet. Ein junger Mann mit schwarzen Haaren preist gerade einen Mixer an, den Ariete Chopper mit eintausend Watt Leistung und eineinhalb Liter Blenderaufsatz. Im Gemeinschaftsraum hat man die alten Herrschaften in Grüppchen an Tischen zusammengeschoben. Leider reden sie nicht miteinander. Eine Dame fixiert den Kugelschreiber regungslos auf dem ersten Kästchen eines Kreuzworträtsels. Die zweite ihr gegenüber sieht sie schweigend an, als wolle sie sagen: »Guck von dem beschissenen Rätsel hoch und rede mit mir. Das wollen die so!« Die dritte Frau ist eingeschlafen und in ihrem Rollstuhl nach vorne gesunken. Wie frisch verstorben liegt sie mit der Stirn auf der Tischplatte, während ihr der Sabber aus dem Mund läuft.
Ich halte Ausschau nach einer Schwester. Das gesamte Personal ist gerade hinter der Milchglastür des Konferenzraums versammelt. Ein Schild hängt an der Klinke: *Bitte nicht stören. Übergabe.* Die Frühschicht klärt die Spätschicht über den Stand der Dinge auf. Dieser Vorgang muss sein, das weiß ich von früher, aus meiner Zeit als Zivi sowie aus den Berichten meiner Mutter. Ich überlege einen Moment, ob es anmaßend oder übergreifend sein könnte, nehme mir ein paar Papiertücher aus der Toilette und wische der eingeschlafenen Frau den Sabber von Mund und Tischplatte. Wecken hat keinen Zweck. Sie schnarcht wie ein Schlachtross.
Ich fahre zurück ins Erdgeschoss und frage an der Rezeption noch mal nach der Zimmernummer meiner Oma. Zweiter Stock, Zim-

mer 209. Im Foyer gegenüber der Cafeteria sitzt eine Tochter mit ihrer betagten Mutter und würfelt eine Sechs. Sonst ist kein einziger Angehöriger zu sehen. Tägliche Besuche, wie meine Tante sie bei meiner Oma tätigt, sind die absolute Ausnahme in Pflegeheimen, im Grunde das achte Weltwunder. Die Menschen der westlichen Stadtwelt geben ihre langsam zerfallenden Alten nicht umsonst in Scharen in diesen Anstalten ab. Niemand außer den Bauern der tiefsten Provinz kann heutzutage noch ertragen, die Alten und Siechenden täglich um sich zu haben. Sie sind keine Quelle der Lebenserfahrung, kein beruhigendes Vorbild der Gelassenheit oder einfach nur durch ihre Anwesenheit eine Freude für die kleinen Enkel. Nein. Sie sind die permanente Erinnerung daran, dass wir sterblich sind.

Und die ist unerwünscht im tatkräftigen Treiben zwischen iPad, Cappuccino-Maschine und abendlichem Ausklang im Fitnessstudio. Es sind nicht nur die achtzehnjährigen Abiturienten, die schockiert auf die Leinwand starren, wenn man mittels Beamer unsere begrenzte Lebenszeit in Zahlen einblendet. Es sind alle. Die hektischen Mütter mit den prall gefüllten Fahrradkörben. Die getriebenen Geschäftsleute mit Bleifuß und Headset. Die Berufsjugendlichen. Die Power Walker. Die Rennradfahrer. Die Altrocker. Die Fußballhorden. Die Tablet-Nutzer, die irgendwas mit Medien machen. Die Event-Hopper. Die Kreuzfahrer. Die Akademiker und Singles mit Niveau. Sie alle gehen stillschweigend davon aus, dass wir bis auf weiteres unsterblich sind. Damit dieser Selbstbetrug gelingt, ist es dringend nötig, den Tod zu ignorieren. Ausgerechnet ihn, der das einzig Sichere und Gewisse im Leben darstellt.

Sylvia hat dieses Phänomen in Abwandlung eines anderen Gleichnisses »das Phänomen des grünen Elefanten« genannt. Stünde so ein Tier mitten in der Fußgängerzone, trötend, schnaufend und satt glänzend wie taubenetztes Gras am Morgen, wäre das so unwahrscheinlich, dass die Menschen den Dickhäuter nicht einmal bemerken würden. Sie würden ihn ausblenden, weil nicht sein darf, was nicht sein kann … oder was nicht zu ertragen ist. Auch Obdachlose stellen grüne Elefanten dar. Einbeinige. Menschen, die merkwürdige Selbstgespräche führen. Manch einer sabotiert sich selbst durch ein

Verhalten, das alle seine Freunde als sein Kernproblem erkennen und das nur für ihn unsichtbar bleibt – ein grüner Elefant der Seele. Andere wiederum meiden krankhaft Menschen, die ihnen zu nahe kommen, da sie lieber einsam sind als Gefahr zu laufen, eines Tages verletzt zu werden. Der größte, mächtigste, turmhohe grüne Elefant jedoch ist und bleibt in der modernen Gesellschaft der Tod. Daher zäunen wir ihn ein und bauen ihm immer größere Ställe, damit er sich gar nicht erst ins vitale Treiben begibt. Pflegeheime, Hospize und Palliativstationen sind Elefantengehege.

Als ich das Zimmer meiner Großmutter betrete, kriege ich einen Schreck. Sie sitzt mit dem Rücken zur Tür eingesunken im Stuhl, den Kopf tief auf der Brust. Auf dem Flur bohren Handwerker Löcher für die Montage neuer Deckenlampen. Eine Schwester ist nicht zu sehen. Ich stürme zu meiner Oma, rufe »Hallo!«, lege die Hand auf ihre Schulter und platziere mein Gesicht direkt vor ihres. Das war's, denke ich, natürlich, wie sollte es auch anders sein, als dass ich sie tot entdecke statt ihrer Tochter, da hebt sie langsam den Kopf und sieht mich an. Ihre Augen sind ebenso erstaunt wie verschlafen. Das linke klein und trüb, das rechte weit aufgerissen, als sei das Lid verschwunden. Sie hat zugenommen und ist gleichzeitig eingefallen, der Kopf hat seit dem letzten Besuch seine Form verloren.

»Nee«, sagt sie mit brüchiger Stimme, »das ist alles nichts ohne Zähne.«

Langsam hebt sie den Arm, öffnet den Mund und drückt den Daumen ihrer rechten Hand unter den Oberkiefer, um es mir zu zeigen. Der obere Teil des Gebisses ist weg.

»Wo sind denn die Zähne?«, frage ich.

Sie schaut mich fragend an und zuckt mit den Schultern.

»Du hast ein Gebiss«, sage ich. »Das muss doch hier irgendwo liegen.«

Sie schluckt. Runzelt die Stirn. Das größere Auge schaut haarscharf an mir vorbei. »Wissen Sie was davon?«, fragt sie.

Sie siezt mich.

Langsam dämmert mir, was mich an ihrem Blick stört. Das Auge schaut nicht nur an mir vorbei. Es erkennt mich nicht mehr.

»Ich bin Oliver!«, rufe ich, da man selbst wider besseres Wissen unterstellt, Demenz und Schwerhörigkeit würden sich gegenseitig bedingen.

»Ja!«, sagt sie, »Oliver! Das ist mein Jüngster!«

Ich schüttele den Kopf und lächele verlegen.

»Nein. Hier. Ich!«

Sie blinzelt. Guckt. Kurbelt das rechte Auge mühevoll in Position zurück. Dann lacht sie ebenfalls, um ihre Scham zu überspielen.

»Oliver …«

»Ja«, sage ich und fahre mit meiner Fingerkuppe über Bartschnitt und Brille. Beide haben sich seit dem letzten Mal sehr verändert. »Guck, alles neu, deswegen hast du mich nicht erkannt!«

Sie schüttelt den Kopf über sich.

»Ich wollte eigentlich schon am Freitag vorbeikommen, aber da ging es nicht, weil unser Kater gestorben ist. Hat Marlies doch sicher erzählt, oder?«

»Marlies?«

»Ja, Marlies. Deine Tochter.«

Das Auge driftet wieder ab.

»Nein«, sagt sie. »Meine Mutter! Meine Mutter hat das erzählt!«

Ich setze mich, schraube eine Flasche Wasser auf und gewöhne mich an die neue Lage. Beim letzten Mal war sie nur vergesslich, jetzt ist sie schon dement. Neben dem Sessel steht der alte Musikschrank aus ihrem ehemaligen Wohnzimmer. Der Tisch mit der Marmorplatte. Ihre alte Puppe aus der Kindheit, die Marlies letztes Weihnachten liebevoll hat restaurieren lassen. Die Krippe mit dem Jesuskind haben sie seither gar nicht erst abgebaut. Es herrscht nicht viel Platz in einem Zimmer mit Fenster zum Stadtring. Unten rattert die Straßenbahn unter Kastanien. An der Wand hängt ein Foto, auf dem ich mit ihr an der Schleuse in Holland stehe und mir anschaue, wie die großen Schiffe festmachen. Ich bin vier oder fünf und trage einen knallroten Jogginganzug. Sie legt mir die Hand auf die Schulter wie ich eben ihr, als wolle sie sich gleich herunterbeugen und sagen: »Und nach dem Boote gucken ein Eis?«

Merke!

*Der Verlust von Erinnerungen ist
im ersten Moment schockierender als
jede schwere Verletzung und jeder
körperlicher Verfall. Niemand darf
Ihnen verdenken, wenn Sie zunächst
schwer damit klarkommen. Die Demenz
beschädigt schließlich nicht »nur«
die Erinnerung im Gehirn Ihres Angehörigen, sondern gleichzeitig auch
die Bindung zwischen Ihnen und ihm.
Ihre Zuneigung bleibt ungebrochen,
aber das gemeinsame Fundament, das
stets auf geteilten Erinnerungen
fußt, bricht weg. Kaum etwas kann
seelisch anstrengender sein. Bewahren
Sie nach außen hin Geduld und gehen
Sie liebevoll und ruhig mit der
vergessenden Person um. Dass Sie
innerlich aus der Situation flüchten
wollen, mit Fäusten die Wände ein-
schlagen und nur durchhalten, weil
sie an den langen Spaziergang oder
den Pizza-TV-Marathon nach dem Besuch
denken, ist dabei in Ordnung.*

Als meine Tante kommt, ist meine Großmutter warmgelaufen. Zwar glaubt sie, statt im Düsseldorfer Pflegeheheim in ihrer Wohnung in der Heimatstadt zu sitzen, ansonsten bringt sie aber nichts mehr durcheinander. Ihr Gebiss befindet sich in der Reparatur beim Arzt, da sie es gestern Abend vom Nachttisch geworfen und einen Zahn abgebrochen hat. Ihre Tochter, ihren Enkel, seine Frau und die ganzen Katzen bringt sie kein einziges Mal mehr durcheinander. Ihre Demenz scheint in einem Stadium, in welchem sie nur kurz nach dem Aufwachen durchbricht. Ist der Rechner einmal richtig hochgefahren, klappt der Zugriff auf die Daten wieder. Das freut mich. Gleichzeitig denke ich an die Zeiten, die wir gemeinsam hatten, als sie gesund war und mit Opa viele Wochen im Jahr in einem Wohnwagen auf dem holländischen Campingplatz lebte. Mit meinem Opa ... und mir. Wie wir gegackert haben, mitten in der Nacht in unseren Kojen, vollkommen grundlos. Ein Lachkrampf aus dem Nichts, der eine Stunde anhielt und über den gesamten Platz schallte. Ich denke an meinen Opa, den der Krebs Mitte der Neunziger holte. Wie er in seiner knappen, blauen Badehose am Ufer des Baggersees steht und einfach so ins kalte Wasser springt, während ich noch zehn Minuten am Ufer bibbere. Wie wir über die Grenze nach Deutschland zum Einkaufen fahren, er mit dem Mofa und ich mit dem BMX-Rad. An der Kühltheke für Wurst schwenkt er die Verpackungen mit Salami und Kochschinken und betont den schamlosen Aufdruck, der ausgerechnet auf den billigsten Fleischwaren steht: »Delikatess ...« Dabei zischt er das »s« wie eine Schlange und lacht. Die Ruhe und der Genuss, mit dem er sich auf einfachstem Graubrot Butter, Wurst, Tomaten, Salz und Pfeffer anrichtete, vermittelten mir damals eine Dankbarkeit für den Wohlstand, in dem wir leben, die ich in keinem Fünfsterne-Restaurant stärker empfinde.

»Ich muss los«, sage ich wenig später und spiele eine Legitimationskarte aus. Die »habe noch eine sehr lange Fahrt vor mir«-Karte. »Saarbrücken ist weit weg.«
Marlies nickt.
»Wohin muss er?«, fragt meine Oma.
»Nach Saarbrücken!«, ruft Marlies ihr ins Ohr.
»Das ist im Grunde Frankreich«, füge ich hinzu, um die Karte zu bekräftigen.
»Nee«, sagt meine Oma, »das ist nichts ohne Zähne.«

SCHNURREN IN DER LEITUNG

Der Schlüssel für die Hotelzimmertür ist eine Lochkarte aus hartem Kunststoff. Es fühlt sich handfest an, sie in den Schlitz zu schieben; nur mit entschlossenem Nachdruck rastet sie ein. Lochkarten sind mir lieber als rein digitale Türöffner. Mit einem solchen betrat ich letztes Jahr in Wolfenbüttel übermüdet und leicht angeheitert mein Zimmer und wunderte mich, dass ich plötzlich Lederhosen besitze. Bier hatte ich zwar getrunken, aber daran, eine große Flasche Whiskey mitgenommen zu haben, konnte ich mich nicht erinnern. Und schon gar nicht an einen Stapel Playboys. Meine Karte hatte die völlig falsche Tür aufgeschlossen. Ein scherzhafter Versuch an einer weiteren, die ebenfalls nicht mir gehörte, ergab, dass die Karte an der Rezeption aus Versehen auf sämtliche Zimmer des Hauses programmiert worden war. Einmal im Menü des Rechners auf das Kästchen für »Hausmeisterkarte« geklickt, schon kann der Spaß beginnen.

Ich bin müde.

Drei Tage meiner Tour habe ich bereits absolviert. Drei Tage mit insgesamt acht Lesungen, bis zu drei hintereinander in jeder Schule. Davor, danach und dazwischen: Gespräche. Mit Schülern, Lehrern, Assistenten von Lehrern. Ich liebe diesen Beruf, und ich liebe es, die Geschichten zu spielen, das Mikrofon in der Hand, stehend, laufend, gestikulierend. Dennoch bin ich müde. Oder gerade darum. Denn während andere auf Tournee sämtliche freie Zeit dazu nutzen, die Gegend zu erkunden und gegen Abend die Kneipen der Umgebung von ihren viel zu umfangreichen Biervorräten zu befreien, verliere ich mich in meiner wichtigsten Droge, der Arbeit. Nachdem der Lehrer der ersten Schule, die ich besucht habe, sein Entsetzen darüber äußerte, dass ich den Namensgeber seines Hauses – ein berühmtes Mitglied der antifaschistischen Widerstandsgruppe *Weiße Rose* zur Zeit des Naziregimes – nicht kannte, habe ich zur Verhütung weiterer Blamagen vor jedem weiteren Schulbesuch den Namen des Instituts recherchiert. Fragen, die mir gestellt werden, beantworte ich in wissenschaftlicher Ausführlichkeit. Lehrer meines eigenen Geburtsjahrgangs, die mit mir lang und ausgiebig über die guten alten Zeiten fabulieren wollen, in denen unsere Plattensammlung noch »identitätsstiftend« war und wir geduldig darauf warteten, bis der Commodore Amiga die zwölfte Diskette von *Monkey Island 2* geladen hatte, schenke ich meine Zeit. Im Hotel angekommen, stürze ich sofort an den Computer, schreibe, beantworte Post und arbeite die Buchhaltung auf, die ich in einem großen Koffer mit mir herumtrage, inklusive der Liste verschenkter Bücher und Anstecker, die ich mittlerweile gewissenhaft und tagesaktuell führe. Die Zeit, einfach »innezuhalten«, wie der Verein zur Verzögerung der Zeit[1] es empfiehlt, nehme ich mir nie. Außer, wenn Sylvia anruft.

»Hörst du das?«, fragt sie mich am späten Abend und hält den Hörer zuhause neben das Köpfchen unseres jungen Katers. Sein Schnurren wandert über die Distanz von 361 Kilometern direkt in mein Ohr. Und alles, wirklich alles fällt von mir ab. Die Verbissenheit, jede Minute mit Arbeit ausfüllen zu müssen. Der Zwang, rund um die Uhr Werbung zu machen und daran zu denken, wirklich jedem Lehrer den Verlagsprospekt in die Hand zu drücken, in dem angepriesen wird, dass es zu den Jugendromanen bereits Unterrichtsmaterial gibt.

Ich liebe meinen Beruf.

Aber er ist nicht das ganze Leben.

Das Leben ist die Freude darüber, in einem Baum auf dem Schulhof zwei Eichhörnchen beobachtet zu haben, die Stimme des geliebten Menschen am Telefon und das Schnurren eines Katers über die Telefonleitung.

»Ach ...«, sage ich am Hörer.

»Er ist traurig«, sagt Sylvia und meint damit den Kater, der sich seit dem Tod seines ältesten Gefährten entweder in den Keller zurückzieht oder so sehr die tröstliche Nähe sucht, dass er stundenlang am Menschen klebt, ohne ihm das Aufstehen aus dem Bett zu erlauben. Ich denke an einen Abend vor nicht einmal zehn Tagen. Mitternacht. Offenes Fenster. Die letzte warme Luft des Jahres. Tenhi, der jetzt schon im Garten unter dem Apfelbaum liegt, lag ausgestreckt und glücklich zwischen uns im Bett und schnurrte wie ein Weltmeister. Sylvia löste ein Sudoku und flüsterte dabei jede einzelne Überlegung in die Nacht hinein wie ein kleines, magisches Märchen. »So, Tenhi«, sagte sie, »dann gucken wir mal, ob wir diese Reihe hinkriegen. Da haben wir die Zwei, da die Fünf. Eine Neun kann auch nicht sein, denn die steht schon hier …«

Auf diese Weise kommentierte sie alles, was sie tat, in einem sanften, beruhigenden Tonfall, dem ich noch tagelang hätte zuhören können. Es lag so viel Liebe in ihrer Stimme, so viel Dankbarkeit dafür, einfach so auf einem Bett liegen und neben dem Mann und dem Kater ein Zahlenrätsel lösen zu dürfen, so viel Wertschätzung dafür, dass es das alles überhaupt gibt, Bleistifte und Papier und Matratzen und Zahlenrätsel, dass alles überhaupt *ist*, dass nicht nur der Kater, sondern auch ich zu schnurren begann.

Dieser Augenblick, in dem ich einfach nur auf dem Bett lag, den Tag hinter mir und die Nacht in Aussicht, die Hand im Bauchfell des Katers und die Stimme meiner Frau im Ohr, die aus Zahlen eines Sudokus ein zart geflüstertes Märchen machte … dieser Augenblick war perfekt.

Merke!

Die besten Momente des Lebens kann man nicht planen. Sie sind auch nicht groß oder spektakulär. Kein Tusch leitet sie ein, keine anschwellende Sinfonie von Hans Zimmer, die den Hollywoodfilm auf sein Finale zusteuert. Die besten Momente finden sich nicht am Ziel, sondern auf dem Weg. Sie können Stunden dauern. Oder Sekunden. Wenn Sie so einem Moment begegnen, gehen Sie vollkommen darin auf! Lassen Sie sich zu hundert Prozent darauf ein, damit Sie ihn abspeichern können. Auf ewig.

»Schatz, ich muss jetzt auflegen«, sage ich und Sylvia versteht, warum ich das sage. Dieses Schnurren ist gerade zu viel für mich. Sie hat das Sudoku an jenem Abend nicht fertig gekriegt. Als es ein paar Tage später ausgefüllt war, hatte das Zahlenrätsel den glücklichen Kater bereits überlebt.

Ich steige aus dem Bett und fahre ins Foyer des Hotels, um mir was zu essen zu holen. Die Küche hat noch geöffnet. Während ich warte, fällt mein Blick auf die Zeitungen in der Auslage. Die Terrorgruppe des islamischen Staats marodiert durch Syrien. Das grauenhafte Virus Ebola dezimiert die Bevölkerung von Liberia und Sierra Leone. Ein Patrouillenboot der Nordkoreaner schießt in südkoreanischen Gewässern um sich. In Lugansk greift man wieder zu den Waffen. In Gaza ohnehin. Überall enden Leben. Welten. Geschichten. Ich bin so müde.

Das Essen ist fertig. Ein vegetarischer Burger. Nicht wie beim Amerikaner, sondern handgemacht, mit frisch gegrilltem Gemüse. Ich entwöhne mich wieder vom Fleisch. Ich trage ihn aufs Zimmer und schalte statt des Fernsehers das Internet an. Will nichts mehr hören von der Welt und den Schlussstrichen, die ständig gezogen werden. Will nur wie ein Kind Szenen sehen, die ich längst auswendig kenne und mir gerade deswegen immer wieder anschaue. Kulissen, die ein zweites Zuhause geworden sind. Dialoge, die ich mitsprechen kann, weil sie mich mehr trösten, als es die meisten realen Personen vermögen.

In meinem Kundenkonto bei einem großen Anbieter für Filme und Serien steckt ein virtuelles Lesezeichen in einer Folge der Serie *Buffy*. Rund um die Jahrtausendwende erzählte diese Sendung acht Staffeln lang die Geschichte einer Vampirjägerin und ihres Kampfes gegen die Apokalypse. Ein moderner Mythos, der als Teenager-Sendung begann und sich im Laufe der Zeit zu einem Stoff entwickelte, der mittlerweile von Abhandlungen und akademischen Arbeiten geadelt wird. Das digitale Lesezeichen steckt in Folge 3 der sechsten Staffel. Zu Beginn dieser Staffel wurde die Hauptdarstellerin, die am Ende der vorherigen den Heldentod starb und seit Monaten tot im

Grab lag, von ihrer besten Freundin, einer Hexe, mittels schwarzer Magie ins Leben zurückgeholt. Der uralte Traum der Wiederauf-erstehung. Die Unfähigkeit, den Tod eines geliebten Menschen zu akzeptieren. Zur Irritation ihrer Freunde ist die Erweckte allerdings selbst nach einer langen Eingewöhnungszeit in ihr zweites Leben seltsam melancholisch. Wenn sie ehrlich sind, erwarten sie von ihr keine Trübsal, sondern Dankbarkeit. Immerhin haben sie ihr das Leben geschenkt. Am Ende der Folge offenbart sie Spike, einem be-freundeten, »guten« Vampir, der seinem Wesen gemäß eine Ahnung vom Tod hat, was wirklich mit ihr los ist. Ihr Monolog, der dann folgt, hat heute – zehn Jahre nach seiner Erstausstrahlung und viele verstorbene Familienmitglieder später – eine vollkommen andere Bedeutung für mich. Es sind keine Gleichnisse aus der Bibel oder den buddhistischen Schriften und auch keine Verse der Weltlitera-tur, die mich am tiefsten zum Thema Leben und Sterben getroffen haben. Es gibt keine Formel, keine quantenphysikalische Gleichung und kein philosophisches Theorem, das besser auf den Punkt brin-gen könnte, was mit der ewigen Ur-Einheit aller Dinge gemeint sein könnte, als diese wenigen Minuten Text aus einer amerikanischen Unterhaltungsserie, die ich mir nun erneut ansehe und, während mein liebevoll angerichteter Burger kalt wird, mit tröstlichen Trä-nen in den Augen, Wort für Wort mitspreche:

»Ich war einfach glücklich. Wo immer ich auch war, ich bin glücklich gewesen. Ich war zufrieden. Ich wusste, dass es allen, die mir wichtig sind, gut geht. Ich wusste es. Zeit war bedeu-tungslos. Nichts hatte eine Form, aber trotzdem war ich noch ich. Alles war warm. Ich wurde geliebt. Ich fühlte mich vollstän-dig. Ich war ganz. Ich habe keine Ahnung von Theologie oder Dimensionen, das alles ist mir ein Rätsel. Aber ich denke, ich war im Himmel. Und jetzt bin ich hier. Ich bin da rausgerissen worden, ganz plötzlich, von meinen Freunden. Und hier ist alles hart und brutal und viel zu grell. Alles, was ich anfasse, alles, was ich sehe ... die Hölle ist hier. Ich weiß, was ich verloren habe, und ich versuche, weiterzuleben. Von einem Tag zum anderen.«

Ich schalte den Film aus, klappe den Laptop zu, lege ihn neben mir auf das Bett, schiebe den Teller zur Seite, ziehe die Decke ans Kinn, schließe die Augen und warte schlaflos darauf, dass der Morgen kommt.

ANHANG

DIE WERT-SCHÄTZUNG DER DINGE

Hier finden Sie nun als Hilfe zur Einschätzung unsere Erläuterungen zu den Dingen, die man üblicherweise in einem Nachlass findet, sortiert nach Kategorien.

EINLEITENDE BEMERKUNG

Zugunsten der Bereiche, in denen unser Wissen detailreicher ist, haben wir ein paar wenige Kategorien geopfert. Da das vorliegende Buch kein Gebrauchtwarenratgeber, sondern eine Hilfe beim Umgang mit dem Ende ist, fehlt die im normalen Trödelfall enorm lukrative Kategorie »Spielzeug« außerdem ganz bewusst, denn stirbt ein alter Mensch, ist das Spielzeug seiner Kinder längst seit Jahrzehnten in den Haushalt der (erwachsenen) Kinder oder der Enkel gewandert. Und für den Fall, dass man umgekehrt als Erwachsener ein Kind zu Grabe getragen hat, denkt kein Mensch überhaupt an das Verkaufen oder Verschenken von Dingen, sondern man möchte einfach nur aus Verzweiflung die ganze Welt verfluchen und einen Abgrund in den Boden reißen, in dem alle verschwinden.

Um jede der folgenden Kategorien erschöpfend zu behandeln, müsste man zu jeder einzelnen ein eigenes Buch schreiben. Wichtig ist nur, dass Sie mit Hilfe der kommenden Seiten ein Gefühl dafür bekommen, wo bei den jeweiligen Sachen der Hebel anzusetzen ist, wann Sie loslassen sollten und wo Sie umgekehrt aus Versehen gutes Geld verschenken würden, wären Sie statt dieser Hinweise bloß Ihrer Intuition gefolgt. Denn gerade die führt bei der Wert-Schätzung besonders gerne in die Irre.

BESTECK

Wie das Geschirr aus dem Großmarkt oder die Hausmarkenkleidung aus dem Versandkatalog bildet das konventionelle Essbesteck eine der wertlosesten Produktkategorien auf dem Gebrauchtwarenmarkt. In den meisten Fällen stammt es von IKEA oder aus dem Shop des Gemischtwarenkonzerns Tchibo, der neben Bademänteln, Tischdecken, Unterwäsche, Kleinmöbeln, Kosmetik oder Haustierspielzeug hin und wieder auch eine Tüte Kaffeebohnen verkauft. Gabel, Messer und Löffel vom schwedischen Möbelhaus oder vom Röstsimulanten sehen gut aus und sind selbst in ihrer Zweckmäßigkeit manchmal »stylish«. Das kann dazu führen, dass auf dem Hausbasar junge tätowierte Menschen, die aus selbst erfundenen »Kultgründen« sogar britisches Steingutgeschirr kaufen, gleich auch noch in einem Rutsch ein Set Gabeln, Löffel und Messer von Tchibo mitnehmen, weil deren Griffe in geschwungener Wellenform gestaltet wurden und sie das cool finden. Für vierzig Teile bekommen Sie dann »einen Fünfer«. Dabei ist es egal, ob das Besteck seit fünf Jahren oder erst seit einem Tag in der Schublade liegen würde. Denn: Ein Besteckset, das neu verpackt € 29,95 kostet, brächte Ihnen im Wiederverkauf schon am nächsten Tag nicht mehr als »einen Fünfer«. Besteck aus dem Kaffeeladen teilt das gleiche Schicksal wie neuwertige Kleinwagen, Romantaschenbücher oder einfache Möbel – es reduziert seinen Wiederverkaufswert in dem Augenblick, wo es den Laden verlässt, bereits um 50 bis 70 Prozent.
Das einzige Tafelbesteck aus Edelstahl mit halbwegs solidem Werterhalt ist
Markenware aus dem Hause WMF. Die Tafelbestecke aus dem bereits seit 1880 an der Börse dotierten Unternehmen bestehen aus Cromargan. Das ist laut Firmen-Homepage ein »rostfreier, säureresistenter« Stoff, den WMF 1927 entwickelte und der zu 18 Prozent aus Chrom und zu 10 Prozent aus Nickel besteht. Das trifft auf das Tchibo-Besteck zwar genauso zu, weswegen dort ebenfalls in winzigen Buchstaben die Zahlen 18/10 eingeprägt sind, aber WMF ist nun mal WMF und wie bei Autos bestimmt nicht zwangsläufig der

baugleiche Motor den Preis, sondern die Attraktivität der Hülle und der Kühlerfigur. Ein sechzigteiliges Tafelbesteck aus Cromargan schlägt neu und originalverpackt im Internet je nach Modellserie mit € 90,– bis € 150,– zu Buche, was bedeutet, dass Sie dafür im Gebrauchtverkauf wagemutige € 30,– bis € 50,– verlangen können – vorausgesetzt, Sie haben *alle* sechzig Teile vorrätig. Vollständigkeit ist hier von gleich großer Bedeutung wie bei Geschirr-Sets. Geben Sie also nicht auf, den einen fehlenden WMF-Kaffeelöffel zu suchen, ohne den das ganze Angebot hinüber ist. Es kann gut sein, dass der Verstorbene 59 Teile des feinen Tafelbestecks bestens sortiert in einer Extraschublade des Esszimmerschrankes aufbewahrt hat, der eine fehlende Kaffeelöffel aber zwischen die Pfennigware in der Küche gerutscht ist, da er dort als einziger täglich im Fronteinsatz war. Das beste Tafelbesteck, das Sie finden können und speziell bei Verstorbenen der älteren Generationen in jedem Fall finden werden, ist natürlich das berühmte *Tafelsilber*, oft und gerne aufbewahrt in den breiten Schubladen von Kommoden oder Sekretären, die eine spezielle giftgrüne Besteckeinlage haben, in welcher die Messer, Gabel, Löffel und Zusatzteile fein geordnet in einzelnen Schlitzen klemmen. Das Wort Tafel*silber* führt dabei allerdings meist in die Irre. Aus vollkommen reinem Silber, sogenanntem Feinsilber mit einem Gehalt von 999, kann man gar kein Besteck machen. Das hochwertigste Silber, das Sie bei einem Besteck finden können, ist das berühmte Sterlingsilber (925) mit einer Legierung von 92,5 Prozent Silber und 7,5 Prozent anderen Metallen. Es heißt so, weil es bis ins 17. Jahrhundert hinein im Rahmen der britischen Währung Sterling das Material für die Münzen bildete, bevor das moderne Zeitalter des Papiergeldes und des Druckens von Devisen aus dem Nichts begann. Auch ein Prägestempel mit der Nummer 800 und den Symbolen Halbmond und Krone belegt, dass Sie tatsächlich echtes Silberbesteck gefunden haben. Prägungen dieser Art heißen übrigens »Punzierung«, was Sie gegenüber Privatkunden und erst recht gegenüber Antikhändlern so selbstverständlich als Begriff verwenden sollten, als redeten Sie jeden Tag über nichts anderes. Es schindet Eindruck. Mindestens verhindert es, dass Ihr Gegenüber sofort merkt, dass Sie zu den üblichen Amateuren gehören, die hilflos wie ein Nachwuchsförster im Unterholz zwischen den Schätzen ihres Nachlasses stehen und ein »nutze mich aus!«-Schild auf der Stirn kleben haben. Noch besser ist es, wenn Sie wissen, dass Silberstempel mit Zahlen wie 800, 900 oder 925 seit dem Jahr 1888 auf der Basis eines Reichsgesetzes im Einsatz sind und Tafelsilber *vor* dieser Zeit in Lot gestempelt wurde, wobei 14,5 Lot zum Beispiel 925er-Sterling entspricht. Entsprechende Tabellen finden sich im Netz. Finden Sie nun also ein Besteck dieser Güteklasse, hat es bereits vom Material her einen hohen Wert. Ist es darüber hinaus vollständig, gut erhalten und von einem besonderen Designer oder Herstellungshaus, kann zusätzlich zum Materialwert der Sammlerwert in ungeahnte Höhen schießen. Solch einen Schatz sollten Sie, solange keine absolute Not am Mann ist, *gar nicht* verkaufen, sondern sorgsam einlagern und als *echte* Rücklage für die eigenen Finanzen behalten.

Wahrscheinlicher ist es jedoch, dass das »Tafelsilber« des Verstorbenen eine Punzierung 90 oder 100 enthält und somit lediglich »versilbert«, also mit einer Schicht von Silber überzogen ist. Diese Schicht lässt sich nun natürlich nachträglich wieder entfernen – im Fachbegriff »scheiden« – weshalb Firmen wie die Edelmetall-Service GmbH und Co. KG (ESG)[1] versilbertes Besteck für einen geringen, aber vernünftigen Preis ankaufen. Zum Zeitpunkt, an dem dieses Kapitel verfasst wird, zahlt die Scheideanstalt für Tafelbesteck mit einer Punzierung von 90 oder 100 beispielsweise € 4,35 pro Kilo versilberter Messer und € 17,04 pro Kilo für alle anderen Bestecksorten, da beim Messer die Stahlklingen und die Füllungen des Griffs beim Wiegen abgezogen werden. Sogar noch geringer versilbertes Besteck mit den Punzierungswerten 60, 80 und 84 kauft die ESG an. Für dieses sogenannte »Hotelbesteck« liegen die Preise am gleichen Sichtungstag bei € 3,56 für die Messer und € 13,47 für den Rest. Zum Vergleich: Bieten Sie der ESG echtes Silber an, bekommen Sie für 925er Sterling zum Beispiel € 366,57 pro Kilo. Reines Silber nimmt die Firma zum sogenannten »Postankaufspreis«, der jeden Morgen basierend auf den Börsenkursen für Edelmetall neu festgelegt wird. Das heißt: Würden Sie der ESG handelsfähige Silberbarren anbieten, wie man sie auch bei Banken kaufen kann, bekämen Sie im Gegenzug auch den tatsächlichen Kurs ausgezahlt. Liegt das reine Silber in Form von Schmuck oder Besteck vor, liegt der Ankaufspreis rund € 70,– niedriger, da es ja erst mal herausgearbeitet werden muss.

So oder so lohnt es sich, echtes Silber als Wertanlage zu behalten. Versilbertes Tafelbesteck kann man hingegen guten Gewissens in ein Päckchen stecken und der ESG schicken. Generell könnten Sie hingehen und beim Auflösen des Haushaltes eine große Kiste für »wertvolle Rohstoffe« aufmachen, in der Sie nicht nur versilberte Besteckteile sammeln, sondern zum Beispiel auch Objekte aus Zinn sowie Drähte, Bleche, alte Computerteile und sogar den nervigen, schnell als »Müll« titulierten Elektronikschrott. Die ESG nimmt *alle* diese Dinge zum Recyceln und Wiederverwerten an. Selbst die Stecker alter, grauer Druckerkabel schlagen hier mit € 1,30 pro Kilo zu Buche, Leiterplatten aus Handys und Smartphones können € 16,– pro Kilo bringen, da sie edelmetallhaltige Bauteile haben und die Kontaktstellen für die Sim-Karte vergoldet sind. Freilich hat ein einzelner Druckerkabelstecker von 50 Gramm dann nur einen Wert von wenigen Cent und eine einzelne Handyplatine spült kaum mehr in die Kasse, doch gilt der schöne rheinische Leitsatz: »Es läppert sich.«

Wer aus dem Tafelsilber das Maximum herausholen will, vergleicht über einige Monate die sich verändernden Ankaufspreise und verkauft erst bei hohem Kurs. Wem das Verschnüren großer Pakete für die ESG zu mühsam ist, geht zum örtlichen Edelmetallankäufer in der Nähe und vergleicht dessen Ankaufspreis mit dem der ESG und dem offiziellen Börsenkurs. Bis das alles seinen Gang genommen hat, haben Sie den verschollenen Kaffeelöffel des WMF-Bestecks schließlich auch wiedergefunden.

BÜCHER

Der Wiederverkaufswert eines Buches bemisst sich nicht unbedingt an seinem Alter, sondern an seiner Seltenheit. Wobei: Alt ist schon gut. Leider stellen sich die meisten unter »alt« etwas völlig anderes vor als das, was tatsächlich nur wegen des Alters zu soliden Preisen führt. »Alt« ist beispielsweise eine »vollständige Ausgabe letzter Hand« der Werke von Goethe, erschienen 1827–1835 bei der Cotta'schen Verlagsbuchhandlung Stuttgart und Tübingen. Und selbst hier kosten alle 55 (!) Bände zusammen bei einem Zustand »mit Gebrauchsspuren und teilweise abgeplatzten Rücken« lediglich € 1000,–.

Eine Ausgabe der *Buddenbrooks* aus dem Jahre 1954 hingegen ist nicht »alt« (in Hinblick auf den Wiederverkaufswert), auch wenn 61 Jahre eine lange Zeit sind und das Buch muffig riecht. Vor allem dann nicht, wenn es keine Originalausgabe von Thomas Manns Hausverlag S. Fischer ist, sondern eine Lizenzausgabe des Bertelsmann Buchclubs. In der Zeit, in der dieses Buch entsteht (Sommer 2014) verkündete der Konzern die Schließung dieses »Clubs«,[2] der sich vor allem in der Zeit vor dem weltweiten Erfolg des Internetversandhandels größter Beliebtheit erfreute. Mitglieder erhielten bei ihm neue Bücher bedeutend günstiger als woanders, denn die Werke waren in diesem Fall von der Buchpreisbindung ausgenommen. Das lag daran, dass *Der Club* nicht die Originalausgaben anbot, sondern bei den Verlagen das Recht erwarb, den Titel noch mal selber in einem anderen Umschlag und in anderer Gestaltung als eben genannte »Lizenzausgabe« zu veröffentlichen. Damit man diese als Mitglied günstiger erwerben konnte als das Original, musste man mindestens vier Mal im Jahr beim Club einkaufen. Speziell in den Lebensjahren der Generation, deren Haushalte nun nach und nach aufgelöst werden, waren gefühlte 95 Prozent der Menschen – vor allem der Mütter – Mitglied und horteten somit mindestens vier Bücher pro Jahr als »Lizenzausgabe«. Im 21. Jahrhundert nahm die Strahlkraft des Clubs stetig ab, aber früher gehörte es wie das Baden am Samstag vor *Wetten, dass ..?* zur Generationserfahrung, dass die Eltern spätestens zum Ablauf eines Quartals seufzten: »Ach ja, ich *muss* ja noch was im Club kaufen.« Und so sind die Regale voll. Lizenzausgaben haben – im Gegensatz zu manchem Original – für ernsthafte Sammler von Literatur überhaupt keinen Wert, seien sie von 1954 oder von 1999. Sie sind für Bibliophile das, was für wirklich leidenschaftliche Klassikhörer eine CD wie *Entspannung mit Mozart* ist, auf der einige zusammengestoppelte Stücke des Meisters durchgehend von Vogelgezwitscher unterlegt werden.

Leider sind Bücher im Hinblick auf ihren Wiederverkaufswert auch ohne den Makel »Lizenzausgabe« ein steter Quell der Frustration. Selbst gebundene, relativ aktuelle Bestseller in gutem Zustand werden auf dem Gebrauchtmarkt des Netzes schon wenige Monate nach Erscheinen für einen Euro oder gar einen einzigen Cent (!) verramscht. Die absurde Tatsache, dass es sich bei Amazon Marketplace sogar lohnt, ein Buch für einen Cent anzubieten, liegt darin begründet, dass der Käufer bei Amazon dem Verkäufer automatisch für jedes verkaufte Buch eine Versandkostenpauschale von drei Euro zusätzlich überweist. Da die meisten Bücher (mit Ausnahme riesiger Folianten) im Versand der Deutschen Post nur € 1,– bis € 1,65 (als offene Büchersendung) oder € 1,45 bis € 2,40 kosten (als zugeklebter Umschlag), streicht man als Verkäufer bei Amazon die Differenz zwischen den drei Euro Versandkostenpauschale und dem realen Porto als Gewinn ein.

Trotzdem ist es interessant, *jeden einzelnen* Titel einmal bei Amazon, Booklooker, eBay oder dem Zentralen Verzeichnis der antiquarischen Bücher (www.zvab.com) einzutippen, um seinen derzeitigen Kurs nachzuschlagen. Das kostet weniger Zeit, als es scheint, und es lohnt sich! Denn: Immer wieder gibt es Ausreißer von der oben genannten Regel, die ihren Wert halten oder sogar mit den Jahren steigern, und zwar immer dann, wenn sie

a) nicht mehr im Handel erhältlich sind
b) nur eine kleine Auflage hatten (und somit nicht überall gebraucht herumstehen)
c) ein Nischeninteresse bedienen

Diese Kriterien treffen zum Teil oder ganz zum Beispiel auf sehr spezifische *Fachbücher* zu, wie sie für die Forschung oder fürs Studium benötigt werden. Hochgeistige Spezialwerke für Literaturwissenschaftler, Physiker, Philosophen oder Mediziner, die niemand außerhalb der Akademie benötigt und die bereits damals, als sie aufgelegt wurden, einen Neupreis von € 69,– hatten. Gibt es sie nirgendwo mehr und findet man sie zufällig bei einer Haushaltsauflösung, kann man hohe bis horrende Preise für sie verlangen und wird sie mit der Zeit auch bekommen. Dreißig bis fünfzig Euro sind für solche Titel gebraucht und in gutem Zustand leicht zu erzielen. Nur eben nicht sofort.

Hier ist Geduld gefragt. Stellen Sie die Titel bei Amazon, Booklooker oder einem vergleichbaren System ein und warten Sie. Gerade bei den Nischenprodukten kommt es irgendwann dazu, dass irgendjemand auf der Welt genau *dieses* Buch gesucht hat und bereit ist, den verlangten Preis zu zahlen. Das große Los haben Sie gezogen, wenn Sie bei einem Buch unter dem entsprechenden Eintrag bei Amazon die drei magischen Worte kommenden Reichtums vorfinden: »Derzeit nicht verfügbar.«

Steht dies in winziger Schrift unter dem Titel, heißt das, dass er momentan nicht mal mehr gebraucht angeboten wird. Von *niemandem*. Nun haben Sie Narrenfreiheit und können *jeden* Preis verlangen, den Sie wollen. Es gibt keinen Konkurrenten, den Sie durch einen niedrigeren Preis unterbieten oder durch einen besseren Artikelzustand übertrumpfen müssten. Es gibt: Nur Sie. Kurzum: Das Meiste holt man aus einem Buch, wenn man es mit langem Atem einzeln direkt an einen Endkunden verkauft. Das gilt bei den weniger wertvollen Titeln genauso auf dem Trödel oder dem Hausbasar. Die zweite Möglichkeit, weniger einträgliche Bücher loszuwerden, besteht darin, thematisch sortierte Pakete zusammenzustellen und diese dann auf eBay oder in den Kleinanzeigen anzubieten. Angebote wie *25 Romane von Stephen King* oder *Sensationelle Kochbuch-Sammlung mit 50 Titeln* finden immer einen privaten Abnehmer, der zwar weniger bezahlt als im Einzelankauf, aber immer noch mehr als professionelle Händler. Diese routinemäßigen Massenankäufer stellen die dritte und »schnellste« Möglichkeit dar, eine große Menge Bücher auf einen Schlag abzustoßen. Es kann sich dabei um reale Menschen handeln, die zu Ihnen nach Hause kommen, oder um Ankaufsdienstleister im Internet wie www.momox.de, www.rebuy.de oder die putzig benannte Firma www.regalfrei.de. Hier geben Sie die ISB-Nummer des Buches ein und sehen einen derzeit gültigen Ankaufspreis, der Ihnen vor Empörung die Schuhe ausziehen wird, sich beim massenhaften Freimachen des Regals aber rechnet, *falls* Sie keine Geduld haben. Die Faustregel heißt ja nicht umsonst: Je schneller etwas raus soll, desto weniger nehmen Sie ein. Damit Sie im Internet nicht jeden einzelnen Ankaufsdienst prüfen müssen, hat sich mittlerweile die Seite www.buecherverkaufen24.com gegründet, die auf einen Schlag die Ankaufspreise aller Anbieter gleichzeitig anzeigt. Auch Amazon selbst bietet neben dem normalen Gebrauchtverkauf über seine Plattform die Möglichkeit, Dinge direkt in Zahlung zu geben, die dann mit eigenen Einkäufen verrechnet werden.

Ist Ihnen das alles zu unheimlich, verkaufen Sie »normale« Bücher, die keine Nische bedienen, einfach traditionell auf dem Trödelmarkt oder dem heimischen Hausbasar. Echt antike oder nach obigen Kriterien wertvollere Titel tragen Sie in ein Antiquariat.

Alles, was danach noch übrig bleibt und was nicht einmal reale Händler oder Internetdienste (auch die kaufen *nicht* alles an) haben wollen, spenden Sie. Bücher wegzuwerfen verbietet der Anstand, es sei denn, sie sind in völlig desolatem Zustand oder es handelt sich um die Biografie von Bushido. Sollten Sie statt dieser eine *Beschreibung aller Länder Herrschaften und fürnehmsten Stätten des ganzen Erdbodens gedruckt zu Basel durch Sebastian Henricpetri* aus dem Jahr 1592 finden, könnten Sie auf einen Schlag € 7000,– einnehmen, wie sich unter der generell empfehlenswerten Seite www.sammler.com in der Buchkategorie nachlesen lässt. Es ist allerdings wahrscheinlicher, dass Ihnen die Biografie von Bushido vor die Füße fällt. Von der gibt es keine Bertelsmann Lizenzausgabe. Der Club bot sie ganz normal an, zum Vollpreis des Originalverlags.

COMICS

In ihren Bildern entführen sie in bunte und chaotische Fantasiewelten, doch als Sammelobjekte sind sie besser organisiert als so manches trockene Buchhaltungsbüro. Das liegt vor allem daran, dass man sich zur Beschreibung ihres Zustands auf klare Kriterien geeinigt hat. Schlägt man unter www.comicguide.de den aktuellen Wert eines Heftes nach, findet man verschiedene Angaben je nach Stufe des Zustands. Die Stufen laufen von 0 (perfekt) bis 4 (zum Wegwerfen zu schade) und sind genau definiert. Zustand 3 (noch sammelwürdig) wird zum Beispiel festgelegt als »ca. 20 Prozent von Zustand 1« mit folgenden Merkmalen:

> »Ein zwar vollständiges, aber oft gelesenes Heft. An zusätzlichen Mängeln dürfen auftreten: eine ordentliche Klebung, kleinere Fehlstellen (ohne Textverlust), starke Falz-Schäden. Der Umschlag oder die Mittelseite darf von den Klammern gelöst sein. Trotz der vielen möglichen Mängel ist das Heft immer noch in einem sammelwürdigen und nicht unappetitlichen Zustand. Gelochte Hefte in sonst gutem Zustand gehören auch in diese Gruppe. Die Lochung ist anzugeben.«

Der deutsche Comic Guide enthält nach Eigenangaben 95 Prozent aller nach 1945 in deutscher Sprache erschienenen Titel samt Werteinschätzung. Der Verkauf selber kann dann je nach Ergebnis einzeln oder in Paketen über das Netz, auf Comicmessen oder auf dem Trödel geschehen. Die Faustregel lautet: Je mehr die Hefte als Sammelobjekt interessieren, desto eher nutzen Sie Netz oder Messe. Sind sie mehr als Lesestoff selbst denn als mit Samthandschuhen angefasstes Artefakt von Interesse, desto eher gehören sie in Ihr Trödelkontingent.

DEKORATION

Engel. Engel aus Holz. Engel aus Stein. Engel aus goldgefärbtem Kunststoff. Engel an der Wand. Engel im Regal. Ein Buddha. Eine Glasschale mit glatt geschliffenen, bunten Steinen. Ein Trockengesteck mit Vogel. Daneben, auf dem Bauch liegend und das Köpfchen in die Handflächen gebettet: Ein Engel.

Die Kategorie »Dekoration« ist fein zu unterscheiden von der Kategorie »Kunst und Antiquitäten«. Wenn Sie eine uralte Kaffeemühle finden, die zwar zum Zwecke der Dekoration herumsteht, ist es dennoch eine Antiquität. Der hölzerne Buddha oder das kleine rote Fahrrad sind dies eher selten.

Dekorationsartikel lohnen den Aufwand einzelner Auktionen auf eBay oder netter Fotoporträts für die Kleinanzeigen im Netz nahezu nie. Sie überschwemmen bereits neuwertig die Geschäfte. Betritt man heute den Eingangsbereich eines hübsch gestalteten Gartencenters, spaziert man erst einmal durch ein putziges Paradies aus fein gestalteten Porzellanfiguren, originellen Skulpturen aus Holz oder mannigfaltigen Schüsseln und Schalen, die vor Ort grundsätzlich so gut aussehen, dass sie jedem eine Bereicherung des Hauses versprechen. Von der sogenannten »schwedischen Hypnose«, die bei IKEA selbst den knorrigsten Menschen dazu bringt, aus unerfindlichen Gründen Kerzen und Teelichtgläser zu kaufen, mal abgesehen.

Drapieren Sie die Dekorationsgegenstände gesammelt auf dem Trödelmarkttisch oder noch besser: Lassen Sie sie im wahrsten Sinne des Wortes »stehen und liegen«, wo sie sich in der Wohnung befinden, und verkaufen Sie sie beim Hausbasar. Im dekorativen Einsatz regen sie potentielle Kunden um ein Vielfaches eher zum Kauf an als aus dem ästhetischen Zusammenhang gerissen.

Gleiches gilt prinzipiell für Spezialdekoration zu Ostern oder Weihnachten, ganz besonders die inflationär überproduzierten Lichterketten oder künstlichen Tannenbäume. Baumschmuck zum Aufhängen hat nur einen Wert, wenn er aus Glas und möglichst handgefertigt ist. Generell führt der Versuch, Weihnachtsdekoration zu verkaufen, aber in die tiefe Trostlosigkeit – selbst dann, wenn der Verkauf Anfang Dezember stattfindet! Bieten Sie Dekoration also am besten live und/oder in großen, günstigen Paketen an, auch wenn es wehtut, dass die ganzen Kugeln, Schneemänner und Girlanden, die Sie als Kind einzeln in die Blautanne genestelt haben, heute nur noch unter dem Anzeigenbetreff »Riesenkarton Weihnachtsdeko – rund 150 Teile« überhaupt Reaktionen erzeugt. Eine hoffnungsvolle Ausnahme bilden die handgefertigten Figuren, Sterne, Häuschen, Eier, Nussknacker oder Fensterbilder aus dem Original-Handwerk des Erzgebirges. Hier hat jedes Teil seinen Sammlerwert. Sogar die Engel.

GARTENGERÄTE

Alles, was sich in Schuppen oder Garage findet und voller trockener Erde und Grasfetzen steckt, wird bei der Verwertung gerne übersehen oder direkt in die große Kiste mit Teilen für 50 Cent geworfen. Das ist ein Fehler!

So wie Elektrogeräte oder Möbel im Schnitt weit überschätzt werden, werden Werkzeug und Zubehör für den Garten meistens unterschätzt. Dabei lassen sie sich speziell auf dem Trödelmarkt oder beim Hausbasar – also dort, wo die Kunden sie direkt begutachten können, gut und schnell verkaufen. Bei kleinen Werkzeugen wie Rosenscheren, Unkrautstechern, Gartenhacken, Blumenkellen oder allem, was mit Schläuchen und Sprengern zu tun hat, müssen Sie einfach nur den Mut entwickeln, nicht instinktiv ständig bloß »ein Euro!« zu sagen, wenn ein Interessent eine hochwertige Gartenschere von Gardena oder Fiskars in der Hand hält. Denn genau das werden Sie tun. Sie werden Schwierigkeiten haben, Romane von John Grisham oder CDs von Phil Collins für ein paar Cent abzugeben, bei Gartenscheren aber umgekehrt davon ausgehen, dass es unverschämt wäre, mehr als einen Minibetrag zu verlangen. Warum? Weil damit schon geschnitten und gegraben wurde? Ein bisschen Beschichtung ab ist? Hat der Roman nicht auch Knicke im Einband und die CD

Kratzer? Also – Rücken gerade bei Gartenwerkzeug und dem Interessenten für die kleine Gartenschere ein munteres »zehn Euro« ins Gesicht gesagt, damit Sie am Ende Ihre fünf kriegen. Mindestens. Das ist okay für derart robuste und im Prinzip unzerstörbare Utensilien. Machen Sie sich klar: Der Mann Ihnen gegenüber weiß, dass er für die gleiche Schere im Baumarkt satte zwanzig Euro hinblättern würde! All das gilt natürlich nur für Markenprodukte. Gartenwerkzeug aus den No-Name-Gitterkisten, das schon neuwertig Billigware ist, können Sie tatsächlich verramschen. Für Handwerkzeuge gilt außerdem das, was für Rasenmäher und anderes Gartengroßgerät erst recht Pflicht ist: Bieten Sie es sauber (!) an und probieren Sie es vorher aus. Nichts ist peinlicher als eine Schere, die so stumpf ist, dass sie den Zweig bloß abknickt, ein Mäher, der absäuft, oder eine elektrische Heckenschere, die Sie nicht vorführen können, weil Sie vergessen haben, am Vorabend des Hausbasars den Akku aufzuladen.

GLASWAREN

»Es ist ein unendlich Kreuz, Glas zu machen«, besagt ein alter Hüttenspruch, und wenn man ehrlich ist, bleibt es ein staunenswertes Wunder. Man muss Quarzsand mit mindestens 98 Prozent Kieselsäure finden, dem Sand in einem 1450° Celsius heißen Ofen mittels Flussmitteln wie Soda oder Pottasche die letzten Sporen geben, da sein Schmelzpunkt eigentlich erst bei 1700° Celsius aufwärts liegt, das Glas mit gereinigtem und gemahlenen Kalk stabilisieren, die richtige Balance des Gemenges finden und schließlich nach der Schmelze die gewünschten Formen erzeugen. Ob traditionell per Hand oder in der Maschinenfertigung – lässt man feinen Sand durch die Finger rieseln und denkt sich dabei, dass Menschen daraus festes Glas fertigen können, ist man immer wieder baff. Und dann? Steht der graumelierte Kunde mit der Lederweste über dem karierten Hemd beim Hausbasar vor der Vitrine, rahmt mit einer flotten Handgeste den gesam-

ten Inhalt des Schrankes mit seinen rund hundert verschiedenen Gläsern und sagt: »Für zwanzig Euro nehme ich alle mit.«
Pilsgläser, Altgläser, Sektflöten, Cognacschwenker – es ist alles zwecklos. Das einzige Glas, das sich zu verkaufen lohnt, ist Bleikristall. Bedeutend massiver als Kristallglas, häufig aufwändig und kunstvoll geschliffen und für kleine, gefärbte Tafelgläser genauso gern genutzt wie für wuchtige, eckige Karaffen oder kleinwagenschwere Blumenvasen. Echtes Bleikristall erkennt man daran, dass sich nirgendwo sichtbare Nähte finden lassen; fallen einem hingegen solche ins Auge, sind die Karaffe oder die Vase nur auf Bleikristalloptik getrimmt. Zuviel sollte man allerdings nicht mal vom König des Glases erwarten. Die Auktionslisten bei eBay sind übervoll mit gefärbten Römergläsern, Sektkelchen von Nachtmann oder ganzen Sets Cristal Cabinet von WMF.

Den tragischsten freien Fall im Bereich konventioneller Glasware haben die früher so beliebten Biersammelkrüge hingelegt, ohne die kaum ein Stand auf dem Trödel auskommt und für die sich so gut wie kein Abnehmer mehr findet. Diese Jahreskrüge mit Deckel sind dermaßen unverkäuflich geworden, dass sogar die Mitarbeiter von Sozialkaufhäusern hundert Meter gegen den Wind spüren, wenn jemand versucht, einen Karton Sammelgläser bei ihnen zu deponieren; sie schließen rechtzeitig sämtliche Türen und Rolltore. Man darf so weit gehen, zu sagen: Das Verhältnis von (übermäßigem) Angebot zu (nicht vorhandener) Nachfrage dürfte bei kaum einem Produkt auf der Welt ausgeprägter sein, mit Ausnahme der Schrankwand Eiche Rustikal … und alten Romanen in der Bertelsmann Clubausgabe.

FAHRZEUGE

Zu nahezu jedem Erbe gehören fahrbare Untersätze. Autos werden aus den gleichen Gründen gerne überschätzt wie Möbel. Sie sind groß und man verbindet viele Erinnerungen damit. Für Erinnerungen bezahlt allerdings niemand, wenn Sie strahlend vor einem x-beliebigen, zehn Jahre alten Honda Civic, Opel Corsa oder Nissan Micra stehen, und auch der schöne, große Mazda Kombi erzeugt nicht plötzlich Geld aus dem Literfassungsvermögen seines Kofferraums. Wirklichen Wert haben nur vier Arten von Pkw: Nahezu neuwertige Wagen aller Fabrikate, voll funktionstüchtige und TÜV-abgenommene Altwagen weniger Spitzenmarken sowie echte Oldtimer und gepflegte Youngtimer. Letztere werden, so wie früher »nur« die Oldtimer (also Fahrzeuge ab mindestens 30 Jahren Alter), mittlerweile zunehmend auch als Wertanlage betrachtet. Youngtimer sind moderne Klassiker, die aufgrund ihres spezifischen Modells Sammlerwert und eine Fangemeinde besitzen, so zum Beispiel der Ford Capri, der Audi Quattro, der VW Scirocco, der Porsche 911, diverse VW-Bus-Linien oder zahlreiche Modelle von Mercedes-Benz. Das Magazin *Youngtimer* beschäftigt sich mit diesen »Kult-Klassikern der 70er und 80er«, ebenso die Publikation *Träume Wagen*. Echte Oldtimer sind noch lukrativer, vor allem, da sie selbst dann den Nachlass bereichern, wenn sie »nur noch« als Quelle für Ersatzteile dienen können. In diesem Fall geben Sie den Wagen bitte nicht so wie er ist zur Verwertung, sondern nehmen ein bisschen Geld in die Hand und bezahlen einen passionierten Schrauber dafür, Ihnen das Fahrzeug so zu zerlegen, dass sämtliche verwertbaren Teile einzeln fotografiert und versand- oder abholfertig im Netz angeboten werden können. Im Gegensatz zu Haushaltsgeräten oder Computern, bei denen sich ein Ausschlachten früher ebenfalls rechnete, ist dieser Aufwand bei alten Fahrzeugen auch heute noch lohnend. Um einschätzen zu lernen, welche Modelle unter Bastlern und Sammlern überhaupt hohes Ansehen genießen, empfiehlt sich die Lektüre der Fachpresse auf gedrucktem Papier sowie im Internet, etwa unter www.motor-klassik.de. Den aktuellen Handelswert gebräuchlicher Autos, die Menschen nicht aus Kultgründen kaufen, sondern um günstig von A nach B zu kommen, ermittelt man schlicht und einfach mit einer Stunde aufmerksamen Recherchierens auf www.mobile.de, www.auto-scout24.de oder www.gebrauchtwagen.de. Die gleichen Vorgänge und Prinzipien gelten für die Bewertung von Motorrädern aller Formen und Stärken, nur dass die Kultmarken und die Fachquellen naturgemäß andere sind.

Fahrräder erleiden unter allen Fahrzeugen den größten Wertverlust. Selbst, wenn Sie Spitzenware vorfinden (Schwalbe, Rabeneick, Contoura), fräst der Zahn der Zeit so schnell an dem sportlichen Vehikel, dass Ihnen für ein Modell, das vor fünf Jahren noch € 1500,– gekostet hat, Privatleute ohne rot zu werden € 100,– und Händler (die ohnehin nie rot werden) € 35,– bieten. Elektrisch trittkraftverstärkte Fahrräder, die mittels eines Akkus aufgeladen werden, sind noch schlimmere Ware. Hier frisst der Zahn der Zeit nicht nur am Wiederverkaufswert, sondern ganz handfest am Akku, besonders wenn das Rad lange gestanden hat. Ein kaputter Akku bedeutet in diesem Fall ein verlorenes Rad, denn Ersatz kostet im Schnitt € 400,– bis € 500,– und selbst gut vernetzte Werkstätten bekommen Akkus mit optischen Fehlern und Macken, die irgendwann mal aus dem Karton gefallen sind, lediglich 10 – 15 Prozent günstiger.

FILME

Um es direkt zu sagen: Filme sind im Durchschnitt noch mal bedeutend weniger wert als Bücher. Das liegt vor allem daran, dass sich bis heute kein Medium gefunden hat, auf dem sich die bewegten Bilder so stilvoll speichern lassen, dass sich dafür Sammler im klassischen Sinne finden ließen. Natürlich gibt es »Sammler«, die sich das Wohnzimmer mit 2000 Spielfilmen und ein paar Dutzend Fernsehserien auf DVD oder Blu-ray vollstellen, aber diese sammeln nicht wegen der Ästhetik der Disks (wie Plattensammler, die ein Album, das sie auf CD oder als Datei besitzen, vor allem wegen des Formats mit buntem Vinyl oder Aufklappcover zusätzlich auf Platte besitzen wollen), sondern wegen der darauf konservierten Parallelwelten. Lediglich liebevoll gestaltete Sonder-Editionen und Boxen mit Bonusdisks und/oder Fanartikeln haben höheren Wert. Ganz »normale« DVDs oder Blu-rays entwickeln nahezu nie gute Preise, auch nicht in dem Format *Steel Book*, bei dem sie statt in einer Plastikhülle in einer Aluminiumverpackung stecken. Das heute bereits antik wirkende Format der VHS-Videokassette hat niemals echten Sammlerwert entwickelt, bloß weil es alt ist. Im Gegenteil. Man kann sogar sagen, dass speziell sehr erfolgreiche und demnach in Masse verbreitete Filme als Videokassette einen so geringen Wert haben, dass schon ihre bloße Existenz einem Haushalt auf magische Weise Geld entzieht. VHS-Videos sind magnetbandgewordene schwarze Löcher für Profite. Eine Videokassette von *Titanic* oder *Jurassic Park* wird bei Amazon gebraucht nur deshalb für einen Cent angeboten, weil der reale Wert so weit im Minusbereich liegt, dass er grafisch wie mathematisch nicht mehr darstellbar ist. Ja, sollten sich VHS-Videos von *Titanic, Jurassic Park* oder gar *Dirty Dancing* in Ihrem Haushalt befinden, könnten Sie sie beim Hausbasar für ein Cent das Stück auf einem Tisch in der Mitte des Raumes platzieren und die Wahrscheinlichkeit ist groß, dass Sie dennoch eher eine weggeworfene Kaffeefiltertüte aus dem Müll als Kunstobjekt verkaufen als einen dieser Filme auf VHS. Anders sieht es aus, würden auf dem Tisch in der Zimmermitte nicht erfolgreiche Hollywoodfilme als Videokassetten liegen, sondern obskurer Unsinn aus dem Bereich Action, Horror oder gewalttätiges Sportvideo wie zum Beispiel *Karate Warrior 5* (€ 26,98), *Freitag der 13.* (€ 29,99) oder *Feet Fists And Fury* mit Chuck Norris (€ 56,66).[3] Das liegt daran, dass bei Videokassetten im Speziellen und Filmen im Allgemeinen die Seltenheit des Produkts sowie die Gewalttätigkeit beziehungsweise die Altersfreigabe den Wert schließlich doch in die Höhe klettern lassen können. Mit anderen Worten: Alles, was erst ab 18 freigegeben oder irgendwie als »ungeschnittene« Fassung gekennzeichnet ist, wird begehrt und lockert die Scheine. Die Steigerung eines »zensierten« (also ohne Jugendfreigabe versehenen und geschnittenen, aber frei verkäuflichen) ist ein »indizierter« Film, also ein Titel, der von der Bundesprüfstelle für jugendgefährdende Medien (BPjM) aus dem regulären Handel gezogen wurde und nur noch so verkauft werden darf, dass kein Jugendlicher damit in Kontakt kommt.[4] Seit 2003 unterscheidet man hier zwischen indizierten Filmen (aber auch

CDs, Büchern, Videospielen etc. ...) der Liste A und der Liste B. Die Liste B hat uns in keiner Weise zu interessieren, denn was sich auf ihr befindet, beinhaltet nicht bloß eine »schwere Jugendgefährdung«, sondern steht auch unter »Annahme einer strafrechtlichen Relevanz« und wird meistens sogar beschlagnahmt. Interessant ist hingegen die Liste A, auf der sich verbotene Werke befinden, von denen ein Minderjähriger nicht eine Sekunde sehen darf, die aber keinen Verstoß gegen das Strafgesetz darstellen. Ein klassischer Fall dieser Kategorie ist die ursprüngliche Originalfassung von Sylvester Stallones *John Rambo*, dessen »für das Mainstreamkino beispiellose Brutalität«[5] dazu führte, dass es im Handel nur noch eine Fassung mit dem Sticker *Keine Jugendfreigabe* (so heißt heute das, was früher ab 18 hieß) und eine Fassung ab 16 Jahren gibt. Die erste ist leicht gekürzt. Die zweite ab 16 Jahren, die auch im Fernsehen gezeigt wird, besteht im Grunde nur noch aus unzusammenhängenden Sätzen und entsetzten Gesichtern aufgrund eines Gemetzels, das niemand gesehen hat. Sollten Sie bei einer Haushaltsauflösung indizierte Filme finden, kann das finanziell interessant werden, *wenn* Sie beim Verkauf ganz genau die gesetzlichen Bestimmungen beachten. Ein Auktionshaus im Internet, das den Verkauf indizierter Ware erlaubt, ist zum Beispiel www.xjuggler.de. Welche Titel zurzeit auf dem Index stehen, lässt sich herausfinden, da unser Staat serviceorientiert ist und die Liste der indizierten Werke auf Anfrage zugänglich macht.[6]

Ein letztes Augenmerk bei Filmen sollte darauf liegen, ob sie in der deutschen / europäischen Version oder als Fassung aus anderen Ländern vorliegen. Eine fremdsprachige Variante kann hier vor allem auch bei Videokassetten interessant sein, wo es »dank« technischer Einschränkungen eben nicht wie DVDs mehrere Tonspuren gab, sondern man die englische Version als Import bestellen musste.

HAUSHALTSGERÄTE (WEISSE WARE)

Wer jemals einen leidenschaftlichen Einzelhändler für Haushaltsgeräte von einer Betriebsführung bei Miele hat schwärmen hören, weiß: Waschmaschinen kann man mit der gleichen Begeisterung betrachten wie Cabrios oder viktorianische Architektur. Und es ist ja auch so. Das Innere einer Miele WKH 130 WPS für € 1459,– entspricht in der Verarbeitung und der Wahl der Materialien einem Rolls Royce. Wo ein günstiges No-Name-Produkt mit seinen Teilen aus Kunststoff und billigstem Gussbeton bei jedem Schleudergang quer durch die Waschküche wandert, bleibt die Miele mit ihrer Stahltrommel selbst bei maximaler Umdrehungszahl ruhig stehen wie ein Mönch. Die Ästhetik und Klasse einer Waschmaschine, eines Kühlschranks oder eines Herds interessiert außer Fachleuten allerdings niemanden. Potentielle Käufer bezahlen bei gebrauchten Haushaltsgeräten ausschließlich für den Namen *und* ein geringes Alter. Diese Kombination ist wichtig. Glauben Sie bitte nicht, die fünfzehn Jahre alten Haushaltsgeräte Ihrer verstorbenen Eltern noch für menschenwürdige Preise anbieten zu können, bloß weil sie von AEG oder Siemens stammen. Das funktioniert manchmal mit Werkzeug, aber niemals mit »weißer Ware«, wie der Einzelhändler die technischen Helferlein auch nennt. Hier fordern die Kunden ein junges Alter vor allem wegen der Energieeffizienz. Sind die Geräte also Markenware, die vor weniger als fünf Jahren neu gekauft wurde, suchen Sie die Originalrechnungen und Anleitungen zusammen, schlagen Sie den aktuellen Neupreis vergleichbarer Modelle nach und peilen Sie im Gebrauchtverkauf wie bei den Spitzenmöbeln zehn bis zwanzig Prozent davon an. Da Haushaltsgeräte meistens persönlich vor Ort nach Begutachtung gekauft werden, reinigen Sie sie vorher. Eine Waschmaschine, in deren Gummidichtung sich noch alte Knöpfe und Haarknäuel ertasten lassen, oder einen Herd, an dem noch die Kruste klebt, kauft Ihnen keiner ab. Falls Sie die Geräte im Netz einstellen, tippen Sie so viele Daten wie möglich aus der Anleitung für die Produktbeschreibung ab. Hier gilt genau wie bei der »schwarzen Ware« – je mehr Zahlen, desto besser sieht es aus.

HIFI-GERÄTE (SCHWARZE WARE)

Als »schwarze Ware« bezeichnen die Händler im Vergleich zur »weißen Ware« der Haushaltsgeräte alles, was mit Audio und Video zu tun hat. Kaum irgendwo schreitet der Preisverfall schneller voran. In dem Augenblick, in dem ein neues Fernsehmodell im Elektrogroßmarkt ausgestellt wird, ist der Nachfolger bereits in der Produktion und der Nachfolger des Nachfolgers in der Entwicklung. Das bedeutet nicht, dass hochwertige Geräte heute kein anständiges Lebensalter mehr erreichen können. Ein teurer Plasmafernseher von Panasonic oder Loewe führt seine Dienste durchaus zehn bis zwanzig Jahre aus, wenn man Glück hat und selten umzieht. Das ändert leider nichts daran, dass sein Wiederverkaufswert sich in Relation zum damaligen Neupreis in sehr übersichtlichen Grenzen hält. Dennoch lohnt es sich, Fernseher anzubieten … wenn es sich um Markenware handelt und es Flachbildgeräte sind, wobei die Abstufung von »unten« nach »oben« grob mit LCD-Plasma-LED angegeben werden kann. Traditionelle Röhrengeräte sind Pfennigware oder ein Fall für die Spende, ebenso wie alte Videorekorder. Selbst »moderne« Abspielgeräte wie DVD- oder Blu-ray-Player werden heute schon neuwertig zu so geringen Preisen angeboten, dass sie im Verkauf keine tragende Säule Ihrer Haushaltsauflösung bilden können. Digitalreceiver laufen gut, falls TechniSat auf ihnen steht, einer der letzten Hersteller, der tatsächlich noch in Deutschland produziert. Die Grundregel bei allem, was mit *Video* zu tun hat, lautet also: Es lohnen nur Marke und junges Alter. Etwas anders verhält sich das im *Audio*bereich. Hier muss man unterscheiden, ob es sich beim Verstorbenen um einen Menschen gehandelt hat, der einfach nur seine Musik hören wollte und daher eine möglichst dezente Kompaktanlage irgendwo zwischen den Bildbänden und dem künstlichen Efeu versteckte, oder ob er ein audiophiler Technikfreak war, für den die Stereoanlage den Mittelpunkt des Wohnzimmers darstellte. Solche Menschen betrachten Kompaktanlagen als Sakrileg und stellen sich ihren HiFi-Traum lieber aus teuren Einzelkomponenten zusammen. Derlei Technik ist immer noch etwas wert und findet andere Audiophile als Abnehmer. Die Kompaktanlage an der Wand oder zwischen den Efeuranken hingegen ist meistens ein Fall für die freudige Spende. Eine Ausnahme stellen Kompaktanlagen der Nobelmarke Bang & Olufsen dar. Diese High-End-Firma für solvente Genussmenschen zwingt nicht zur Entscheidung zwischen perfekter Raumästhetik und perfektem Raumklang, sondern stellt Geräte her, die beides miteinander verbinden und die in Spielfilmen häufig in die Kulisse gestellt werden, um eine Figur als herausragend reich an Geld und Geschmack zu charakterisieren. Egal, was Sie anbieten – sollten Sie die Geräte live beim Hausbasar verkaufen, entfernen Sie zuvor jedes Staubkorn und lassen Sie sie alle laufen! Es hat schon seinen Grund, warum es im Elektrogroßmarkt zwecks Vertrauensbildung in die Technik aus jeder Ecke flimmert und plärrt. Bieten Sie die Geräte im Netz an, tippen Sie so viele technische Details in die Artikelbeschreibung, wie Sie in der Anleitung oder in einer bereits im Netz vorhandenen Beschreibung des gleichen Gerätes finden können … auch, wenn Sie persönlich keine Ahnung haben, was eine »Übersprechdämpfung von 100dB« oder ein »Klirrfaktor < 0,005 %« bedeuten. Fragen Sie sich einfach selbst, welchem Privatanbieter Sie mehr vertrauen und was Ihre HiFi-Kauflust stärker anregen würde. Ein Anbieter, der lieblos zwei Zeilen wie »Verkaufe eine ältere Stereoanlage. Bedienungsanleitung dabei. Fernbedienungen nicht dabei. Macht mir einfach ein Angebot« ins Netz rotzt, oder einer, der sich die Mühe macht, nicht nur die Marke zu nennen, sondern auch noch in schöner Schrift und präziser Auflistung von »Klirrfaktoren« und »Dynamikbereichen« zu schreiben.

KLEIDUNG

Die Kleidung eines Verstorbenen zu sichten, ist belastend. Sollten Sie an dieser Stelle wieder Skrupel überkommen und der bereits vertraute Satz »ich kann doch nicht … « in Ihnen laut werden – geben Sie ihm dieses eine Mal ruhig nach! Rufen Sie bei einem örtlichen

Second-Hand-Laden für Bekleidung an und laden Sie die Betreiberin (nur sehr selten ist es ein Betreiber) ein, vorbeizukommen und in aller Ruhe alles auszusuchen, was sie für den Verkauf im Laden gebrauchen kann. Schließen Sie ihr das Schlafzimmer auf, zeigen Sie ihr den Kleiderschrank und sagen Sie: »Ich warte nebenan und mache Kaffee. Lassen Sie sich Zeit.« Die zwei bis vier Kartons, welche die Frau dann auf Kommission mitnehmen wird, werden in der Regel über ein halbes bis ein ganzes Jahr abverkauft, und Sie erhalten die Erlöse im Nachhinein. Bitten Sie die Dame darum, alle Klamotten, die sie nach Ablauf der Zeit nicht verkaufen konnte, direkt zu spenden, damit Sie selber nicht nach einem Jahr in den Laden fahren und erneut mit den Textilien hantieren müssen. Sämtliche Kleidung, die die Händlerin nicht mitnimmt, bringen Sie ohne Aufschub selber zum Sozialkaufhaus oder zum Altkleidercontainer. Falls Ihnen das eigenständige Verkaufen der Kleidung nicht zu schwer erscheint oder der Gedanke daran, dass der Verstorbene seine Sachen ungern verschleudert hätte, Sie motiviert, gilt für Mode die Faustregel: Marken sind gut. Sondergrößen sind gut. Spezialzwecke sind gut. Sprich: Ein Sakko von Hugo Boss, eine Jeans von Roberto Cavalli oder Damenschuhe Manolo Blahnik können Sie immer verkaufen. Übergrößen aller Art finden nahezu unabhängig von der Marke Abnehmer, da der Gebrauchtmarkt für beispielsweise Männer mit 2,10 Meter und Schuhgröße 54 naturgemäß nicht überfüllt ist. Mit Spezialzwecken sind sowohl Berufskleidung aller Art als auch Klamotten für Outdoor, Survival und Leistungssport oder gebrauchte Militärkleidung gemeint. In all diesen Bereichen können Sie die Stücke sogar einzeln im Netz einstellen und werden dabei solide Ergebnisse erzielen.

Realistischer ist allerdings, dass Sie keinen Kleiderschrank voller Markenware und Nischentextilien finden werden, der James Bond oder Angelina Jolie alle Ehre machen würde, sondern lediglich ein paar teure Stücke und dazu eine große Menge grundsolider Alltagskleidung der bekannten Kaufhäuser und Versandkataloge. Hosen, Blazer, Hemden, Jacketts, Pullover und Anzüge, die schon neuwertig für überschaubare Summen von den klackernden Kleiderbügeln bei

Peek & Cloppenburg, H&M oder C&A gezogen oder mittels der Kataloge von Bon Prix, Otto, Witt Weiden oder Baur ins Haus beordert wurden. Schuhe, die dem Verstorbenen nicht im Designergeschäft bei einem Glas Champagner von einem enthusiastischen Pinguin mit Maßband auf den schlanken Fuß geschneidert, sondern kurzentschlossen bei Deichmann, Reno oder dem Siemes Schuh-Center in die Kartons gepackt wurden. Blusen und Westen, die in ihren Schildchen Markennamen wie Bonita, Miss H, Prisma, Seeler, StreetOne oder Yessica ausweisen. In diesem Fall wäre es horrende Zeitverschwendung, den Verkauf *einzelner* Teile über das Internet auch nur zu versuchen. Drapieren Sie diese brauchbaren Textilien bei Ihrem Hausbasar oder auf dem Trödel oder stellen Sie wirklich große (!) Pakete bei eBay ein, indem Sie *alle* Blusen, *alle* Jeans, *alle* Pullover und *alle* Schuhe als jeweils ein Superangebot verkaufen. Jede Form der Intimwäsche sowie Socken und Strümpfe sollten Sie bei diesem Zusammenstellen großer Pakete ganz meiden, da diese nicht gekauft werden und bei sauberem und ordentlichem Zustand in den Kleidercontainer gehören. Winter-Accessoires wie Schals und Mützen, Frühlings-Accessoires wie Halstücher oder Sommerutensilien wie Bademode hingegen eignen sich dafür hervorragend. Egal, woraus Ihre Pakete am Ende aber bestehen – machen Sie sich darauf gefasst, dass eine Auktion über 26 Teile durchaus bei € 7,15 plus Versandkosten enden kann, schnüren Sie das Paket in dem Wissen, dass der Empfänger sich freut und wahrscheinlich wenig Geld hat … und nehmen Sie vorher die gebrauchten Tempos, losen Hustenpastillen und zerknüllten Geldscheine aus den Taschen!

KUNST UND ANTIQUITÄTEN

Das Feld der Kunst und Antiquitäten ist schlichtweg zu weit, um darüber allgemeine Aussagen treffen und Faustregeln festzurren zu können. Nicht umsonst basiert eine komplette, seit 1985 ausgestrahlte Fernsehsendung wie *Kunst & Krempel* des Bayerischen

Rundfunks auf nichts anderem, als »Familienschätze« daraufhin zu untersuchen, ob sie eben Kunst oder Krempel sind.

Eine der üblichsten Antiquitäten, die man in einer »typischen« Haushaltsauflösung findet, sind beispielsweise alte Kaffeemühlen. Sie sehen toll aus, fühlen sich toll an und erfreuen einen als Objekte, die einfach etwas wert sein müssen. Leider entsteht Wert durch Knappheit. Und da hapert es bereits. Am Tage, an dem dieses Kapitel verfasst wird, verzeichnet die Kleinanzeigenseite von eBay in der Kategorie für Antiquitäten unter dem Punkt »Kaffeemühlen« satte 1.654 Einträge bundesweit. Würde man sich die Mühe machen und diese 1.654 Einträge um jede nicht antike Kaffeemühle sowie sonstigen Unsinn, den die Leute aus Versehen in die falsche Kategorie gesteckt haben, bereinigen, blieben immer noch weit über tausend antiquarische Kaffeemühlen übrig – an einem Angebotstag! Die Kaffeemühle ist somit ein Sinnbild für die typische Enttäuschung beim Vorfinden schöner Antiquitäten.

Halbwegs klare Regeln lassen sich in diesem Bereich nur bei Bildern aufstellen. Hier ist zunächst zu unterscheiden, ob es sich bloß um gerahmte Kunstdrucke und Poster oder um Originale handelt. Da bei einer normalen Haushaltsauflösung sicher kein echter van Gogh oder Chagall auftaucht, meint »Original« hier häufig so etwas wie schöne Bleistiftzeichnungen von Landschaften, von denen mehrere kleine stilvoll in Passepartouts in einem großen Rahmen zusammengefasst wurden. Versuchen Sie, anhand der Signatur den Künstler zu erkennen und etwas über ihn oder sie herauszufinden. Selbst, wenn Ihnen das nicht gelingt, lohnt es sich, derlei Arrangements anzubieten. Sowohl bürgerliche Privatleute wie auch Ärzte oder Anwälte suchen gerne mal bei Hausbasaren oder im Netz nach günstigem, schönem Wandschmuck für ihre Wohnräume, Praxen und Büros. Machen Sie sich hierbei bitte klar, dass bei einem guten Zustand allein der Rahmen selbst einen soliden Wert hat. Gute Bilderrahmen aus Holz oder Alu kosten vor allem in ungewöhnlichen Größen oder schönem Dekor neuwertig richtig viel Geld, weswegen der Herr Anwalt für drei stilvolle Bleistiftskizzen vom Niederrhein in einem großen Rahmen von 40 × 120 cm durchaus € 50,– zu geben bereit ist – wenn Sie den Mut haben, an dieser Stelle beim Verhandeln keine falsche Bescheidenheit an den Tag zu legen. Achten Sie beim Anbieten der Bilder bitte sorgsam auf mögliche Schäden des Rahmens und des Glases sowie auf die teuflischen kleinen Thripse. Diese nur zwei Millimeter kleinen Fransenflügler, die der Volksmund auch »Gewittertierchen« nennt, suchen bei niedrigen Temperaturen Schutz in den Spalten von Blütenknospen ... oder hinter dem Glas von Bilderrahmen. Was bereits bei den eigenen Bildern im Haus stört, deren Reinigung man stets vor sich herschiebt, ist beim Verkauf gar nicht zu tolerieren. Man kann im Grunde sagen: Jeder einzelne Fransenflügler saugt mit seinen zwei Millimetern Größe mindestens zwei Euro Verkaufswert aus dem Kunstwerk.

Zur realistischen Bewertung der großen Vielfalt von Kunstwerken und Antiquitäten kann ansonsten nur darauf verwiesen werden, in mühevoller Eigenregie Auktionshäuser wie www.artnet.de oder www.icollector.com nach ähnlichen Stücken zu untersuchen oder sich ein seriöses Wertgutachten zu leisten. Im Gegensatz zu Händlern, die Ihnen im Falle echter Schätze natürlich niemals die Wahrheit sagen und versuchen werden, die Wertstücke zu einem Spottpreis anzukaufen, bieten seriöse Experten kostenpflichtige Gutachten *ohne eigenes Ankaufsinteresse* an. Die Seite www.antikcheck.de ist hier ein Beispiel, wie so etwas aussehen sollte. Ein solches Gutachten erstellen zu lassen, lohnt sich nur bei einer größeren Anzahl antiker Gegenstände ... und in gar keinem Fall bei alten Kaffeemühlen.

MILITARIA

Orden, Waffen, Uniformen, Feldpostkarten, Abzeichen ... Originalgegenstände aus den Kriegen der Menschheit gehören zu den lukrativsten Dingen, die Sie bei einer Haushaltsauflösung finden können. Die Menschen lieben die Schlacht, solange sie nicht selber mitmachen müssen. Die Aura der Geschichte. Den Gedanken, dass diese

Waffe im Einsatz war, dieser Orden für echte Gefechte verliehen wurde oder diese vergilbte Karte tatsächlich von der Front in die Heimat geschickt wurde. Die Satteltasche eines Meldereiters aus dem ersten Weltkrieg ist eben kein Gebrauchsgegenstand aus Leder, sondern gelebte Geschichte und deshalb um die hundert Euro wert. Eine Wehrmachtskrawatte des Afrika Korps können Sie bei eBay für € 25,– Startgebot anbieten. Da liegt aber auch das Problem mit solchen Artefakten. Sie sind verrucht. Es steigert nicht gerade die Sympathie bei Ihren Mitmenschen, wenn Sie auf die Frage, was Sie gestern gemacht haben, antworten: »Ich habe erfolgreich eine Wehrmachtskrawatte verkauft.« Besser ist es, Sie verkaufen für € 40,– einen Ausmusterungsschein der Wehrmacht, das wirkt eher wie Widerstand, bringt aber auch Geld.

Im Paragrafen 86 und 86a des Strafgesetzbuchs hat der Staat festgelegt, wie und warum mit Propagandamitteln von verfassungswidrigen Organisationen gar nicht erst gehandelt werden darf. Faustregel: Wenn in Urgroßvaters oder Großvaters alten Sachen das Hakenkreuz prangt oder es offen »Heil Hitler!« von den Schriftstücken plärrt, sollten Sie damit nicht unbedingt die Handelsplätze im Internet bemustern. Von der Kundschaft, die Sie damit anziehen könnten, mal ganz abgesehen. Viel besser wäre es ohnehin, eine Prunkarmbrust mit Winde aus dem 16. Jahrhundert oder einen spanischen Glockendegen von 1748 zu finden und dafür € 15 000,– oder € 2500,– zu kassieren.[7] Damit wurde zwar auch getötet, aber es ist länger her und führt nicht dazu, dass die Nachbarn glauben, Sie seien seit neuestem in der NPD. Das häufigste Nachlassobjekt ist der Orden, bei dem Sie sich als Erbe die Echtheitsprüfung sparen können, da Urgroßeltern oder Großeltern schließlich tatsächlich dabei waren und sich nicht in Nachkriegszeiten auf Messen für Devotionalien Fälschungen andrehen lassen mussten. Zumal Zeitzeugen dem Krieg, den sie mit eigenen Augen gesehen haben, meistens ohnehin nicht im Modus der »Devotionalien« gegenüberstanden.

MÖBEL

Beim Verkauf der Möbel lernt man am meisten darüber, wie die eigene Psyche wider jede Vernunft systematisch Preise überschätzt. Man denkt sich: Zwischen diesen Schränken, Tischen und Vitrinen habe ich Jahrzehnte meines Lebens verbracht, ergo müssen sie großen Wert haben. Man verwechselt persönliche Gefühle mit dem tatsächlichen Marktpreis. Oder man urteilt noch schlichter, nahezu steinzeitlich: Diese Sachen sind groß, ergo müssen sie großen Wert haben.

Es klingt unglaublich, aber auch Ihnen kann das passieren! Für eine alte Schallplatte, die in jeder Trödelkiste als Ladenhüter vor sich hingammelt, wollen Sie unbedingt noch fünf Euro haben, weil Sie mit den Liedern darauf Erinnerungen verbinden. Zu der alten Stichsäge von Bosch haben Sie kein Verhältnis und verschleudern Sie dagegen für einen Fünfer, wobei Sie sich wundern, wieso der Ankäufer dabei so freudig große Augen macht. Den alten Mazda 626 wollen Sie einfach nicht unter € 4000,– aus der Garage lassen, obwohl Sie längst bemerken, dass diese Summe niemand zahlt – das winzige Pillendöschen geht derweil bei Ihrem Hausbasar aus Versehen für zwei Euro raus, weil Sie nicht darauf geachtet haben, dass es aus echtem Silber ist.

Je stärker oder je länger ein Gegenstand also mit Erinnerungen aufgeladen wurde und je größer er physisch ist, desto eher überschätzt man seinen Preis. Es ist mal wieder das Kindheits-Ich, das hier das Heft in die Hand nimmt, und wer das zulässt, wird auf Wertlosem sitzen bleiben und für das, was sachlich tatsächlich etwas hergibt, aus Versehen Spottpreise nennen.

Möbel sind meistens mit Erinnerungen aufgeladen und groß. Einen wirklichen Wiederverkaufswert haben sie allerdings leider nur, wenn sie entweder *echt antik* sind oder zu *absoluten Spitzenmarken* gehören. Allen voran ist hier Hülsta zu nennen. Für einen mehrteiligen Kleiderschrank dieser Firma bekommen Sie beispielsweise auch nach satten zwanzig Jahren immer noch je nach Bauweise € 500,– bis € 1000,–. Hülsta ist das Bayern München unter den Möbeln, der

Mercedes in Echtholz. Weitere Namen, die potentielle Ankäufer aufhorchen lassen, sind Paschen, Wöstmann, die Möbelfabrik Gwinner oder der österreichische Anbieter Skloib. Surfen Sie einmal auf die Internetseiten dieser Firmen und Sie werden bereits auf den ersten Blick von Ästhetik und stolzem Traditionsbewusstsein überschwemmt. Egal, wie alt die Regale, Tische, Schränke, HiFi-Möbel oder Sideboards solcher Firmen sind – ist der Zustand gut, können Sie hier auch nach über zehn Jahren grundsätzlich noch rund 10 bis 20 Prozent des damaligen Kaufpreises rausholen. Wichtig ist, im Nachlass die Originalrechnungen und Papiere zu den Möbeln zu finden. Zum einen, weil Ankäufer solch hochwertiger Ware einen Nachweis verlangen, zum anderen, um die genaue Bezeichnung von Serie und Modell sowie im besten Fall noch die Anleitung zum Aufbau und Abbau zur Hand zu haben. Hochklassige Möbel erklären sich in dieser Hinsicht grundsätzlich niemals von selbst. Sie verbergen auf den ersten Blick jede Schraube und jede Verbindung. Sogar Tischler tun sich ohne Anleitung erfahrungsgemäß schwer, das Konstruktionsprinzip zu begreifen. Finden Sie wenigstens eine Originalrechnung, haben Sie somit auch Kontaktdaten zur Hand. Scheuen Sie bitte nicht, die jeweilige Firma anzurufen und um Rat beim Abbau, aber auch bei der genauen Werteinschätzung zu bitten, selbst wenn es fünfzehn Jahre her ist, dass der Verstorbene das Möbelstück dort gekauft hat. Anders als bei den Verkäufern von Massenware bleibt bei hochklassigen Firmen (wie bei hochklassigen Autohäusern oder 5-Sterne-Hotels) der Kunde ein Leben lang König. Möbel von Spitzenmarken werden Sie in jedem Fall zu einem guten Preis relativ zügig los. Dauert es dennoch länger als die verbleibende Zeit, in der Ihnen die Wohnung des Verstorbenen noch als Kontor zur Verfügung steht, lohnt es sich hier gegebenenfalls, die Möbel sorgsam abzubauen und in einem Mietlager einzulagern. »Selfstorage« erfreut sich wachsender Beliebtheit. Ein gutes »Indoor-Lager« bietet für Ihre wertvollen Einrichtungsgegenstände Klimatisierung und professionelle Luftentfeuchtung sowie permanente Überwachung. Für den Fall, dass Sie viele hochwertige Möbel und Geräte im Nachlass finden, die Sie nicht schnell genug verkaufen können, rechnen Sie die Miete des Lagers einfach gegen die realistischen Einnahmen und parken Sie die Möbel noch einige Zeit ein, bis sie alle verkauft sind. Das gilt natürlich ganz besonders für die erstgenannte Kategorie wertvoller Möbel neben den Markensachen, den *echt antiken Möbeln*. Die schlechte Nachricht direkt vorweg: Gehörte der Verstorbene zur »ganz normalen« Mittelschicht und steht seine Wohnung trotzdem erstaunlicherweise voller »antiker Möbel«, sind diese alten Schätze meistens gefälscht. Das ist vor allem für das Kindheits-Ich schwer zu verdauen. Ein halbes Leben lang glaubte man, die Vitrinen und Kommoden der Eltern stammten tatsächlich aus den Zeiten, als vorm Fenster noch die Pferdekutschen über das Kopfsteinpflaster klackerten. Man erinnert sich daran, wie Gäste stets von Mutters »antiken Möbeln« schwärmten, und schloss man selbst die Vitrine auf, um Gläser für die Gäste herauszuholen, gab es einen satten, bauchigen Klang, wenn man den alten Schlüssel drehte. Folglich verlangt man für die Vitrine zu Beginn der Nachlassverkäufe im Brustton der Überzeugung € 500,– ... und gibt sie schließlich einige Wochen später, als vorletztes Teil, für € 50,– ab.

Einfache Möbel, die nur auf alt getrimmt wurden, erfreuten sich in bürgerlichen Wohnungen der Siebziger- und Achtzigerjahre besonders großer Beliebtheit. Sie waren bezahlbar und setzten dennoch Akzente als stünde man in einem alten Schloss mit Wassergraben. Abseits dieser bewusst gekauften Imitate kann der Verstorbene damals natürlich auch auf Betrüger reingefallen sein, die Möbel als echt antik verkaufen und sehr geschickt kopieren. Die Echtheit eines »antiken« Stücks erkennen Sie als Laie niemals mit absoluter Sicherheit, aber es gibt Indizien. Machen Sie den Schubladentest. Ziehen Sie eine Schublade heraus und schauen nach, ob die Läufe, in denen sie sitzt, abgenutzt sind. Legen Sie besonderes Augenmerk auf die Beschläge. Sind sie gegossen oder geprägt, deutet das auf Echtheit hin. Finden Sie gleichmäßige, scharfe Kanten vor, sind die Möbel mindestens jünger als 175 Jahre, da Werkzeuge für so präzises Arbeiten erst Mitte des 19. Jahrhunderts erfunden wurden. Glatte, weiche, aber zugleich *ungleichmäßige* Kanten und Rücken sind hingegen gut. Chirurgisch gleichmäßige Kanten können nur mit elektrischen

Sägen erzeugt werden und zeugen somit von einem bedeutend jüngeren Datum. Achten Sie in dieser Hinsicht vor allem auf die Schwalbenschwänze, also die Eckverbindungen von Möbeln. Sie können niemals geometrisch perfekt glatt sein, wenn sie handgefertigt wurden.

Um es ganz allgemein auszudrücken: Denken Sie immer an den menschlichen Faktor bei Handarbeit. Gebrauchsspuren vom *Benutzen* der Möbel über die Jahre kann man (bis hin zum gebohrten Wurmloch) leicht fälschen, aber die charmante und nur beim genauen Hinsehen erkennbare Ungenauigkeit, die notwendig mit Handarbeit einhergeht, transportiert die alte Aura bis ins 21. Jahrhundert. Ganz sicher können Sie allerdings nur sein, wenn Sie einen Fachmann hinzuziehen, der kein eigenes Kaufinteresse hat. Am besten ist es, Sie haben während der *Bürokratiesichtung* in den alten Akten des Verstorbenen Originalrechnungen eines Antikhändlers gefunden, der das jeweilige Möbelstück damals beim Kauf als echt antik zertifiziert hat.

Sämtliche Möbel, die weder echt antik noch von Spitzenherstellern sind, lassen sich in einem Satz abhandeln: Erwarten Sie nichts. Verkaufen Sie die Sachen über die Kleinanzeigen, über eBay oder beim Hausbasar für das, was Sie eben bekommen. Auktionen bei eBay enden in solchen Fällen manchmal tatsächlich bei € 1,83 für einen schlichten Pressspanschrank mit Furnier oder bei € 37,50 für einen nachgemachten Jugendstilsekretär. Lassen Sie es zu und trösten Sie sich damit, dass die Möbel in solchen Fällen ein neues Zuhause bei Menschen finden, die sich über das Schnäppchen wirklich freuen. Ein Händler kauft derlei Stücke schließlich gar nicht erst an. Die uralte Schrankwand »Eiche rustikal« und alles, was man im Volksmund als »Gelsenkirchener Barock« bezeichnet, ist dermaßen ungefragt, dass selbst Sozialhäuser es kaum geschenkt abholen. Spezifische Möbel des Wirtschaftswunders wiederum haben einen gewissen Kultstatus. Sofalandschaften, einzelne Couchen und Sessel sind abseits von Spitzenmarken oder Designmöbeln meistens gar nichts mehr wert, was der natürlichen Abnutzung der Stoffe oder des Leders geschuldet ist. Betten (Gestell und Rost, niemals die

Matratzen) können halbwegs solide Preise erzeugen, wenn sie aus Echtholz oder Metall sind. Einen seltsamen Sonderfall stellen sämtliche Möbelstücke von IKEA dar. Sie sind zwar von Natur aus günstig und insofern alles andere als eine Wertanlage, gehören aber zugleich vertraut und innig zum Leben nahezu aller Deutschen, da jeder sie kennt und in irgendeiner Phase seiner Biografie garantiert in ihnen wohnt. Sie gebraucht anzubieten, erzeugt keine Profite, führt aber immer zu Kundschaft – wenn die Stücke noch ordentlich in Schuss sind. Da es unmöglich ist, Möbel von IKEA ohne Schäden und Substanzschwund auf- und abzubauen, gilt hier die schwedische Faustregel: Je weniger oft BILLY, NORESUND und IVAR in ihrem Möbelleben umziehen mussten, desto solider ist ihr Wiederverkaufswert.

MÜNZEN UND BRIEFMARKEN

Es gibt ein beeindruckendes Wort unter Soziologen oder Philosophen: Herrschaftswissen. Der Begriff meint den Einblick in bestimmte Geheimnisse und Mechanismen, den nur die mächtigsten Politiker oder Kleriker haben. Oder die Forscher in ihren Laboren. Oder die Geheimdienste. Was Herrschaftswissen aber wirklich bedeutet, werden Sie erfahren, wenn Sie bei einer Haushaltsauflösung vor ein paar Mappen mit Briefmarken oder Münzen sitzen, den Kopf schwer in Ihre Hände stützen und immerfort seufzen: »Ich habe doch keine Ahnung. Ich habe doch keine Ahnung.«
Die Numismatik (Münzen) und die Philatelie (Briefmarken) sind Wissenschaften für sich und trotz Internet weiterhin rätselhaft geschlossene Gesellschaften. Münzen und Briefmarken machen es niemandem leicht. Sie errichten gebirgsgleiche Einstiegshürden. So böse wie faszinierend flüstern sie einem zu: »Mit uns befasst man sich nicht nebenbei. Du willst uns erobern? Dann schenk uns deine Zeit, deine Aufmerksamkeit, dein Leben.«
Die dümmste Entscheidung, die Sie in diesem Bereich treffen können ist natürlich die, mit den Münzen oder Marken zu *einem* Händ-

ler zu gehen, um sie dort »schätzen« zu lassen. Sind sie viel wert, wird der Mann natürlich nicht die Wahrheit sagen und Ihnen den Schatz weit unter Wert abknöpfen. Sie können natürlich auch zu drei oder vier Händlern gehen. Haben Sie keinen Schatz, ist das egal. Steckt ein Vermögen in Ihrer Tasche, geben Sie dann eben vier verschiedenen Männern die Chance, Sie auszunehmen. Besser als beim Händler ist die Beratung durch öffentliche Briefmarkenvereine oder persönliche Bekannte, die sich mit dem Thema befassen. Das mulmige Gefühl, den Menschen mit dem Herrschaftswissen hilflos ausgeliefert zu sein, werden Sie aber auch dort nicht los. Dabei haben diese Leute ihr Wissen nicht durch Mitgliedschaft in einem Geheimbund oder Aufstieg zu einer halbgöttlichen Wesenheit erlangt. Der einzige Vorsprung, der sie zu Experten machte, war die aufs Thema aufgewendete Zeit.

Die haben Sie nicht.

Aber: Sie können und sollten sich ein paar Grundkenntnisse erarbeiten, die Sie dazu befähigen, wenigstens zu erkennen, wann jemand Sie über den Tisch ziehen will, *oder* die Sie selbst so wirken lassen, als könne man Ihnen nicht von Grund auf ein X für ein U vormachen.

Wer eine Briefmarkensammlung erbt, sollte sich den offiziellen Briefmarkenkatalog zur vertrauten Lektüre machen. Er heißt MICHEL, teilt sich in verschiedene Themenbände und ist physisch in Bibliotheken sowie digital im Netz unter www.briefmarken.de einsehbar. Die in ihm abgedruckten Preise sind seriöse relative Richtwerte, aber *nicht* automatisch das, was ein Sammler zu zahlen bereit ist. Als grundsätzliche Faustregel, die Sie mindestens beherrschen sollten, um nicht als völliger Laie dazustehen, gilt: Marken aus den letzten 60 Jahren sind so gut wie wertlos, da die meisten in Milliardenauflagen hergestellt wurden. Möchten Sie als Ahnungsloser eiskalt bluffen und so tun, als seien Sie Sammler, lesen Sie ein paar Foren quer und merken Sie sich willkürlich Begriffe wie Rakeltiefdruck, Luminiszenz oder Rasterfeinheit.

Bei Münzen gibt es keinen zentralen Katalog wie den MICHEL bei Briefmarken, dafür aber solide Informationsportale wie www.

muenzen.eu oder den Verband der deutschen Münzvereine (www. numismatische-gesellschaft.de). Hier wäre es als grobe Mindestkenntnis wichtig, sich als erstes die Unterteilung in deutsche Münzen, Euro-Münzen und Weltmünzen, die man »nur« aufgrund ihrer Motive sammelt, sowie Anlagemünzen klarzumachen, die aus reinem Gold, Silber, Palladium oder Platin bestehen und natürlich selber schon puren Materialwert haben. Je weniger Gebrauchsspuren eine Münze hat, desto besser. Ist die Münze nicht historisch, muss sie im Grunde perfekt sein. Ist sie umgekehrt antik, machen Spuren weniger aus, wobei die Wahrscheinlichkeit, wahrhaft uralte Münzen zu finden, äußerst gering ist.

MUSIK

Eines vorweg: Die Behauptung, dass CDs heutzutage grundsätzlich nur noch verramscht werden können und niemals echten Sammlerwert hatten, ist eine Lüge, die von Schallplattenfundamentalisten in die Welt gesetzt wurde. Das Album *Green Growing Soul* von der deutschen Noiserock-Band ULMe zum Beispiel steht zurzeit bei Amazon neuwertig zum Preis von € 69,97 ein. Als CD! Der schwedische Hochgeschwindigkeits-Punkrock auf *666 Motor Inn* der Formation Satanic Surfers stand bis vor kurzem zum vergleichbaren Kurs im Marketplace von Amazon als CD ein – und wurde längst verkauft! Zwei Beispiele dafür, wann sogar CDs hohe Sammlerwerte erzielen und insofern zwei typische Beispiele, als dass es hier einen handfesten Grund gibt: Beide Werke sind bei Plattenfirmen erschienen, die es gar nicht mehr gibt *und* deren Veröffentlichungen selten angeboten werden, da fast jeder, der sie besitzt, sie auch behält. Nun können Sie natürlich sagen: Kein Mensch kennt ULMe oder die Satanic Surfers. Da haben Sie Recht, es ist Nischenware. Solche kann allerdings auch im Gesamtwerk sehr bekannter Künstler entstehen! Wo Maxi-CDs beispielsweise generell noch weniger wert sind als Alben und in der absoluten Mehrheit der Fälle als Cent-Ware über die Flohmärkte fliegen, verlangt der günstigste Anbieter für die Importfassung der Maxi-Single *You Still Touch Me* des Weltstars Sting auf Amazon lockere € 10,70. Und das Solo-Album *Movies* des ebenso weltbekannten A-ha-Sängers Morten Harket steht als hoffnungslos vergriffene Import-CD bei Amazon für unfassbare € 401,– ein!

Generell gilt zugegebenermaßen dennoch: Vinyl hat als Medium im Schnitt natürlich den höheren Sammlerwert. *Wenn* es gut in Schuss ist und *wenn* die Stilrichtung stimmt. Platten mit Volksmusik, Schlagern und Klassik können Sie im Grunde ungesehen in die 1-Euro-Kiste aussortieren. Sammler suchen Rock, Jazz, Heavy Metal, Hip-Hop, Reggae … im Grunde alle Formen der Populärmusik, die zugleich wiederum nicht »zu« populär waren. Alte Scheiben von Jethro Tull oder dem Alan Parsons Project finden kaum zahlungswillige Sammler, alte Scheiben von Thin Lizzy oder Pink Floyd allerdings schon – es sei denn, bei Pink Floyd handelt es sich um das Erfolgsalbum *The Dark Side Of The Moon*, das eine zu hohe Auflage hatte, was bei dem Experimental-Wahnsinn von *Umma Gumma* schon wieder anders aussieht. Gut, dass es in der Parallelwelt der Musik eine ähnliche klare Ressource und Kategorienbildung gibt wie bei den Comics. Man surfe auf die unter »normalen Menschen« (also Gelegenheitshörern ohne Sammelwut und Abonnements von Musikmagazinen) wenig bekannte Internetseite www.discogs.com und tippe Interpret und Album dort ein. Die irrsinnig große und von Musiksammlern der Welt gemeinsam erzeugte Datenbank zeigt einem sofort sämtliche (!) Arten und Auflagen an, in denen das Werk veröffentlicht wurde. Sprich: Alle Formate (LP, CD, MC) und alle Länderfassungen mit allen Plattenfirmen und Wiederauflagen. So erkennt man, was genau vorliegt, und kann unten rechts auf dem Monitor nachschauen, zu welchen Preisen das Album in den letzten sechs Monaten minimal wie maximal verkauft wurde. Zwar handelt es sich hier »nur« um Handelsbewegungen auf Discogs selbst (das Datenbank *und* weltweite Börse zugleich ist), aber die reichen für eine realistische Einschätzung des Sammelwertes aus. Wenn professionelle Händler gebrauchter Platten und CDs ihre eigenen Preise für Ankauf und Verkauf kalkulieren, orientieren sie sich an den

Preisen auf Discogs und Amazon – immer in Relation zum angegeben Zustand. Bei Discogs wird dieser Zustand sogar in präzise definierten Abstufungen angegeben, wie sie sich über die Jahrzehnte unter Plattensammlern eingebürgert haben, vergleichbar der Genauigkeit der Grade bei den Comicsammlern. In der Musik reicht die Skala von »Mint« bis »Fair«, wobei »Mint« für ein absolut perfektes, meist noch originalverschweißtes Stück ohne jeden Makel an Platte und Hülle steht und »fair« trotz des netten Wortes lediglich bedeutet, dass die Platte samt Hülle überhaupt noch handhabbar ist. Tonträger wie Verpackung können im Zustand »fair« also Kratzer, Risse und Schlimmeres aufweisen. Ursprünglich speziell für Vinylsammler erfunden, wird diese Terminologie bei Discogs für alle Medien benutzt. Es lohnt sich also unterm Strich, sämtliche Musik, die man findet, einmal bei Discogs einzugeben und/oder direkt dort als Angebot einzustellen. Die Seite erlaubt es schließlich, die eigene Sammlung als Liste anzulegen und gleichzeitig zum Verkauf freizugeben. Amazon ist die übliche Alternative, besonders wenn unter den Titeln wieder die drei magischen Worte »derzeit nicht verfügbar« stehen und man der erste Anbieter für die CD oder LP wird. Musikkassetten bringen als drittes früher verbreitetes Medium so gut wie nie etwas ein, da sie kaum gesammelt werden. Finden Sie allerdings echte, angesehene Kulttitel der Rock- und Popgeschichte als Original-MC, behalten Sie sie ruhig und stellen Sie sie ins Netz, gerade *weil* nur wenige sie sammeln. Schließlich bieten umgekehrt auch nur sehr wenige ein Album von AC/DC, Nirvana oder John Lee Hooker gezielt als Kassette an. Obwohl dieses Medium früher auch als Original durchaus verbreitet war, sind Alben in diesem Format größtenteils wie vom Erdboden verschluckt, weil die Menschen sie entweder alle irgendwann wegen Bandsalat weggeworfen haben oder weil jeder sie als heimliches Format des Herzens behält.

PORZELLAN UND GESCHIRR

Teller, Tassen, Schüsseln – wer von Porzellan spricht, meint meistens Tafelporzellan. Im Gegensatz zu figürlichem Porzellan, großen Vasen oder sogar Spieluhren findet sich Tafelgeschirr aus Porzellan in nahezu jedem Haushalt. Einen ernstzunehmenden Wert hat es nur, wenn es von gefragten Marken wie Arzberg, Eschenbach, Meissen oder Rosenthal stammt. Hier lohnt sich sogar der Verkauf einzelner Teile, sofern sie fehlerfrei sind. Die umfangreiche Seite www.porzellankompass.de sucht sogar im Kundenauftrag aktiv nach bestimmten Teilen und bietet sehr gute Recherchemöglichkeiten. Für den Hausgebrauch genügt es, die vorhandenen Teile mittels Aufdruck auf der Unterseite und Bildvergleichen mit Einträgen bei eBay zu identifizieren und die aktuellen Auktionspreise zu vergleichen. Neben den großen Herstellern mit Sammelfaktor gibt und gab es auch immer Firmen wie beispielsweise Thomas, deren Porzellangeschirr im alltäglichen Gebrauch gute Dienste tut, im Wiederverkauf jedoch enttäuscht – selbst dann, wenn es aus Omas alten Schränken stammt und einen Goldrand trägt. In eine ähnliche Kategorie fällt das bitte nicht mit Porzellan zu verwechselnde Feinsteinzeug oder Keramikgeschirr mit Aufdruck von Landschaften oder friedlich weidenden Pferden vor klappernden Mühlen.

Besonders verbreitet sind hier zum Beispiel die umfangreichen Geschirrserien der englischen Firma Adams. Eine gewisse Zeit lang fluteten diese Sets die deutschen Haushalte ohne Ausnahme. Kleinanzeigen, in denen daher 160 Teile für € 180,– angeboten werden, sind heute keine Seltenheit. In der Praxis werden solche Konvolute dann nach einigem Feilschen seufzend für € 100,– abgegeben, also für wenig mehr als fünfzig Cent pro Teil. Unnötig zu betonen, dass der Verkauf einzelner Stücke »English Ironstone« sinnlos ist. Mehr noch, es ist sogar schädlich, sollte es unwahrscheinlicher Weise gelingen! Lassen Sie sich beim Hausbasar oder auf dem Trödelmarkt nicht dazu verführen, eine einzelne Tasse oder Schüssel aus dem kompletten Geschirrset herauszureißen, denn dann kriegen Sie den Rest am Ende gar nicht mehr verkauft!

Das unterste Ende der Wertpyramide in Sachen Geschirr stellt reine Gebrauchsware ohne jeden echten oder auch nur theoretischen Sammelwert dar, also all die hübsch anzuschauenden Teller, Tassen und Platten, die man im großen Supermarkt, bei IKEA oder im Shop von Tchibo kauft. Die Sets aus der Boutique des Kaffeeherstellers tragen den Aufdruck TCM und erweisen sich sogar beim Ausverkauf in der Wohnung als nahezu so unverkäuflich wie die Videokassette von *Titanic* oder die *Schlager-Parade* in der Plattenkiste. Hier gilt einfach nur: Raus damit, egal zu welchem Preis, bei mangelndem Verkaufserfolg spenden und – anders als die Einzelteile der Spitzenmarken – niemals einlagern.

SCHMUCK

Für Schmuck gilt im Prinzip das Gleiche wie für das oben beschriebene Tafelsilber. Egal, wie schön er aussieht, welche Geschichte er auch haben mag oder ob irgendwo auf der Welt ein Mensch existiert, der genau diese Brosche, diese Kette oder diesen Armreif in genau dieser Form für teures Geld ankaufen würde – im praktischen Verkauf ist Schmuck nichts anderes als Rohstoff. Also echter Schmuck aus Gold, Silber, Platin und (selten) Palladium sowie selbstverständlich echte Edelsteine jeder Art. Modeschmuck wird tatsächlich aufgrund seiner Optik gekauft, meist nur »live« auf dem Hausbasar oder auf dem Trödelmarkt. Hier herrschen niedrigste Preise vor und Sie können die Stücke mit warmen Händen abgeben und sich darüber freuen, dass sie weiter getragen werden. Der Verkaufswert echten Schmucks orientiert sich erfreulich offen und transparent an den offiziellen Kursen für Edelmetalle. Das ist das Gute im Vergleich zu Briefmarken, Antiquitäten oder Möbeln. Sammeln Sie zum Beispiel den Goldschmuck, den Sie finden, wiegen Sie ihn aus, schlagen Sie den aktuellen Börsenpreis pro Feinunze oder Gramm unter www.finanzen.net/rohstoffe nach und Sie wissen, woran Sie sind, wenn Sie den Schmuck nun entweder einem

Juwelier oder generellem Ankäufer für Edelmetalle oder wie das Tafelsilber wieder per Post der ESG anbieten. Das einzige Problem liegt beim Schmuck darin, dass sich der reine Gehalt an Gold, Silber oder Platin nicht immer hundertprozentig erkennen lässt. Der erste Blick sollte daher auf einen möglichen Stempel fallen, eine kleine Einprägung am Schmuckstück, die Auskunft über den reinen Gehalt gibt. Bei Goldlegierungen bedeutet 333 oder 8K zum Beispiel, dass lediglich 33,3 Prozent Gold enthalten sind, und 750 oder 18 K, dass 75 Prozent Gold enthalten sind. Genaue Beschreibungen und Anleitungen zur selbständigen Analyse findet man auch hier auf der Webseite der ESG. Finden Sie keine Stempel oder bleiben Sie unsicher, sollten Sie sich in der Familie oder dem Bekanntenkreis nach einem örtlichen Juwelier umhören, dem Ihre vertrauten Menschen wiederum vertrauen. Lassen Sie bei ihm den reinen Gehalt der Stücke bestimmen und gleichen Sie mit den aktuellen Kursen ab.

So angenehm es ist, dass es speziell bei Edelmetallen kaum ums Handeln und Feilschen im sonst üblichen Sinne geht, da die Kurse klar und öffentlich daliegen, so sehr lautet der Rat an dieser Stelle: Behalten Sie alles, was echt ist oder zumindest einen hohen Gehalt hat. Der Preis für Edelmetalle mag schwanken, aber er kann im Gegensatz zu jeder Aktie der Welt und erst recht zu Geld, das per Definition als reines Tauschmittel und Buchgeld keinen intrinsischen Wert hat, niemals ins Bodenlose fallen. Das wissen auch all die Ankäufer von Gold und Silber, die in den Fußgängerzonen ihre Geschäfte eröffnen oder gar im Fernsehen unter dem Motto »Briefgold« dafür werben, den Schmuck, den man »übrig hätte«, einfach, schnell und sicher einzusenden und dafür Bares zu bekommen. Eine absolut perfide Formulierung, denn Schmuck kann als echten Wert niemand »übrig haben«. Erst, wenn es den Zentralbanken der Welt möglich wäre, auch Gold, Silber, antike Vitrinen, gepflegte Oldtimer oder uralte handsignierte Erstausgaben von Goethe in großen Mengen aus dem Nichts zu erschaffen, wäre es sinnlos, echte Werte als handfeste Rücklage nicht zu behalten. Da in Form von Schmuck gebundene Edelmetalle im Vergleich zu Vitrinen aus dem 17. Jahrhundert oder pflegebedürftigen Oldtimern sehr wenig Platz wegnehmen, sind sie der Topkandidat zum sorgsamen Einlagern.

TEPPICHE

Auch, wenn es im Internet von Teppichankäufern nur so wimmelt und professionelle Haushaltsauflöser beim Betreten der Wohnung den Blick gerne erst mal nach unten richten – wer alte Teppiche verkaufen möchte, hat es schwer.

Für Fachleute und Händler sind grundsätzlich nur handgefertigte Stücke interessant. Maschinell hergestellten Bodenschmuck werden Ihnen höchstens Privatpersonen beim Hausbasar abkaufen und das auch nur dann, wenn der Teppich gut genug aussieht, dass keine chemische Reinigung vonnöten wäre. Das ist leider so gut wie nie der Fall, mal abgesehen vom psychologischen Aspekt. Jemand, der einen fremden Teppich für seine eigene Wohnung kauft, hat meistens das Bedürfnis, ihn »erst mal reinigen zu lassen«, was den Ankaufspreis bereits massiv drückt.

Fachleute beziffern die durchschnittliche Lebenserwartung eines geknüpften Teppichs (z. B. Berber oder Nepal) mit zehn und die eines gewebten (z. B. Kelim) oder getufteten (Schlingenflor oder Schnittflor, also alles mit einer Tiefenstruktur) Teppichs mit sechs Jahren. Der Reinigungsspezialist Amm24 hat die genauen Zeitwerte von Teppichen zusammen mit den durchschnittlichen Zeitwerten sämtlicher Textilien in einer Liste festgehalten.[8] Eine seriöse Schätzung von Teppichwerten nimmt beispielsweise die unter www.mytepp.de zu findende Firma von Farshad Rafraf aus Hamburg vor, deren Geschichte bis in die Mitte des 19. Jahrhunderts zurückgeht und die sich bereits 1965 in der Speicherstadt etablierte. Weil mit vermeintlich »wertvollen« Teppichen vor allem in vergangenen Jahrzehnten, in denen Mütter wie wild Lizenzausgaben von Bertelsmann oder nachgemachte antike Möbel kauften, viel

Schindluder getrieben wurde, sollten Sie sich bei der aufgefundenen Bodenware allerdings grundsätzlich auf Enttäuschungen gefasst machen.

VIDEOSPIELE

Da Videospiele seit mittlerweile über dreißig Jahren zum Alltag gehören, finden sie sich im Nachlass Erwachsener ebenso zahlreich wie Musik-CDs oder Filmsammlungen. Wie *wenig* bei Videospielen die Regel »alt = wertvoll« gilt, zeigt die legendäre Geschichte des sogenannten »Great Atari Landfill«. 1983 vergrub die Firma Atari Millionen unverkaufter Videospiele auf einer Deponie in New Mexico. Der Konzern hatte sich gnadenlos überschätzt und vor allem vom Spielmodul *E.T.* bedeutend mehr Exemplare hergestellt, als überhaupt Konsolen zum Abspielen in den Haushalten standen. Umgekehrt zahlte ein Amerikaner für das ungefähr zur gleichen Zeit produzierte Atari-Modul *Air Raid* im April 2010 satte $ 31 600,– und holte das gute Stück per Flugzeug persönlich beim Verkäufer ab. Von diesem Spiel existierten in seiner Fassung mit Originalverpackungsbox weltweit nur zehn Exemplare.

Sie sehen also: Videospiele erhalten ihren Sammlerwert durch Seltenheit *und* Vollständigkeit. Wobei beides sich meistens bedingt. Vom berühmten und Anfang der Neunzigerjahre weit verbreiteten Game Boy sind zum Beispiel noch abertausende Spielmodule auf dem Gebrauchtmarkt übrig geblieben – aber so gut wie keine mit der Originalschachtel und der Anleitung! Ein konventionelles Raumschiffballerspiel wie *Nemesis* ist als einzelnes Modul Trödelramschware für ein bis zwei Euro. Mit Schachtel und Anleitung oder womöglich gar noch eingeschweißt und nie angerührt, können Sie dafür € 100,– verlangen und werden Sie nach einer Weile auch bekommen. Dieses Prinzip gilt für sämtliche Spiele auf allen Systemen. Bei Spielen für die alte, graue PlayStation sind die Plastikhülle samt Titelblatt und Anleitung meistens noch vorhanden, aber häufig in grauenhaftem Zustand. Befinden sich hier Aufkleber oder Notizen auf der Anleitung oder der Hülle und weist die CD Kratzer auf, sinkt der Wert auf Trödelniveau. Ist das Spiel rundum gepflegt, können Sie je nach Seltenheit noch zweistellige Preise verlangen. Ist es verschweißt und wurde noch nie geöffnet, klingelt ein kleiner Jackpot. Die Konsolengeräte selber haben keinen nennenswerten Sammlerwert, es sei denn, es handelt sich um Produkte, die zu ihrer Zeit ein kommerzieller Flop waren und daher schnell aus dem Handel gingen wie beispielsweise der Nintendo Virtual Boy, eine obskure 3D-Brillen-Konstruktion mit Tischaufstellung, deren letzte originalverpackte Modelle mit einer Sammlung von ein bis zwei Dutzend Spielen mehr wert sein können als der abgenutzte Kleinwagen in der Tiefgarage. Spiele für den PC erreichen in der Regel selten die Sammlerpreise von Spielen für Konsolen; Titel für längst aus dem Handel genommene, aber von Liebhabern weiter gepflegte Computer wie den Commodore Amiga, den C64 oder den Atari ST sehr wohl. Hier zählt wieder die Vollständigkeit von Karton, Anleitung, gepflegten, funktionstüchtigen Disketten und gegebenenfalls Sammelartikeln wie T-Shirts, Flaggen oder Figuren, die damals dem Spiel beigelegen haben. Das seltenste Spiel für ein Computersystem war das auf Datasette veröffentlichte *Ultima: Escape From Mt. Dash* für den Commodore Vic-20, dessen Existenz vom Hersteller sogar geleugnet wurde, als er merkte, dass es ein peinlicher Flop wurde. Einige Händler warfen ihre nicht verkauften Exemplare damals eine Klippe hinab, in vollständiger Originalfassung samt Papphülle, Anleitung, Kassette und Registrierungskarte. Ein zufällig am Fuße der Klippe aufgefundenes Exemplar wurde im März 2004 auf eBay für $ 3605 verkauft. Da die Unsitte, Ladenhüter wie wild zu verbuddeln oder von Bergen zu werfen, anscheinend nur in den USA verbreitet ist, lohnt es sich leider nicht, die Kreidefelsen auf Rügen oder die Externsteine nach wertvollen alten Spieleschätzen abzusuchen – die Nachlässe von Kennern und Experten allerdings schon.

WERKZEUG

Im Gegensatz zur weißen und schwarzen Ware lässt sich Werkzeug auch dann noch erstaunlich gut verkaufen, wenn es alt und abgenutzt ist. Solange die Geräte einwandfrei funktionieren, haben Abnutzungsspuren für Männer sogar eine gewisse Erotik. Beobachten Sie einmal einen Mann, wie er auf dem Trödelmarkt oder auf Ihrem Hausbasar eine schwere, kompromisslose Stichsäge von Bosch oder einen Schlagbohrer von Hilti in der Hand hält. Wie er ihn streichelt und wiegt und seine Formen mit den Fingern abfährt. Es sind immer Männer, die gebrauchtes Werkzeug ankaufen, und es sind ferner Heimwerker, die wissen, was sie in der Hand halten. Bei der Firma Bosch unterscheidet man beispielsweise zwischen der »blauen Ware« und der »grünen« Ware. Die grüne Linie ist für den alltäglichen, gelegentlichen Bedarf. Die blaue Linie gilt als Königsklasse für professionellen Gebrauch und hält in der Tat mehrere Jahrzehnte. Für blaues Gerät von Bosch können Sie gutes Geld verlangen, ebenso für Produkte der Firma Hilti, die nicht im freien Verkauf über den Baumarkt, sondern nur über Fachberater, im Direktverkauf oder in speziellen Hilti-Geschäften erhältlich sind. Bosch und Hilti sind unter Handwerkern die angesehensten Hersteller; ordentliche Preise dürfen Sie auch noch verlangen, wenn Sie auf den Geräten im Nachlass die Logos von Makita, Metabo, Black & Decker oder AEG erkennen. Eigenmarken von Baumärkten oder Discounterware fasst kein Mann mit Ehre an. Suchen Sie bei elektrisch betriebenen Geräten sämtliches Zubehör sowie Anleitung und im besten Fall den damaligen Kaufbeleg zusammen. Handwerkzeuge von Hammer bis Brecheisen verkaufen Sie persönlich auf dem Basar, aber bitte niemals für Schleuderpreise unter einem Euro. Denken Sie hier wie bei den Krallen und Schaufeln im Garten daran, dass der schnauzbärtige Mann, der da soeben dreist »fünfzig Cent!« sagt, für einen ordentlichen Hammer oder eine stabile Ratsche im Baumarkt € 5,– bis € 20,– bezahlen müsste und das auch ganz genau weiß.

ANMERKUNGEN

DER ANRUF

1 Liebich, Daniela: »Alles nur Theater? Rollenverteilungen in der Familie.« In: Mobile-Elternmagazin.de.

2 Erstmals erforscht: Thorndike, Edward L.: »A constant error in psychological ratings.« In: *Journal of Applied Psychology*. Vol 4 (1). March 1920. S. 25–29. Populär beschrieben: Rosenzweig, Phil: *Der Halo-Effekt. Wie Manager sich täuschen lassen*. Deutsch von Nikolaus Bertheau. Offenbach 2008.

3 Scheich, Günter: *Positives Denken macht krank. Vom Schwindel mit gefährlichen Erfolgsversprechen*. Berlin 2001.

4 http://www.ard.de/home/themenwoche/Guenter_Scheich_Positives_Denken_macht_unguecklich_/409126/index.html.

DIE KRANKHEIT

1 Burger, Jerry M.: »Replicating Milgram: Would people still obey today?«. In: *American Psychologist*. Vol 64, No. 1, Jan 2009, S. 1–11.

2 Bentele, Günter / Piwinger, Manfred / Schönborn, Gregor (Hrsg.): *Kommunikationsmanagement* (Losebl. 2001ff.), Art. Nr. 1.28, Köln.

3 Walters, Helen: »Fake it 'til you become it: Amy Cuddy's power poses, visualized. http://blog.ted.com/2013/12/13/fake-it-til-you-become-it-amy-cuddys-power-poses-visualized/.

4 Aich, Joachim: *Erfolgsgeheimnis Stimme*. Berlin 2009.

5 Koelbl, Herlinde: *Kleider machen Leute*. Ostfildern: Hatje Cantz 2012.

6 Vgl. Schlegel, Leonhart: *Handwörterbuch der Transaktionsanalyse*. Freiburg 1993. S. 397–398.

7 Steiner, Claude: *Wie man Lebenspläne verändert*. 10. Aufl. Paderborn 2000. S. 22f. / Bei Berne selbst vgl. etwa Berne, Eric: *Was sagen sie, nachdem sie ›guten Tag‹ gesagt haben? Psychologie des menschlichen Verhaltens*. 15. Auflage. Frankfurt a.M. 2000. S. 104f. u. S. 122ff.

8 Steiner schreibt: »Mit ›Heilung‹ meinte Berne *nicht* (wie er sich auszudrücken pflegte) ›Schizophrene in angepaßte Schizophrene zu verwandeln‹ oder aus Alkoholikern verhinderte Alkoholiker zu machen, sondern ihnen, wie er sagte, ›auf ihrem Weg zurück in die menschliche Gemeinschaft‹ zu helfen.« (Steiner: S. 20)

9 Steiner: S. 17.

10 Berne, zitiert nach Steiner: S. 20.

11 Vgl. genauer: Schlegel: S. 144 – 173.

12 Berne 2000: S. 47.

13 Schlegel: S. 306.

DAS STERBEN

1 http://caritas.erzbistum-koeln.de/rheinerft_cv/pflege/palliativpflege. html.

2 http://www.evkwesel.de/index.php?id=292.

3 http://www.haus-der-sprache.de/lektor.php/sterben/texte/sterbende-sind-lebende-bis-zuletzt-hospizhelferin-verena-graefin-von-plette/.

4 GALORE #35, S. 47 – 49.

5 Fischer, Eckhard. *Warum Tausendfüßler keine Vorschriften brauchen. Intuition. Wege aus einer normierten Welt.* Weinheim 2008.

DER TOD

1 Z. B. *Elementare Teilchen: Von den Atomen über das Standard-Modell bis zum Higgs-Boson* (Jörn Bleck-Neuhaus, Heidelberg: Springer Spektrum 2013 oder *Faszinierende Physik: Ein bebilderter Streifzug vom Universum bis in die Welt der Elementarteilchen* (Benjamin Bahr u.a., Heidelberg: Springer Spektrum 2014).

2 Z. B. http://www.weltderphysik.de oder http://www.teilchenphysik.de.

3 Planck, Max: »Das Wesen der Materie.« In: *Archiv zur Geschichte der Max-Planck-Gesellschaft*, Abt. Va, Rep. 11 Planck, Nr. 1797.

4 Lütz, Manfred: *Gott. Eine kleine Geschichte des Größten.* München 2007.

5 Breuer, Reinhard: »Pascual Jordan. Der Forscher als Wissenschaftspublizist.« In: Max-Planck-Institut für Wissenschaftsgeschichte (Hrsg.): *Preprint 329. Pascual Jordan (1902 – 1980) Mainzer Symposium zum 100. Geburtstag.* S. 115 – 122.

6 Brumfiel, Geoff: »Physicists spooked by faster-than-light information transfer.« In: *Nature Online*, 13.8.2008 (http://www.nature.com/news/2008/080813/full/news.2008.1038.html).

7 Sheldrake, Rupert: *Der siebte Sinn des Menschen*, Frankfurt a.M. 2005.

8 Görnitz, Thomas / Görnitz, Brigitte: *Der kreative Kosmos. Geist und Materie aus Quanteninformation.* Heidelberg 2002.

9 Hameroff, Stuart / Penrose, Roger: »Orchestrated Objective Reduction of Quantum Coherence in Brain Microtubules: The ›Orch OR‹ Model for Consciousness«. Siehe: http://www.quantumconsciousness.org/penrose-hameroff/orchor.html.

10 »Am Anfang war der Quantengeist.« Interview mit Hans-Peter Dürr. Siehe: http://www.pm-magazin.de/a/am-anfang-war-der-quantengeist?page=0,0.

11 Aquin, Thomas von: *Über Seiendes und Wesenheit*. Hamburg 1988.

12 Hegel, Georg Wilhelm Friedrich: *Enzyklopädie der philosophischen Wissenschaften I*. Frankfurt a.M. 2003.

13 Heidegger, Martin: *Sein und Zeit*. Tübingen: Max Niemeyer Verlag 2006.

14 Interview auf Freie Welt vom 11.02.2011, http://www.freiewelt.net/interview/liebe-und-wissen-sind-die-hoechsten-werte-interview-mit-markolf-niemz-16438/.

DIE BESTATTUNG

1 Uschmann, Oliver: *Struktur, wenn die Welt aus den Fugen gerät*. München 2013.

2 Bush, George W.: »Address to a Joint Session of Congress and the American People.« 20.11.2001 Siehe: http://georgewbush-whitehouse.archives.gov/news/releases/2001/09/20010920-8.html.

3 Cialdini, Robert: *Die Psychologie des Überzeugens*. Bern 2007.

4 Siehe: http://www.meinestadt.de/deutschland/berufe-branchen/pflegeberufe/tarife.

5 Wilhelm, Peter: »Da kommt ja was zusammen – Bestatterrechnung.« Siehe: http://bestatterweblog.de/da-kommt-ja-was-zusammen-bestatterrechnung/.

6 Siehe: www.sterbekasse-rhein-lippe.de.

7 Von Düffel, John & Anwar, Petra: *Geschichten vom Sterben*. München 2013.

8 Conrad, Susanne: *Sterben für Anfänger*. Berlin 2013.

9 Siehe: http://ikroppenmin.blogspot.de/.

10 Ariés, Philippe: *Geschichte des Todes*. München 2005.

11 Siehe: http://www.friedwald.de.

12 Siehe: http://www.dsbg.de/.

13 Siehe: http://www.bestattungsplanung.de.

DAS VERWERTEN DER DINGE

1 Zum Beispiel: Backhaus, Beate: *Vererben und Erben*. Berlin 2012 / Bräutigam, Frank (Hrsg.): *Richtig vererben und verschenken*. Düsseldorf 2012.

2 Däke, Karl-Heinz: *Die Milliarden-Verschwender: Wie Beamte, Bürokraten und Behörden unsere Steuergelder zum Fenster hinauswerfen*. München 2012.

3 Siehe: http://www.schwarzbuch.de.

4 Siehe: http://www.noz.de/deutschland-welt/wirtschaft/artikel/441676/sozialkaufhauser-boomen-das-geschaft-mit-gebrauchtem.

DIE ÜBERGABE DES WOHNRAUMS

1 Dies ist die Standardzeit. Je nach Länge des Mietverhältnisses und individuellem Vertrag kann die Frist sich auf bis zu ein Jahr erhöhen.

DIE TRAUER

1 Holm-Hudson, Kevin: *Genesis and the Lamb Lies Down on Broadway* (Ashgate Popular and Folk Music). Farnham 2008.
2 Kübler-Ross, Elisabeth: *Interviews mit Sterbenden*. München 2001.
3 Siehe: www.trauerphasen.de.
4 Siehe: http://www.spiegel.de/spiegel/spiegelspecial/d-29045373.html.
5 Lütz, Manfred: *Irre. Wir behandeln die Falschen. Unser Problem sind die Normalen*. Gütersloh 2009.
6 Siehe: http://www.zeit.de/zeit-wissen/2011/06/Psychologie-Trauer/seite-2.
7 Blech, Jörg: *Die Krankheitserfinder. Wie wir zu Patienten gemacht werden*. Frankfurt a.M. 2004.

DIE TOTE-MUTTER-KARTE

1 Siehe: http:/www.zeitverein.de.

DIE WERT-SCHÄTZUNG DER DINGE

1 Siehe: www.scheideanstalt.de.
2 … wogegen zahlreiche seiner Geschäftspartner Klage eingereicht haben.
3 Gebrauchtpreise bei Amazon am 14.8.2014.
4 Siehe: http://www.gesetze-im-internet.de/juschg/_15.html.
5 www.schnittberichte.com.
6 https://www.bundespruefstelle.de/bpjm/Service/listenabfrage.html.
7 Beispiele von theoretischen Optimalfällen auf www.sammler.com/militaria.
8 Siehe: http://www.amm24.de/87/de/service/downloads.html (PDF-Datei »Zeitwerttabelle DTV Textil Leder«).